民國歷史與文化研究

四　編

第 **6** 冊

杜鵑花與弓弩手：
民國時期美國《國家地理》的中國西南

羅安平著

花木蘭文化出版社

國家圖書館出版品預行編目資料

杜鵑花與弓弩手：民國時期美國《國家地理》的中國西南／
羅安平 著 — 初版 — 新北市：花木蘭文化出版社，2016〔民
105〕
序 10+ 目 4+292 面；19×26 公分
（民國歷史與文化研究 四編；第 6 冊）
ISBN 978-986-404-675-1（精裝）
1. 中國地理
628.08   105012772

民國歷史與文化研究
四 編 第 六 冊   ISBN：978-986-404-675-1

杜鵑花與弓弩手：
民國時期美國《國家地理》的中國西南

作　　者　羅安平
總 編 輯　杜潔祥
副總編輯　楊嘉樂
編　　輯　許郁翎、王 筑　美術編輯　陳逸婷
出　　版　花木蘭文化出版社
社　　長　高小娟
聯絡地址　235 新北市中和區中安街七二號十三樓
　　　　　電話：02-2923-1455／傳眞：02-2923-1452
網　　址　http://www.huamulan.tw 信箱 hml 810518@gmail.com
印　　刷　普羅文化出版廣告事業
初　　版　2016 年 9 月
全書字數　312909 字
定　　價　四編 6 冊（精裝）台幣 10,000 元

杜鵑花與弓弩手：
民國時期美國《國家地理》的中國西南

羅安平　著

作者簡介

羅安平，文學人類學博士，西南民族大學副教授。主要從事文學人類學、傳媒人類學、新聞傳播學、民族文學與文化遺產研究。

提　　要

　　在歷史長河中，不同文明間的相遇與互視，經由表述而化爲浩瀚時空中的一面面鏡象，映照出人類的過去、現在與未來。本書從美國《國家地理》在民國時期記錄的中國西南入手，梳理與辨析中西文明在衝突碰撞、理解對話與多元共生道路上的多種話語與可能願景。

　　全書分四編共十章。第一編對《國家地理》及其「中國鏡像」做總體概述。將國家地理學會及其雜誌置於 19 世紀末期的時代背景中，論述雜誌自身的發展歷程與一百多年的中國報導，揭示該雜誌建構出一幅怎樣的「中國」總圖。著作主體部份爲第二至第四編。經由從西方到中國的整體脈絡，聚焦到西南地區的「花卉王國」、「西南道路」和「多樣族群」三重主題中，透視《國家地理》折射的西南圖景及其背後的表述實質。結論部份重申中國西南書寫的重要性並反思其局限性，由此進一步檢視與審思人類對於「探險與棲居」、「野性與文明」等觀念與行爲。

　　簡而論之，杜鵑花與弓弩手，西方世界認知中國西南及其民族的最初印象，內化爲炫目的地景象徵與身份符號：前者代表美麗、浪漫又神奇，後者意味力量、野蠻與神秘。美國《國家地理》雜誌對這片土地的表述，正是上述兩種意象交織叢生的代表。本書意在以一份英語世界文本中的西南表述爲依託，力圖爲人類歷史演變過程中的生存空間和文化空間，提供足資存照的借鑒與追尋。

序一　跨文明研究中的形象變異

曹順慶

羅安平博士的大作《杜鵑花與弓弩手：民國時期美國〈國家地理〉的中國西南》付梓出版，可喜可賀。作為她的導師，見證她通過不懈努力，將散落於百年雜誌中的眾多碎片文獻披沙揀金、認真還原、深入挖掘，最終繪製出一幅西方現代性視野裏的中國區域形象文化長卷，甚為欣慰，樂為之序。

早在 2002 年我就明確提出了「跨文明研究」議題，這是貫穿至當前學術思潮與學術實踐的一個世界性問題。不同文明之間既存在異質性、衝突性，又更具有某種共通性與共存性，因此需要提倡彼此之間的對話與交流。十多年過去，在中外學人持續反思、討論與探尋中，跨文明研究理論已經為不同領域認知、理解並認同。當然，從理論啓蒙階段走向實踐階段，這條路並非一馬平川，其間的互觀、互釋乃至論戰與碰撞，一方面固然是由於不同文明主體的不平衡、不平等所致，由此產生出文化沙文主義與文化焦慮症等藩籬；另一方面，異質文明在交流對話中，難免因為各自的異質性與話語規則不同而導致闡發變異，這就是我近年提出的「變異學」問題，這問題包含了比較文明研究中的兩大領域，即影響研究中的變異與平行研究中的變異。我認為，變異學研究不僅是一塊有待深入開掘的處女地，更是一個不容忽視的文化問題。

在我看來，羅安平的著作，是跨文明研究與變異學研究中一個有益的個案探索。她基於細緻的文本考察和學理辨思，揀析出英語世界中一份重要雜誌──美國《國家地理》關於「中國西南」的歷史檔案，圍繞「圖景呈現」和「異域表述」的動態演進，關注隱含在文本、鏡像之後的帝國話語，將歷來被視為邊緣的西南多民族文化置於國際對話的語境中加以考察，展現了跨

文明接觸、交流、衝突與對話的諸多層面。比如，在她關於「植物獵人」一章中，關注 20 世紀初西方植物採集者在中國西南崇山峻嶺中的經歷與書寫。這種書寫既是彰顯，同時又是一種遮蔽。彰顯的是「未知之地」的神秘、美麗、荒蠻與野性，爲後世留下了「香格里拉」的永恆之夢；遮蔽的是在帝國博物學霸權下失語的中國本土知識（尤其是傳統植物學），體現了跨文明交際中的非對等性與異質衝突。

而由文明的異質性導致的傳播變異，著作提供的案例更是比比皆是。西方人稱「中華」爲「Flowery Republic」，是否是因漢語裏「華」與「花」的發音與字形變異，從而造成英語世界裏意義上「美麗的誤解」？羅安平在書中還記錄了一個小故事，著名的植物獵人梅耶（F.N.Meyer）在中國鄉下問路，總是被農人不斷告知還有「一英里路程」，這位外國人將此稱爲「一英里謊言」，他在文中寫道：「我對這些農民的撒謊既憎惡又生氣。可是一頓飽餐後，我心情平靜下來，並且想到，當地人之所以騙我們，也許是爲了不讓我們因爲前路漫長而洩氣呢。」在這裏，西方人眼中的「一英里謊言」，與我們俗語中的「鄉下人路賤」，是否即是不同文明傳播的變異性？羅安平引用這些瑣碎平常的例子，其實也正說明，在跨文明交際過程中，由變異引起的體驗、誤解、偏見及至諒解、理解等等，所有的認知與表述，都是跨文明交際中的必經之路，也是我們需要重視的具體經驗與理論昇華。

羅安平博士立志於學，接受過英語、新聞傳播學、文學人類學等學科的系統訓練，因此具有跨學科的視野與功底。願她以此書爲起點，在跨文明的形象研究領域中更進一步，取得更好成績。

序二　國家地理的表述意義

（代序）〔註1〕

徐新建

　　羅安平博士的著作以影響深遠的美國《國家地理》為對象，討論民國時期有關中國西南的域外表述。無論從近代以來人類學已為原本自在分散的「地方性知識」建立起日趨完整的「世界檔案」，還是從各民族國家自立中心的「國學」──國別話語──已全球聯網的意義看，該著涉及的都是值得關注的基本話題。在人類捲入國家衝突、生態瀕危的「命運共同體」時代，瞭解並闡述英語世界諸如《國家地理》這類頂尖媒體有關中國區域的空間表述，其目的和意義理應超越晚清時期為了「以夷制夷」的「知己知彼」，抑或「冷戰」對抗中的「洋為中用」。變化了的國際、族際和人際關係要求我們在互為「他者」的關聯中美美與共、和平共處。

　　近代以來，在西方學界的中國研究裏，地理和民族的關係佔有十分突出的地位。其中的重要成果表現為對「行省史觀」的超越，強調突破行政區劃的邊界限制，從國家地理的格局中認識跨行省的中國區域。

　　就像在研討國際事務時大多把「國家」作為主要的劃分單位那樣，審視國情而偏於僅以「行省」為基本對象，是現代國人普遍採用並習以為常的做法。這有利也有弊。什麼是「省」呢？在中國的傳統中，「省」實際是中央政權為了治國而人為設置的行政單位。忽必烈「入主中原」後，「將蒙古初年沿用金後期的行省制度推行於全國」，並在王朝演變的過程中根據統治需要而逐漸把「省」的地位和作用從原來的「臨時性的中央派出機構」演變成為「常

〔註 1〕本序言內容原刊於香港中文大學出版的《二十一世紀》2005 年八月號。本文
　　　經壓縮修改而成。

設的最高地方政府」。﹝註2﹞比起相對恆穩的地文構成來說，這種工具式的人為單位具有更多的變動無常性。歷時來看，歷朝歷代對「行省制度」的沿用各有不同，從元時的十一、到明代的十五、到清代的十八，直到當今「海南建省」、「重慶直轄」之後的三十以來，在中華各族所處的文化空間裏，「省」作為分析審視的單位是多麼的變動不定。

「州郡有時而更，山川千古不易」。可見，若僅以「行省」為座標和對象，而不加上時代說明並附以其他空間尺度，卻來談論諸如「四川文化」、「陝西經濟」或「貴州民族」一類的議題，其局限和弊端是難以免除的。

1940 年代，人類學出身的施堅雅從地方社會經濟輻射與聯繫的角度把農業中國分為8區：華北、西北、長江上游、長江中游、長江下游、東南沿海、嶺南、雲貴。在施堅雅的圖式裏，突出著若干個區域性的中心與邊緣，但沒有「藏彝走廊」這樣的劃分；同時「北方草地」和「青藏高原」都不在其內。為什麼呢？原因在於施堅雅所分析的範圍是「農業中國」及其區域體系中的「城鄉連續統一體」。施堅雅力圖避免的是「省界」與「地文」相抵牾。他說，「即使是最接近一致的地方——如四川同長江上游地區，兩廣同嶺南地區——也明顯地並不完全吻合」；而「有幾個省就跨越好幾個地區，最明顯的例子是陝西、山西、安徽、江蘇和貴州」。施堅雅認為，從整體上看，中華帝國晚期的空間格局，僅就城市區域而言，並不表現為單獨的一體化體系，而是「構成好幾個地區體系」，並且「地區之間只有脆弱的聯繫」。因此只有分別地對這些地區加以分析、比較，才能夠認識作為整體的國家（農區）。﹝註3﹞

在我看來，研討中國歷史文化時，對「行省史觀」的兼容和突破，其意義在於幫助人們從行省之外的別樣角度看中國。羅安平的專著著重分析《國家地理》對中國地理空間描述，也發現了其中的別樣角度，並將此梳理為「腹地中國」、「沿海中國」以及「邊地中國」，強調三大空間迥然有別。「腹地」代表了這份雜誌眼中的「中國性」（Chineseness），既是政治中心、農業中國的核心區域，在文化上，這裏又是傳統的「儒教帶」，與邊地的「黃教帶」迥然相分。沿海地帶，在中國的王朝地理版圖中，堪稱「夷外之夷」，但卻是 19

﹝註2﹞ 參見譚其驤主編：《簡明中國歷史地圖集》，中國社會科學院主辦，中國地圖出版社 1991，頁 59。

﹝註3﹞ 施堅雅主編：《中華帝國晚期的城市》，葉光庭等譯，中華書局，2000，頁 242～250。

世紀西方人登陸中國、打開中國大門的前哨站。到上世紀八十年代，它又成爲中國經濟改革「對外開放」的窗口，因此代表的是一個夾擊在東西方影響下具有「現代性」特點的中國。幅員遼闊的邊地中國，無論在地貌還是文化上，代表了一個國家的「多元性」或「異質性」。據羅安平統計，在《國家地理》的視野中，邊地中國是最有吸引力的「熱點」（hot spot），報導數量大大超出「腹地」與「沿海」。

　　爲何美國的《國家地理》雜誌會特別關注中國的「邊地」？我認爲，當與中國學人在空間框架上突破「行省史觀」的另一種參照相關——「族群區域」，也就是國家整體格局中的多民族空間，體現之一便是日益引起關注的「民族走廊」。

　　「民族走廊」的議題在 20 世紀 80 年代由人類學家費孝通較早提出。〔註4〕按後來李紹明先生的解釋，其可視爲結合自然地理和人文地理含義的命名；在中國歷史文化中，能夠被稱爲「民族走廊」的地方至少有兩處，一處以「河西走廊」爲依託，一處位於橫斷山脈區域（或「六江流域」）〔註5〕；前者可以叫做「西北民族走廊」，後者則因特徵是「其中所居藏語支諸民族爲多」，故可稱爲「藏彝走廊」。〔註6〕

　　展開來看，華夷各族世代生存和交往的空間，在族群地理的意義上，經歷了豐富多樣的譜寫和演變；時至晚清和民國，則形成從腹地到邊疆的族群「共和」局面。〔註7〕20 世紀 50 年代以後，隨著周邊國界的劃定以及國內「民族自治區域」的設置，中國的族群地理格局又有所變化。若以「板塊」和「走廊」兩種類型的對照、呼應來看，除了始終作爲主幹存在的「漢區」之外，在「藏彝走廊」周圍呈現的便有藏區、回區、彝區和壯區等。它們被劃定在省（區）、市、縣和鄉等不同級別的各地行政區劃之中。如今人們把處在橫斷山脈地帶的「藏彝走廊」從行政區劃中剝離出來，視爲可以單獨存在的區域，與其說整合了以往行省區劃裏的零散「部件」、不如說更凸顯了整體中的族群關聯。

〔註4〕參見費孝通《關於我國的民族識別問題》，《中國社會科學》，1980 年 1 期。

〔註5〕李紹明：《西南絲綢之路與民族走廊》，載《中國西南的古代交通與文化》，四川大學出版社 1994，頁 37～38。此處的「六江流域」的六江指岷江、大渡河、雅礱江、金沙江、瀾滄江和怒江。

〔註6〕李紹明：《再談民族走廊》，「藏彝走廊歷史文化學術討論會」論文，2003 年 10 月‧成都（列印稿）。

〔註7〕參見徐新建：《從腹地到邊疆》，《廣西民族學院學報》，2001 年第 6 期。

　　王明珂的《羌在漢藏之間》關注中國西部的族群變動，把該區域裏的羌族作為變遷著的「地理人群」來分析，指出一種逐步形成於其他族群之間的「邊緣」特徵：即南有彝族、西是藏族、東方「則是更廣大的 12 億漢族」；這樣，對此區域內族群關係的審視和書寫，就同時成為「漢族西方族群邊緣的歷史」和「藏族的東方族群邊緣史」以及「彝族或『西南氐羌系民族』之北方族群邊緣史」的交匯整合。〔註8〕而羅安平在對《國家地理》的「族群形象建構」研究中，也指出其中關涉到的族群認同與國族建構議題，希望通過這一「雙面鏡」，有助於我們反思「中心與邊緣」、「少數與多數」、「異質與同一」等問題。

　　值得引申討論的是，針對王明珂勾勒的「漢」與「非漢」自西向東式的「族際過程」，李亦園先生作了重要補充，把所謂「漢藏之間」的區域特徵進一步闡發為「族群緩衝地帶」，認為生活在該地帶像羌族這樣的弱小族群，實際上擔當著夾在漢、藏兩族之間的緩衝作用。順著此思路，李先生加以了展開，把審視的空間移至嶺南，然後設問道：為什麼同樣被認為是夏後氏或禹王之後的「越人」，會在歷史中分散為許多群體的所謂「百越」？這是否是由於在南方沒有一個較強大的藏族存在之故？〔註9〕顯然，這樣的思考、論述，又從族群地理的角度，把對華夷各族生存環境及互動關係的研究引向了更為深入的層面。

　　從生態史學的視點考察，時至晚清和民國綿延在漢、滿、蒙、回、藏等族群地理之間的疆域邊界，如果由東北向西南連起來看，其實體現的是東亞大陸支撐「農」與「牧」兩種主要文明的地文分野。〔註10〕而面對這既基本由緊要的邊界，由於各自起點和歸屬的不同，古往今來引出的是相去甚遠的看法和評價，有時甚至還帶有對立的敵視與怨情對。據現代的地理學者分析，大體說來，對於這同一條地文分界，生活在南方的人們要比北面的族群表現出更多的悲情成分——原因不在別處，就在前者自身「以南方農業社會為本位的立場」。正是這立場和這「悲情」，促使以農為本的南方社會不辭艱辛地

〔註8〕 王明珂：《羌在漢藏之間》，「前言」，頁 xi-xviii；第六章「羌族史的再建構：華夏邊緣觀點」，頁 175。

〔註9〕 李亦園：〈序《羌在漢藏之間》〉，王明珂《羌在漢藏之間》，頁 i-viii；又載《廣西民族學院學報》，2004 年第 1 期。

〔註10〕 需要說明的是，在看待東亞大陸所謂農、牧「兩大類型」的劃分上，不可過於絕對。因為那樣一來容易導致對一個複雜區域的簡單化，從而忽略其他豐富類型的存在。對此筆者曾有論述，可參閱徐新建：《從腹地到邊疆》，《廣西民族學院學報》，2001 年第 6 期。

沿著分界修築長城，從族群、政治、經濟和軍事諸方面構造了一條影響深遠的「長城地帶」。〔註11〕

　　到了20世紀，中國的國門打開，一位不是「胡人」也不是「漢人」的美國地理學家歐文・拉鐵摩爾（Owen Lattimore）來到此分界地區，對長城沿線進行考察。他以「局外人」的眼光重新審視，發現「長城地帶」其實各以兩邊爲腹地：對胡人或漢人分別是邊緣的長城，「對整個的亞洲內陸卻是一個中心」；在長城的兩側，「並立著農業與游牧兩大社會實體」；如果要稱「邊疆」的話，其應視爲亞洲的「內陸邊疆」。60多年後，唐曉峰以「長城內外是故鄉」爲題，對拉鐵摩爾的「長城中心說」給予了很高評價，並指出此處所說的邊疆形態「包括巨大的自然差別和社會差別」，「是古代世界特有的歷史地理形態」。〔註12〕

　　拉鐵摩爾不僅從「長城」視覺看中國，並且對中國西南的地位與意義也極爲重視。據羅安平的研究，拉鐵摩爾曾於1943年，在《外交事務》（Foreign Affairs）上，發表論文《雲南：東南亞的樞紐》，〔註13〕以「邊地」（frontier）視角解讀雲南的「空間與時間」，指出雲南在地理、族群、經濟等意義上的邊陲、邊界與邊沿意義。在《國家地理》上，也發表了《中國打開野性西部》一文，指出在群山環繞的陸地上，一個「新中國」正在戰爭年代中誕生。羅安平認爲，拉鐵摩爾的中國邊疆研究，從某種意義上可以說是對中國「一點四方」觀的糾正與突破。

　　不過依我之見，如與對「藏彝走廊」的討論相聯繫的話，迄今把「族群地理」與「生態史學」兩個方面成功結合的範例，是考古學家童恩正於1980年代提出的「半月形文化帶」之說。根據海拔、地貌、氣候、降水和土壤、植被等多個方面的「相當一致性」，童恩正認爲在中華版圖的整體框架裏，存在著一條從東北至西南的邊地半月形文化帶。這條地帶，自新石器時代晚期以來，「一直是畜牧或半農半牧的民族繁衍生息的場所」。它既是歷史上華、戎集團的文明分野，同時又是後一集團諸族群彼此交往、互滲的文化傳播帶。而由於此地帶兩邊的農耕與游牧集團在環境與心態方面的不均衡，還導致了

〔註11〕參見唐曉峰：《長城內外是故鄉》，《讀書》，1998年第4期。

〔註12〕參見同上。拉鐵摩爾（Owen Lattimore）著作的英文名稱是 *Inner Asian Frontiers Of China*，中譯本有的叫《中國的亞洲腹地邊疆》，有的爲《內亞洲的中國邊疆》；意思略有差異。

〔註13〕Owen Lattimore,「Yunnan,Pivot of Southeast Asia.」*Foreign Affairs*, Vol.21.No.3. Apr.1943. 轉引自羅安平本書「西南道路」部分。

對雙方都有深刻影響的歷史後果。具體來說，即：

> 正是由於華夏族這種源遠流長的心理上的凝聚力和文化上的排他性，就促使北方和西方的邊地民族的文化傳播，始終不能縱貫中華大地，而只能圍繞其邊緣進行。〔註14〕

按照作者的描繪，作為局部的「藏彝走廊」已同一個由東北至西南的更大地帶聯繫了起來。並且，童恩正不僅指出該地帶對夷、羌、戎、胡諸游牧族群的生存價值和「通道」作用，而且也暗示了它在整個農、牧集團對峙格局之間的「過渡」與「緩衝」意義。

與此相關，在大致以這條自東北向西南萬里延伸之「半月形文化帶」為界的地方，自然地理研究者在上世紀 50 年代就提出過在區劃上把中國分成東、西兩個部分的主張。〔註15〕但值得注意的是，當人們習慣於從生態和文化的交錯特徵上，把東亞大陸簡化成農、牧兩大類型與分野的時候，其實即便對於作為農業社會的「東部」而言，也不應忽略其中的自然和文化差異。比如正是在所謂的農耕文化區的範圍內，日本的一些現代學者，如佐佐木高明等，就從地理、氣候及物產諸方面出發，總結出另外一條自喜馬拉雅山南麓、沿緬甸、雲南南部、泰國和越南北部，然後經長江南岸直至日本西部的「半月形文化帶」。其按自然植被特徵可稱為「照葉樹林帶」，而按農耕種植特點則可叫做「稻作文化帶」或「東亞半月弧稻作文化圈」〔註16〕。

而聯繫族群分佈的歷史情況，按如今民族學界的通常說法，這一地帶的世居往來者卻是與「氐羌」系統不同的另一人群：「百越」。有人認為：從遠古的「百越族群」先民的遷徙活動地域，到現在的傣族定居地區，都是在我國境內以及同周邊國家接壤的邊疆，從未超出「東亞半月弧稻作文化圈」自然地理帶範圍。」〔註17〕

〔註14〕 童恩正：《試論我國從東北至西南的邊地半月形文化傳播帶》，《文物與考古論集》，文物出版社，1987 年；後收入《童恩正文集·南方文明》卷，重慶出版社，1998，頁 558～603。

〔註15〕 參見西北師範學院地理系、地圖出版社主編：《中國自然地理圖集》。該圖集介紹說，在 1978 年 4 月的國內綜合大學地理系教材統編會上，學者們「以非地帶性諸因素為主要根據」，並「兼顧各地帶性因素諸特徵」，將全國分為兩大區域，即「中國東部」和「中國西部」。參見該著，頁 94。

〔註16〕 佐佐木高明：《照葉樹林文化之路——從不丹、雲南至日本》，劉愚山譯，雲南大學出版社，1998。

〔註17〕 參見「雲南資訊港」：http://travel.yn.cninfo.net/news/5/01-7-4/news_1610_0.html。

　　對於在國家地理格局裏呈現爲多民族交匯的「西南地區」，我曾描述爲「多通道」和「大三角」。我認爲，要全面認識西南，需超越「西南」一詞的稱謂局限，增加新角度，擴展新視野，從「一點四方」的視域中跳出來去放眼「四面八方」。對此，羅安平著作中多有引論，此不贅述。空間與地理是人類生存的現實根基，同時也是論述不同文化的知識前提。雖然地球只有一個，族群所處的區域卻千差萬別。20 世紀以來，有關中國西南空間與地理的論述層出不窮，值得後人總結借鑒的成果不少。羅安平博士的專著以「遠方鏡像」切入，考察民國時期美國《國家地理》展示的西南中國。著作依次由「爲何表述」、「表述什麼」、「怎樣表述」以及「表述影響」等展開，闡述了長達百年、呈現在英語世界的西南圖像和西南意義，繼而討論了隱含在《國家地理》編著團隊後面的「表述之道」與「異域之景」。一如作者總結說：

> 《國家地理》作爲一份兼具傳媒、文學、人類學與科學特性的雜誌，對於英語世界的讀者，通過文化、歷史、自然、科學的角度，認識不同區域的人群、社會及其文化信仰，在跨文化溝通、瞭解與對話中起到了重要的橋樑作用。〔註18〕

　　不過如若要對《國家地理》這類重要期刊的跨國表述加以概括的話，不妨再轉引來自英語世界的自我批評。人類學家凱薩琳・盧茨和簡・柯林斯指出：

> 雜誌以聲稱的非營利機構和科學權威維護其中產階級價值觀，包括培養見多識廣的世界公民，尤其是在新時代裏促進美國人的全球責任感。然而，實際上，《國家地理》雜誌並非一個關於第三世界以及來自於第三世界的知識、思想與觀念的自由平等交換平臺。它只是一本閃耀著光澤的、對特定主題與形象進行高度程式化表述的雜誌。〔註19〕

　　正如我在評述中國多民族文學研究及美洲印第安人博物館的敘事轉型等事相時指出過的那樣，任何有關的「他者」的書寫背後，都存在著表述與被表述的差異和論爭。〔註20〕過去如此，如今也不例外。

〔註18〕羅安平：《杜鵑花與弓弩手：民國時期美國〈國家地理〉的中國西南》「結論」。

〔註19〕Catherine A.Lutz and Jane L.Collins, *Reading National Geographic*, Chicago: University of Chicago Press,1993,P5.轉引自羅安平同書「結論」部分。

〔註20〕徐新建：《表述與被表述：多民族文學的視野和目標》，《民族文學研究》2011年第 2 期；《熔爐裏的太陽花：「美洲印第安人博物館」的特質與象徵》，《民族藝術》，2016 年第 3 期。

目

次

緒　論

第一節　本書緣起與理論脈絡

　　1911 年的陽春三月，金燦燦的油菜花鋪滿成都平原。美國地質學家羅林‧錢柏林（Rollin T. Chamberlin）一行從成都出發，途經灌縣（今都江堰市）來到青城山（錢氏將之稱爲「四川的阿爾卑斯山」）考察。在灌縣附近一個集鎭上，一臺地方戲正在上演。錢柏林悄悄爬上戲臺對面坡地準備拍照，但他的舉動驚擾了正在看戲的人群。於是在後來刊出的照片下方，有一行說明文字：「臺上的演員正在賣力演出，但觀眾們顯然對美國攝影師更感興趣。」照片中，飛簷翹角式的祠堂裏，演員身影模糊，而臺前攢動的人頭卻清晰可辨：頭裏包布的農民們紛紛把目光從戲臺上轉開，扭頭舉目望向沒有出現在照片裏的攝影師，大多數人面帶笑意，表情生動。

　　錢伯林的這張照片（見圖 1）及旅行記刊登在 1911 年 12 月的美國《國家地理》雜誌上，名爲《富饒美麗的四川》。〔註 1〕其時，辛亥革命正在中華大地掀起波瀾，中西方的相遇也已歷經溫情脈脈與硝煙戰火。上述「戲臺遭遇相機」的一幕，正是中西之間互視歷史之一瞬。當然二者的互視還有更多情態。就在同一本雜誌中便呈現過不同表情：在北京街頭，當攝影師把相機對準幾位身著

〔註 1〕Rollin T.Chamberlin, "Populous and Beautiful Szechuan." The National Geographic Magazine. December 1911.這篇文章的副標題爲：「探訪中國不安寧的省份，當前的一場革命正發端於此」（A Visit to the Restless Province of China, in Which the Present Revolution Began）。這一革命即指辛亥革命。美國《國家地理》雜誌的名稱經歷數度變化，從最開始的 The National Geographic Magazine，到 National Geographic Magazine，最後定爲沿用至今的 National Geographic.本書此後的注釋中，將其一律縮寫爲 NGM.

旗袍的滿族女子時，其中一位立即以扇遮面（見圖2）；〔註2〕而在大西南的群山深處，一名盧西部落（Lushi Tribe）婦人在鏡頭前驚慌而逃。〔註3〕

　　擴展而言，不同個體、民族與國家的相遇，總是在「看與被看」及「表述與被表述」中體現其背後的權力關係。意大利學者翁貝爾托・埃科曾論述過兩種有差異的文化相遇所可能產生的三種「抽象模式」：征服、掠奪與交流。征服導致教化或毀滅，掠奪是在認識到對方價值後對其「竊取」，而交流則是「互相影響與尊重的雙方流程。」〔註4〕這三種模式，也正是人們面對「文明差異與共存」時所持的不同觀點與立場，其間脈絡，或可用「文明衝突」、「文明相輕」以及「跨文明對話」貫通之。

一、理論背景：跨文明比較研究

　　對全球不同文明關係的一個重要論述是「文明衝突論」（the Clash of Civilizations），其首倡者為哈佛大學的政治學教授塞繆爾・亨廷頓（Samuel P.Huntington）。1993年，亨廷頓在美國《外交》季刊上發表《文明是衝突的嗎？》一文，其主要論點為，當前全球政治最主要和最危險的方面是不同文明集團之間的衝突，導致人們的各種反應，包括新奇、義憤、恐懼和困惑。〔註5〕三年後，亨廷頓將文章擴展為專著出版，題為《文明的衝突與世界秩序的重建》，這一次，標題裏的問號被去掉，換來更加明確的斷語：正在顯現的世界中，屬於不同文明的國家和集團之間的關係不僅不會是緊密的，反而常常會是對抗性的。而最主要的對立，是在西方和非西方之間，「在西方的傲慢、伊斯蘭國家的不寬容和中國的武斷的相互作用下發生。」〔註6〕換言之，未來的危險衝突將會釀端於基督教文明、伊斯蘭文明和儒家文明之間。

〔註2〕 William W. Chapin, "Glimpses of Korea and China." *NGM*.November 1910.

〔註3〕 Joseph F.Rock, "The Land of The Yellow Lama." *NGM*, April.1925。該照片的標題是：敢於面對照相機的盧西老婦人。下面一行小字提醒讀者：「注意看照片背景右邊的女人穿的裙子，這個女人正在逃離照相機。」在照片的後方背景裏，看不見人身，只有因晃動而虛化的裙影，代表著一個正逃離鏡頭的人的存在。

〔註4〕 （意）翁貝爾托・埃柯（Umberto Eco）《他們尋找獨角獸》，樂黛雲、勒・比松主編，《獨角獸與龍：在尋找中西文化普遍性中的誤讀》，北京大學出版社，1995年，第1頁。

〔註5〕 Huntington S P. The Clash of Civilizations? *Foreign affairs*, 1993:PP. 22～49.

〔註6〕 （美）塞繆爾・亨廷頓《文明的衝突與世界秩序的重建》，周琪等譯，新華出版社，1998年3月，「前言」第1頁，第八章「西方和非西方：文明間的問題」，第161頁。

　　亨廷頓以三大文明（以及其它七八種文明）爲對象界定的全球新格局，一方面承認了世界多元文明的存在，「文明」成爲複數而非單數，有助於世人跳出唯我獨尊的狂妄與隔絕，從而以更理性冷峻的眼光看世界。但是，由於亨廷頓的出發點是思考如何使西方文明更強大，從而在衝突中抗禦其它文明，因此，他也爲不同文明的接觸種下荊棘，由衝突而導致的仇視不僅在學術領域展開，而且也在現實層面被激發。2001 年美國「9.11」事件正是其最好例證。

　　紐約的雙子塔被襲擊倒下之後，美籍阿拉伯裔學者愛德華・薩義德（Edward.W.Said）感知到彌漫於美國社會中「將他者妖魔化」的極端情緒，他毫不留情地指出，亨廷頓「以荒謬、狹隘簡化的方式凸顯文明的爭鬥，全然忽略了人類歷史上相互交流、增益與分享的一部份，」與其說是「文明的衝突」，不如說是「無知的衝突。」〔註7〕而薩義德最具影響力的論述，來自於其「東方學」理論，筆者認爲，這一理論道出了世界文明間關係在「文明衝突」之外的「文明相輕」模式。他的數部重要著作如《東方學》和《文化與帝國主義》等，徹底而深刻地剖析了西方長達數世紀對東方殖民主義式的書寫。薩義德指出，東方從一個地理空間變成受現實的學術規則和潛在的帝國統治支配的領域，西方與東方之間存在著一種權力關係、支配關係和霸權關係。因此，薩義德將東方學視爲西方用以控制、重建和君臨東方的一種方式。〔註8〕

　　可以說，以薩義德爲代表的後殖民主義視角，是對世界跨文明關係最具衝擊力的洞見。但是，這一理論也受到不同學者的爭議與補充，其中最具挑戰力的批評針對論者使用材料及其立場問題。英國學者瓦萊麗・肯尼迪（Valerie Kennedy）在充分肯定薩義德對於文學、政治和文化之間關聯的堅守之時，指出其在理論上的一些困境，比如薩義德在運用「那些歷史、人文和文化研究」工具的過程中，所訴諸的正是既產生了帝國主義又產生了東方學的那種傳統工具，表明薩義德「把異質事物同質化的傾向。」〔註9〕而人類學家詹姆斯・克里福德（James Clifford）則認爲，儘管《東方學》帶有它所挑戰的西方人文

〔註7〕（美）愛德華・薩義德《報導伊斯蘭：媒體與專家如何決定我們觀看世界其它地方的方式》，閻紀宇譯，上海譯文出版社，2009 年，第 231 至 238 頁。

〔註8〕（美）薩伊德・W・薩義德《東方學》，王宇根譯，三聯書店，1999 年。「東方學」的英文是 Orientalism，也有人譯爲「東方主義」。

〔註9〕（英）瓦萊麗・肯尼迪《薩義德》，李自修譯，江蘇人民出版社，2006 年，第 35 頁。

主義的某些特點，但是，「對於帝國話語的『反述』，是從一個其現實已經被歪曲和否定的東方人的立場出發的。因此，顯而易見，這種立場就是對立性的了。」〔註10〕

如何既有力地反駁「文明衝突」論的極端二元對立僵化思維，又走出後殖民主義者「同質化」與「對立性」困境，是各國學者共同面臨的時代命題。在全球範圍不斷湧現多元文化思潮背景中，由華人學者所倡導與踐行的「跨文明理解與對話」發出了自己的聲音。一大批有識之士，如杜維明（華裔）、湯一介、樂黛雲、曹順慶、徐新建等等，都從各自不同的學科與旨趣出發，共同推動世界朝向和諧共生而努力。鑒於與筆者專業和本書主題（美國《國家地理》裏的中國西南）的相關密切度，此處特以曹順慶與徐新建的研究為例，簡要概述跨文明對話的由來、意義與方法。

從上世紀90年代起，曹順慶分別提出「失語症」、「跨文明比較」、「異質性」等話語理論，把中國與世界文學、文論及文明交往的相關思考步步引向深入。首先來看「失語症」。在《文論失語症與文化病態》一文中，曹教授明確指出，中國的現當代文壇與文藝理論研究，患上了嚴重的「失語症」。何謂失語？即現當代中國根本沒有一套自己特有的表達、溝通、解讀的學術規則，依附於西方文論話語中而成為一個「活生生的學術啞吧。」〔註11〕何以至此？曹順慶在多篇論文中分析認為，深層原因在於19世紀末以來中西文化劇烈衝撞的結果，伴隨著西方列強堅船利炮而來的，不僅有冷兵器的暴力相侵，更有知識譜系的大切換，也就是西學知識以現代科學和理性思維為唯一合法性標準，徹底宣告了中國傳統知識的落後與無效。〔註12〕正如前面錢柏林照片所隱喻的，中國傳統地方戲曲遭遇西方人及其相機（象徵著現代與科學）時，無論戲曲演員們怎樣「賣力」，都不能吸引住觀眾了。這是西方使中國「失語」的一種典型寫照。放眼來看，這樣的影響並非只針對中國。正如埃里克·沃爾夫（Wolf.E.R.）尖銳指出的，「非西方」的普通大眾本應是世界歷史的「積

〔註10〕 James Clifford, "On Orientalism", *The Predicament of Culture:Twentieth-Century Ethnography, Literature,and Art*, Cambridge, Mass and London: Harvard University Press, 1988, PP.225～76.

〔註11〕 曹順慶《文論失語症與文化病態》，《文藝爭鳴》，1996年第2期。

〔註12〕 曹順慶對於「失語症」的相關論述，可參見：《從「失語症」、「話語重建」到「異質性」》，《文藝研究》1999年第4期；《再說「失語症」》，《浙江大學這報》2006年第1期；《論「失語症」》，2007年第6期；《唯科學主義視域下中國古代文論的雙重危機》，《社會科學戰線》，2012年第4期，等等。

極主體」，但在「勝者爲王」的書寫中，卻全部成爲歷史過程中的犧牲品與沉默的證人，造成「歐洲與沒有歷史的人民」二元對立的認知圖式。〔註13〕

　　「失語」之後，話語重建成爲當代中國學人的重任與擔當。要重新擁有話語權，首先須挖掘中國傳統文化中的寶貴資源，在繼承吸收的基礎上進行創新與轉換，從而建立起比較文學的「中國學派」。〔註14〕在「中國學派」的方法論體系中，曹順慶極爲強調跨文明研究，他指出，「西方與東方的交際、交匯，是由原來一統天下的西方文明，變爲西方文明與東方文明重新開始互識、互證、互補，並共同創造一個多元文化交匯的新時代。」〔註15〕而在1934年，英國歷史學家湯因比（Arnold J.Toynbee）也已提出過「文明的比較研究」，他指出從最早的起源開始，人類社會先後出現了21個主要的文明單位。其中包括伊朗、印度、古代希臘、古代中國以及敘利亞和伊斯蘭、東正教社會等，歷史研究是爲了「理解和闡釋它們間的異同和關係」。〔註16〕在一個世紀以內，東西方學者從不同學科提出相同的呼吁，標誌著跨文明對話正在努力瓦解西方頑固的自我中心觀，爲走向寬容而多元的新世界秩序創造著話語基礎。

　　但是，正如亨廷頓的「文明衝突」與薩義德的「東方主義」所揭示，複數的「文明」在交往接觸中，很難自覺地從「各美其美」走向「美人之美」。〔註17〕原因何在？或許我們可以從文明的「異質性」中獲得相應啓示。何謂「異質性」？曹順慶從知識形態的意義上，以中西詩學比較爲例，認爲其含義「是說中國傳統詩學有不同於西方詩學的異質的知識譜系背景和質地、形態均不相同的知識質態。」〔註18〕在將「跨文化」特意強調爲「跨異質文化」

〔註13〕　（美）埃里克・沃爾夫《歐洲與沒有歷史的人民》，趙丙祥等譯，上海人民出版社，2006年，前言第1～2頁。

〔註14〕　「中國學派」是指在比較文學學科內，在法國的「影響研究」與美國的「平行研究」之後，由曹順慶所倡導建立的第三階段世界比較文學理論與學術話語「跨文明比較研究」，其中的方法論體系包括：闡發法、異同比較法、文化模子尋根法、對話研究、整合與建構研究。參見：曹順慶《比較文學中國學派基本理論特徵及其方法論體系初探》，《中國比較文學》，1995年第1期。曹順慶主編《比較文學學科史》，巴蜀書社，2010年。

〔註15〕　曹順慶《跨文明比較文學研究——比較文學學科理論的轉折與建構》，《中國比較文學》，2003年第1期。

〔註16〕　湯因比著《歷史研究》（A Study of History），曹未風等譯，上海人民出版社，1986年版，第44～54頁。

〔註17〕　費孝通《「美美與共」和人類文明》，《新華文摘》，2005年第8期。

〔註18〕　曹順慶《從「失語症」、「話語重建」到「異質性」》，《文藝研究》，1999年第4期。

時，曹順慶認爲文明是同質文化最大的包容點，文明之間充滿著異質性，在某種意義上它們之間既存在不可通約性的一面，同時卻也存在一定的共通的東西。〔註 19〕事實表明，對異質性「他者」的觀照有助於發現文明間深層的聯繫，因爲，「在單一的文明內部，特定的文化資源有時也滿足不了人們的精神需求與認識需要，不得不訴求於『他者』以彌補自身不足。」以跨文明的視野以及對「異質性」的關注和強調，曹順慶確信：「異質文明的文學之間，只有在互爲主觀、互爲他者的狀況下，才可能更全面地認識自身，認識對方、和諧共處、共同發展。」〔註 20〕

曹順慶從比較文學的角度倡導跨文明對話並呼籲人們對「異質性」給予理解、包容和重視，徐新建則從文學人類學以及區域研究等角度，推動此議題向前邁進。簡要來看，跨文明研究至少有三大議題：一、如何在學術視野和現實關懷上連通「個人——族群（國家）——人類」三大敘事範疇與類型；二、如何建立「大文學」觀，從「表述」的意義平等對待一切「人類學寫作」，包括文字與非文字「文學」；三、就「文明」指向而言，如何既跨越世俗層面的族群與國別文明，又連接神聖世界的佛教、道教、基督教、伊斯蘭教以及民間信仰等。以下僅簡述徐新建從文學人類學與「西南研究」導向的跨文明理解。

在《文學人類學的中國歷程》一文中，徐新建把文學人類學視爲當代學術轉型的一種代表，「在其背後蘊藏著的是跨學科、跨領域的範式融通，你中有我，我中有你，既代表了傳統的人文學科，也體現著經典的自然科學和現代的社會科學。」〔註 21〕爲何文學人類學能擔任此功能呢？因爲它以人類審美想像、生命表述及身份認同、歷史記憶等共同性爲基礎，成爲跳出了以國別、民族或文明爲界之框架後的「第三人稱」文學。〔註 22〕對於這門新興學科，徐新建認爲其「核心與起點」即爲表述問題，「表述的實質是生命的呈現和展開，也就是存在及其意義的言說。」因此，也可以說，「表述也是世界的起點與核

〔註 19〕曹順慶《跨文明研究：把握住學術基本動向與學術前沿》，《思想戰線》，2005年第 4 期。

〔註 20〕曹順慶《文明衝突與比較文學跨文明研究》，《學術月刊》，2003 年第 5 期。

〔註 21〕徐新建《文學人類學的中國歷程》，《西南民族大學學報》，2012 第 12 期。

〔註 22〕徐新建把比較文學按學科演進的話語脈絡分爲先後相連的三個階段：各說各的「自稱」階段；彼此對照或誤讀的「他稱」階段；相互兼容的「總稱」階段，所謂「總稱」階段，即指以「第三人稱」爲基礎的人學人類學。參見徐新建《文學研究的跨文明比較》，載《中國比較文學》，2016 年第 1 期。

心」。但是，徐新建也指出，一切表述都是特定的「文」而不是「本」。〔註23〕正如筆者的拙著將要揭示的，西方世界借助現世性的文本（《國家地理》）構造的中國及西南並非一個「眞實」的實體，那麼文本世界與現實本文之間的差異與裂隙，正是文學人類學要去努力接近、發現和闡釋的。經由對差異的分析與闡釋，或許正是達致異質文明間理解與對話的一條路徑。

　　從區域研究的角度對人類生存空間和文化空間進行比較性探討，也是理解文明多元共生的一條通途。以九十年代初一批來自川滇黔的中青年學者所作「西南研究書系」〔註24〕爲例，其功效正是「通過叢書創立一個新的西南身份和流動的認同。」〔註25〕在爲叢書寫的總序裏，徐新建開篇即指出該書的學術背景在於歷史進程已進入一個新的「後軸心時代」，在這個時代中，幾大地區性古典文明獨佔一方的孤立軸心現象已經結束，一切邊緣的、古老神秘的、過去不被納入主流歷史的東西都發生交際與碰撞，每一種文化都同時既成爲觀察的主體又成爲觀察的對象，於是，「每一種文明在深化對『自我傳統』的認識的同時又增加了不得不盡可能理解無數個『他者文化』的負擔。」〔註26〕在此意義上，「西南」可謂是「跨文明研究」的一個落腳點，或者用徐新建的話說，它是一個「可置換的符號，」其與「西北研究」、「中國研究」、「西方研究」、「伊斯蘭教研究」等等區域與類型研究一道，內外呼應、互爲補充，共同繪製一幅全球畫像。

　　以「跨文明比較研究」這樣的學術歷程爲背景和視野，本書即意在以一份英語世界文本裏的中國西南表述爲依託，力圖爲人類歷史演變過程中的文明相遇、文化變遷提供一份記錄和參照，或者是一重眼光與視角。

二、地域選擇：爲何是西南？

　　首先簡要說明本書「西南」含義與範圍。自司馬遷《史記》首次出現「西南夷」一詞以來，〔註27〕「西南」無論作爲一個實體的地理區域，還是一個

〔註23〕徐新建《表述問題：人類學的核心與起點》，《西南民族大學學報》，2011年第1期。

〔註24〕「西南研究書系」叢書是由雲南教育出版社於90年代出版，目前共出版著作30餘種。

〔註25〕徐新建、彭文斌《西南研究答問錄》，《貴州社會科學》，2010年第2期。

〔註26〕徐新建《西南研究論》，雲南教育出版社，1992年，「總序」，第1頁。

〔註27〕司馬遷在《史記》一書中，首次將「西南」之名列爲專傳，即《史記·西南夷列傳》，稱西南地區各族爲「西南夷」，並詳細記載西南各民族風俗情況。見（漢）司馬遷：《史記·西南夷列傳》。《史記》卷一百一十六，清乾隆武英殿刻本，第2991頁。

歷史文化的概念體，其流動性與伸縮性皆極其巨大，對此，已有眾多著作對其詳加勘定。〔註28〕筆者已再難另行妄關新意，故本書以徐新建在《西南研究論》中的界定爲主：從今天的眼光看，僅就地域而言，其可大致分爲狹義和廣義兩種所指。狹義的「西南」相當於如今的川、滇、黔三省，廣義的「西南」則還包括藏、桂兩地甚至湘、鄂西的一些地區。〔註29〕本書的具體論述範圍僅指狹義的西南，再加上 1939～1955 年的西康省（包含了如今西藏東部部份藏文化區）以及重慶（1997 年分離四川成爲中國直轄市）。

　　筆者在對《國家地理》的中國報導進行梳理統計時，發現自 1888 年創刊至 2015 年這 127 年間，在大約 300 多篇中國文章裏，不計「整體中國」裏包含的關聯表述，僅直接書寫西南（狹義上）的文本即達到至 40 多篇，居各區域之首。那麼美國《國家地理》爲何如此「青睞」西南？從西南一隅能映照出一個怎樣的中國形象？以下從《國家地理》的視角看選擇「中國西南」原因所在。

　　首先，西南是一個東西方文明相遇與交匯的重要場域。西南在不同時期因各種原因成爲中外「接觸帶」。第一階段發生在 19 世紀末至 20 世紀初，其時緬甸、老撾、越南等相繼淪爲英法殖民地，在殖民國家進入東南亞後，便直接接觸到中國的西南邊疆——雲南，並以雲南爲通道，希冀從雲南進入中國內陸廣闊市場，將西南乃至中國納入東方殖民市場體系。伴隨殖民主義者進入西南的，有相當多博物學家、探險家和傳教士，因此《國家地理》此一

〔註28〕關於「西南」的地理範圍歷史演變及文化含義變遷，重要參考著作有：徐新建《西南研究論》；方國瑜《中國西南歷史地理考釋》，中華書局，1987 年版；童恩正《中國西南民族考古論文集》，文物出版社，1990 年版；王育民《中國歷史地理概論》，人民教育出版社，1985 年版；尤中《中國西南邊疆變遷史》，雲南教育出版社，1987 年版；陸韌主編《現代西方學術視野中的中國西南邊疆史》，昆明：雲南大學出版社，2007 年；譚其驤主編《簡明中國歷史地圖集》，中國地圖出版社，1991 年版。此外，據王璐博士統計，與西南研究相關的書系除徐新建等主編的《西南研究論》叢書外，目前主要還有：雲南大學主編的《雲南民族村寨調查》叢書共 27 冊，《20 世紀中國民族家庭實錄》和《西南邊疆民族研究書系》數十冊；雲南民族大學主編的《雲南少數民族文化史》叢書十餘冊；貴州、湖南學者編輯了《歷史民族志研究》叢書多冊；四川大學與西藏大學還聯合編輯出版了《西藏文明研究》叢書 10 冊；中國社科院民族學人類學研究所還編輯出版了《中國少數民族現狀與發展調查研究叢書》西南部分多冊。參見王璐《民國時期西南民族志研究》，四川大學博士論文，2013 年。

〔註29〕徐新建《西南研究論》，雲南教育出版社，1992 年，「總序」，第 9 頁。

時期便以植物學家的書寫爲主。第二階段，二戰時期中國抗日戰場轉移至「大後方」西南重慶，拉鐵摩爾曾以「東南亞的樞紐」爲名論述過雲南的戰略地位，〔註 30〕而美國的飛虎隊將昆明作爲空軍基地，滇緬公路的修建帶來大量美國兵士與軍事家、政治家，由此引來《國家地理》全方位關注。第三階段從八十年代至今，美國動物學家到四川臥龍與中國熊貓保護專家合作，研究大熊貓保護機制，爲《國家地理》帶去大熊貓及中國生態報導，引發新時期西方的熊貓熱與生態關注。因此，可以說，西南一隅，是研究東西方文明理解與對話的極佳場所。

其次，西南自身是一極具「異質性」的多元文化碰撞地。異質性指民族構成的多樣性與地理環境的複雜性。從族群多樣性而言，作爲一個自古以來的多民族國家，在中華人民共和國承認的 55 個少數民族中，西南（雲貴川）便有 25 個。族群多樣性必然帶來語言、宗教、習俗與建築等多元文化。源於印度次大陸的佛教、途經該地區的伊斯蘭教、中原儒家文化、道家學說，以及各族群自身原有的自然宗教，再加上傳播於西南深處的基督教，在這一區域混雜相生，共同形塑著西南氣質與特性。此外，就地理特徵而言，作爲邊地的西南，內有高山、草地、深谷、大河，自古以來成爲人們心目中的「荒野」。在《國家地理》眼中，在 20 世紀前 30 年，雖然探險家們足跡已踏遍全球，但「中國的神秘性與難行度，也許只有月球能與之相比。」〔註 31〕與中原及沿海相比較，西南等邊地理所當然代表了這個「神秘與難行」的中國，一個「眞正的中國」。〔註 32〕這樣一個異質多元的地方，自然成爲中外民族學、人類學趨之若鶩的寶地，也是追求「異質」他者的《國家地理》首選之地。

最後，西南是一典型生態「熱點」地區。西南之所以吸引 20 世紀早期的西方博物學家，首先來自於其豐富的生態資源。無論稱之爲「花卉王國」還是「野性西部」，來自西南的植物不可否認地裝點了西方的土地。〔註 33〕在一個多世紀裏，茶馬古道、九寨溝、橫斷走廊、大熊貓棲息地、怒江大峽谷以及「香格里拉」等，成爲《國家地理》不斷的追尋。而這一特定的寶貴生態

〔註 30〕Owen Lattimore, "Yunnan,Pivot of Southeast Asia." *Foreign Affairs,* Vol.21.No.3. Apr.1943.

〔註 31〕C.D.B. Bryan, *The National Geographic Society:100 Years of Adventur and Discovery*, New York: Abradale Press, 2001.

〔註 32〕Nicholas Clifford, *"A Truthful Impression of the Country":British and American Travel Writing in China,1880～1949*, The University of Michigan Press，2001

〔註 33〕Ernest H.Wilson, "The Kingdom of Flowers", *NGM*, Nov.1911.

區，在百多年裏經歷的環境變化與生態問題，成爲地球自然演化歷史的見證與獨特樣本，留給表述者與被表述者無盡審思。

以上是中國西南對於《國家地理》的意義所在。總體而言，對於《國家地理》雜誌而言，中國西南是一塊神秘、野蠻、落後的「異域」之地，也是一處美麗、神奇、野性的地球寶庫。《國家地理》對中國西南的書寫，既與對非洲、澳洲或者菲律賓、阿拉伯等非西方世界的書寫一樣（見下文「研究綜述」），充滿獵奇與想像，滲透著東方主義與帝國主義意識形態；與此同時，通過中國西南在百年歷史中的生態變遷與文化續裂，雜誌客觀上再現了人類文明所走過的一段曲折路程，映照出一幅關於人與自然互爲依存的雙面鏡像。

本書也意在以西南爲一個側面，由此反觀西方人眼中「中國」的構成與演變。實際上，西方「中國觀」，亦經歷著不同的話語模式與認知線路。大體來說，最爲常見的「中國形象」，基本將中國視爲以漢族、儒家文化爲代表的具有同一性的文明與歷史單位，如雷蒙·道森的《中國變色龍》〔註34〕、哈羅德·伊薩克《美國的中國形象》〔註35〕等等；與之相對的模式，則從「民族——國家」（nation-state）或人類學視角出發，突出中國的異質性與多元性，強調複線歷史、地區差異與族群多樣，如杜贊奇的《從民族國家拯救歷史》〔註36〕、拉鐵摩爾《亞洲內陸邊疆》〔註37〕以及人類學家路易莎《少數的法則》〔註38〕等，挑戰以往僅以中原、漢地或漢族代表「中國」的論述立場。

與此同時，中華兩岸三地學者，也一直在進行有關「重建中國」的歷史論述。早在 1928 年，歷史學家傅斯年就提出「虜學」的重要性，他認爲中國學者在研究中國或與中國牽連的事物時，不像歐洲人那樣特別注意「四裔」問題，「假如中國學是漢學，爲此學者是漢學家，則西洋人治這些匈奴以來的

〔註34〕（英）雷蒙·道森（Raymond Dawson）《中國變色龍：對於歐洲中國文明觀的分析》，常紹明、明毅譯，中華書局，2006 年。

〔註35〕（美）哈羅德·伊羅生（Harold R.Isaacs）《美國的中國形象》，於殿利、陸日宇譯，中華書局，2006 年。

〔註36〕（美）杜贊奇《從民族國家拯救歷史：民族主義話語與中國現代史研究》，王憲明等譯，江蘇人民出版社，2009 年。

〔註37〕（美）拉鐵摩爾《中國的亞洲內陸邊疆》，唐曉峰譯，江蘇人民出版社，2010年 7 月，第 74 頁。

〔註38〕（美）露易莎·歇恩（Louisa Schein）《少數的法則》，校眞譯，貴州大學出版社，2009 年。

問題豈不是虜學……然而漢學之發達有些地方正藉重虜學呢！」〔註39〕此後，沈松僑、孫隆基、王明珂、徐新建、葛兆光等皆分別從不同的「族源故事」與「周邊地區」入手，〔註40〕論述國族建構與國家形成中蘊涵的話語策略。相關論說中呈現的諸多議題，諸如同質或異質、一元或多元、中心或邊緣等，對於重新認識一個多面中國，不無裨益。

葛兆光在《宅茲中國》一書中，以「中國的自我認識」為中心，把以往的中國歷史分成三個階段，即以自我為中心的想像時代、一面鏡子的時代和多面鏡子的時代，分別對應「天下觀念」、「西方他者」和「從周邊看中國」。葛氏特別懷疑，西方他者「是正確的鏡子還是一面哈哈鏡呢？它是認識自己的唯一鏡子嗎？」由此，葛提出要讓周邊的日本、朝鮮、越南、印度、蒙古等「曾與中國共享一個文化傳統的不同國度」成為認識中國的「多面鏡」。〔註41〕如果說葛氏的「周邊」從傅斯年的「四裔」轉換而來，筆者則擬將其再度轉換與具體化：從西南看中國。以西南為一面鏡子，同時兼顧葛氏所稱的「西方他者」這另一面鏡子，是否可以「內外兼顧」而更加清楚地映照一個「自我」呢？

三、文本定位：地理、旅行與民族志

美國《國家地理》雜誌，是美國國家地理學會的官方刊物，創刊於 1888 年，至今已過一世紀。（相關詳細介紹參見第一章）。在官方網站及每期雜誌扉頁上，宣傳語為：

> 國家地理學會自 1888 年以來，一直致力於激勵人們關愛我們的

〔註39〕傅斯年《歷史語言研究所工作之旨趣》，歐陽哲生主編，《傅斯年全集》第三卷，湖南教育出版社，第 6 頁。傅斯年所指「虜學」或「四裔」，特指匈奴、鮮卑、突厥、回紇、契丹、女眞、蒙古、滿洲等，他認為中國人不曾像外國學者一樣「解決史籍中的四裔問題」。

〔註40〕參見：沈松僑《我以我血薦軒轅——黃帝神話與晚清的國族建構》，臺灣社會研究季刊，1997 年；《振大漢之天聲——民族英雄系譜與晚清的國族想像》，「中央」研究院近代史研究所集刊（臺北），2000。孫隆基《清季民族主義與黃帝崇拜之發明》，《歷史研究》，2000 年第 3 期。王明珂《華夏邊緣：歷史記憶與族群認同》，社會科學文獻出版社，2006 年。徐新建《蚩尤和黃帝：族源故事再檢討》，《廣西民族大學學報》，2008 年第 9 期。葛兆光《宅茲中國——重建有關「中國」的歷史論述》，中華書局，2011 年。

〔註41〕葛兆光《宅茲中國——重建有關「中國」的歷史論述》，中華書局，2011 年，第 278～282 頁。

星球。它是世界上最大的非營利科學和教育機構，其興趣包括地理、
考古和自然科學，以及一切促進環境和歷史保護的議題。〔註42〕

客觀而言，有著亮黃色邊框的《國家地理》雜誌在大眾文化時代確有極
大影響力。從 1995 年起，已用 34 種不同語言在全球發行。當然，在跨文明
接觸與交流中，它必然引發不同的觀感與評說，盛讚者有之，批評者亦不乏
其人。前者如美國第 27 任總統塔夫脫（William Howard Taft）的一段話，被
《國家地理》反覆引用：

> 凡是閱讀過《國家地理》的人都明白這份雜誌的成功何在。它
> 不會為了迎合受眾口味而熱衷於揭發醜聞或捲入性話題——這是如
> 今很多雜誌提高發行量的手段伎倆。雜誌將努力的方向聚焦於地理
> 問題上，無論是地形、環境、面積與氣候，還是人類自身的豐富差
> 異性，以及人類歷史如何受地理環境制約與影響，這些廣泛的地理
> 議題，都是學會與雜誌研究的著力點。〔註43〕

而兩位人類學家凱瑟琳·盧茨和簡·柯林斯卻在細讀《國家地理》後發現：

> 雜誌以聲稱的非營利機構和科學權威維護其中產階級價值觀，
> 包括培養見多識廣的世界公民，尤其是在新時代裏促進美國人的全
> 球責任感。然而，實際上，《國家地理》雜誌並非一個關於第三世界
> 以及來自於第三世界的知識、思想與觀念的自由平等交換平臺。它
> 只是一本閃耀著光澤的、對特定主題與形象進行高度程序化表述的
> 雜誌。〔註44〕

雖然來自於兩位人類學家的批評相當尖銳，但翻開這本雜誌，卻發現一
直以來，其與人類學的關聯卻既微妙又明顯。就在 1988 年一百週年特刊上，
雜誌刊登了一組漫畫，搜集不同時期其它刊物對該雜誌的「嘲諷」。其中一幅
選自 1950 年的《時尚先生》雜誌（Esourire Magazine），講述在太平洋島的一
個土著社區裏，幾個婦女腰繫草裙，而其中一位卻穿著時尚連衣裙，她們神
色慌張地向茅屋外張望。漫畫標題為：「《國家地理》記者來了！」漫畫的下
方有一句引語：「趕快趕快！快換上你的草裙，《國家地理》的攝影記者來了！」

〔註42〕參見學會官方網站：http://www.nationalgeographic.com/about/
〔註43〕William Howard Taft, "Some Impressions of 150,000 miles of travel", *NGM*, May
1930. 塔夫脫總統是國家地理學會會長格羅夫納的表兄，也是該學會的董事局
成員。此文是根據塔夫脫在國家地理學會的兩次演講綜合整理而成。
〔註44〕Catherine A.Lutz and Jane L.Collins, *Reading National Geographic*, Chicago:
University of Chicago Press,1993,P5.

〔註 45〕無獨有偶，人類學專業的人士或許對這幅漫畫並不會太陌生，因爲在 1984 年，另一位漫畫家加里・拉森（Gary Larson）也創作了相似的作品，只不過土著們慌忙藏起來的是電視機、留聲機等現代生活用品，而漫畫下方的引語改爲：「人類學家！人類學家來了！」〔註 46〕顯然，兩幅漫畫都旨在調侃外來者對於「原始」他者的獵奇甚至是「製造」，導致表述在「眞實」與「客觀」上備受質疑。

　　筆者將在第一章詳細闡釋《國家地理》在創立與發展過程中，該雜誌受進化論影響，與博物學、人類學的關聯與互動。在此緒論中，先就文本定位對研究對象作簡要說明。實際上，這份兼具科普與大眾傳媒特色的雜誌，經由「地理」，與人類學和民族志有著剪不斷、理還亂的關係。筆者擬將《國家地理》定位爲一種「多型文本」，地理科學、旅行遊記、文學作品與民族志混雜相生、巧妙嵌合，共同組成意義深遠的「人類學寫作」。

　　其一，人類學與地理學的學科關聯。英國人類學家艾倫・巴納德認爲，從思想史的角度看，古希臘哲學家和旅行家、中世紀阿拉伯史學家、中世紀和文藝復興時期的歐洲旅行家，後來的歐洲哲學家、法理學家及各種各樣的科學家們，都似乎可以算作是人類學的先驅。〔註 47〕在這些先驅者的名單裏，亞里士多德、柏拉圖、希羅多德、伊本・白圖泰、林奈、威廉・馮・洪堡等赫然在目。〔註 48〕而在地理學的學科梳理中，這些人又同時被列爲其發展脈絡裏的重要人物。以希羅多德爲例，他把旅行中的見聞，寫作成《歷史》一書，傑弗里・馬丁（Geoffrey Martin）卻在《地理學思想史》一書裏尊他爲「人類學之父」。〔註 49〕在德國，民族志這一術語最初是被描述成地理學的類似物。〔註 50〕誠然，在人類知識起源的早期，各種學問分界線本是十分模糊，全能型博學家比比皆是，不足爲怪。我們要追問的是，在學科分界線迥然有別的今天，地理學與人類學的相似與差異何在？

〔註45〕　Roy Blount Jr. "Spoofing the Geographic." *NGM*. October,1888.

〔註46〕　Gary Larson, *In search of The Far Side*, Andrews McMeel Publishing, 1984.

〔註47〕　（英）艾倫・巴納德（Alan Barnard）《人類學歷史與理論》，王建民等譯，華夏出版社，2006 年，第 16 頁。

〔註48〕　（英）艾爾弗雷德・哈登（Alfred C. Haddon），《人類學史》，廖泗友譯，山東人民出版社，1988 年，第 2 頁。

〔註49〕　（美）傑弗里・馬丁《所有可能的世界：地理學思想史》（第四版），成一農、王雪梅著，上海世紀出版社，2008 年，第 16 頁。

〔註50〕　（挪威）弗雷德里克・巴特，《人類學的四大傳統》，高丙中等譯，商務印書館，2008 年。第 84 頁。

　　從廣泛的意義上講，人類學是關於「人的科學」，而地理學是「對地球的描述」。〔註51〕地理學家布魯克一句話道出其中關聯：我們應「將地球理解爲人的世界。」〔註52〕人文地理學教授拉里‧格羅斯曼（Larry Crossman）在《地理學與人類學中的人地關係》一文裏，認爲這兩門學科猶如兄弟一般，有許多共同興趣，當然也有差異。他探討自 1900 年以來，正是「人地關係」（man-environment relationships）這一主題把二者相連，又使二者相分。在人類與地理（環境）關係中，文化皆被二者視爲重要因素，但在文化生態觀上一度歧義較大：地理學家強調人類對自然的改造（man's adaptation of nature），而人類學家則調查人類如何適應於自然（man's adaptation to nature）。但隨著通用系統原理（General Systems Theory）與生態系統方法（ecosystem approach）的興起，這兩門學科又在生態思想上重新交匯，共同關注生態與系統框架，強調自然可持續進程。〔註53〕

　　其二，田野「地點」與旅行「線路」。就知識體系和專業實踐而言，古塔和弗格森認爲，田野工作及其相關的民族志是當今人類學學科的核心內容，「田野」是一個把社會分割爲不同文化、區域或地點的先驗性概念，「民族志」則首要關注社區的記憶和流動。〔註54〕在學科邊界模糊融通的漫長歷史中，博物學家們的「田野實踐」實際上是一系列多點、多樣的旅行。但自博厄斯和馬林諾夫斯基以來，深入調查之風佔據主導。正如弗雷澤描述馬氏的田野工作圖景，「他成年累月地呆在土著人中間，像土著人一樣生活，觀

〔註51〕 人類學與地理學的詞源構成：人類學（Anthropology），從最初希臘文（anthropolos），到拉丁語形式（anthropologium），再到 17 世紀的英文詞（anthropologie），到及 19 世紀晚期的 anthropolgy 正式成爲一門學科，其詞源核心由「人」（anthropos）加上「話語」或「科學」（logos）組成，基本含義可簡化爲「關於人的話語或科學。」而「地理」（Geography）一詞，由生活在公元前 3 世紀的希臘地理學家埃拉托色尼（Eratosthenes）最早使用，其中 geo 的意思是地球，graphe 的意思是描述。地理的意思即爲對地球的描述。

〔註52〕 J.O.M.Broek, *Geography, Its Scope and Spirit*.轉引自：傑弗里‧馬丁《所有可能的世界：地理學思想史》（第四版），成一農、王雪梅著，上海世紀出版社，2008 年，第 1 頁。

〔註53〕 Larry Grossman, "Man-Environment Relationships in Anthropology and Geography." *Annals of the Association of Americian Geographers*, Vol.67, No.1（Mar,1977），PP126～144.

〔註54〕 （美）古塔‧弗格森（Akhil Gupta and James Ferguson）編著《人類學定位：田野科學的界限與基礎》，駱建建等譯，華夏出版社，2005 年，第 1、6、220 頁。

察他們的日常生活和工作，用他們的語言交談，並且從最穩定的渠道搜集資料——親自觀察並且在沒有翻譯介入的情況下由土著人用自己的語言對他講述。」〔註55〕古塔等在《人類學定位：田野科學的界限與基礎》中，對作爲地點、方法和場所的人類學田野進行反思，指出馬氏標準化田野「原型」所帶來的一些重要結果，其中之一，「是某類知識的霸權及其對其它類型知識的排除。」〔註56〕馬氏等尤其排除的，是傳教士、殖民官員和旅行作家的異域知識書寫——正好是《國家地理》在不同時期的重要知識來源。

　　伴隨「地球村」時代與流動社會的形成，交通和通訊技術快速發展，時空壓縮與旅行模式發生改變，人類學在重新定義「田野」與「民族志」。詹姆斯·克里弗德在《廣泛的實踐：田野、旅行與人類學訓練》一文中，試圖澄清人類學遺留問題，諸如田野工作形成中的旅行角色、身體缺位與短期離家居住問題。克里弗德認爲，從 20 世紀之初開始，人類學學科的、專業的實體已隨著變化與文學或旅行實踐相結合。田野工作已經是一種制度化的居住和旅遊的混合實踐形成。田野發生在更廣闊的和偶然的旅行過程中，而不是像以前那樣在可控制的研究地點內。〔註57〕在《路線：20 世紀晚期的旅遊與遷移》著作中，克里福德更明確指出，20 世紀的民族志，是一種在現代旅遊中不斷發展著的實踐活動，因此在構造和表述「文化」時，已對以往那種特定「地點化」的戰略越來越有所警惕。〔註58〕

　　《國家地理》以「增進與傳播地理知識」爲己任，但作爲一份「科普」刊物，此任主要通過旅行者的足跡與見聞實現。在數量驚人的照片裝點下，旅行記述類的文章是其重要內容。但是，與一般浮光掠影式的遊客不同，《國家地理》極其強調作者與攝影師的「田野調查人」資格，包括時間長短與「主位」意識。比如在 2008 年 5 月的《中國》特刊中，對每位作者都有簡要描述：彼德·海斯勒「有關中國的書《尋路中國》即將出版」；弗里茨·霍夫曼「住

〔註55〕（英）布羅尼斯拉夫·馬林諾夫斯基《西太平洋上的航海者》，梁永佳、李紹明譯，華夏出版社，2001 年，「序」第 1 頁。

〔註56〕（美）古塔·弗格森（Akhil Gupta and James Ferguson）編著《人類學定位：田野科學的界限與基礎》，駱建建等譯，華夏出版社，2005 年，第 16 頁。

〔註57〕（美）詹姆斯·克里福德《廣泛的實踐：田野、旅行與人類學訓練》，載於古塔·弗格森編著《人類學定位：田野科學的界限與基礎》，華夏出版社，2005 年，第 190～204 頁。

〔註58〕James Clifford, *Routes: Travel and Translation in the Late Twentieth century*, Cambridge, Massachusetts,London,England: Harvard University Press,1997,P.19.

在上海，他從 1995 年起就一直記錄中國的成長與變化」；張彤禾「在中國生活了 10 年，她的新書《打工妹》即將在今年出版」；譚恩美「常回中國探親，她將在下一部小說中著重描寫貴州地捫」；林恩・約翰遜「最喜歡的拍攝任務就是記錄人們的日常生活」。……〔註59〕可以說，正當人類學認為田野調查可能將愈來愈成為「一種研究工具而不是構成專業研究的必要條件」時，〔註60〕《國家地理》越來越重視書寫者的「人類學」取向與資格。

因此，在人類學的田野「特定地點」可以轉化為旅行「不定線路」的今天，又由於《國家地理》書寫者本身的「人類學」方法取向，這是筆者可以將《國家地理》的旅行文本視為一種「民族志」的理由所在。旅遊人類學家彭兆榮認為，旅行作為人類經驗和知識的重要來源，作為人類一個恒常性的表述範式，都是不爭的歷史事實；不幸的是，人類卻忘卻了，使之成為「失落的主題」。〔註61〕因此，彭教授主張重新拾回這一「失落主題」，也就是恢復旅行作為民族志表述範式的合法性。

其三，文本組合與旅行「民族志」。如果將《國家地理》裏的旅行文本作為「民族志」表述範式去閱讀，它又將經受怎樣的檢驗呢？克利福德・格爾茲在《論著與生活》中指出，審視民族志的一個好起點在於開頭——在場景設定、任務描述、自我呈現的開頭幾頁。〔註62〕那麼，我們便以華裔美籍小說家譚恩美在《國家地理》上一篇文章《時光邊緣的村莊》為起點來試讀之。

> 我到達村口高高的寨門時，太陽已經西斜，但暑熱之氣仍未退去。站在那條土路的最高處，映入眼簾的是一條正值收穫時節的山谷：一塊淺綠色的農田間點綴著抹抹金黃，一座座高挑的飛簷宛如黑色的波浪穿插其間；稻田依山而築，層層疊疊的彷彿摞起來的綠色薄餅。

> 忽然間，兩個約 10 歲的小姑娘跑上前來，不由分說一左一右挽住我的胳膊，咿咿呀呀地唱著迎賓歌，擁著我走上一段石板小徑，

〔註59〕 Special Issue, "China:Inside the Dragon." *NGM*. May. 2008
〔註60〕 （美）古塔・弗格森（Akhil Gupta and James Ferguson）編著《人類學定位：田野科學的界限與基礎》，駱建建等譯，華夏出版社，2005 年，第 16 頁。
〔註61〕 彭兆榮《「失落的主題」：旅行文化作為民族志的表述範式》，《世界民族》，2012 年第 1 期。
〔註62〕 （美）克利福德・格爾茲《論著與生活：作為作者的人類學家》，方靜文、黃劍波譯，中國人民大學出版社，2013 年，第 14 頁。

在鱗次櫛比的三層木樓間穿行。幾個包著頭巾的老嫗從各自的門廊裏注視著我們；三個戴著老式解放帽、頭髮花白的老大爺也放低煙袋鍋兒，抬頭看了看；一群孩子簇擁在我們身後。兩個小姑娘帶我穿過一座座建在高樁之上的穀倉，有些穀倉下面是豬欄，有些是養鴨子的池塘。在幾座穀倉下面，我還看到三四件器物躺在地上，看起來就像裝飾美觀的櫃子。它們是擺渡靈魂的冥舟──人們訂做的棺材。在這裡，一個人的棺木從哪棵樹上出，是在出生時就已經定好的。〔註63〕

首先，文章一開始，作者便以第一人稱出場，〔註64〕「我」帶領讀者「見證」所有細節，土路、山谷、農田、小姑娘、老奶奶、棺材──情節豐富而描述確定，這種客觀描述是「我在場」的最有力證據。而這正是克里福德·格爾茲稱為民族志的情境性特徵：作者「署名」或「在場」。這一特徵的實質，是使讀者信服其所說的是他們實際滲透進另一種形式的生活，以這種或那種方式真正「到過那裡」（been there）。〔註65〕

其次，在保證「真實性」的前提下，作者書寫的村莊處於「時光邊緣」，則對於「時光中心」的人完全是一個異質性空間的場域。作者在異質空間內的參與觀察、解釋方式和文本表述，相應建立起「文本」與「本文」（現實）中的各種關係，包括「我者──他者」、「主體──客體」、「知識──權力」等。所有這些，既是民族志寫作的特徵，也是其困境。

最後，需要指出的是，《時光邊緣的村莊》這一單個文本只是《國家地理》整體敘事裏的一個類別、一種類型。正如格爾茲對《憂鬱的熱帶》一書的「定位」，認為其既是遊記、民族志報告、哲學文本，又是改良主義宣傳冊和文學作品，該書形式上兼容並包，而所有文本類型組合、轉喻，交織產生出的是一個共同的「探索故事」。〔註66〕借用格爾茲的「轉喻性鄰接文本」之說，我

〔註63〕 Amy Tan, Photographs by Lynn Johnson, "Villege on the Edge of Time." *NGM*. May. 2008.關於對譚恩美的身份與文本分析，見本書第五章。此處譯文參考《華夏地理》，2008 年第 5 期。

〔註64〕 《國家地理》雜誌從 1906 年 3 月的《摩洛哥》一文開始，開始使用第一人稱敘事，文體便脫離「單調乏味」的專業術語和科學體。見 Ion Perdicaris, "Morcco, the Land of The Extreme West and the Story of My Captivity." *NGM*.March 1906.

〔註65〕 （美）克利福德·格爾茲《論著與生活：作為作者的人類學家》，方靜文、黃劍波譯，中國人民大學出版社，2013 年，第 6 頁。

〔註66〕 （美）克利福德·格爾茲《論著與生活：作為作者的人類學家》，方靜文、黃劍波譯，中國人民大學出版社，2013 年，第 64 頁。

們可以把譚恩美的這個小文本嵌合進更大的結構之中——125 年的《國家地理》，在多種文本類型與多重組合關係裏，去尋繹這本雜誌及其話語帝國所建構的關係圖式，以此揭示在跨文明交流與對話中人類所編織生產的「探索故事」。

第二節　研究綜述

　　由於《國家地理》的巨大影響力與爭議性，各國學者對其的研究已相當成熟而豐富。概括而言，目前在英語世界及漢語世界裏的有關成果可分為三種類型：

一、對國家地理學會及雜誌的歷史、機構描述

　　第一本系統描述國家地理學會及其雜誌歷史的著作《國家地理學會及其雜誌》，〔註67〕作於 1957 年，由三部份組成，第一部份是吉爾伯特·哈維·格羅夫納以親歷者身份敘述學會的家族史；第二部份是由一位編輯戈爾斯撰寫的《人類語言中的地理》（Geography in Human terms），描述國家地理學會的各種活動情況；第三部份是學會的史料，包括從 1888 至 1957 年以來歷任學會會長名單、學會頒發的各種獎章與獎勵、會員的世界分佈數據以及學會所參與支持的各項探險活動。兩位撰寫者都是雜誌和學會的靈魂人物，格羅夫納是雜誌首位付薪編輯、學會會長，在雜誌工作了 55 年，帶領雜誌經歷了從 1899 到 1954 各種歷史風雲與危機坎坷，被稱為學會的建築師與建築隊隊長；戈爾斯從 1905 年加入到這個雜誌帝國後，就一直是格羅夫納的得力助手，並在 1954 直 1957 年間擔任學會會長與雜誌編輯，完成了格羅夫納家族父子會長的順利交接。〔註68〕

　　為《國家地理》撰寫「斷代史」的還有另一篇里程碑式的論文，即帕利（Philip Parly）於 1979 年發表在《美國季刊》上的《世界及其一切：國家地理學會的 1888～1948》。〔註69〕該文總結了學會創立及發展的幾個重要歷史因素，正是這些因素促成了學會的結構與使命：大眾新聞業的的興起；照相凸

〔註67〕 Gilbert Grosvenor, *The National Geographic Society and Its Magazine*, Washington, D.C. : National Geographic Society, 1957.

〔註68〕 格羅夫納家族會長，是指國家地理學會的第三、第四任會長，其為父子關係。父親是吉爾伯特·哈維·格羅夫納（Gilbert Hovey Grosvenor，也是第二任會長貝爾的女婿），兒子是梅爾維爾·貝爾·格羅夫納（Melville Bell Grosvenor）。

〔註69〕 Pauly,Philip. "The World and all that is in It : The National Geographic Society, 1888～1918."*American Quarterly* 1979.

版印刷術（photoengraving）的發展；學院專業學科的出現；隨著西美戰爭的
結束，美國國民對外國的興趣及對海外領土的追求欲望。這些潮流的結合，
使學會成為一個集科學與娛樂的科普雜誌。

　　另一本更為流行的正史是百週年紀念冊《國家地理學會：100年探險與發
現》。〔註70〕其作者布萊恩（C.D.B.Bryan）也被稱為學會的官方史家，他用一
年半的時間在國家地理學會總部進行田野調查，自由翻閱學會的檔案記錄，
與學會工作人員訪談，參與他們的工作討論會，瞭解其工作流程，最終完成
500多頁的大型華美畫冊。本書按時間順序細緻回溯了學會與雜誌百年探索與
科學發現的故事，也提及到雜誌歷史上一些不能令人奉承的方面，如種族偏
見、貶低女性乃至法西斯思想等，但布萊恩的揭露極為輕淡，使其成為個人
缺點而非機構的問題所在。

　　同樣溫和地指出國家地理學會上層領導的種族偏見、法西斯思想等缺陷
的重要史傳，還有出版於2004年的《探險者之屋：國家地理及其創造的世界》。
〔註71〕作者羅伯特・普爾在該雜誌工作了21年，並任執行編輯。它以富於個
性的文筆，聚焦於哈伯特－貝爾－格羅夫納的家族故事，描繪了五代領導層
如何克服個人痛苦、代際衝突與政治挫折，將一個掙扎中的科技期刊轉變為
跨越文化和語言障礙而成為世界知名品牌的歷程。

　　上述史傳性著作基本由學會的局內人撰寫（布萊恩是學會聘請的歷史學
家），因此可稱為「官方歷史」或「正史」，圖文並茂，贊益有加，突出其探
險精神、攝影藝術、科學功績，而較少有批判視角。由於其豐富的史料價值，
成為筆者研究的重要參考。

二、對學會與雜誌的批判性研究

　　相比充滿溢美之詞的《100年探險與發現》，同年出版的著作《國家地理：
美國的世界鏡頭之後》〔註72〕（1987）一書便具有很強的批判性。該書作者
艾布拉姆森曾擔任《華盛頓郵報》、彭博新聞社等媒體編輯，他揭示了雜誌領
導層的右傾政治立場，並質詢了學會長期作為非營利性免稅機構的地位，認

〔註70〕C.D.B.Bryan,*The National Geographic Society:100 Years of Adventur and Discovery*,
　　　　New York:Abradale Press,1987.

〔註71〕Robert M.Poole.*Explorers House:National Geographic and the World it Made*,
　　　　New York : The Penguin Press,2004.

〔註72〕Howard S.Abramson,*National Geographic:Behind America's Lens on the World*，
　　　　New York:Crown Publishers,1987：P7.

爲正是這一地位使學會在激烈的競爭中發展壯大，但是機構越大，它卻發展成爲「一個遠離自己最初目標的組織，越來越少的收入比例用於研究和探索，越來越多的財富用於填補其似乎永不滿足的欲望——變得更大，賺得更多。」

麗莎・布魯姆（Lisa Bloom）的《冰川上的性別：美國人極地探險的意識形態》〔註73〕（1993），探討了《國家地理》在探險報導中框塑的民族主義和男性主義意識形態。她研究《國家地理》在北極探險報導中的話語模式，認爲其背後呈現了「民族主義、帝國主義和白人男性英雄」話語的符號與象徵，學會及其雜誌其實是利用「探險第一人」來鞏固和成就自己「嚴肅科學、英雄傳奇和半官方國家敘事」的名聲與地位。

影響最大的批判性著作當數人類學家凱瑟琳・盧茨和簡・柯林斯的《解讀國家地理》〔註74〕（1993）。兩位學者不滿於此前同類研究中批判視野的缺乏，尤其是對假定國家地理雜誌在美國文化中無可爭議的傑出地位而不加批判地接受而感到遺憾。因此，她們細讀了1950年以後雜誌大約六百張照片，分析其已經建立起來的「美國風格世界」（「American-fashioned world」）的優越地位，通過分析照片裏的色彩、姿勢、框架、位置等諸多敘事元素，將文學批評中的定性方法與對記者的訪談和受眾的控制研究等定量技術研究結合起來，討論關於種族、性別、特權、進步和現代性等主題。作者從文化敘事與闡釋以及傳播接受的角度，認爲《國家地理》的文本在渴望瞭解他者知識的願望和途徑中產生了分離與衝突，它一方面促進了普世價值和文化多樣性的傳播與接受，但同時卻讓讀者將非西方的人民降級爲在進步階梯中的早期階段。學會與雜誌強化了中產階級的美國價值觀，它其實是一種重要的中產階級趣味、財富與權力的建構者與仲裁者。

泰瑪・羅森伯格寫於2007年的力作《呈現美國的世界：國家地理的「純眞」策略，1888～1945》〔註75〕，對該雜誌如何成爲文化旗手的起源和早期發展歷史有深入研究。本書將國家地理學會的發展置於擴張主義的時代語境中，質詢雜誌作爲美國一種無處不在的異域知識與體驗來源，它爲百萬受眾形塑這個世界的方法，對其在美國全球霸權中的文化參與提出質疑。作者認

〔註73〕 Lisa Bloom, *Gender on Ice: American Ideologies of Polar Expeditions*, Minneapolis: University of Minnesota Press,1993.

〔註74〕 Lutz,Catherine A.and Jane L. Collins,*Reading National Geographic*, Chicago: University of Chicago Press,1993.

〔註75〕 Tamar Y.Rothenberg,*Presenting America's World : Strategies of Innocence in National Geographic Magazine,1888～1945*, Hampshire:Ashgate Publishing Limited. 2007.

爲《國家地理》成功地使用了「純眞策略」。這一觀點援引於瑪麗・路易絲・普拉特〔註76〕（Mary Louis Pratt），來源於安東尼・葛蘭西、斯圖亞特・霍爾、雷蒙德・威廉姆斯以及李普曼等論述的「霸權」理論，也即特定階級利益表達與投射的意義與價值系統，統治地位並不是以簡單的強行征服和支配爲特徵，而是贏得實質上的大眾同意的程度，通過普及「常識」來「製造同意」的藝術。作者指出，《國家地理》無論是作爲旁觀者、記錄者的行爲方式，還是作爲教育機構傳播和促進地理知識這種「利他行爲」，儘管採用「純眞」戰略，其實質卻是使西方霸權自然化的方式。

在2010年的新著《美國肖像：國家地理、全球文化和視覺想像》〔註77〕中，作者斯蒂芬妮・霍金斯查閱了國家地理學會檔案裏大量的讀者來信以及創立者之間的通信，發現雜誌參與「文化工業」的角色與作用並非如學者們認爲的那麼直截了當，讀者來信表明受眾如何抵制和修改《國家地理》的權威性。正是通過大眾傳播這一平臺，國家地理的讀者討論他們自己關於全球化的複雜情感，從而形成一種新的「全球公民倫理」，這種倫理促使人們反思在迅速轉變的全球文化中，國家認同與世界主義之間關係。

瑞伊・林恩・阿思勤的博士論文《公共政策重建修辭學》〔註78〕，以《國家地理》雜誌與電視頻道兩度拍攝（尋找）阿富汗女孩莎巴・古拉事件爲例，圍繞雜誌、文學、紀錄片、網絡、戲劇、廣告等各種媒介生產與流通的視覺形象符號，探討視覺話語、表述、修辭、女性主義及後殖民理論與美國的軍事、政治和經濟政策及其修辭之間的關聯。

地理學家威廉姆・G・摩斯利在《〈國家地理雜誌〉與學術地理的關係》一文〔註79〕，從2005年《國家地理》關於南非一輯特刊入手，反思雜誌與地理學之間的關係。在這期非洲專輯中，作者分析其敘事框架中存在的諸多問題，例如：簡單化理解非洲人口增長、環境惡化與地區衝突之間的關係；忽

〔註76〕Mary Louis Pratt,*Imperial Eyes : Travel Writing and Transculturation*, Newyork: Routledge, 1992.

〔註77〕Stephanie L.Hawkins, *American Iconographic:National Geographic,Global Culture, and the Visual Imagination,* Charlottesville and London: University of Virginia Press. 2010.

〔註78〕Rae Lynn Astion Schwartz,*Rhetorically Refiguring Public Policy: Rhetoric, Post-Colonialism, and the Strategic Redeployment of National Gergraphic's Afghan Gir*l.PH.d Thesis of the University of Iowa, 2006.

〔註79〕William G.Moseley, "Reflecting on National Geographic Magazine and Academic Geography:the September 2005 Special Issue on Africa." African Geographical Review, 2005.

略或淡化非洲問題與全球政治經濟中的資源分配與消費等語境的關聯；無條件地將野生動物與自然保護區的重要性置於當地人的生計之上。由此，作者認爲，《國家地理》雖然刊物名稱及其早期歷史中確實與「地理」相關聯，但在其後期發展中，它並沒有特別倚重或反映出地理學家的視角。作者充分認識到《國家地理》在塑造公共認知上的影響力，因此呼籲地理學家應該主動與雜誌建立聯繫，否則將「自負後果」。

對《國家地理》及其學會的批判性論述，從文化研究理論、後殖民理論、性別研究以及人類學等視角，分析並反思地理期刊在傳播科學知識話語的同時，與帝國殖民擴張事業之間微妙複雜的關係。而對雜誌建構的「他者」世界及其方法進行剖析研究，將有助於從更具體細微的角度揭示文化敘事與帝國主義、地理與人文空間、國家與族群之間關係的實質。

三、雜誌的「他者」表述研究

《國家地理》的雄心是要「報導這個世界及其一切」。尤其在美西戰爭後，雜誌對非西方世界投入大量人力物力，使其成爲人們「瞭解世界的窗口」。學者對該雜誌「他者」建構方法與影響的研究，主要以學者個人的身份位置爲關切點，族群研究與區域研究交叉重疊，共同組成了《國家地理》視覺裏意味深長的他者世界。

朱莉·A·圖森的論文《國家地理雜誌菲律賓報導中的帝國意識形態：1889～1908》〔註80〕（1999年1月），通過分析雜誌的修辭敘事，認爲美西戰爭後美國的海外領地擴張與地理作爲專業組織之間的密切關係，雜誌的表述策略是採用經濟發展與道德監護這種雙重訴求（Twin imperatives）。茱莉揭露地理學家及其專業機構在形塑和鞏固經濟擴張中的民族主義意識形態的作用與角色，使讀者將雜誌提供的世界觀不加懷疑地接受爲「事實」，也因此使帝國主義的意識形態倫理從未受到挑戰。

二十世紀初，與菲律賓一樣被捲入美國的帝國工程建造的還有海地這樣的加勒比海國家。莫莉·M·巴洛可的碩士論文《想像海地》〔註81〕在詳細梳

〔註80〕 Julie A.Tuason, "The Ideology of Empire in National Geographic Magazine's Coverage of the Philippines, 1898～1908." *Geographical Review*, Vol.89, No.1（Jan,1999）, PP.34～56.

〔註81〕 Molli M.Baroco, *Imaging Haiti:Representations of Haiti in the American Press During the U.S.Occupation,1919～1934*,a Thesis of Master of Arts in the College of Arts and Sciences, Georgia State University, 2011.

理美國佔領並控制海地十九年歷史基礎上，分析了主流媒體《紐約時報》、《國家地理》與《危機》這幾大主流媒體，如何加強或者挑戰了美國的種族社會秩序。除了非裔美國人創辦的「美國有色人種促進會」（NAACP）是從一開始就反對美國入侵，並且以此反對美國的白人至上主義和種族暴力外，《國家地理》與《紐約時報》等媒體都為軍事佔領海地的「合法化」而辯護。作者分析了這些媒體採用的修辭策略，主要有幾種：「家長主義」、「去政治化」和「差異化」。首先，美國與海地的關係，美國儼然是慈善、理性的父親，而海地則是不守規矩、需要監護的孩子。其次，媒體以「叛亂分子」等犯罪故事的框架來描述海地政治現實，刻畫其國家元首為「滑稽」與「暴虐」形象，否定海地人的政治行動，迴避海地的領地與政治權利主張。第三種策略，是強調「種族差異」，海地為黑人國家，而美國是白人國家，這個次級的「他者」排斥美國的理念與價值觀。《國家地理》更加毫不隱諱地用貶損的、種族主義的表述，強化白人至上主義的意識形態。它將美國的軍事行動描述為是優越的盎格魯撒克遜人對低級的非西方的教化使命。論文表明，美國人通過媒體認識的海地並非海地歷史、文化與政治進程的現實描述，而只是美國人自身焦慮的反映。

琳達・斯蒂特（Linda Steet）自我定位為「一位阿拉伯裔－美國女權主義者和教育者」。因此她的《面紗與匕首：國家地理對阿拉伯世界一個世紀的表述》（2000），〔註82〕檢視了《國家地理》對阿拉伯世界描述中殖民主義、帝國主義和東方主義的相互糾纏交雜與影響。斯蒂特的研究表明，《國家地理》是東方主義可靠的傳播者。她分析了雜誌表述中存在的東方主義、父權制和原始主義，揭示了貫穿雜誌整個歷史的意識形態立場。她吸收文化研究、女性主義與後殖民理論，創造出一種替代性閱讀經驗，挑戰雜誌聲稱的客觀性與世界鏡子之說。雜誌長久以來是美國家庭、學校和公共圖書館的一種「主食」，但事實是：無論是文本與圖片，雜誌所建構的阿拉伯女人和男人、伊斯蘭，以及阿拉伯文化，都不能被視為中立的或不證自明的，表述他者的行為絕非清白純真。斯提特對《國家地理》的揭示表明，一代又一代，當阿拉伯世界被一種可預見的東方學式進行表述時，《國家地理》自身其實就是面紗與匕首。

〔註82〕 Linda Steet, *Veils and Daggers:A Century of National Geographic's Representation of the Arab World,*Philadelphia:Temple University Press, 2000.

　　美國天普大學（Temple University）的兩位學者從圖象敘事與文本敘事的差異特徵入手，對《國家地理》裏的沙特阿拉伯報導進行分析〔註83〕。他們選取 2003 年 10 月雜誌的相關報導，用「焦點團體訪談法」測試報導的傳播效果。研究結果表明，僅閱讀圖片的一組受眾，即便在此後結合閱讀整體報導，也比僅僅閱讀文字的讀者對沙特阿拉伯產生更多負面成見。文字敘事能使讀者對報導對象的理解更加複雜而多面，圖片敘事卻減損了這一理解力。作者分析了國家地理文本生產的過程，指出由於生產過程本身的分離性，導致視覺敘事與文字敘事產生的分離與矛盾便是其不可避免的固有屬性。

　　南非威特沃特斯蘭德大學的納塔莉亞，在其細緻豐厚的碩士論文《國家地理雜誌裏變化的南非表述：自然作為喻言》中，〔註84〕運用生態批評理論，分析《國家地理》從 1960 年至 2006 年間南非報導裏「自然」與「隱喻」的關係，認為《國家地理》裏有關南非的「自然」報導，實際上是一種寓言。雜誌呈現的自然並非單純而客觀的現實記錄，而是經由過濾選擇、取景框架與話語形塑，我們所見之自然，是一個多義的元文本，包含了類型學與心理學層面的意向所指。由此，作者主要探討了兩個相關聯的問題，第一，在歷史上每一特定時刻，這些圖象揭示了南非怎樣的人與自然關係；第二，在不同時代，這些圖象如何反映出世界對南非社會政治思潮的認知與理解。

　　除了對後殖民語境中的「他者」報導進行相關研究，也有學者注意到《國家地理》雜誌中的「內部他者」現象。揚森（David R. Jansson）的文章《美國的國家認同與〈國家地理〉報導中的新南部進步》（2003），〔註85〕分析了《國家地理》對南方的報導與美國國家身份意識的關係。作者運用內部東方主義的框架來解讀南方在國家話語中作為內部他者的實質性角色。在《國家地理》的報導裏，新南方的進步是由其與舊南方的對比而衡量的，報導微妙地暗示，南方雖然有「進步」，但種族主義、偏狹與貧窮問題作為南方固有的內在性「遺

〔註83〕Andrew L. Mendelson and Fabienne Darling-Wolf, "Readers' interpretations of visual and verbal narratives of a National Geographic story on Saudi Arabia." *Journalism* 2009.

〔註84〕Natalia Anderson, *Shifting Representations of South Africa in National Geographic Magazine, 1960～2006: Nature as Allegory*, MA, University of Witwatersrand: Johannesburg, 2009.

〔註85〕David R.Jansson, "American National Identity and the Progress of the New South in National Geographic Magazine." *Geographical Review*, Vol.93, No.3（Jul,2003）, PP.350～36.

產」仍困繞此地區。這些表述塑造出一種空間差別，有關進步的表述提醒讀者回想南方的歷史負擔，由此服務於建構一個積極的美國國家認同。因此無論新南方如何擺脫舊南方的遺產，南方都是作爲一種他者化的存在，將永遠不能達致美國理想。

　　由西方人探討《國家地理》與中國關係的重要研究幾乎沒有，只有在美國加州大學河濱分校（University of California, Riverside）的網站上，查到一篇金柏莉和克里斯蒂娜的學期論文，《中國依然在崛起：視覺傳播媒介中的新殖民主義與社會變革的文化代價》（2010）〔註86〕，文章比較了二十世紀初立體照片卡中的中國形象與二十一世紀《國家地理》中的中國報導，認爲前者注重以悠久傳統文化來表徵中國，而後者越來越集中於經濟上的現代化與西方化，中國的文化認同處於危險狀態中。文章結論指出，《國家地理》對中國的表述，再一次確認了美國作爲發達國家的地位與力量，實現一種微妙而隱含的新殖民主義。

　　目前中國國內沒有直接研究該雜誌的博士論文，碩士論文有六篇，其中三篇用英語寫成。清華大學肖欣欣的《傳教士情結：美國百年中國觀——〈國家地理〉雜誌1888～1988中國報導透視》〔註87〕運用框架理論對192篇文章進行分析，指出其看中國的視角更多是政治而非「科學」的。文章認爲，無論中國形象如何變化，植根於政治與意識形態下的傳教士情結貫穿在該雜誌的中國報導中。南昌大學魏文睿的《跨越時空的跨文化之旅：〈國家地理雜誌〉1976年至2000年關於中國報導的多層面研究》（2008）〔註88〕選取37篇報導分析後認爲，該雜誌雖然在臺灣、西藏、新疆以及天安門事件等主題中流露出西方意識形態，但是對中國在經濟、社會發展中遇到的諸多問題總體上仍基本堅持了價值中立觀與文化主義的視角，並認爲這也許是這本雜誌能夠在全世界不同民族不同文化中行銷的最大因素。中山大學劉煜瓊的《論〈國家

〔註86〕 Kimberly Zarate, Christina Schwenkel, "China Still Rising : Neocolonialism and Cultureal Costs of Social Progress in Mass Produced Visual Media." *Undergraduated Research Journal*, 2010.

〔註87〕 肖欣欣，*The Missionary Complex:The American Perspective of China over 100 Years-A Critical Analysis of National Geographic（1888～1988）*。清華大學新聞學碩士論文，2002年。

〔註88〕 魏文睿，*An Inter-culture Journey across Space and Time: Multidimensional Research on the Chinese Subjects Reported in National Geographic from 1976～2006*，南昌大學英語語言文學專業碩士論文，2008年。

地理〉雜誌所隱含的美國意識形態》（2008）〔註89〕選取五篇關於不同國家不同主題的報導作爲分析文本，挖掘出該雜誌隱含的意識形態。作者將意識形態作爲一套關於人類價值和信仰的有機系統，由此認爲，《國家地理》本質是一本美國主流雜誌，深刻地體現了美國的傳統價值觀和主流意識形態，體現爲其對自由民主人格的執著，《國家地理》在一定程度上承擔了傳播傳統價值觀、維護國家形象的任務。

　　三篇中文碩士論文中，北京師範大學韓麗霞的《彼岸視野——美國〈國家地理〉1950 年以來有關中國報導的研究》（2004），〔註90〕通過對 1950 到 2003年以來的 50 篇報導分析，認爲中國形象受多種因素影響，雖然《國家地理》力求眞實客觀，但它從西方的視角看待中國的變化，暗藏了自己的意識形態，是東方主義視野下的中國。復旦大學王國慧的《誰的眼睛？誰的地理？——從美、中「國家地理」類雜誌看跨文化傳播的一種路徑》（2005），〔註91〕分析了《國家地理》和《中國國家地理》在價值觀、編輯方針、組織機構與內容生產機制等方面的異同，認爲《國家地理》從美國的價值觀出發，在其全球視野後，依然是美國視角。論文亦指出其對中國國家地理類雜誌的創辦所具有的示範意義。四川大學潘曉淩的《偏斜的「窗戶」：〈國家地理〉「他者」景觀之建構》（2007），〔註92〕以《國家地理》2005 至 2006 年 24 期雜誌中的 14 個關於異域文化與民俗專題中的 125 張圖片爲研究對象。作者認爲，攝影師在拍攝他者之前，就已經爲其指定了專屬「位置」，再運用一系列外在標示，使他者形象定型化和類型化。在傲慢與偏見的左右下，西方視野中的他者形象從多元化的日常生活中邊緣化、概念化和物化。但與此同時，《國家地理》建構的他者形象開始出現去污名化和反異化的傾向，打開了西方人觀看他者的視野與預設思維。

　　綜觀有關對《國家地理》學會及其雜誌的學術研究，一類是從歷史發展緯度進行的「內部」描述，將《國家地理》「神化」化、科學化與普世化；另一類「外部」研究，則大部份學者依循薩伊德的東方主義路徑，通過雜誌的

〔註89〕劉煜瓊，*On the American Ideology Dissimulated in National Geographic*，中山大學英語語言文學碩士論文，2008 年。

〔註90〕韓麗霞《彼岸視野——美國〈國家地理〉1950 年以來有關中國報導的研究》，北京師範大學碩士學位論文，2004 年。

〔註91〕王國慧：《誰的眼睛？誰的地理？——從美、中「國家地理」類雜誌看跨文化傳播的一種路徑》，復旦大學碩士論文，2005 年。

〔註92〕潘曉凌《偏斜的「窗戶」：〈國家地理〉「他者」景觀之建構》，四川大學碩士論文，2007 年。

民族志式文本內容分析，探討其在建構西方身份認同中的角色與作用。這類研究，總的來說，具有跨學科、跨地區與跨視野特點，從考古學、地理學到人類學與社會學，在菲律賓、中東、南非、薩摩亞、加拿大乃至美國新南部等特定的區域中，集中考察分析雜誌對「全世界」的圖片與文本敘事，尤其在非西方的表述研究中，呈現出一種與「西方」相異的他者建構範式。但筆者認為，絕大部份研究均運用東方主義理論，這種略帶壟斷性地位的視角限制了研究者的眼光與視野，對東西方文明的理解與對話造成一定遮蔽與影響。

　　本書立足於跨文明比較的學術視野與理論背景，通過研究美國《國家地理》裏的中國西南書寫，試圖探討如下問題：

　　這本雜誌對中國乃至西南究竟作了何樣表述？為何要如此表述？它們怎樣形塑或影響了其讀者看待中國，以及看待世界的方式？從長遠意義上講，這樣的表述究竟對於受眾認知自我、認知他者有何影響？對於其認知各自的家園、認知地球母親有何影響？

　　要釐清上述問題，本書主要運用新興交叉學科文學人類學，在文本分析基礎上，同時綜合地理學、植物學、旅遊學、民族學、人類學等多種學科，以「他者」的目光兼容多元視點進行研究。在此基礎上，本書大體框架為：

　　結論部份：主要介紹研究緣起、現狀、目的與學術脈絡。首先介紹作為本書學術背景的跨文明比較研究，其由來、意義與方法，繼而闡明為何要以民國時期美國《國家地理》裏的中國西南為研究對象，如何看待《國家地理》的異域知識生產與表述世界方式等問題。

　　第一編：對《國家地理》及其「中國鏡像」做總體概述。第一章首先論述世界新格局中的「地理知識」，將國家地理學會及其雜誌置於 19 世紀末期海外殖民擴張、進化論與人類學興起等時代背景下，其在大眾傳媒文化語境中的發展歷程與表述策略。第二章整體評述《國家地理》一百多年的中國報導，從時代聚焦與空間分佈兩重維度，論述該雜誌如何建構出一套關於「中國」的框架圖譜。在時代聚焦中，分析五大階段裏的不同主題；在空間分佈裏，從自然地理志、景觀分析和區域描述等方面概述中國鏡像的生成與演變。

　　著作主體部份為第二至第四編。經由從西方到中國的整體脈絡，聚焦到中國的西南地區，跟隨《國家地理》的足跡，在「花卉王國」、「西南道路」、以及「多樣族群」三重主題中，透視《國家地理》的西南圖景及其背後的表述實質。

　　第二編：講述「植物獵人」與「花卉王國」的故事。這一組兼具征服性與浪漫化意味的意象，恰好構成帝國話語的一體兩面——野蠻與文明。首先回顧西方人植物採獵的歷史，以美國農業部爲例分析其殖民經濟利益動機，並著重論述三位植物獵人喬治‧福雷斯特（George Forrest）、歐內斯特‧威爾遜（Ernest H. Wilson）和約瑟夫‧洛克（Joseph F. Rock），他們在中國西南的經歷與書寫。從他們的故事與文本中，透視植物採集的知識生產與帝國博物學的關係。由於西方成爲植物學研究中心，由其建立的科學話語完全掩蓋與遮蔽了中國的本土知識。與此同時，經由美國阿諾德樹木園裏的中國植物學留學生，從植物學的角度遭遇並重新認識中西文化的差異與關聯，從而在中西之間搭建起一座跨文化橋梁。

　　第三編：本編以「西南道路」爲主題，分析這一空間如何被呈現爲或「閉塞」或「開放」的不同圖景。共分三章：第六章回顧 20 世紀早期西方人眼裏西南的險途與交通，分析茶馬古道上的背夫（porters）、怒江上的藤條橋，以及「馬可波羅之路」等不同意象建構的「停滯帝國」。第七章梳理雜誌對滇緬公路的相關報導，包括修建背景、築路人，以及這條路上演繹的中西相逢之故事。第八章分析歐文‧拉鐵摩爾（Owen Lattimore）關於西南與中國及亞洲關係的論說。拉鐵摩爾在戰時曾作爲蔣介石的政治顧問，到滇緬公路考察調研，在「中國打開其野性西部」（China opens her wild west）的樂觀敘事中，拉鐵摩爾與西方觀察者一起，構建了一個「新西南」、「新中國」以及「新亞洲」圖景。

　　第四編：本編的主題是「族群」與文化。以此貫穿《國家地理》西南表述的各個時段，連接前述各章不同主題。中國是一個多民族國家，西南更是多民族聚居地。本書將「族群」限定在雜誌對非漢人群的表述上。第九章論述「族群形象」，以傈僳族弓弩手、木里喇嘛王和少數民族女子爲例，揭示在不同故事與類似模式中，某種程度正暗合《國家地理》及西方世界對於人類進化階梯序列的歸類與安排，由此反思「拯救民族志」產生的語境與表述權力。第十章論述「族群文化」，以約瑟夫‧洛克的表述爲例，考察文化的功能與變遷，以及表述與權力的關係實質。

　　結論：首先總結全書，分別從爲何表述、表述什麼、怎樣表述以及表述影響等幾方面，闡述《國家地理》裏的西南故事、西南意義、表述之道與異域之景，再次論述其關於中國西南書寫的重要性以及局限性。最後，本著從個案研究拓展思考的目的，簡要討論相關延伸問題，進一步反思人類行爲，

包括對於「探險與棲居」、「野性與文明」等觀念的不同視角，以期促進我們
更加珍愛並保護好地球家園。

圖一：「富饒美麗的四川」1911.12　（羅林・錢柏林攝）

MANCHU WOMEN: PEKING CHINA

圖二：「中國一瞥」1910.11，（威廉・查平攝）

第一編　《國家地理》與中國鏡像

描述地理是在與一連串的錯誤鬥爭中通向眞理的道路。

——約瑟夫・康拉德《地理學與一些探險家》

（《國家地理》，1924.03）

第一章　世界新格局中的「地理知識」

1888 年 1 月 13 日，美國首都華盛頓的夜晚潮濕而陰冷。在白宮斜對面拉菲特廣場（Lafayette Square）上的一家「宇宙俱樂部」裏，氣氛卻很熱烈。33 位精英人士聚集在壁爐火光前，商討成立一個學會組織，該組織被命名爲「國家地理學會」（National Geographic Society），其宗旨在於「增進與傳播地理知識」。同年十月，學會創辦的《國家地理雜誌》第一期問世，在首頁裏登載如下創刊公告：

公　告

國家地理學會的宗旨在於「增進與傳播地理知識」，爲此，我們出版《國家地理雜誌》，作爲實現此目標的途徑之一。

雜誌的內容將包括與地理相關的研究報告、隨筆、筆記、通信和評論等。雜誌不僅僅是學會的內部機構，它將向所有對地理感興趣的人士開放，成爲大家相互交流並促進地理調查的渠道。

……

首都華盛頓是學會自然且合適的首選之地，因爲我們的目標是建立一個全國性而非地方性組織。

由於我們既要傳播、更要增加地理知識，因此我們將重視地理教育事業，同時致力於刺激公眾對地理第一手資料的興趣。

　　　　學會目前擁有大約兩百名活躍會員，但會員人數不設上限。爲
　　了更好實現學會的目標，我們竭誠歡迎專業地理學家與業餘愛好者
　　踴躍入會。〔註1〕

　　就在這期創刊號中，除了學會公告、雜誌發刊詞、工作日程以及學會執
行人員及會員名單等外，還刊發四篇專業性文章，包括《地質調查中的地理
學方法》、《地理起源形式的分類學》、《海岸勘測》、《馬薩諸塞洲測量》，以
及六頁「午間氣候狀況分析表」。在此後長達八年的時間裏，該雜誌共發行
35 期，並未能做到嚴格定期發行。每期文章數目不等，多則五六篇，少則只
有一篇。〔註2〕到 1896 年，雜誌發行走上正軌，做到每月一期，每期專題文
章保持在約四至八篇不等，至今從未間斷。雜誌欄目數度變化，目前較爲固
定的欄目有：卷首語（Editor's　Note）、讀者來信（Letters）、你來掌鏡（Your
Shot）、攝影報導（Photo Journal）、大地印象（Visions of Earth）以及專題文
章等。

　　就在 1896 年 1 月刊上，雜誌使用了三幅插圖，〔註3〕並且重申其關於「地
理」的解釋：

　　　　從廣義上講，地理不僅僅指地球表面的自然特徵，也關涉動植
　　物分佈、政治區劃、人口增長與流動、人類社會進步、自然資源發
　　展以及不同國家的貿易往來。……今天，來自政府各個科學部門的
　　重要官員和專家，包括地質調查局、海岸與大地測量局、史密斯森
　　尼安學會（the Smithsonian Institution）、國立博物館、水文局、氣象
　　局、美國人類學局（BAE）、農業部等等，已是我們學會的主要成員，
　　他們將在本雜誌定期討論上述地理知識。〔註4〕

　　到 2013 年，這個「全國性組織」走過 125 個年頭，其會員已達千萬之眾。

〔註1〕 "Announcement." *NGM*, October,1888.

〔註2〕 不定期發行情況爲：1888 年 1 篇；1889 年 3 期；1890 年 4 期；1891 年 5 期；
　　　　1892 年 6 期；1893 年 6 期；1894 年 8 期；1895 年兩期。其中，1893 年 2 月、
　　　　5 月、1895 年 10 月，這 3 期只有「索引」，沒有登載文章。

〔註3〕 Dr Sheldon Jackson, "The Arctic Cruise of The United States Revenue Cutter
　　　　'Bear'", *NGM*, January 1896. 三幅插圖中，其中兩幅爲海上帆船畫，未標明
　　　　作者，另一幅爲一群馴鹿，標明 "Photographed by A.L.Broadbent,U.S.R.M.而
　　　　雜誌首次刊載外景照片，始於 1890 年 7 月，在 "The Arctic Cruise of The
　　　　U.S.S.Thetis in the Summer and Autumn of 1889" 一文裏，由美國海軍助理軍需
　　　　官拍攝的俄羅斯赫勒爾德島（Herald Island）。

〔註4〕 "The National Geographic Introductory." *NGM*,January 1896.

不僅如此，它成爲全球最大的非營利性科學與教育機構，世界上最大的地球儀和地圖供應商，《國家地理》雜誌發行量多年以來一直位列美國雜誌前列。〔註5〕就重要性與影響力而言，雜誌往往被冠以「世界取景框」〔註6〕、「美國的世界鏡頭」〔註7〕等稱號。人類學家凱瑟琳・A・盧茨在其《解讀〈國家地理〉》著作中，開篇便寫道：「在過去的一個多世紀裏，《國家地理》雜誌成爲美國人瞭解世界及其圖像的最重要媒介之一。」〔註8〕而另一位研究者泰瑪・羅森伯格也認爲，「沒有什麼必要向住在美國的任何人證明《國家地理》在美國文化中的重大意義。」〔註9〕當雜誌的發展史通常被講述爲史詩般的成功學時，早在 1915 年，該雜誌的一位編輯已道出其中一條成功法則，「這足以證明，人們對如此類型的地理是多麼喜愛。」〔註10〕

〔註5〕關於《國家地理》在美國期刊發行量中的排名，多年來一直位列美國雜誌前芽，最高排名爲第三（前一、二名爲《電視指南》和《讀者文摘》）。見 Howard S.Abramson, *National Geographic,Behind America's Lens on the World.* New York, Bloomington:iUniverse,Inc.1987，P.5.近年來，隨著期刊行業的變動以及國家地理學會向電視業、網絡等數字類媒體進軍，發行量排名有所滑動。據美國傳媒行業網站 "Minonline" 2012 年 9 月 25 日報導，美國發行審計局發布了《國家地理》雜誌的綜合媒體報告。《國家地理》在 2012 年 6 月排名美國第 7 大出版物，同時也是通過綜合媒體報告來展示跨平臺品牌審計數據的最大雜誌。發行審計局的《國家地理》綜合媒體報告顯示，《國家地理》雜誌總體品牌多種版本的審計數據（包含印刷發行量和電子發行量）爲 3090 萬，總體包括主要版本如印刷版發行量、電子版本、應用程序、社交媒體、網站和NewsLetter，以及國際、全球和旅行者版本。參見新浪傳媒：《《國家地理》雜誌在全球擁有 3090 萬讀者》，2012 年 9 月 28 日。此外，《國家地理》以英語和 33 種地方語言出版，在全世界每個月有 6000 萬名讀者。美國國家地理頻道以 37 種語言在 173 個國家中播放，走進 4.35 億個家庭。美國國家地理數字媒體每個月的訪問量超過 1900 多萬次。參見馬克・柯林斯・詹金斯《美國〈國家地理〉瞬間內幕：傳奇探索者、攝影師和探險家的精彩故事》，章元佳譯，中國攝影出版社，2013 年，第 7 頁。

〔註6〕C.D.B.Bryan, *The National Geographic Society: 100 Years of Adventure and Discovery*, New York: Abradale Press, Harry N.Abrams Inc., 1988, p.19.

〔註7〕Howard S.Abramson,*National Geographic,Behind America's Lens on the World.* New York, Bloomington:iUniverse,Inc.1987

〔註8〕Lutz,Catherine A.and Jane L. Collins,*Reading National Geographic*, Chicago: University of Chicago Press,1993，P.1.

〔註9〕Tamar Y.Rothenberg,*Presenting America's World:Strategies of Innocence in National Geographic Magazine,1888 ～ 1945*,Hampshire:Ashgate Publishing Limited.2007

〔註10〕John Oliver La Gorce,*The Story of The Geographic*,Washington,D.C.:James Wm.Bryan Press,1915.

　　什麼類型的「地理」如此吸引人？其背後還有怎樣的密碼需要重解？讓我們從小說家約瑟夫・康拉德（Joseph Conrad）的一篇文章開始尋找。

一、「國家地理」與《國家地理》

　　著名的波蘭裔英國小說家康拉德，[註11] 在人生將盡前的 5 個月，在《國家地理》上發表了一篇文章，題爲《關於地理學和一些探險家》（1924.03）。曾經做過多年海員的康拉德追溯了地理探險家的故事，並以文學化的語言比喻不同時代的地理事業：「傳奇式地理」（fabulous geography）、「戰鬥式地理」（militant geography）以及「凱旋式地理」（triumphant geography）。[註12] 第一時代以哥倫布、麥哲倫的地理大發現爲標誌；第二階段的代表人物是阿貝爾・塔斯曼（Abel Tasman）與詹姆斯・庫克（James Cook）；[註13] 而最後一個階段是以「未知的南方大陸」和新西蘭加入到地理的「科學領域」爲特徵。

〔註11〕 約瑟夫・康拉德（Joseph Conrad, 1857.12～1924.08），波蘭裔英國小說家，年輕時當海員，37 歲開始寫作，成爲英語世界裏最傑出的小說家之一，其代表作有《黑暗的心》（1899）、《吉姆爺》（1900）、《諾斯特洛莫》（1904）等。薩義德曾以康拉德爲例分析「文化與帝國主義」的關係，他認爲康拉德是西方對第三世界認識的先驅者，同時他「既是反帝國主義者，又是帝國主義者。」見愛德華・W・薩義德著《文化與帝國主義》，李琨譯三聯書店，2003 年，第 9～24 頁。薩義德在另一著作裏另有專章「康拉德：敘事的表徵」，對康拉德的文本詳細分析，見《世界・文本・批評家》，李自修譯，三聯書店，2009 年，第 157～198 頁。此外，英國人類學家馬林諾夫斯基對康拉德敬重有加，他曾感歎：「我應該是人類學中的康拉德。」而另一人類學家詹姆斯・克里福德也將馬氏與康拉德進行對比研究，認爲他們兩人都是懷著世界大同理想，在 20 世紀初奮鬥並形成他們自己的「關於一種文化感覺的眞與僞」的觀點的離鄉背井的人，但是，克里福德說，康拉德在這個問題上可能看得更深刻。見詹姆斯・克里福德，《論人類學的自我形成：康拉德和馬林諾夫斯基》〔A〕，張京媛主編，《後殖民理論與文化批評》〔C〕，北京：北京大學出版社，1999 年，第 258 頁。關於康拉德作爲一位作家與人類學的關係，參見羅安平《尋找他者：人類的自我發現之旅》，《西南民族大學學報》，2010 年第 11 期及《人大複印資料》（社會學），2011 年第 3 期。

〔註12〕 Joseph Conrad, "Geography and Some Explorers." *NGM*. March,1924.

〔註13〕 阿貝爾・塔斯曼（Abel Tasman,1603～1659），荷蘭探險家與商人，在荷蘭東印度公司的資助下，於 1642 年和 1644 年進行兩次航海探險，發現了塔斯馬尼亞島、新西蘭、湯加和斐濟。詹姆斯・庫克（Captain James Cook,1782～1779），英國海軍上校，英國皇家海軍軍官、航海家、探險家和製圖師，三度奉命出海太平洋探險，成爲首批登陸澳洲東岸和夏威夷群島的歐洲人。1779 年，庫克及其船員在第三次探險太平洋期間，與夏威夷島民發生衝突，庫克在事件中遇害身亡。

對於自己在晚年所看到的地理，康拉德認爲那只是「通過學校課程教授的地理知識」，已褪去了早期地理探險的浪漫與冒險精神，變得枯燥乏味而「毫無生氣」。

1.「地理鬥士」與海外擴張

康拉德一邊緬懷已然消逝的激情時代，一邊剖析歷代探險家的動機與影響。他認爲，航海時代早期的探險家們受貪欲（acquisitive）所驅，以貿易之名行掠奪（loot）之實，「美洲的發現是歷史上已知最爲殘酷與最爲貪婪的時刻」。而新世界的發現也標誌著富於幻想的地理時代的結束，輪到庫克船長上場時，康拉德賦予其「地理鬥士」（Geography militant）的稱號，並高度認可其探險爲完全的「科學探索」。〔註14〕「在後哥倫布時代」，康拉德寫道，「庫克的三次遠航，可以說毫無污點。他的目的無需掩飾，就是對於科學的追求……作爲戰鬥地理之父，他的目標只是爲了尋求事實眞相。地理學是一門關於事實的科學，而他畢生致力於去發現大陸的構造與特徵。」〔註15〕

作爲英國皇家海軍上校的詹姆斯・庫克，其探險事業是否眞如康拉德所盛讚的「毫無污點」，這是當今學界的論辯焦點。一方面，庫克的探險對航海科學和世界地理知識所作貢獻不容否認，另一方面，不少學者也指出，這類探索同時引發了西方國家對太平洋地區的殖民，對土著世界的生活造成極大改變並帶來巨大災難。丹尼爾・鮑在《太平洋探險的動機》一文中，就反駁了康拉德對庫克的評論。他認爲除了探險者個人動機，更要分析支持其航海的背後力量，庫克三次航海的費用皆由英國政府承擔，這意味著他的計劃和目的都是帝國殖民行爲，而庫克不斷把新發現的地方宣告爲英國領土，因此丹尼爾指出，康拉德宣稱庫克航海完全不具「掠奪」性質，是「不准確的說法。」〔註16〕諸多探討與反思，其背後的大主題乃在於重新審視西方文明對其它文明的影響及由此構建的世界認知模式。

〔註14〕 2001 年，英國皇家霍洛威大學人文地理學教授菲力克斯・德里弗（Felix Driver）出版著作《地理鬥士：探險文化與帝國》，其書名即來源於康拉德在《國家地理》上文章的術語。在本書中，德里弗以英國皇家地理學會和一些探險家爲例，論述地理知識、探險和帝國之間的關係。見 Felix Driver,*Geography Militant:Cultures of Exploration and Empire*.Wiley,2001.

〔註15〕 Joseph Conrad, "Geography and Some Explorers." *NGM*. March,1924

〔註16〕 Daniel A.Baugh, "Seapower and Science:The Motives for Pacific Exploration" in Derek Howse, ed. *Background to Discovery: Pacific Exploration from Dampier to Cook*, Berkeley-Los Angeles-Oxford:University of California Press,1990.PP.3～4.

　　而康拉德對於地理學三階段的概括，尤其是對庫克時代的追憶，卻正好映照國家地理學會及其雜誌自創辦之日起的定位與追求。國家地理學會創建的十九世紀晚期，離第一個地理大發現時代已相去甚遠，倒正是以庫克及其他探險家「填補世界地圖空白」爲特徵的第二時代之尾聲——《國家地理》編輯詹金斯根據很多歷史學家的劃分，將第二次地理大發現的時段設置爲從 17 世紀末延伸至 20 世紀初，因此，「在 1888 年的那個晚上，聚集在宇宙俱樂部爐火旁的人們正處在一個偉大時代的落日餘輝中」。〔註 17〕這一「偉大時代」，正是西方現代「民族國家」海外大擴張的黃金時期，其上承接歐洲白人所謂美洲地理「大發現」之遺產，下啓後軸心時代被劃分爲東與西、南與北的現代世界新秩序。

　　因此，在這「餘輝」中，國家地理學會所推崇與支持的探險事業，與海外殖民擴張背景息息相關。但是，如同康拉德一樣，《國家地理》巧妙運用「進步」、「啓蒙」與「科學」等話語符號和修辭策略，將英雄探險家的神話一直牢牢地帶入並貫穿於整個二十世紀中，〔註 18〕從而一步步爲自己樹立起「嚴肅科學、英雄傳奇和半官方國家敘事」的名聲與地位。〔註 19〕以下，筆者將把國家地理學會及其雜誌放置於海外擴張、進化論、人類學、博物學以及大眾傳媒文化等時代語境中進行討論。

　　1898 年 4 月，美西戰爭爆發。〔註 20〕從海外殖民擴張的背景而言，美國

〔註 17〕（美）詹金斯《有待探險的世界：美國〈國家地理〉雜誌經典遊記及探險美文精選》，黃悅譯，三聯書店，2008 年，前言，第 7 頁。

〔註 18〕Driver F. "Geography's empire:Histories of geographical knowledge",*Environment and Planning D:Society and Space,*1992,10（1）:23～40.

〔註 19〕Lisa Bloom, *Gender on Ice: American Ideologies of Polar Expeditions*, Minneapolis: University of Minnesota Press, 1993

〔註 20〕美西戰爭是指 1898 年，美國爲了奪取西班牙的加勒比海殖民地，進而控制加勒比海而發動的戰爭。19 世紀末，古巴民眾不滿西班牙的殖民統治而舉行起義，遭到西政府殘酷鎮壓，其時美國覬覦加勒比海已久，加上國內對其僑民在古巴所受株連的義憤情緒，戰爭可謂一觸即發。由美國派向古巴保護僑民的軍艦緬因號，在 1898 年 2 月 15 日於哈瓦那近海爆炸沉沒，造成 266 人死亡，此事即成爲美西戰爭導火索。這場戰爭爲時不長，不到 4 個月時間，西班牙便要求停戰。美國新聞史研究專家邁克爾‧埃默里認爲，美西戰爭是最無痛苦的，但卻改變了美國外交政策的走向，並爲美國換來了從波多黎各延伸至菲律賓的國土。埃默里指出，一些想爲這次不義戰爭尋找藉口的人往往把指責的矛頭集中在當時美國的新聞報導上，認爲是當時赫斯特的《新聞報》和普利策的《世界報》，對導致「緬因號」軍艦沉沒的危機事件採取的報導方式，造成了一種戰爭心態。但是埃默里認爲，報紙上鼓吹的擴張政策同美國

與西班牙的戰爭成爲新帝國誕生的標誌，同時也是美國「國家地理」意識和《國家地理》關注面變化的轉折點。美國作爲這場戰爭的勝利方，迫使西班牙承認古巴獨立（實際上改爲由美國控制），並將西班牙前殖民地菲律賓、波多黎各、關島據爲己有。隨後，美國正式吞併太平洋上的夏威夷島、中途島、薩摩亞等群島。至此，美國領土已越出美洲大陸而成爲一個強大的海外殖民帝國。〔註21〕

　　然而，作爲一個脫離歐洲老牌帝國殖民主義之手僅百餘年的新興共同體，美國國內部份民眾對美西戰爭後國家顯現出來的「帝國主義」與「殖民特性」持謹慎與反對態度。艾倫·韋恩斯坦等歷史學家指出，「反帝國主義的人害怕吞併行爲會損害美國的民主，一部分人是出於道德原因，另一部份人則是出於種族主義原因，」具體而言，道德論者認爲，美國不能因爲其它社會無力抵抗就對其加以征服，把美國主權強加在獨立人民頭上的做法是錯誤的；而種族主義者則視管理菲律賓等太平洋上的「野蠻人」爲「沉重的負擔」。〔註22〕正如《國家地理》在美西戰爭前 4 個月，曾登載地理學家亨利·甘尼特的《吞併熱》一文，明確反對美國的海外擴張，原因之一在於作者認爲兼併一個次等級族群，並不利於作爲一個整體民族國家的成長。〔註23〕

　　儘管反對之聲從未停止，但由於對海外市場資源與利益的需求不可阻擋，以及傳播基督教信仰的狂熱，擴張主義的勢頭最終佔據了上風，美國越來越不放過任何可以擴大海外影響的機會，對巴拿馬運河的開鑿和遠東殖民地的「開放政策」便是其長遠戰略。其時，國家地理學會董事局成員與雜誌的撰稿人中，絕大多數供職於聯邦政府各部門，學會基本上屬於一個半官方組織，因此其對「國家利益」的支持便不足爲奇。曾擔任學會會長 34 年之久的吉爾伯特·格羅夫納（Gilbert Grosvener）在回顧這段歷史時指出：「美國在世界事務上的興趣被美西戰爭所激發，《國家地理》也就從 1898 年開始轉向，

　　　　在整個 19 世紀推行的對外政策是一致的。(美) 邁克爾·埃默里、埃德溫·埃默里《美國新聞史：大眾傳播媒介解釋史》(第八版)，展江、殷文主譯，新華出版社，2001 年，第 231 頁。

〔註21〕 Tamar Y.Rothenberg, *Presenting America's World:Strategies of Innocence in National Geographic Magazine, 1888～1945*, Hampshire:Ashgate Publishing Limited. 2007, P.28.

〔註22〕 (美) 艾倫·韋恩斯坦、大衛·盧布爾《彩色美國史》，胡煒等譯，中國友誼出版公司，2008 年，第 410～416 頁。

〔註23〕 Henry Gannett, "The Annexation Fever," *NGM*, December ,1897.

致力於持續不斷地向大眾傳播通俗化的地理知識。」〔註24〕

所謂轉向，實際上是從之前以學院式專業地理知識爲主向經濟地理傾斜，從強調本土地理資源轉向更加關注海外地理問題。1898 年 5 月，雜誌發行古巴專號，6 月及次年 2 月，連續兩期菲律賓專輯。在此後的十年中，介紹菲律賓、古巴和波多黎各的文章高頻率出現，〔註25〕其餘如關島、薩摩亞等文章也不在少數。對遠東的中國，這一時期雜誌最爲關注的是俄國在東北修建的跨西伯利亞鐵路、日俄在「滿洲」的開發建設以及 1900 年的「義和拳運動」。〔註26〕正如一篇「地理筆記」裏提供的數據所表明，美國認識到擁有海外殖民地和享有殖民地利益均霑權利的意義如何至關重大：1903 年，美國對外貿易達到「史無前例的新高」，來自商業勞動部的資料顯示——1903 年進口突破十億美元大關，出口突破 14 億大關，進出口在十年內分別增長了 18.4%和 67.5%，而進口產品主要是用於國內生產建設的原材料。〔註27〕

但是，在商業動機上的直言坦承，並不影響作爲新帝國的美國和作爲科學機構的地理學會被塑造爲「進步」、「仁慈」以及「理性」等形象，這借助於《國家地理》所使用的兩大修辭，其一爲「道德」，其二爲「發展」。以菲律賓的報導爲例，朱莉・A・圖森的論文《〈國家地理雜誌〉在菲律賓報導中的帝國意識形態》，認爲雜誌利用「經濟發展」與「道德監護」雙重訴求，即從呼籲美國對菲律賓島上的自然與人力資源進行直接經濟開發利用，到使用更加具有倫理優越感的「道德監護」與表面更爲客觀的「科學發展」話語，實際上是帝國主義新近發明的一種獨特的「美國形式」。〔註28〕

1899 年 6 月《國家地理》上一篇名爲《國家成長與國民性格》的文章，充分印證了朱莉的研究，作者爲學會副會長麥吉（W.J.Mc Gee），他將美國的「擴張主義」與歐洲的「帝國主義」區別開來（正如康拉德區分庫克船長與哥倫布），認爲新美國與舊歐洲相比，擁有更多自然資源與進取精神，無論在

〔註24〕 Gilbert Grosvenor,LiTT.D.,LL.d.,Sc.D. ,*The National Geographic Society and Its Magazine*. National Geographic Society,Washington 6,D.C.1957,P.7

〔註25〕 在 1898 年到 1908 年的十年間，對菲律賓的報導約有 24 篇，古巴 11 篇，波多黎各 10 篇。

〔註26〕 具體數據與分析見本編第二章。

〔註27〕 Geographic Notes, "Foreign Commerce of the United States in 1903", *NGM*, Sep.1903.

〔註28〕 Julie A.Tuason, "The Ideology of Empire in National Geographic Magazine's Coverage of the Philippines, 1898～1908",*Geographical Review*,Vol.89,No.1（Jan,1999）, PP.34～56.

何方面都較後者「更健康」、「更進步」與「更現代」。進而他反駁那些所謂的
「反擴張主義者」：

> 他們無視人類進步的法則（經由其它科學的準則來衡量人的科
> 學而得出的法則），在這一法則之下，人類沿著井然有序的路徑前
> 行，猶如行星軌道一般，並經歷一些重要的階段，從野蠻到原始，
> 歷經文明開化，最終進入啟蒙狀態，絕不會倒退，除非遇到滅絕的
> 情況；他們無法完全理解——帝國主義不可能出現在啟蒙的序列之
> 中，而地球上的族群都毫無例外地要從一個序列進入下一個序列，
> 直至到達最高序列——這一人類法則的要義，我們只能含糊地將其
> 理解為「天定命運」。〔註29〕

從上述「高見」中，我們可知，《國家地理》對於「科學」、「進步」等話
語的使用，除了基於「國家利益」與「國民認同」之外，其背後有著更為強
大的知識來源作支撐，這就是二十世紀初由生物學、人類學與社會學等領域
共同強化的社會進化思潮。

2. 進化論、人類學與博物館

就在 2004 年，《國家地理》一篇題為《達爾文錯了嗎？》的文章，正文
開頭即以醒目大字明確回答：「不，進化的證據鋪天蓋地！（The evidence for
evolution is overwhelming」）。文章寫道：「進化是一個漂亮的概念，對於人類
福祉、醫療科學以及我們對世界的理解，在今天比其它任何時候都更為重
要。〔註30〕科學史作家古爾德認為，達爾文從馬爾薩斯的《人口論》中獲得
啟發，加以對動植物習性的長期觀察，提出進化理論。〔註31〕其中的「物競
天擇」這一具有革命意義的思想在生物領域與社會領域影響深遠，並被不同
學科、人群和國家以不同的話語將其發酵、發明為壓倒一切的社會進化論。

〔註29〕 W.J.Mc Gee, "National Growth and National Character," *NGM*, June 1899.
〔註30〕 David Quammen, Photographs by Robert Clark, "Was Darwin Wrong?" *NGM*.
November, 2004.
〔註31〕 達爾文在自傳中寫道：「1838 年 10 月……我為了消遣，偶而翻閱馬爾薩斯
（Malthus）的人口論（Population），當時我根據長期對動植習性的觀察，已
經有了一定的準備，可以正確認識生存鬥爭。我馬上聯想到，在這種情況下，
有利的變異會趨向於保存下來，而不利的變異將被淘汰。」科學史作家古爾
德也認為，「直到馬爾薩斯的鬥爭與擁護的觀點凝練他（達爾文）的思想之後，
他才確定自然選擇是進化的動因。」見（美）斯蒂芬·傑·古爾德《自達爾
文以來：自然史深思錄》，田銘譯，海南出版社，2008 年，第 1～2 頁。

熱心宣傳達爾文進化論的德國生物學家恩斯特・海克爾（Ernst Haeckel），其人類進化論的觀點甚至成為種族主義的有力武器。海克爾認為：「進化與進步站在一邊，排列在科學光明旗幟下，另一邊排列在等級體系的黑旗下，是精神的奴隸，缺少理性，野蠻，迷信和倒退。……進化是在為真理而戰中的重炮。」〔註32〕因此，在社會進化論思潮裏，「演變」或「選擇」單向度地轉化為「進化」與「進步」，其內含的多元發生與多樣形態被具有時間方向性的直線進化觀所取代，正如上文作者麥吉所言，人類「進步」的路徑如此井然有序，「除非發生滅絕」，絕不會倒退。

人類學家威廉・亞當斯將「進步論」視為人類學的哲學之根，而且是「根中之根」，他又認為人類學家所瞭解的進步論主要是所謂的社會進化論。〔註33〕在凱瑟琳・盧茨看來，十九世紀晚期的人類學，致力於在「低級族群」中尋找進化進程中的「落後」證據，從顱骨測量法到婚姻制度研究，以此發明廣泛的生物與社會文化目錄，都是為了在差別中創造人類社會等級制度。〔註34〕而國家地理學會可以說正成長於此時代語境中，並且一直不遺餘力地向西方世界呈現「原始」圖像。《國家地理》在對不同族群進行等級編碼時，由於美國其時處於世界新格局中的上升位置，因此，雜誌運用社會進化理論，並以「天賦命運」的盎格魯——撒克遜式文化優越感，為自己授予了「進化擔保」與「道德監護」的角色，從而為美國在領土擴張後的「國家地理」新書寫奠定了基礎。

如果說帝國興起與進化理論是國家地理學會及其雜誌成功的時代背景，那麼，另一個不可忽視的語境卻是關於「科學」，其在概念與學科體制中的變遷。19世紀後期，美國的知識領域大興實證主義之風，相信世界是可知的，無論是自然界還是人類社會，都有秩序與規律可循。這種實證主義的科學觀，使現代學科體制朝向專業化與學院化邁進，經濟學、昆蟲學、化學、生理學、地質學等學科機構在1880年代紛紛建立，緊接著是美國人類學學會（1902），美國政治科學學會（1903）等。隨著各學科門類與學會呈激增

〔註32〕（美）斯蒂芬・傑・古爾德《自達爾文以來：自然史深思錄》，田銘譯，海南出版社，2008年，第159頁。

〔註33〕（美）威廉・亞當斯《人類學的哲學之根》，黃劍波、李文建譯，廣西師範大學出版社，2006年，第8頁。

〔註34〕Lutz, Catherine A.and Jane L. Collins, *Reading National Geographic*, Chicago: University of Chicago Press, 1993, P.18.

態勢且越分越細，那些掌握多種學問的所謂博學之才成爲舊時代的遺老，「業餘者」（amateur）更成爲一個輕蔑語。〔註35〕相應地，像博物學（natural history）這樣一種範疇廣闊、兼收並蓄而定義鬆散的知識領域，其地位亦隨之下降。

　　然而就地理學而言，其情況卻稍有不同。菲力普·保利（Philip Pauly）曾這樣寫道：「在美國，更爲專業的地理研究似乎分佈於地質學、人類學、經濟學以及工程學裏，而地理學會反倒變成與科學沒有什麼實質聯繫的探險俱樂部了。」〔註36〕從美國國家地理學會的成員來看，1888 年聚集在宇宙俱爾部的 33 位紳士，其身份多樣各異，有地理學家、探險家、軍官、律師、氣象學家、製圖師、博物學家、銀行家、教育家、生物學家、工程師、測量師、地質學家以及發明家，還有一個記者（俄羅斯問題專家喬治·凱南），大部份在聯邦機構工作，如地質調查局、農業部、民族局等。而被推選爲學會第一任會長的加德納·格林·哈伯特（Gardiner G.Hubbet），只是一位律師，一位富裕的業餘科學愛好者與贊助人。在其就職演說中，他強調自己「業餘者」的身份，「我不是一個科學家，我也沒有特殊知識可以被稱爲地理學家。我之所以承蒙大家厚愛被推選爲國家地理學會的會長，僅僅是因爲我是那些願意促進地理研究的人中的一員，我也持有與每一位受過教育的人對地理的相同興趣。」〔註37〕哈伯特在演講中聲明，學會的會員資格不應受限於專業的地理學家，而是一切願意促進地理知識的人。這一原則寫入學會章程中，「學會應該根據寬泛而自由的原則組織，只要符合學會利益並以科學爲尊者，都可以具有會員資格。」〔註38〕換句話說，「學會雖然是一個有限定性的組織，但有錢的業餘者不會被排除在外。」〔註39〕

　　或許正是因爲國家地理學會掌門人的特殊身份與興趣，才使該學會及其雜誌沒有如美國地理學會（AAG）那樣，朝向專業化的科學地理路徑走下去，而是從紳士科學家的圈子裏走出，在精英與中庸之間，發展爲一種「大眾地

〔註35〕 Lutz, Catherine A.and Jane L. Collins,*Reading National Geographic*, Chicago: University of Chicago Press, 1993, P.19.

〔註36〕 Pauly,Philip, "The World and all that is in it:the National Geographic Society, 1888 ～1918." *American Quarterly*, 1979.

〔註37〕 Gardiner G.Hubbet, "Introductory Address. "*NGM*.October，1888.

〔註38〕 Gilbert H.Grosvenor,*The National Geographic Society and Its Magazine*, Wahington: National Geographic Soceity,1936,P.9.

〔註39〕 Howard S.Abramson,*National Geographic:Behind America's Lens on the World*，New York: Crown Publishers, 1987,PP.33～34.

理學」模式（popular geography）。〔註40〕大眾地理學的一個重要標誌在於其與博物學的相通。凱瑟琳認為，正是《國家地理》，「奪回並復興了走向衰落的博物學，使其經由大眾文化得以起死回生。」〔註41〕反過來看，也正是博物學，打造並助推了傳媒文化成長期的《國家地理》。在華盛頓廣場上，有一座歷史悠久的博物館，這就是早於國家地理學會20年建立的國立自然歷史博物館（National Museum of Natural History），由史密斯松尼安學會在其興盛時代所建。該學會堪稱全球最大的博物館聯合體，而哈伯特也是其董事與重要資助者。值得注意的是，國家地理學會的宗旨「增進與傳播地理知識」，正是來源於史密斯松尼安學會的早期願望——「為人類增進與傳播知識（for the increase and diffusion of knowledge among men）〔註42〕。」可見，國家地理學會其實是以史密斯松尼安學會為榜樣，正如菲利普・保利所言：「《國家地理》是那個好奇樓閣的直系子孫，是博物學的表兄弟。」〔註43〕如果將國家地理學會比喻為一個巨大的自然歷史博物館，那麼《國家地理》的每一期本身都是一個展廳，它由其徵訂者（會員）將世界搜集為一個個「封面故事」。

因此，可以說，《國家地理》從其誕生之日起便與人類學、博物館等學科和機構有著天然關聯。徐新建在《博物館的人類學》一文中指出，在人類學寫作的意義上，遍及世界各國的現代博物館堪稱規模最大、影響最廣的民族誌，「從多民族國家的文化表述角度看，一部博物館的創建和展示史，既是國家形象的形塑史，也是族群關係的演變史。」〔註44〕既然與人類學、博物館有著內在秉性的相似，那麼《國家地理》也便「分享」了前二者所面臨的一些共同話題，即對文化的表述問題，這其中既有「寫文化」（writing culture）的危機，也有「造歷史」（making history）的爭議，更有對「權力生產」（creating power）的反思。人類學家克里福德（Clifford）也在《文化的困境》一文中認為，搜集和展示是

〔註40〕 Tamar Y.Rothenberg, *Presenting America's World:Strategies of Innocence in National Geographic Magazine, 1888～1945*, Hampshire:Ashgate Publishing Limited. 2007, P.25.

〔註41〕 Lutz, Catherine A.and Jane L. Collins, *Reading National Geographic*, Chicago: University of Chicago Press, 1993, P.22.

〔註42〕 Bird W L. "A suggestion concerning James Smithson's Concept of 'Increase and Diffusion'", *Technology and Culture*,1983,24（2），246～245.

〔註43〕 Pauly,Philip, "The World and all that is in it:the National Geographic Society, 1888 ～1918." *American Quarterly*,1979.

〔註44〕 徐新建《博物館的人類學：華盛頓「國立美洲印第安人博物館」的考察報告》，《文化遺產研究》，2012 年第 2 期。

形成西方認同的關鍵步驟，而文化描述自身便是一種搜集，是對人群和他們的社會制度與文化實踐按照「眞實性」原則進行有選擇性的搜集。〔註45〕由此，《國家地理》撰稿人與人類學家、博物館搜集人一樣，在選擇任何一種文化和人群的分類與解釋體系時，既「創造」了他者，更是爲了以此「認知」自身。

　　但是，與人類學和博物館相比，《國家地理》作爲一份「大眾地理學」期刊，其與大眾文化更有千絲萬縷之關係。對國家地理學會有深入研究的菲利普・保利在《世界及其一切》一文中，認爲該學會的結構與使命由幾大時代因素所形塑，除了上文提及美西戰爭後美國全民對「國家地理」與海外領土的興趣「被喚醒」，以及大學學院專業學科的增設外，另外兩個最重要的條件，其一爲大眾新聞業的興起，其二爲照相製版術的發展。〔註46〕因此，對雜誌上述「表述問題」的研究，還應放在傳媒文化的語境中去考量。

二、傳媒時代的文化表述

　　1900 年 10 月，國家地理學會第二任會長、哈伯特的女婿、電話發明者亞歷山大・G・貝爾（Alexander Graham Bell），在《國家地理》上發表文章，對該學會及雜誌的前景做出短期與長期規劃，指出學會的基本目標爲：

> 國家地理學會應該事實上成爲其名之所指：代表國家表述的一
> 個全國性組織。〔註47〕

　　實際上，貝爾的雄心並非建立於空中樓閣，而有其充分的社會條件。就貝爾自己的貢獻而言，他於 1890 年發明的電話，到 1900 年時在公眾中的普及率已達到 1%，貝爾系統遍及全國，西方聯合電報公司的電報線路已全面鋪開。也是在 1900 年，美國的鐵路軌道已接近飽和的 193.000 英里。尤爲重要的是，1879 年通過的《郵政法》（Postal Act），爲廉價投遞出版物掃清了道路。〔註48〕美國新聞史研究專家埃默里父子在對美國大眾傳播媒介史進行分析時，強調了以上通信網的作用，並將 1865 年～1900 年期間國家出現的這些新生力量，如通信網、工業化、機械化和城市化，稱爲「國家生活中的一

〔註45〕 Clifford, James.*The Predicament of Culture:Twentieth-Century Ethnography, Literature, and Art*. Cambridge, Mass.: Harvard University Press.1988.

〔註46〕 Pauly,Philip, "The World and all that is in it:the National Geographic Society, 1888 ～1918." *American Quarterly*,1979.

〔註47〕 Alexander Graham Bell, "Address of the President to the Board of Managers, June 1,1900." *NGM*,Oct.1900.

〔註48〕 （美）邁克爾・埃默里、埃德溫・埃默里《美國新聞史：大眾傳播媒介解釋史》（第八版），展江、殷文主譯，新華出版社，2001 年，第 183～184 頁。

場革命」，指出這場革命「將影響到國家生活的各個方面」，會帶來全面的社會、文化與政治變革。埃默里指出，「對知識和美好生活的普遍渴求推動了教育進步，這對報紙、雜誌和書籍等大眾傳播媒介的擴展具有特別重要的意義。」〔註49〕

1. 雜誌「七原則」與尋找「阿富汗女孩」

基於如此有利的大眾文化成長土壤，《國家地理》的第一位全職編輯、貝爾的女婿吉爾伯特・H・格羅夫納（Gilbert H.Grosvenor）認識到，學會要想擴大會員基礎，要想普及地理知識，把科學送到人們的客廳裏，必須「將學會的雜誌從報導冷硬的地理事實，從門外漢們搞不懂的詰曲聲牙的術語中走出來，成爲關於我們這個大千世界裏的諸多活潑、生動、有趣的人生百態的傳播媒介」。〔註50〕到 1915 年 3 月，格羅夫納爲《國家地理》雜誌的編輯方針確定如下「七原則」：

(1) 首要原則是絕對準確。未經嚴格證實的材料不得出版。每一篇文章的準確性都要能經受住歲月檢驗。

(2) 圖文並茂，多刊登美麗、有益而藝術的攝影插圖。

(3) 雜誌文章力爭具有長久價值。每一期雜誌在一年、五年或十年後其價值與發行當時比較毫不遜色。這一原則旨在使我們的雜誌成爲成千上萬所學校、家庭和圖書館的教學讀物。

(4) 避免所有太個性化與過於瑣碎化的描寫。

(5) 不刊載帶有偏見與爭議性的報導。

(6) 對任何國家與民族，只刊載其美好的自然，避免不愉快和過度批評。

(7) 每一期的內容都要有時效性。世界上的任何一個地方，無論是因爲戰爭、地震還是火山爆發，只要引起公眾注意，國家地理學會便要負責接下來的一期雜誌中，向讀者提供此地區的地理、歷史與經濟狀況信息，並且以有趣而絕對無偏見的態度表

〔註49〕（美）邁克爾・埃默里、埃德溫・埃默里《美國新聞史：大眾傳播媒介解釋史》（第八版），展江、殷文主譯，新華出版社，2001 年，第 185 頁。

〔註50〕 Howard S.Abramson, *National Geographic:Behind America's Lens on the World*, New York: Crown Publishers, 1987, P.48.

述出來，要盡量配以其它刊物無法匹敵的高質量的精彩照片。〔註51〕

　　吉爾伯特・H・格羅夫納自 1899 年起擔任《國家地理》雜誌首位全職領薪編輯，到 1954 年退休，在 55 年編輯與 34 年的會長生涯中，將學會會員人數從 1 千人增至兩百萬，被譽為學會與雜誌的締造者與建築大師。1954 年，他闡釋自己事業開創期所提出的七項編輯方針，認為是對《國家地理》雜誌的特殊屬性有過精心考慮提出的。什麼特殊性質呢？「《國家地理》是由非營利學會組織為了增進與傳播地理知識而出版發行的雜誌，這份出版物的目的是為了促進科學與教育的發展，」為此，格羅夫納認為七原則正是實現其宗旨的最有效的方式──運用大量攝人心魄的圖片與形象描述，清晰、準確而生動地反映這個激動人心的世界及其生命，而非使用呆滯、費解的冗語陳詞。」〔註52〕

　　在一個多世紀的歷程中，除了第五條（不刊載帶有偏見與爭議的報導）、第六條（只刊載美麗的自然），逐漸為後代編輯所挑戰或摒棄外，〔註53〕其餘五條，儘管彈性極大，應當說，也一直是學會與雜誌立身的基石。以下，我們以攝影為例，探究雜誌的表述之道。

　　2013 年 10 月，《國家地理》迎來 125 歲生日，為了回顧自己所呈現過的「世界及其一切」，雜誌將紀念號策劃為一期精美攝影專刊，並計劃將 501 張攝影作品在加州洛杉磯的安倫伯格攝影空間博物館（Annenberg Space For

---

〔註51〕Gilbert H.Grosvenor, "Report of the Director and Editor of the National Geographic Society for the Year 1914." *NGM*,Mar,1915.

〔註52〕Gilbert Grosvenor,LiTT.D.,LL.d.,Sc.D. ,*The National Geographic Society and Its Magazine.*National Geographic Society, Washington , D.C.1957,PP.6～7.

〔註53〕對於第 5、6 條的爭議，由於 70 年代後國際局勢的動盪以及生態環境的危機，使雜誌開始涉足格羅夫納時代盡量避免的主題，比如關於柏林牆、南非種族隔離、匈牙利革命、前蘇聯等政治領域，以及由人類造成的生態破壞、動物盜獵、城市化問題等環境領域，在學會內部產生極大爭議，1977 年時曾組成一個臨時委員會進行「編輯方針是否要改變」的討論，而當時的主編 Gil Payne 認為，「雜誌並沒有變，是時代在變」，他指出若不隨時代變遷而關注上述全球問題，既不符合雜誌的使命，也將使學會和雜誌走向死亡。C.D.B.Bryan, *The National Geographic Society:100 Years of Adventur and Discovery*, New York: Abradale Press, 2001edition.P90.PP.378～379。在 1978 年 1 月，雜誌的「編輯的話」裏，佩恩寫道：正像新聞業致力於客觀、無偏見的報導，我們接受歷史給我們反映時代變遷的機會，因為只有歷史自身才能訴說完整故事（only history can tell the full story）。

Photography）進行為期半年的展出，同時在世界各地也有不同形式的活動與攝影展。〔註54〕在封面文章《攝影的力量》中，作者羅伯特·德雷珀（Robert Draper）回顧了雜誌的攝影史，並幽默地寫道：「每當我告訴別人我為《國家地理》雜誌工作時，我會看到他們睜大雙眼放出光芒。然而我也明白接下來將會怎樣——當我不得不說，對不起，我只是個文字記者時。」德雷珀認為，《國家地理》的攝影師已經是「世界性」的化身，美麗寰球的見證者，是每個人心目中從事著夢想職業的人。「攝影師運用他們手中的照相機，作為探索世界的工具，進入心靈秘境的護照，記錄人類變遷的法器。他們的照片，就是攝影力量的證據，從前如此，現在更甚。」〔註55〕

在這期攝影專輯的黃色邊框裏，編輯再次選擇了雜誌史上最著名的一幅肖像——阿富汗女孩莎芭·古拉（Sharbat Gula），而這已是這名在前蘇聯與阿富汗戰爭中飽受創傷的女孩第三次登上該雜誌的封面。攝影師史蒂夫·麥凱瑞（Steve McCurry）於1984年在巴基斯坦的難民營裡第一次遇見這名12歲的女孩，於是這一經典形象便出現在1985年6月的封面上。該期文章名為《在戰痕累累的阿富汗邊境上》，標題說明文字為：刺骨的眼神和破爛的衣衫，講訴了一個逃離到巴基斯坦的阿富汗女孩的困境生活。〔註56〕德雷珀回顧道：「她的眼神刺透我們的集體潛意識，刺激了西方世界已然麻木的既定軌道。而這，是成千上萬名外交官和救援工作者未能做到的。」〔註57〕照片中，古拉海綠色的雙眸閃現著冷峻與惶恐，更有幾許憂傷，這一形象立即成為阿富汗衝突和世界各地難民的象徵符號。時隔17年後的2002年，也就是美國「9.11」事件發生不久，國家地理學會成立了一個專門小組，發起聲勢浩大的「尋找阿富汗女孩」活動並製作電視紀錄片。

〔註54〕 "Annenberg Space for Photography Presents The Power of Photography: National Geographic 125 Years, October 26, 2013 – April 27, 2014." 參見安倫伯格官方網站：http://press.nationalgeographic.com/2013/08/06/annenberg-space-photography-125-years/

〔註55〕 Robert Draper, "The Power of Photograph", *NGM*, October 2013.

〔註56〕 Debra Denker, Photograph by Steve McCurry, "Along Afghanistan's War-Torn Frontier". *NGM*. June, 1985.

〔註57〕 Robert Draper, "The Power of Photograph", *NGM*, October 2013.

美國國家地理 125 週年經典攝影展・重慶站・街頭宣傳廣告，2014
年 1 月（筆者拍攝）

　　這次尋找由聯邦調查局（FBI）運用最新的虹膜識別與面部識別等生物測
定學和監測技術，最終在阿富汗東部「確認」出一位已是 3 個小孩母親的婦
女爲當年「古拉」，這位飽經風霜的普什圖族女子在 2002 年 4 月再次登上雜
誌封面。同期文章中，攝影師史蒂夫寫道：「二十年來，阿富汗一直處於黑暗
時代。古拉的重新露面，也許是一個預言，一個希望的跡象。我們將拭目以
待。」〔註 58〕在這一年，國家地理學會發起並與阿富汗教育部合作創立「教
育與培訓基金會」。據「阿富汗女孩基金」工作部報導，在 2006 年，該基金
會已收到《國家地理》讀者捐贈資金 1,078,600 美元。〔註 59〕

　　莎芭・古拉的形象已成攝影經典，而拍攝和尋找活動本身也寓意豐富，
引發很多研究者從不同角度加以討論和闡釋。斯蒂芬妮・霍金斯分析了這張
照片的力量所在：「力量來自於紀錄攝影與文藝復興油畫式的時尚攝影審美風
格相融合，」具體而言，「古拉破舊的衣衫讓人聯想到美國經濟大蕭條那艱難
歲月的紀實攝影，而她厚厚的嘴唇與濃密的眉毛又類似於波姬小絲和麥當

〔註 58〕Steve McCurry, "I could see her eyes thought the camera lens.They are still the
　　　　same." *NGM*,April 2002. 講述尋找過程的文章在同期刊出：Cathy Newman,
　　　　Photographys by Steve McCurry, "A Life Revealed." *NGM*, April 2002.

〔註 59〕Stephanie L.Hawkins, *American Iconographic:National Geographic,Global
　　　　Culture,and the Visual Imagination,,*Charlottesville and London:University of
　　　　Virginia Press, 2009.P.5

娜，此外，那暗紅的面紗和微側的臉龐，似乎是向古典油畫聖母瑪利亞表達的敬意。」〔註 60〕甚至，有人將這張照片與達芬奇的蒙娜麗莎畫像相聯繫，稱之爲「阿富汗的蒙娜麗莎。」〔註 61〕瑞伊・林恩・阿思欽的博士論文《公共政策重建修辭學》，以雜誌、文學、紀錄片、網絡、戲劇、廣告等各種媒介對這一形象的再生產與流通過程爲例，探討視覺話語與美國軍事政治和經濟政策的關聯。作者認爲，在 9.11 事件之後，「阿富汗女孩」並非單純的形象生產，一系列修辭行爲意在配合政府的議程設置，「重建」一個阿富汗乃至伊拉克，實際上是在美國文化與政治語境中，西方價值觀之個體理性與市場資本在全球社會的傳播與接受案例。〔註 62〕中國作家張承志也直接指出：「美國《國家地理》對阿富汗封面少女的尋找活動和報導，既不是眞實的藝術，也不是客觀的報導，而是不義戰爭的宣傳。」〔註 63〕的確，無論是雜誌的報導文章，還是電視紀錄片，都重在渲染前蘇聯的入侵以及基地組織的暴虐，全然不談 9.11 後美國在阿富汗國土上的軍事行動，在敘事策略與符號運用中深藏著表述主體的權力宰制之術。

在格羅夫納執掌《國家地理》的半個世紀裏，他將「美好、誠實、樂觀、積極」七原則也應用於攝影報導中，強調照片應該是漂亮的、藝術的，而且須予人以一定啓發性，換言之，照片要有審美上的愉悅感，體現高雅品味，同時在表述上是現實主義風格。〔註 64〕可以說，阿富汗女孩的形象完全符合格羅夫納的攝影原則，而且該形象三次登上封面，足以證明在長達百年的歷史中，這一原則被不同時代的記者編輯認可並執行。相應地，圍繞阿富汗女孩的形象生產及其引發的探討，也可視爲是長久以來關於《國家地理》雜誌表述之道爭論的縮影。是攝影，讓這本雜誌獲得了成功的密碼，也讓它與文字、地圖等的表述手段一樣，使這本雜誌遊走在「眞實」、「娛樂」與「藝術」、「權力」的微妙轉換之間。

〔註 60〕 Stephanie L.Hawkins, *American Iconographic:National Geographic,Global Culture, and the Visual Imagination,* Charlottesville and London:University of Virginia Press,2009.P.2.

〔註 61〕 Zoroya,Greg, "National Geographic's track down Afghan girl." *USA Today,* 2002-03-13.

〔註 62〕 Rae Lynn Astion Schwartz,*Rhetorically Refiguring Public Policy: Rhetoric, Post-Colonialism, and the Strategic Redeployment of National Gergraphic's Afghan Girl.* PH.d Thesis of the University of Iowa,2006

〔註 63〕 張承志《逼視的眼神》，《讀書》雜誌，2002 年第 5 期。

〔註 64〕 Lutz,Catherine A.and Jane L. Collins,*Reading National Geographic*, Chicago: University of Chicago Press,1993,P.27.

2. 相機與槍支:「真實」與「權力」

首先回顧雜誌的攝影歷程。儘管就在學會成立的 1888 年,世界第一臺大眾化照相機——由喬治‧伊斯曼(George Eastman)推出的柯達相機便已問世,早在 1890 年七月,雜誌便刊登了第一張外景照,由美國海軍助理軍需官拍攝的俄羅斯赫勒爾德島(Herald Island)。但由於早期的相片複製是採用鋼凹版術(steel engraving),造價昂貴且速度很慢,因此雜誌在 1896 年之前,仍然基本上是一本只有文字的科學刊物。當照相凸版術(photoengraving)使印刷成本大大降低後,格羅夫納立即看到這種新技術的潛力。到 1896 年 1 月,雜誌在《美國水陸關稅隊的極地巡航》一文中,刊發了三幅插圖,包括一張一群馴鹿躺臥在地的照片。使雜誌走向「插圖月刊」的道路。〔註65〕同年 11 月,雜誌首次刊登「裸乳」照,一對上身赤裸的非洲祖魯(Zulu)新郎新娘並肩而立,直視鏡頭。然而,真正因攝影而使這本「插圖雜誌」名聲鵲起還要等到 1905 年 1 月。由於臨近截稿時雜誌仍無足夠文章填補十一頁空白,在未獲董事局預先批准的情況下,格羅夫納為解燃眉之急,大膽從兩位俄羅斯帝國地理學會探險家提供的 50 張拉薩照片中,選出 11 張組成了雜誌歷史上首次攝影報導專題。〔註66〕就在董事局中一部份老派紳士深感震驚與憤怒之時,當期雜誌卻意外廣受熱捧,成為雜誌發展史上第一次最輝煌的里程碑與轉折點。到 1905 年年度,會員人數由當時的 3662 人飆升至年底的 11479 人。〔註67〕

第二次最重大變革是彩色攝影的啟用。1910 年 11 月,一位富裕的紐約旅行家威廉‧W‧查平(William W.Chapin),請一位日本藝術家將其所拍的朝鮮、中國黑白照片,用手工著色的方式為其描上色彩。〔註68〕在這篇名《朝鮮、中國見聞》的圖文遊記中,負重的苦力、頸戴木枷的犯人,朝鮮的尼姑、北京街頭以扇遮面的滿族姑娘⋯⋯鮮活的形象立即引起轟動,也成為雜誌發展史上的又一里程碑。到 1916 年 4 月,格羅夫納自己撰寫的《最好的土地》一文中,第一次使用了自然彩色照片,32 張用盧米埃——奧托克羅姆微粒彩屏乾板技術(Lumiere Autochrome)拍攝的美國風景與民族,開啟了攝影的新世

〔註65〕 Sheldon Jackson, "The Arctic Cruise of The United States Revenue Cutter 'Bear'", *NGM*,January, 1896.

〔註66〕 Photographed by Tsybikoff and Norzunoff, "Views of Lhasa", *NGM*.January 1905.

〔註67〕 C.D.B.Bryan,*The National Geographic Society:100 Years of Adventur and Discovery*, New York:Abradale Press,2001.P.95.

〔註68〕 William W. Chapin, "Glimpses of Korea and China", *NGM*. November 1910.

界。〔註 69〕由於隨後美國對德宣戰，以及奧托克羅姆的技術限制，比如色彩比較呆滯有限、需要沉重的相機、笨重的玻璃板、暴光較慢以及嚴格的擺放位置等，雜誌直到 1927 年 9 月起才開始每期必有彩照。到 30 年代，是彩色攝影的「革命時期」，經歷了 Finlay（英國）、Agfacolor（德國）、Dufay（法國）等不同技術發展階段，到 1936 年，由伊斯曼柯達公司發明的新型 35mm 的柯達彩色膠捲問世，使野外拍攝運動彩色照成為可能。1938 年 4 月，用柯達克羅姆彩色反轉片（Kodachromes）拍攝的照片在雜誌首次出現。從此，小型相機、卷型膠片、彩色圖像（dye images）使《國家地理》的攝影得以進入革命性進程，正如格羅夫納在 1963 年寫道：「《國家地理》的歷史可以說是彩色攝影的歷史，在攝影方面──尤其是彩照，我們總是走在前頭。」〔註70〕

到 1957 年，雜誌的第三代掌門人，梅爾維爾‧貝爾‧格羅夫納，接過家族的指揮棒，繼續開拓江山砥礪疆場。這一年 9 月開始，彩色圖片固定出現在黃色邊框中，以櫟樹和月桂葉環繞的《國家地理》時代逐漸隱退，老格羅夫納確立的「不報導有爭議的議題」以及「只報美好的自然」方針被畫上句號。電視頻道、地球儀、地圖集及各種系列的書籍與電子光盤，把學會及其雜誌融入到大眾文化時代的狂歡與奇觀中。

《國家地理》進入它的新時期，伴隨著日新月異的科技發展。水下攝影、三維空間的全息攝影（hologram）〔註71〕等新技術的發明，以及光學時代、網絡時代的飛躍，《國家地理》的攝影照片可以帶領其讀者探索更高的太空、更深的海洋以及更遠的時間盡頭。憑藉攝影的力量，雜誌展示出一個豐富多元的世界，無論是瀕危物種、殘酷戰爭，還是美麗森林與多樣族群，這一切，一方面使雜誌更有效地實現其「報導世界及其一切」的宗旨，另一方面，在科學越來越精細化、尖端化的今天，《國家地理》通過科技手段促進與傳播廣泛意義的地理知識，成為連接學者與公眾之間空白的橋梁。

正是因為攝影有如此強大的力量，因此，早在 1921 年，《國家地理》攝影師威廉姆斯（Maynard Owen Williams）已充分認識並利用了攝影這一「武器」：

〔註 69〕Gilbert H.Grosvenor, "The Land of the Best", *NGM*.April,1916.

〔註 70〕C.D.B.Bryan,*The National Geographic Society:100 Years of Adventur and Discovery*, New York: Abradale Press, 2001.P.206.

〔註 71〕1984 年 3 月，雜誌發行了第一次使用全息攝影術拍攝的老鷹，1985 年 11 月，用全息攝影描述了在南非出土的非洲猿人「湯恩幼兒」（taung child）的頭蓋骨。

　　攝影猶如一張神奇飛毯，爲平淡乏味的日子增添童話。攝影滿足人類擴展視野的欲望，將他帶入未知的地方，在一個自己身處其中的世界中更加眞切地確認自己。

　　在陌生的土地上爲陌生的人群拍照是一項迷人的消遣。爲了向同胞展示另一半世界人們的實際生活狀態，沒有哪一個漁夫能比攝影師更有耐心：當一個「獵物」落入到相機千里眼中時，沒有哪一個獵人比攝影師更心滿意足。旋轉格雷費斯（一種相機牌子，筆者注）的調焦圓盤，超過了摳動一支來復手槍的扳機所帶來的激動與興奮。〔註72〕

當威廉姆斯將相機比喻爲一支來復手槍，將拍照比喻爲「摳動扳機」時，不由人不想起攝影理論大師蘇姍‧桑塔格類似的比喻：

　　一如相機是槍支的昇華，拍攝某人也是一種昇華式的謀殺——
一種軟謀殺，正好適合一個悲哀、受驚的時代。〔註73〕

　　在蘇姍‧桑塔格看來，一張照片不只是一次事件與一名攝影者遭遇的結果；拍照本身就是一次事件，一次擁有更霸道權利的事件——干預、入侵或忽略正在發生的無論什麼事情，因而，「拍照的行爲仍有某種捕食意味。拍攝人即是侵犯人，把他們視作他們從未把自己視作的樣子。」〔註74〕而另一位視覺人類學學者陶西格，也曾經論述過照相機的神奇功能，他指出，這一功能不僅體現在記錄和再現原始人對現代技術的迷信與膜拜的過程中，同時爲照相的持有者製造了色彩紛呈的自我鏡像。」〔註75〕因此，無論從何角度講，當《國家地理》把攝影作爲一種最重要的表述手段時，其背後隱藏的關於「眞實」、「權力」等話語，筆者不能不加以檢視。

　　客觀來講，在《國家地理》攝影師的眼中，攝影的力量，本質在於其「直白」與「眞實」。正如編輯拉‧戈爾斯（John Oliver La Gorce）在1915年的一份宣傳小冊子上所宣稱的：《國家地理》發現了一種「新的通用語言，」這種語言不需要人深入研究……不論叢林野人還是朝廷大臣，愛斯基摩人還

〔註72〕 Maynard Owen Williams, "Adventures with a Camera in Many Lands", *NGM*, Jul. 1921.

〔註73〕 （美）蘇姍‧桑塔格《論攝影》，黃燦然譯，上海譯文出版社，2010年5月，第22頁。

〔註74〕 同上，第17～18，22頁。

〔註75〕 Lutz, Catherine A.and Jane L. Collins, *Reading National Geographic*, Chicago: University of Chicago Press, 1993

是婆羅人，玩耍的小孩還是大學裏的教授，家庭婦人還是大生意人，都可以讀懂，這種攝影的語言，「優於世界語（Esperanto）。」〔註76〕在這裡，戈爾斯暗示了攝影的無時間性與無階級性，其超越語言與文化的邊界，向所有人平等地傳達眞實世界。擴展開來，這種傳統的攝影眞實性，最初是「根據其技術特性來加以定義的，即攝影是眞實世界中物體或事件通過光的反射顯示在膠片感覺乳劑上。」〔註77〕而約翰·伯格從哲學的角度指出，照相機發明的 19 世紀時，正值資本主義世界世俗化的過程裏，把上帝的審判給省略掉，而以「進步」爲由改爲歷史的審判，民主和科學變成了這種審判的代理人。伯格認爲，攝影被認爲是這些代理人的助手，於是擁有了代表「眞實」的美名。〔註78〕

那麼，這種「眞實」是如何受質疑的呢？即使不從哲學的深度而僅就實踐操作的層面而言，至少有兩方面的因素可供探討。一是照片的「色彩」，二是拍攝的流程。從色彩而言，若仔細檢閱《國家地理》的攝影史，我們會發現，彩色攝影不可避免地會改變表述的本質。由於色彩所具有的視覺衝擊力，它能激起觀者對彩照無窮的欲求。因此攝影師在選擇拍攝對象時，往往被色彩主宰，無形中便要優先選擇引人注目的事件與人物，有時甚至爲追求視覺效果而改變被拍攝對象。比如約瑟夫·洛克爲喇嘛王拍照時，就爲了使其顯得「更莊嚴」，而重新「布置」了喇嘛王的座椅與廳堂環境。〔註79〕而這份雜誌在歷史上曾被諷刺爲「攝影的紅衫學派」（Red Shirt School of Photography），

〔註76〕C.D.B.Bryan, *The National Geographic Society:100 Years of Adventur and Discovery*, New York:Abradale Press,2001.P.133

〔註77〕馬丁·李斯特《電子影像時代的攝影》，載於瓦爾特·本雅明、蘇珊·桑塔格等著，吳瓊、杜予編《上帝的眼睛：攝影的哲學》，中國人民大學出版社，2005年，第 152 頁。

〔註78〕約翰·伯格《攝影的使用》，載於瓦爾特·本雅明、蘇珊·桑塔格等著，吳瓊、杜予編《上帝的眼睛：攝影的哲學》，中國人民大學出版社，2005 年，第 96 頁。

〔註79〕在《黃教喇嘛之地》一文中，約瑟夫·洛克詳細敘述爲喇嘛王拍照所做準備：「我選定了一個拍照點，在大肚彌勒佛下的一面牆前面，喇嘛們從四處抬來一卷卷地毯、虎皮、金色織錦、黃色的繡花絲綢和披肩，開始布置場地。鋪上地毯後，寶座安放在選定的位置，地毯、坐墊和掛件，一切都布置得盡如人意。」雖然是黑白照，編輯還是在照片上標注：「請讀者注意用於背景的華麗絲繡。」洛克爲木里王拍照詳情見本書第九章。此外，美國攝影師愛德華·柯蒂斯（Edward Sheriff Curtis）對印第安人的拍攝也有很多「表演」攝影，參見本書第九章。

便是因其過度追求色彩而受到的批評。所謂紅衫學派，是指在 1950 年代該雜誌攝影達到頂峰的「明信片風格」。批評者們用此語指攝影師們愛用紅色襯衫、帽子、運動衫、圍巾等作為道具以使照片明亮生輝。〔註 80〕因此，這樣的攝影，可以說是審美多於記錄，獵奇多於真實呈現。

此外，從《國家地理》的拍攝流程來看，通常來說，一旦雜誌確定一個選題，就會由三人組成其報導組：作家（文字記者）、圖片編輯與攝影師。文字記者與後二者可以完全無干涉。圖片編輯與攝影記者配合密切，前者會向後者提供思路或主題，甚至授意具體拍攝地點與意圖。凱瑟琳在《閱讀〈國家地理〉》一書中，以《庫克船長：塔希提島嶼航行》一文闡述編輯如何影響攝影師的案例。圖片編輯首先給攝影記者一張拍攝地點單子和一本庫克日記，然後指導記者要去「展示大海之美，這種美要足以使庫克的船員們跳出船外，」並且，最好能找到「純種的波利尼西亞人。」編輯在此的意圖，是要「忠實」地重構庫克航海到此之前塔希提島土著們的生活情景。〔註 81〕當然，圖片編輯也鼓勵攝影記者自己的創造力，在田野實踐中的敏感性和獨立性，但總體來看，兩者都要在《國家地理》的「黃色邊框」（猶如新聞的「框架」）內，遵守創造性與規定性之間的界限與尺度。這個黃色框架所規定的風格，正如一名圖片編輯所言：「我們要做的不是旅遊見聞錄，也不是新聞報導，更不是藝術雜誌。我們要做的，是講故事。」〔註 82〕

當以「講故事」來定義《國家地理》文章風格取向時，便不難看出這份雜誌攝影記者與新聞攝影記者的區別何在。從主題上來看，新聞攝影記者要追逐「熱點事件」，才有較高新聞價值。而新聞價值，按傳統觀點，即新聞要優先考慮的一些因素，比如「最近的、突發的、確鑿的、難以預料的、相關的與接近的事件。」〔註 83〕也就是在於世界的反常性、衝突性與顯著性。這

〔註 80〕 C.D.B.Bryan, *The National Geographic Society:100 Years of Adventur and Discovery*, New York: Abradale Press, 2001.P.295.

〔註 81〕 Lutz,Catherine A.and Jane L. Collins,*Reading National Geographic*, Chicago: University of Chicago Press, 1993,P.56.

〔註 82〕 Lutz,Catherine A.and Jane L. Collins,*Reading National Geographic*, Chicago: University of Chicago Press,1993，P.56.關於庫克的報導,Capt.Alan Villiers, Photographs by Gordon W.Gahan, "The Man Who Mapped The Pacific", *NGM*. September 1971.

〔註 83〕 （美）約翰·費斯克等編撰，《關鍵概念：傳播與文化研究辭典》（第二版），李彬譯注，新華出版社，2004 年，「新聞價值」詞條，第 185 頁。

樣的事件大多不會持久，因而新聞事件又極具偶然性。由此，評價新聞攝影記者，更多在於其提供的信息量與信息清晰度。被譽爲「現代新聞攝影創立人」的法國攝影家亨利・卡蒂埃——布列松（Henri Cartier Bresson），提出「決定性瞬間」理論（the decisive moment），也就是說，某些時刻有著特別的歷史意義，這一時刻失之不再來，因此，「攝影的任務，就是抓緊這樣的時刻，把它裏面的平衡狀態拿穩，凝結動態的進行。」〔註84〕布列松認爲，如果在那適當的時機按下快門——新聞攝影記者便大功告成了。

與此對照，「講故事」的《國家地理》攝影記者，卻不是在「事件」中突顯拍攝主題的意義，而是被要求在日常生活中發現「眞實的現實」。如果說新聞攝影重在記錄一個特定的歷史時刻，那麼《國家地理》的記者則更強調從更廣泛、更長時段的歷史理念出發，全面呈現拍攝主題的完整語境。視覺傳媒專家蘇姍・穆勒（Susan Moeller）針對布列松的「決定性瞬間」，提出「隨機時刻」理論（random moment），她認爲，這一時刻可以是「任何」（any）時刻，也可以是「每一」（every）時刻，在隨機時刻的拍攝，攝影強調的是「無時間性甚於歷史，內在性勝於偶然性，持久的人類價值勝於當前的人類行爲。」〔註85〕

攝影報導的「無時間性、內在性與持久價值」之屬性，以及「在日常生活中呈現眞實」，再一次契合前文提及《國家地理》與人類學和博物館之關聯。如果說博物館是通過收集展品並以特別的陳列方式表述特定意圖（比如從時間順序呈現中華五千年歷史以講述一個「進步」故事），那麼《國家地理》的「展覽」方式同樣可按時間與空間進行巧妙安排組合。在一篇文章的排版中，通過位置、大小的布局和比例，通過新與舊、傳統與現代的並排，即能傳達編輯意圖。而在一期文章中，我們也可發現，一篇講述美國的文章，旁邊總要配一篇「非西方」世界；非洲「原始部落」的儀式，總要與新英格蘭整齊有序的農田或城市裏閃亮的工廠並置，如此就能彰顯文章或照片中傳達出的進化與進步。

因此，約翰・伯格告誡人們，在照片的四周，我們必須建立一套放射性的系統，以便我們能同時以個人的、政治的、經濟的、戲劇化的、日常化的

〔註84〕 亨利・卡蒂埃——布勒松《攝影的表述旨趣》，載於《西方攝影文論選》，顧錚編譯，浙江攝影出版社，2007年，第55~56頁。

〔註85〕 Susan Moeller, *Shooting War:Photography and the American Experience of Combat*. New York: Basic Books. 1989, P.409.

和歷史的觀點來欣賞攝影。〔註86〕這樣的放射性系統，對於攝影如此，對於文字、地圖等表述之道，莫不能外。而我們接下來，就將在這樣的系統中，參觀《國家地理》所建造的「中國鏡像」。

第二章　《國家地理》裏的中國鏡像

自 19 世紀末以來，《國家地理》開啓認知中國之旅，各路探險家，包括商人、傳教士、軍官、政治家以及學者，通過遊歷、探險與考察，將遠東他者的知識與經驗納入其人類博物館之「中國展廳」。一個多世紀，表述者步步深入，逐漸在這展廳確立了一套關於中國歷史地理、社會發展及其國民性格的現實地圖、思維圖譜與解釋框架。

1907 年，美國傳教士丁韙良（William Martin，1827～1916），在其《中國覺醒：國家地理、歷史與炮火硝煙中的變革》一書中，開宗名義地宣告：「中國是當今世界正在發生的最偉大運動的舞臺。」〔註87〕誠然，地理之於歷史，正如舞臺之於戲劇，大地之戲的演出，必然以特定的地理環境爲舞臺背景。而舞臺場景的布置與轉換，成爲影響劇情變化發展的重要因素。以下筆者從時代聚焦與空間分佈兩個緯度，試論《國家地理》裏中國舞臺上的「大劇」。

一、時代聚焦：跨世紀的五幕「大劇」

當丁韙良「請讀者將中華帝國設想爲一個戲劇舞臺」時，他說，在迄今還活著的人們的記憶裏，這裡上演了一部可以分爲五幕的悲劇，該戲劇的名稱爲「中國的開放」。而這五幕悲劇分別爲鴉片戰爭、亞羅戰爭、中法戰爭、甲午戰爭和義和拳戰爭。在丁氏看來，這個龐大帝國的「開放」，並不是來自其內部的一個逐漸的演變過程，「而是遠東保守力量跟西方進步力量之間一系列碰撞的結果。」〔註88〕

時隔百年後，美國作家彼得・海斯勒（Peter Hessler，中文名何偉），在《國家地理》上發表《巨龍內部》一文，他接著丁韙良的義和拳戰爭往

〔註86〕約翰・伯格《攝影的使用》，載於瓦爾特・本雅明、蘇珊・桑塔格等著，吳瓊、杜予編《上帝的眼睛：攝影的哲學》，中國人民大學出版社，2005 年，第 96 頁。

〔註87〕（美）丁韙良《中國覺醒：國家地理、歷史與炮火硝煙中的變革》，沈弘譯，世界圖書出版公司，2010 年，「序」第 10 頁。

〔註88〕同上，第 121～122 頁。

下數，「自從 1900 年義和團起義席卷北京城以來，中國平均每 10 年就會受到一次大動蕩的衝擊，從辛亥革命、中日戰爭、文化大革命到改革開放甚至 80 年代末的政治風波。」〔註 89〕這些事件「彙聚成一個混亂不安的世紀」，但是，「歷經舊時代的動蕩與壓抑之後，中國的歷史如今已成為普通人的歷史」。〔註 90〕

　　傳教士丁韙良與紀實作家海斯勒，都是《國家地理》的撰稿人。〔註 91〕他們上述對中國的觀察與評說，貫穿著「中西碰撞」與「中國普通人的歷史」。在超越百年的歷史聚焦中，中西關係的沉浮與中國歷史自身的變數，兩者共同影響著《國家地理》中國鏡像的生成與演變。

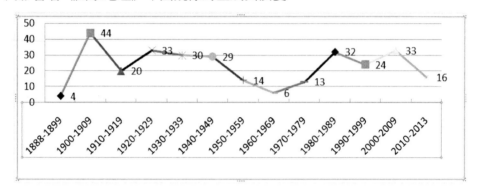

《國家地理》中國報導「時代──數量（篇）」曲線圖（筆者製表）

〔註 89〕 Peter Hessler, Photographs by Fritz Hoffmann, "China: Inside the Dragon", NGM,May.2008.此外，與何偉一樣，美國另一位中國問題專家李侃如博士（Kennth Lieberthal），也以極其相似的語句寫道：「在 20 世紀的中國歷史上，幾乎每十年都會遭遇後果巨大的政治巨變。」李侃如列表如下：1912 年綿延幾千年的帝制的終結；1910 年代末的「五四」運動；20 年代國共合作乃至後來的北伐；30 年代末日本對中國的佔領；40 年代末國民黨的潰敗和共產黨的勝利；50 年代末的大躍進和隨之而來的大饑荒；60 年代末的「文化大革命」；70 年代末進行的後毛澤東時代影響深遠的改革；80 年代末的政治風波。90 年代被證明是這個世紀中國政治最穩定和經濟繁榮的 10 年。參見（美）李侃如《治理中國：從革命到改革》，胡國成等譯，中國社會科學出版社，2010 年。

〔註 90〕 Peter Hessler, Photographs by Fritz Hoffmann, "China: Inside the Dragon", NGM, May, 2008.

〔註 91〕 丁韙良在 1901 年報導了義和團起義：William A.P.Martin, "The Causes That Led Up to the Siege of Pekin", NGM, Feb.1901.彼德‧海斯勒在《國家地理》雜誌上發表中國文章，截至 2013 年已有 8 篇，寫作中國紀實三部曲《江城》、《尋路中國》和《甲骨文》，被《華爾街日報》贊為「關注現代中國的最有思想性的西方作家之一。」

　　《國家地理》自 1888 年創刊至 2013 年，在共計 125 年的歷史中，有關中國的報導文章共約 298 篇，平均每年 2～3 篇。以 1950 年爲界，1950 年以前共有 160 篇，以後有 138 篇。然而從以上「時代——數量」曲線圖中可知，《國家地理》對中國的關注時段並不平衡，而是起伏頗大。雜誌初創時發行並不規律，所刊文章也少，對中國的報導起步較遲，至 1892 年才有一篇摘自巴黎地理學會的公報，至 1899 年，僅有 4 篇報導涉及中國。而到了 1900～1909 這世紀初的十年，則達到最高峰，共有 44 篇。最低谷出現在 1960～1969 年這十年，與中國相關報導僅有 6 篇。到了最近的 2010～2013 年，雜誌報導再次呈現上揚趨勢，僅 4 年便已達 16 篇之多。

　　數字變化反映中西關係的起伏。筆者根據雜誌的聚焦點及其傾向性轉變趨勢，將 125 年的歷史分爲五出「大劇」進行分析。

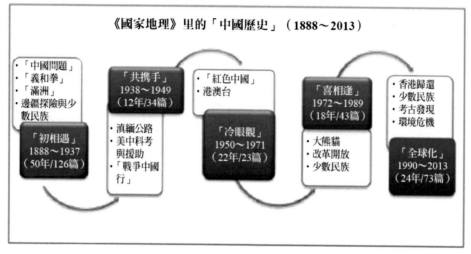

《國家地理》裏的「中國歷史」（筆者製圖）

1. 1888～1949：「初相遇」與「共攜手」

第一幕：「初相遇」（1888～1937）

　　從 1888 年雜誌創刊至 1937 年這五十年時間中，中國社會經歷了「天翻地覆」的變革。辛亥革命於 1911 年爆發，有著兩千多年帝制傳統的王朝統治結束，從大清帝國到中華民國的革命性轉變，中國被納入現代「民族——國家」體系中。因此，從清末到二戰爆發前夕，《國家地理》與中國的相逢，伴隨著西方帝國殖民主義的時代洪流；又由於中國「半殖民主義」的社會特徵不同於正式或完全的殖民主義，因此《國家地理》對中國的書寫，正如史書

美在對民國時期中國文學的現代主義進行論述中所指出的一樣，是在「多重殖民軌道與文化相遇」中，呈現出「中國語境下殖民主義的破碎、非正式、間接和多元分層等等特徵。」〔註92〕

在半個世紀的126篇文章中，《國家地理》報導範圍已涉及中國歷史地理、政治社會、探險考察等各方面。從報導的聚焦點來看，這一時期的重要主題大致有以下四個：其一是開始對「中國」的整體認知；其二爲聚焦於「義和團」運動；其三是重點關注「滿洲」一隅；其四爲在中國的探險報導，重點在西部地區。

其一，對「中國」的整體介紹。尤其在初期，雜誌爲讓其讀者全面而整體地瞭解一個在西方世界中日益呈現其重要性的「遠東」國家，因此有大量宏觀性報導，重在鳥瞰中國的歷史、地理與古老文明。〔註93〕以美國外交官約翰·巴雷特（John Barrett，1866～1938）撰寫的《中國：她的歷史與發展》爲例，巴雷特是美國20世紀初極有影響力的外交官，曾以記者身份廣泛遊歷中國，該文結合文獻研究與田野調查，以中國歷史脈絡爲線，在朝代更替中穿插評述政治、宗教、地理以及中西關係。作者聲稱：「我們對於中國沒有任何領土與港口的要求，但我們必須要能毫無阻礙地在中國任何地方進行自由貿易，要與其它任何國家享受同等特權。」在文末，巴氏強調，如果誤解或者低估中國，將會招致危機，因爲：首先，從歷史來看，中國人本質上是一個好戰的民族；其次，當前發生的義和團運動，與中國歷史上的各種暴亂相比，其程度可謂輕微；最後，中國仍未「結束」，如果中國分裂，也將只是短暫性的，但其埋下的種子，將是對白人與基督教種族的永久仇恨。基於此，美國對中國的政策，應該是「威恩並重」（mingled firmness with charity）。〔註94〕

其二，聚焦於「義和團」運動。1900年，在中國北方發生的義和團運動，成爲清末中國進入西方視野的最重大事件。《國家地理》創刊後，以「中國」爲名對這個國家的第一篇詳盡報導，即爲《中國拳民》（The Chinese Boxers，

〔註92〕（美）史書美《現代的誘惑：書寫半殖民地中國的現代主義（1917～1937）》，何恬譯，江蘇人民出版社，2007年，第41頁。

〔註93〕這方面的代表文章有：《中國和她的人民》（1900.08）、《中國：她的歷史與發展》（上下篇：1901.06/07）、《中國》（1904.05）、《中國現狀》（1906.12）、《中國的奇風異俗》（1910.09）、《中國地理》（1927.06）等等。

〔註94〕John Barrett, "China:Her History and Development.Part II", *NGM*, July, 1901.

1900.07），此後，連續刊登數篇報導，〔註95〕從不同角度分析這一運動的起因、結果與影響。

　　美國長老會傳教士盧埃林·J·戴維斯（Llewellyn James Davies）撰寫的《中國拳民》（1900.7），從義和拳之名談起，追溯到山東省「大刀會」，認爲中國的秘密會社通常具有政治與宗教性質。文章認爲「大部份中國人連最簡單的自然科學知識都不具備」，而迷信「加強了宗教的神秘感與遵守教規的權威性。」此外，「中國人既瞧不起外國人，視他們爲野蠻人，但是看到這些野蠻人的武器力量，在瞧不起中又加入了害怕。除此而外，又混合著另外的感受，即不公平感，這主要是指治外法權。三者結合，產生了仇外心理。」〔註96〕

　　另一位美國長老會傳教士丁韙良，親歷義和團運動，在《圍攻北平之起因》（1901.02）一文中，詳細敘述「暴動」過程及其細節。他認爲是由於「政治嫉妒、宗教憎惡與工業競爭」，導致中國人對外國人的仇視與排斥。此外，外國人在山東修建鐵路，穿墳過墓，「農民們認爲這些鐵馬驚擾了他們祖先的靈魂，所以才引發極大恐慌而排外。」義和團暴亂被平息後，丁氏希望光緒皇帝重組政府，保持帝國完整，同時懲罰一切肇事者。他聲言：「阻礙國家之間有序而有利交往的最大敵人是異教徒的無知。因此，沒有人能阻擋傳教士驅散黑暗、傳播科學與宗教之光的英勇事業。沒有了傳教士的功績，我們的鐵路和礦產企業就談不上安全，而那隻怪獸般的巨龍，雖然此刻在戴著十字架的士兵面前垂下頭來，誰能保證它不會再次翻身，對這個世界造成另一場巨大災難呢？」〔註97〕

　　其三，重點關注「滿洲」。美國邊疆研究學者歐文·拉鐵摩爾認爲，「滿洲」是外來名字，「中文沒有合適的翻譯，它的產生是由於19世紀的後半葉，若干國家在政治上企圖侵略中國，首次將東北地區看作一個完整區域而以滿洲稱之。」日本建立傀儡政權「滿洲國」後，拉鐵摩爾指出，『滿洲』原來是一個地理名詞，『滿洲國』則是一個政治虛構，它強迫東北民眾承認其被征服的地位。」〔註98〕

〔註95〕代表文章有《中國的問題》（1900.08）、《中國的矛盾》（1900.09）、《圍攻北平之原因》（1901.02）、《中國》（1904.12）、《中國現狀》（1906.02），等等。
〔註96〕Llewellyn James Davies, "The Chines 'Boxers'", *NGM*. July.1900
〔註97〕William A.P.Martin, "The Causes That Led Up to the Siege of Pekin", *NGM*, Feb. 1901.
〔註98〕（美）拉鐵摩爾《中國的亞洲內陸邊疆》，唐曉峰譯，江蘇人民出版社，2010年7月，第74頁。

　　正是由於存在殖民爭奪，20 世紀初的「滿洲」，成爲世界動蕩與衝突的縮影。從 1900 年到 1947 年，不計在相關報導中涉及「滿洲」的文章，而是直接以「滿洲」爲標題的報導就有十二篇之多。〔註 99〕這些文章，一方面重點在於介紹滿洲的城市發展、資源狀況、道路設施等，其目的在於分析各國在滿洲的商業利益，在多國競爭中如何確保這一海外市場的完整與共享。另一方面，如旅行作家伊莉莎・斯德摩爾的《奉天：滿人的家鄉》與歐文・拉鐵摩爾的《滿洲傳統與現代的對抗》等，更側重描寫滿洲的「現代化」城市發展，以及「現代化與不變之古老傳統的激烈對抗。」〔註 100〕第三類內容，則是書寫滿洲人民在日本、俄國與中國角逐中的困難生活，如《這兒是滿洲》（1933.02）、《日俄戰場滿洲國》（1942.11）等。以《這兒是滿洲》爲例，記者莉蓮・格羅夫納・康維爾報導 1932 年哈爾濱在遭受戰爭陰雲、土匪威脅與洪水大災中，「幾萬人露宿在外，只有幾塊破布爲他們抵禦攝氏零下 40 度的嚴寒，他們走投無路或許會去做強盜。」〔註 101〕在記錄中國百姓的苦難時，記者毫不隱諱地展現了身處殖民城市的外國人所享受特權地位與優雅生活。鮮明的對照，客觀記錄下半殖民地中國的多元分層與多重鏡像。

　　其四，邊疆探險與少數民族。二十世紀上半葉，是《國家地理》探險事業的鼎盛期。在中國新疆、西藏、蒙古以及西南的各個角落，都留下了探險者的足跡。探險與西方人早期來華的目的有關，簡而言之爲：去東北「行商」，從西北「挖寶」，往西藏「朝聖」，在西南「採花」。當然，同一地域的探險又可細分爲學術考察、文物考古與資源勘測型。〔註 102〕以西北爲例，探險家兼記者梅納德・威廉姆斯（Maynard Williams）對 1931 年法國「雪鐵龍——阿爾德科學探險隊」組織的亞洲汽車之旅進行全程四篇大型圖文系列報導，這次令世界震驚的汽車探險，向世人展示了一個危險而神奇的中國西北邊疆。而在西南，尤以「植物獵人」約瑟夫・洛克爲代表，洛克向該雜誌貢

〔註99〕 這些報導，作者構成從學會會長哈伯特（GHG）、駐滿洲各地領地、外交官、傳教士到專業記者，關注主題涉及軍事、政治、文化、民生等各個方面。

〔註100〕 Eliza R.Scidmore, "Mukden,the Manchu Home,and Its Great Art Museum", *NGM*, Arip. 1910. Owen Lattimore. "Byroads and Backwoods of Manchuria:Contrasts of Modernism and Unaltered Ancient Tradition Clash", *NGM*.Jan. 1932.

〔註101〕 Lilian Grosvenor Coville, "Here in Manchuria", *NGM*, Feb.1933.

〔註102〕 以新疆探險爲例，不同類型探險者主要代表有埃爾斯沃斯・亨廷頓（Ellsworth Huntington）、斯文・赫定（Sven Hedin）、威廉・默頓（William J.Morden）等。限於篇幅與主題所限，此處不作具體分析。

獻了十篇報導（其中一篇爲報導緬甸），爲西方讀者帶去了「不爲人知」的高山峽谷與神秘族群及其文化。在邊疆探險過程中，探險家們與各族群人民有密切接觸，對之近距離觀察，掀起本雜誌對中國少數民族書寫的第一次高潮。總體來看，早期西方人在華探險，一方面是對異域知識的好奇與探索，同時伴隨對他國地理、資源、交通、人種、族群等信息的勘測調查，而在探險過程中也存在對別國資源無償掠奪的行爲，諸如斯文‧郝定、威廉‧默頓等人在西北的文物盜掠，洛克、福雷斯特等植物獵人在西南的植物探獵，都是帝國海外擴張事業的一部份。

　　第二幕：「共攜手」（1938～1949）

　　19 世紀中葉以來，中國在全球秩序中一直處於備受侵略而孤立無助的地位。到 20 世紀 30 年代末至 40 年代，中國終於與第二次世界大戰中的同盟國攜起手來，獲得了在國際舞臺上重塑國家形象的契機。這一契機與日本的全面侵華戰爭息息相關。當日本軍國主義野心勃勃建立自己的「亞洲新秩序」〔註103〕而打破西方國家在華利益格局時，中日兩個國家之間的戰爭就越來越成爲全球衝突的一部分，其它國家不可避免地被捲入進來。正如芝加哥大學歷史學教授入江昭所言，「20 世紀 30 年代中期的雙重現象——日本的外交孤立和西方對中國重新產生興趣——在 1937 年 7 月戰爭爆發後更加清楚。」〔註104〕因此，在 1938 至 1945 年的整個對日戰爭中，中國對法西斯的英勇抵抗贏得了同盟國的敬佩，而且在攜手並肩抗敵的亞洲戰場，開創了一種新的中西關係史。對新聞時效性沒有強烈要求的《國家地理》，甚至在 1945 至 1949 年期間，其中國報導的主調仍然有不少講述中美盟友的老故事。

〔註103〕芝加哥大學歷史教授入江昭認爲，日本使用「亞洲新秩序」或「亞細亞主義」的概念，是爲了使侵略中國的戰爭合理化，即「中國和日本不是爲了打仗而打仗，而是爲了更爲崇高的目的」：建立亞洲新秩序，「以加強亞洲對西方的集體自衛」。這個「新」的強調，表明他們不回到過去的意識，相反，這場戰爭將是改變日本、亞洲乃至世界的契機，日本正在實現「改變當前社會和經濟組織」的歷史使命。因此，當 1938 年日本政府發表「亞洲新秩序」的聲明時，華盛頓和倫敦立即對它進行譴責。參見（美）費正清、費維愷編《劍橋中華民國史：1912～1949 年　下卷》，北京：中國社會科學出版社，1994 年 1 月版，第 516～521 頁。

〔註104〕（美）費正清、費維愷編《劍橋中華民國史：1912～1949 年　下卷》，北京：中國社會科學出版社，1994 年 1 月版，第 516 頁。

從 1938 年至 1949 年期間，《國家地理》的有關中國報導一共有 34 篇，其主要的聚焦點大致有三：其一，滇緬公路與駝峰航線；其二，有關美國協助中國國民政府治水、畜牧、水土保持等的報導；其三，記者在「戰時中國」的行走與記錄。

首先，《國家地理》關注亞洲戰場，但作爲一份人文地理雜誌，《國家地理》基本不涉及直接的戰爭對抗，而是從飛行人員、軍隊工程師、記者等人的眼光，觀察交戰地的人文地理及戰爭對人民的影響，即「從戰爭看人文」。以滇緬公路爲例，〔註105〕這條由美國將軍約瑟夫·史迪威領導修建的亞洲戰場物資供給線，成爲國家地理關注的焦點，因爲此條道路連接的，不僅有中美人民的友誼與協作，更是由於此路連接的印度、緬甸、中國西部，是一塊充滿異域文化與少數族群的人類學富礦地帶。這些文章，一方面描述中美及東南亞人民共同築路抗敵的事跡與情誼，另一方面卻是通過軍事人員深入內部的眼光與視角，考察這一區域尤其是中國西部的地理、族群與文化。

其二，由於中美兩國成爲盟友，美國對中國的援助便不僅限於軍事，還包括工業、農業與科學等各行業。如美國工程師奧利佛·托德的《治理黃河》（1942.02）、俄勒岡州立學院畜牧學教授雷·約翰遜的《考察中國西部康定大草原》（1944.06）、美國水土保持局副局長羅德明（Walter C.Lowdermilk）撰寫的《美國幫助中國對抗水土侵蝕問題》（1945.06）等，即由專業人員深入考察中國水土、農業、畜牧業與環境等問題。例如《治理黃河》一文中，在書寫中國災難的同時，作者仍然洋溢著對中國人民的希望。托德講述了一位由他培養出的年輕工程師，如今已能在貴州、四川和雲南去單獨工作，托德展望道：「這些年輕人的家鄉，原來就在這片大平原的村舍裏。而如今他們的家，在責任與命運所召喚的任何地方。就像四千年前的大禹一樣，今天的中國年輕水利工程師，正在馴服這條曾經令他們恐懼的『巨龍』」〔註106〕

其三，多篇有關「戰時中國」的文章，來自於記者、飛行員以及旅行家之手，這類報導注重於中國的地理環境與社會人文，但在戰爭年代，無不流

〔註105〕這方面的代表文章有：《滇緬公路：中國後門》（1940.11）、《中國打開野性西部》（1942.09）、《緬甸：中國與印度的交匯點》（1943.10）、《史迪威公路：通向中國的陸路》（1945.06）、《昆明：中國西南通道》（1946.08）等。對於滇緬公路報導文本的分析，詳見本書第七章「西南之路」。

〔註106〕Oliver J.Todd, "Taming Flood Dragons Along China's Hwang Ho". *NGM*. Feb. 1942.

露出對日本侵略的譴責與對中國人民的同情和支持。〔註107〕《中國上空四千小時》一文，是美國飛虎隊飛行員漢斯・科斯特對中國十多個城市的人文地理、山川景觀的描述，展示了中國的廣袤河山與多元文化，「這片古老的土地，對於我有著無可比擬的魔力。」〔註108〕旅行作家約瑟芬・布朗於 1941 年至 1942 年，乘坐各種交通工具，行走於桂林、貴陽、成都、西安、昆明等「自由中國」，見證飛虎隊與中國人民的友誼——「中國人把飛虎隊成員親切地稱爲『我們的小夥子』」。約瑟芬也感受著因戰爭而給中國帶來的變化：「這是戰爭中的中國。新的民族精神使人們團結在一起，沒有地域、財產、教育或者職業的差別……當我在廣西看到一批從前線歸來的中國士兵時，我哽咽了。他們在前線戰鬥了幾個月，傷病與疲憊交集，個個衣衫襤褸，裝備簡陋，艱難地徒步行進。然而，他們就是中國的保衛者！他們用自己的身軀築成了抵抗侵略的長城。」〔註109〕

2. 1950～2013：「冷眼觀」、「喜重逢」與「全球化」

第三幕：「冷眼觀」（1950～1971）

1949 年 9 月，《國家地理》刊登了美國駐中華民國大使尼爾森・約翰遜與攝影記者羅伯特・摩爾的《北平重新掌權》，其中一幅攝影，記錄人民解放軍牽著驢子，跟隨高懸毛澤東巨幅畫像的宣傳卡車，一起列隊行進在長安街的場景。照片中，戰士們穿著厚棉服，戴著皮帽。標題文字說明爲：「一月的北京有陽光，卻非常寒冷。」〔註110〕可以說，氣候描寫具有言外之意的象徵作用，象徵其時彌漫於世界的政治氣候——從美蘇之間看不見硝煙的「冷戰」，到美中之間寒氣逼人的「冷凍」。

二戰結束，美蘇同盟關係破裂，兩個超級大國進入漫長冷戰期。新中國成立後，實行「一邊倒」政策，成爲社會主義蘇聯的盟友，而美國繼續支持臺灣國民政府，拒絕承認新生的北京政權。隨後開始的「抗美援朝」以及文化大革命等一系列事件，致使中美關係達到歷史冰凍期，官方與民間往來均

〔註107〕這方面的報導有《南京沉浮》（1938.02）、《中國上空四千小時》（1938.03）、《日俄戰場滿洲國》（1942.11）、《自由中國六千英里行》（1944.03）、《我住在福摩薩》（1945.01）、《中國沿海現狀》（1945.02）等。

〔註108〕Hans Koester, "Four Thousand Hours Over China". *NGM*. May, 1938.

〔註109〕Josephine A.Brown, "6000 Miles over the Roads of Free China", *NGM*. March, 1944.

〔註110〕Nelson T.Johnson and W.Robert Moore, "Power Comes Back to Peiping". NGM. Sep.1949

基本停滯。在 1950 年至 1971 年這 22 年間，《國家地理》有關中國的報導 23 篇，其中僅有 3 篇爲作者在此期間的大陸現場親歷記，其餘 20 篇裏，有 3 篇是回憶 1949 年前在中國的經歷，另 17 篇之多爲從香港、澳門、臺灣等前哨地以及拉達克、克什米爾等相鄰邊境的「隔岸觀望」。

　　三篇作者親歷記分別爲新西蘭攝影師布萊恩・布瑞克拍攝的《北京：紅色中國的櫥窗》（1960.08）、丹麥作家喬根・畢什的《這是我看到的中國》（1964.11）以及前加拿大駐中國大使之女奧黛麗・托平的《回到變化中的中國》（1971.12）。從三位作者的國籍構成來看，可見《國家地理》在直接獲取中國信息來源受阻的情況下，仍極力通過其它途徑繞道瞭解中國。但是對於這些親歷記，雜誌編輯保留其懷疑態度。加拿大記者奧黛麗・托平在《回到變化中的中國》一文中，將文革時期的中國與 1949 年前的中國作對比，對人民公社、國家建設、精神文化與物質成就總的來講持積極、樂觀的評價，雜誌的「編者按」裏特別注明：「直到最近，還只是有限的記者能夠進入這個世界上人口最多的國家，而且他們所到之處也是被精心安排好的。奧黛麗・托平是最早廣泛參觀中國的外國人之一。她的敘述充滿洞察力，展現了在新中國成立前，她作爲一名大學生在中國兩年的經歷，以及作爲一名加拿大人的視角，加拿大一直對毛澤東和周恩來的國家持有寬容的態度。」〔註 111〕對丹麥作家的報導也加了同樣的編者按，強調喬根・畢什的訪問受到「嚴格甚至是荒謬的限制，他所看到的竹幕後的中國生活，只是中國人想要他看到的。」〔註 112〕而新西蘭著名攝影師布萊恩所拍攝的北京，由雜誌的資深編輯弗蘭克・肖撰寫文字，弗蘭克曾在中國工作生活多年，直到 1949 年才離開。面對布萊恩所展現的中國的變化，弗蘭克一方面指出：「這些變化值得每一個西方人深思」，更一方面，也爲北平的傳統生活唱響了最後一曲輓歌：「共產主義中國的人民公社、集體生活，與中國人傳統的生活方式其實非常衝突。」作者回憶起老北京人在四合院裏以家庭爲重心的四世同堂生活，尊老愛幼，其樂融融，每天早晨在小攤販的叫賣聲中醒來而不是被高音喇叭驚醒，「那些傳統才是使中國人千百年來生生不息的源泉，使他們吸納了不同的征服者與外來文化，讓他們安然度過一次次洪水、饑荒與瘟疫。」〔註 113〕

〔註 111〕 Audrey Topping, "Return to Changing China", *NGM*, Dec. 1971

〔註 112〕 Jorgen Bisch, "This Is the China I Saw", *NGM*. Oct. 1964.

〔註 113〕 Franc Shor, Brian Brake, "Peking:The City They Call Red China's Showcase". *NGM*. August. 1960

　　另一類爲數眾多的報導將關注點集中於臺灣、香港和澳門，從 1949 至 1971 年中美建交前，對這三地的直接報導有 13 篇，其中臺灣 7 篇，香港 4 篇，澳門 2 篇。從臺灣來看，雜誌在 1888 至 1949 年這 60 年間，對臺灣的報導僅爲兩篇。〔註 114〕而 1949 年後的 20 年內，數量顯著增長，其主題除了繼續關注臺灣的原住民文化外，主要著力點在於介紹蔣介石統治的臺灣在民主政治、自由精神與經濟現代化方面所取得的成就，以及臺灣跟大陸之間的緊張對峙、共產黨對臺灣的「紅色威脅」等，從標題上可窺見其所指：《福摩薩：東方的熱點地帶》（1950.02）、《在不安寧的福摩薩海峽巡航》（1955.04）、《變革中的福摩薩：流亡者的綠島》（1957.03）、《臺灣：警惕的龍》（1969.01）。對於澳門，遵循與臺灣相似的報導基調，比如《澳門：中國竹幕之孔》（1953.04）、《澳門堅持竹幕》（1969.04）。香港其時仍屬於大不列顛的殖民地，因此其面向更爲多元化一些，比如《在南中國海捕魚》（1950.03），主要描述香港漁民的生活；《香港堅持》（1954.02）、《多面香港》（1962.01）與《香港：星期六的孩子》，都是考察香港夾擊在共產主義與英帝國殖民地之間，經濟上成長爲亞洲新興產業中心，但中、西方文化仍處在不斷交融、衝突與調適之中。

　　第四幕：「喜重逢」（1972～1989）

　　1972 年 2 月，美國總統尼克松公開訪華，結束了中美間長達 20 多年的外交孤立狀態。雖然兩國關係的重建歷程一波三折，但是，美國蘭德公司負責國際政策研究的經理喬納森·波拉克認爲，「這爲 80 年代更爲多樣化的關係創造了條件。」什麼「多樣化的關係」呢？「80 年代初，隨著對外交政策的重新估價，北京重新努力繪製它一整套獨特的，顯然再一次與美國不同的全球戰略，尤其在對第三世界的關係上。」〔註 115〕也就是說，這一時期的中國，在經濟領域，爲全面進入地區和全球性經濟體系而敞開大門，實行「改革開放」政策，受到西方國家歡迎；與此同時，在意識形態、價值選擇與政治體制上堅持與西方不同的「中國特色社會主義道路」。

　　這種「多樣化的關係」，也體現在《國家地理》此階段的中國鏡像裏。不僅報導數量顯著上升，1972～1989 這 18 年間達到 43 篇，而且主題豐富，基

〔註 114〕 Alice Ballantine Kirjassoff, "Formosa the Beautiful", *NGM*, March 1920; Joseph W.Ballantine, "I live on Formosa", *NGM* Jan.1945.

〔註 115〕 費正清、費維愷編，《劍橋中華人民共和國史：下卷 中國革命內部的革命 1966 ～1982 年》，北京：中國社會科學出版社，1992 年 8 月版，第 472 頁。

調明朗。最重要的聚焦點大致有：大熊貓、經濟與文化新氣象、邊疆民族等。而其主體旋律，呈現出久別重逢的喜悅與欣賞，也洋溢著濃鬱的樂觀主義與浪漫情懷。

首先是大熊貓主題。作爲兩國之間特殊的「友誼大使」，兩隻大熊貓「玲玲」和「興興」成爲《國家地理》這一時代的最早關注對象。時任美國國家動物園園長西奧多・里德（Theodore H.Reed），在《黑白之愛：爲何大熊貓廣受歡迎》一文中，描述到北京迎接大熊貓的經歷，以及它們在美國引起的狂熱。〔註116〕從 1972 年首次出場，到 2006 年，大熊貓成爲雜誌爆光率最高的明星，五次榮登封面，六次專題報導，包括美國動物學家喬治・夏勒《大熊貓在野外》和《野生大熊貓的秘密》，以及兩位中國籍科學家呂植、潘文石的《野生大熊貓生子記》和《大熊貓的新希望》等。當然，雜誌對大熊貓的關注，不僅在於其象徵著中美友誼，更重要的在於其折射出的人與自然、人與動物的關係，折射出中國的環境問題與環保理念。正如美國聖迪亞哥動物園熊貓計劃負責人唐・林德伯格（Don Lindburg）在《熊貓公司》一文中所言：「我們對大熊貓之所以如此珍愛，是因爲它們建立了與中國的聯繫紐帶。它們打開門窗，讓我們得以瞭解發生在熊貓身上的那些事。」〔註117〕

門戶打開後，中國在經濟與文化等領域呈現的「新氣象」得到西方媒體的肯定與讚賞。一方面，經濟改革拓寬了西方國家的海外貿易市場；另一方面，對西方文化的開放與吸納，使後者對中國終將走上西方模式的道路充滿信心。在《中國遠西之旅》一文導語中，記者寫道：「幾十年以來，中國一直戴著面具，遮蔽了西方人的視線。如今，隨著官方態度鬆動，政策越來越開放。」〔註118〕在整個八十年代，無論是從《上海：巨人重生》（1980.07）、《昆明來信》（1981.06）、《經濟特區：中國的開放門戶》（1983.07）、《四川：中國變革之路》（1985.09）等局部區域報導裏所傳達的信號，還是如《坐火車漫遊中國》（1988.03）、《航拍中國》（1989.03）等鳥瞰式的觀察與印象，都有一種共同的話語：「中國有很好的發展基礎。儘管還存在一些問題有待解決，但是中國具備建設一個人人豐衣足食安居樂業的強大社會主義國家的能

〔註116〕Theodore H.Reed, Photographs by Donna Kerkam Grosvenor, "What's Black and White and Loved All Over". *NGM*, December, 1972.

〔註117〕Lynne Warren, Photograph by Michael Nichols and Fritz Hoffmann, "Panda, Inc." *NGM*, July 2006.

〔註118〕Rick Gore, Photographs by Bruce Dale, "Journey to China's Far West". *NGM*. Mar. 1980.

力。」〔註 119〕以《遠西之旅》的表述爲例，作者描述中國變化，在北京，人們的服飾開始時尚多姿，公園裏有談戀愛的情人，舞臺上演關於愛情的戲劇，以及北京的民主牆，都呈現政治文化新氣象。在考察結束後，作者信心十足地寫道：「迂迴曲折的道路甚至讓中國人自己也迷惑不解，這片土地上巨大的動蕩挑戰人的理解力。然而此次中國遠西之旅，使美國人確定：中國那張新展現的面孔正在面露微笑。穿越整個中國，我們看到，人文精神的復興。天氣很熱，但我卻感到舒適，像是在春天的第一個星期裏。」〔註 120〕

　　中國邊疆地區與少數民族的文化及其生存狀態，是《國家地理》長期關注的主題。籠統比較而言，各個時代的書寫呈現出不同的鮮明特徵。1949 年前有關少數民族的報導，著力點在於其自身內部獨特的民族文化，關鍵詞多爲「奇異」、「獨特」、「神秘」，甚至「落後」、「原始」與「神奇」並置。而 90年代後，對於新疆、西藏的書寫，總體呈現出漢與非漢的衝突與對立，對於西南少數民族，則強調其傳統文化的消失變遷。整個八十年代與前後兩個階段的不同在於，在「喜重逢」的浪漫基調之中，少數民族與漢族或邊疆與中原的關係也得到多樣化呈現。其中如香港探險家黃效文的《中國邊遠地區的少數民族》，對全國十多個少數民族的生活與文化進行總體描述，是《國家地理》唯一一篇針對「多民族」的綜合性報導。〔註 121〕此外，《在禁區西藏》（1980.02）、《西藏游牧民的遙遠世界》（1989.06）等文，在回溯文化大革命對藏人宗教文化的破壞後，對比出「如今社會秩序恢復，傳統民族文化正在復興，現代教育、醫療、道路等建設提高了藏民物質生活水平」。〔註 122〕最具代表性的話語出現在《中國遠西之旅》裏，作者在新疆路遇一位哈薩克農民，「53 歲的阿拉貝地（Allabedi）歡迎共產黨的領導，共產黨提高了他們的物質生活水平，同時又給他們一定的游牧自由」。文中引述阿拉貝地自己的話：「我們很幸福。我們勞動——但不是很辛苦，我們生病了有醫生來看我們。我自己沒上過學，但我女兒正在新疆大學學物理學。去年，華國鋒主席還來過我們這兒。這是最好的時代。」〔註 123〕

〔註 119〕 Mike W.Edwards,Photographs by Bruce Dale, "Shanghai:Born-again Giant". *NGM*. July. 1980.

〔註 120〕 Rick Gore, Photographs by Bruce Dale, "Journey to China's Far West", *NGM*. Mar. 1980.

〔註 121〕 Wong How-Man, "Peoples of China's Far Provinces".*NGM*.March.1984.

〔註 122〕 Frd Ward, "In Long Forbidden Tibbet",*NGM*,Feb.1980.

〔註 123〕 Rick Gore, Photographs by Bruce Dale, "Journey to China's Far West", *NGM*. Mar. 1980.

第五幕：「全球化」（1990～至今）

在跨越新千年的前後二十多年時間裏，全世界再次以其曲折往復的道路和動蕩不定的局勢挑戰人們的理解力。剛剛進入 90 年代，東歐巨變、蘇聯解體，持續半個世紀之久的冷戰落下帷幕，以美蘇爭霸爲主旋律的世界舊秩序、舊格局已然崩潰，新秩序、新格局卻尚未定形，政治多元主義處在激烈論爭中；與此同時，世界科技發展日新月異，各國經濟體越來越相互嵌入、相互依存，經濟全球化使單一的意識形態難以成爲主宰國家關係最重要的行動依據。而全球共同面臨的至關重大議題，更有進入新千年後的生態危機，全球人口即將突破 70 億，地球資源面臨增長極限，資源爭奪與文明衝突引發出此起彼伏的「文化相對主義」、「文明多元論」以及倡導向自然與傳統復歸的「原生態倫理」和以原住民知識爲基礎的「原生態哲學」等思潮。

從 1990 至 2013 這 24 年間，《國家地理》的中國報導共有 73 篇，歸納起來，其最主要的聚焦點大致有：香港回歸、考古發掘、民族問題與環境生態等。這一時期，基調從八十年代的浪漫主義轉變爲現實主義，對中國的政治預期與生態惡化問題尤其持觀望、質疑甚至批判態度。但在全球化時代，中國問題已不僅僅在於中國自身，比如在應對生態危機與全球人口增長等議題中，《國家地理》的表述表明，面臨人類共同的未來，多元文化與多樣文明是世界可持續發展的根本動力，而其中，中國是世界多聲部樂章裏不可或缺的聲音。

首先是香港議題。進入 90 年代，不列顛殖民地香港歸還中國成爲雜誌重點關注的議題。由於受 1989 年政治風波影響，此時的中美關係面臨自 70 年代和解以來最嚴重的危機，相應地，對於香港回歸的前景，西方媒體呈消極論調。〔註 124〕在《香港：回歸中國倒計時》（1997.03）一文中，作者表達對香港未來的擔憂，「香港將繼續是下金蛋的天鵝呢，還是將被煮食的鵝肉？〔註 125〕到 2012 年，中國接管香港十五週年，雜誌仍以「在中國陰影下」爲題，對這座城市自身的變遷與港人的身份認同表示悲觀與同情。〔註 126〕

〔註 124〕香港報導代表有：《香港 1997 倒計時》（1991.02）、《香港：船民的苦難》（1991.02）、《香港：回歸中國倒計時》（（1997.03）、《香港：在中國的陰影下》（2012.06），等。

〔註 125〕 Mike Edwards,Photographs by Michael S.Yamashita, "HongKong:Countdown to China". *NGM*. March.1997.

〔註 126〕 Michael Paterniti, Photographs by Mark Leong, "HongKong:In China's Shadow". *NGM*, June. 2012

對中國新疆、西藏的報導，自 90 年代以來，也多從農耕與游牧、宗教管制與自由、傳統與現代化等衝突議題，書寫出中國政府、漢民族與其邊疆民族的對立與疏離。在《新疆》（1996.03）一文中，導語寫道：「馬背上的民族變爲農民，沙漠裏冒出石油，中國管理著這個最狂野的西部邊疆。」〔註127〕在《維吾爾：另一個西藏》（2009.12）中，報導中國「開發富饒邊疆」，文中繪製詳細的「新疆能源示意圖」，同一頁裏並列的是「新疆各民族分佈圖」、「漢與非漢人口變化曲線圖」。〔註128〕這些圖表的並置，對石油資源的強調，暗示著「外來者」的影響。在《藏人：向前與堅守》裏，作者認爲藏人在傳統精神信仰與現代化生活方式之間面臨訣擇，「沒有人願意回到過去的農奴時代，但也不願意看到傳統文化急劇消失。」〔註129〕

另一個主要焦點，是中國的考古發掘。1978 年，加拿大記者奧黛麗‧托平的《兵馬俑：中國的驚人發現》，第一次向世界介紹秦始皇兵馬俑，在華裔畫家楊先民的畫作中，展示中國政治與國家形成等歷史。〔註130〕此後，秦始皇與漢景帝的兵馬俑專題報導有 5 篇，〔註131〕成爲《國家地理》表述中國歷史與現實的最佳通道，由此評價秦始皇的歷史功過、陪葬制度、祖先觀念等。美國作家彼德‧海斯勒的《老歷史，新故事》則從河南安陽、四川三星堆等考古發現中，認爲中國的歷史解讀與政治敘事相互交織，老歷史裏的新故事隱含著新的歷史觀，即中國文明實際上具有多源與多元性。考古報導的另一個重點還有遼寧古盜鳥化石，該組報導充分體現了該雜誌對科學報導準確性的嚴謹要求。〔註132〕

〔註127〕 Thomas B. Allen, Photographs by Reza，"*Xinjinag*", *NGM*. Mar. 1996

〔註128〕 Matthew Teague, Photographs by Carolyn Drake, "The other Tibet:China's Uygurs", *NGM*, Dec.2009

〔註129〕 Lewis M.Simons,Photographs by Steve McCurry, "Tibetans:Moving Forward, Holding on". *NGM*. April. 2002

〔註130〕 Audrey Topping, "China's Incredible Find", *NGM*, April. 1978

〔註131〕 對兵馬俑的專題報導分析詳見後文「景觀地理」。

〔註132〕 關於遼寧古盜鳥（Archaeoraptor）及古生物化石的報導，《國家地理》分別於 1998.07、1999.11、2000.10、2005.08 分別做了四期專題報導，其中在 1999 年的《霸王龍的羽毛》一文中，作者認爲根據中國和蒙古發現的恐龍化石，進一步揭示了鳥類與其祖先恐龍之間的關係。但隨遼寧盜鳥的眞實性受到質疑，因此在 2000 年 3 月刊出的《遼寧古盜鳥化石追蹤》中，科普專家、雜誌資深調查記者路易絲‧西蒙斯（Lewis M.Simons）對考古化石進行深入調查，探討本雜誌在以前報導中出現的相關問題。

在全球環境面臨深刻危機的時代，《國家地理》對中國的關注主要集中於中國的城市化與工業污染等問題。一系列文章，如《中國：成長的痛》〔註133〕、《中國的速生城》〔註134〕、《苦澀的水》〔註135〕（2008.05）等，反思中國急速擴張的城鎮化與工業化造成的環境污染現象。《國家地理》早在 2004 年就特別擔憂中國的空氣質量問題，在《中國的成長之痛》裏追問「如果連新鮮空氣都沒有，掙錢再多又有何用？」〔註136〕在《中國能走向綠色嗎》（2011.06）一文中，記者寫道：「現在，中國的經濟發展模式在逐漸改變，人們的環保意識在增強，但惡果已現，中國已沒有時間來等待。」〔註137〕

在報導環境的嚴重危機時，《國家地理》也對羌塘自然保護區、橫斷山脈、茶馬古道、九寨溝以及香格里拉等「人間天堂」給予關注，展望人類與自然的和諧相處與可持續發展之路。

以上筆者從時間線索大致梳理出《國家地理》在一百多年裏表述的中國鏡像。美國地理學家聯合會主席蘇珊・漢森教授認為，歷史學家創造了年代或時代以時間來劃分事件，地理學家很早以前就創造了區域以空間來劃分事件，「時代和區域都是為理解世界而施加次序、尋求格局和創造類別的工具。」〔註138〕因此，接下來，筆者將從空間分佈中概述中國鏡像生成與演變的場域。

二、空間分佈：中國鏡像的生成與演變

依循現代地理學的演進與發展，可將以地理方式對特定空間的表述分為「自然地理志」（physical geography）、「區域描述」（regional description）和「景觀分析」（landscape analysis）等不同方面〔註139〕。由此而言，本文也擬將一

〔註133〕 Jasper Becker, Photograph by Bob Sacha, "China's Growing Pains". *NGM*. March. 2004.

〔註134〕 Peter Hessler, Photograph by Mark Leong, "China's Instant Cities". *NGM*. June. 2007.

〔註135〕 Brook Larmer, Photograph by Greg Girard, "Bitter Waters", *NGM*. May. 2008.

〔註136〕 Jasper Becker, Photograph by Bob Sacha, "China's Growing Pains". *NGM*. March. 2004.

〔註137〕 Bill McKibben, Photographs by Greg Girard, "Can China Go Green? " *NGM*, June. 2011.

〔註138〕 （美）蘇珊・漢森編，《改變世界的十大地理思想》，肖平等譯，商務印書館，2009 年，《導言》第 9 頁。

〔註139〕 參見（法）保羅・克拉瓦爾（Paul Claval），《地理學思想史》（第三版），鄭勝華等譯北京大學出版社，2007 年，第 69 頁。克拉瓦爾指出，大約有半個世紀之久，地理學由三個主題構成，分別是：「人與環境的關係」；景觀分析和區域類型和結構的描述。

個多世紀以來美國《國家地理》對於中國地理的描述分爲同樣的三個方面來看待，並分別加以分析和論述。

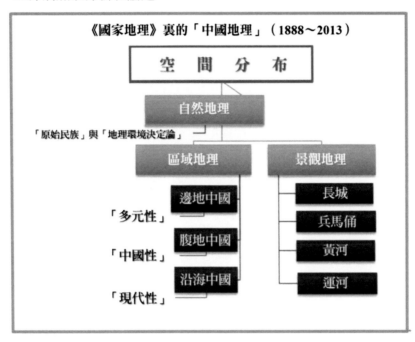

《國家地理》裏的「中國地理」（筆者製圖）

1. 自然地理志：「原始民族」與「環境決定論」

從地理學的發展來看，19 世紀地理學的成長奠基於自然地理科學，其主要任務在於探討「人與環境的關係」（man/milieu relationships）。而對人地關係的概括性解釋中，以「環境決定論」這一觀點影響最爲廣大。所謂環境決定論，英國地理學家 R・J・約翰斯頓認爲，它是以下述信條爲中心建立的一種理論：人類活動的性質受其所在自然界狀況控制。〔註140〕雖然地理環境決定論的思想來源於孟德斯鳩以及達爾文的進化論，但約翰斯頓強調，在 19 世紀初的環境決定論者當中，爲首者是德國地理學家拉采爾（Friedrich Ratzel,1844～1904）。〔註141〕法國地理學家保羅・克拉瓦爾將拉采爾的地理學觀念總結

〔註140〕（英）R・J・約翰斯頓《地理學與地理學家》，唐曉峰等譯，商務印書館，1999 年，第 51 頁。

〔註141〕拉采爾的重要著作有《人類地理學》（Anthropogeographie,1882～1891）、《民族學》（Volkerkunde,1885～1888）等，其博士論文也是關於中國人移民美國加州的研究。由於強調人類活動受地理環境的多方面控制，拉采爾被認爲是地理環境決定論的代表。拉氏的思想經由他的學生森普爾（Ellen C.Semple,

爲：目的在於建立關於進化的通則，並顯示環境對人群的影響……這種關於人類演化的通則（general laws），導引他去區別人類進化和人類對大地關係的兩個層面的意義。〔註142〕

拉采爾地理學研究的「兩個層面」，一爲「文明社會」，二爲「原始民族」。拉采爾認爲文明社會發展出了與環境不同的關係，經由運輸、貿易和移民，文明群體減少了對地方狀況的依賴，建立了人爲環境，創建了國家，因此文明社會的主要地理特徵是組織國家的能力，經由政治地理學瞭解它們的特性是較爲便利的途徑。與之相反，原始民族（the primitive peoples）未能創造使他們免受自然壓制的人爲環境，對這些群體的研究，顯示了環境對其生活方式的嚴格限制，以及爲適應困難環境而發展的策略。而研究原始民族的合適途徑是民族志（或人種志）（ethnography）。〔註143〕

從《國家地理》早期對中國地理的表述中，不難看出其深受拉采爾學派「地理環境決定論」的深刻影響。本文以該雜誌中的學會會長加德納·G·哈伯特（Gardiner G. Hubbert）和政治學家弗蘭克·J·古德諾（Frank Johnson Goodnow）的文章爲例說明之。

國家地理學會會長加德納·G·哈伯特是第一個在雜誌上對中國地理進行整體論述的人。1894年1月，在《大氣、水與氣溫、生活的關係》一文中，哈伯特即闡述了氣候、河流、季風等因素對中國的影響，他指出，由於喜馬拉雅山脈、崑崙山脈的走向，以及長江、黃河流域與眾多運河系統，中國氣候類型多樣，而華東平原成爲養育4億人的富饒地帶。〔註144〕從氣候著手論述地理與人類關係是環境決定論的核心議題，哈伯特運用這一自然地理學，開啓對中國的關注。而更爲系統的解釋框架，則出現在隨後的《地理文明的發展》一文中。

1863～1932）在其著作《地理環境的影響》中得以簡化與推廣，影響了同時代一大批地理學者。如地理學家埃爾斯沃斯·亨廷頓（Ellsworth Huntington，1876～1947），亨廷頓以研究氣候與文明的關係著稱，寫作有《亞洲的脈搏》、《氣候與文明》等著作，在《國家地理》上發表的《中亞羅布泊湖的中世紀傳說》（1907.04）等文，可見在西方早期論述中國地理的思想中，環境決定論這一流派確爲其核心觀點。

〔註142〕（法）保羅·克拉瓦爾（Paul Claval）《地理學思想史》（第三版），鄭勝華等譯，北京大學出版社，2007年，第96頁。

〔註143〕（法）保羅·克拉瓦爾（Paul Claval）《地理學思想史》（第三版），鄭勝華等譯，北京大學出版社，2007年，第96頁。

〔註144〕Gardiner G.Hubbard, "Relations of Air and Water to Temperature and Life", *NGM*, January. 1894.

1894 年 2 月 14 日，雜誌發行至第 7 年（第 30 期）時，所刊文章中首次單列出一節「中國」。這期實際只刊載了一篇文章，即哈伯特的年度演講《地理文明的發展》。文章一開始就以美國爲中心劃定世界文明體系：

> 如果以華盛頓爲中心，在其南北各 15 度緯線範圍內劃一區域，則可看出：這一地球的 30 度緯線區域內，包括了地球上具有高度文明與獨特藝術和科學的所有國家。〔註 145〕

接下來，哈伯特概述了世界地理文明的歷史進程，並把在此區域內的 14 個地區（國家）分爲兩大類：舊世界與現代國家。舊世界包括：中國、阿拉伯半島、埃及、美索不達米亞、敘利亞、波斯和印度、希臘、羅馬；現代世界包括：斯堪的納維亞、意大利、西班牙、大不列顛、非洲、美國。中國排在「舊世界」首位，而美國爲「現代國家」壓軸。〔註 146〕

中　國

> 蒙古部族必定是在其早期就已翻過帕米爾，再沿青藏高原進入中國東部富饒的山谷，剝奪了當地土著的土地，然後屠殺與同化並舉，迫使土著居民臣服於其牢不可破的堡壘裏。中國的地理特徵影響並塑造了其民族的性格特點。北面是蒙古沙漠（或稱戈壁），再往北是比蒙古沙漠還要荒涼的西伯利亞；東面是海洋；南面是中國海（南海）和喜馬拉雅山；在南部和西部，是世界上最高最遼闊的高原：青藏高原，要穿越這一高原，必得攀上高達一萬四千至兩萬英尺的埡口。這些幾乎不可跨越的屏障切斷了中國人與外部世界的交

〔註 145〕 Gardiner G.Hubbard, *"Geographic Progress of Civilization"*, *NGM*, Feb.14.1894.
〔註 146〕 這篇學會會長於 1894 年 2 月 2 日在學會的年度演講，2 月 14 日在雜誌上全文刊載。演講中提到的 14 個國家（地區）分爲新舊兩個世界，其「舊」主要從文明古老這一角度，也指文明發展已斷裂或停滯。而現代世界指羅馬帝國衰落後復興的國家（民族），因非洲被認爲是歐洲文明的起源，故而納入到「現代世界」之中，哈伯特指出，「最近 15 年內歐洲各國在非洲不同地方建立了定居點（殖民地），而其結果尚難以預測」。另一方面，哈伯特的「新」「舊」世界的劃分，更大程度上是一種文化視角。美國地理學家馬丁·W·劉易士曾綜述不同作者在不同語境中關於「西方」的七個版本，其中一個即爲：更大的「文化」西方，根據語言、宗教和「高級文化」（high culture）的標準，拉丁美洲和歐洲人在南非的聚居區被納入了西方範圍。參見馬丁·W·劉易士，卡倫·E·魏根著，楊瑾等譯，《大陸的神話：元地理學批判》，上海人民出版社，2011 年，第 36 頁。

往，千百年來，他們不爲歐洲人所知，而後者也被他們視爲外面的
野蠻人。

大致勾勒出中國的地理輪廓圖後，哈伯特闡述了中國停滯的文明及其原因：

中國的大江大河提供了帝國不可比擬的內部交通系統，使帝國
得以掌控自己同種同質的人口，大部份時期裏政權得以統一。漢人
很早就從遊牧民轉變爲農耕民，並且也很早就取得了藝術與科學上
的巨大成就。但從很早很早以前，這些進步戛然而止，自此便既未
向前，也未倒退。中國人發明了火藥、指南針和印刷術，在西方人
認識他們之前便已製造出絲織品與瓷器。但他們的火藥只變成了煙
花，即便帶上指南針，他們的航程也未超出沒有指南針的腓基尼人
所到達的距離。印刷術的發明在歐洲之前，但他們的文學成就大大
次於希臘與羅馬，後二者其時只能將文字寫在紙莎草和羊皮紙上。
中國的無煙煤與煙煤儲量巨大，老百姓家裏用煤的歷史也已數代沿
襲，但這種礦產從未廣泛見於其它用途。帝國父權制的政府形式，
建基於這樣一種觀念：國是擴大的家，家是縮小的國。正如父親在
家中有無限權威，帝王也對其所有「家」內的生命與財產擁有絕對
主宰權。中國人在思想與身體上都談不上有自由，他們是沒有個性
的民族，毫無個體意識。他們的文明起源如此之早，卻已停滯數千
年。〔註147〕

哈伯特總結了包括中國、阿拉伯乃至希臘、羅馬等「舊世界」的共同特
點，指出所有這些國家（民族）都經歷了相似的發展階梯：從原始階段到或
多或少的野蠻階段，在此之後，如果他們未能與周邊環境或其它民族接觸交
往與交換，他們便不能形成民族（或「國家」）。某些國家如埃及、阿拉伯與
中國，文明發展很早並延續至今，但卻並未繼續向前。某些高度文明的民族，
如巴比倫人、亞述人和腓基尼人、希臘人與羅馬人，經歷了發生、發展卻最
終衰落的命運軌跡。相對於「受制於其所生活的地理環境並被其塑造」的舊
世界，文明世界的國家如美國以及歐洲，卻以其水蒸氣與電力等發明和發現，
「控制了大自然」，使得「夏天涼爽，冬季暖和」，而且餐桌上的蔬菜不受時
令與地方的限制，因此可以「事實上消彌了時間與空間」。

哈伯特以典型的環境決定論爲依據，爲其讀者建立了一套世界地理知識

〔註147〕Gardiner G.Hubbard, "Geographic Progress of Civilization", *NGM*, Feb.14.1894.

的全景圖，而這一圖景中，中國被確立在世界分類序列中的「古老舊世界」之位置，由此拉開了《國家地理》認識中國的序幕並爲其奠定基調：文明悠久古老卻已停滯，礦產資源豐富卻不能加以利用，統治者專制而人民無自由。循此結構與等級，另一位學者弗蘭克·J·古德諾繼續展開對中國地理、歷史、文明以及發展的論說。

古德諾是美國著名法學家、教育學家，曾於 1913 年至 1914 年來到中國，作爲袁世凱政府的法律顧問，協助起草中華民國新憲法，對中國的政治進程有著重要影響。〔註 148〕1927 年，時任美國約翰·霍普金斯大學校長的古德諾，在《國家地理》發表《中國地理》一文，副標題爲《自然環境對中國歷史及其國民性格的影響》。文章開篇即寫道：

> 位於亞洲的中國，其地理條件對它的歷史與人民性格的影響，
> 可能是地球上其它任何區域都無法比擬的。〔註 149〕

從以上斷語出發，古德諾與哈伯特一樣，沿襲環境決定論之論據，以地理因素解釋中國的歷史發展與文明特徵。古德諾認爲，中國自然條件的兩大特點產生了獨特的中國文明：一是中國地勢西高東低，山脈與河流大致自西向東，使中國地理自然地區分爲北方與南方，南北方的差異之大如同是「兩個國家」，也造成了歷史上南北方數次政治衝突與分割局勢；其二，中國的自然條件十分適宜於農業，中國是典型的農業國家，農業文明是中華帝國得以延續綿延的關鍵因素。雖然中國因內部差異而常常處於群雄並起的混亂時代，並且常常受到周邊民族的征服與佔領，然而在農業文明基礎上形成的儒家傳統，其核心是專制的父權家長制，成爲中國人的倫理法則與宗教信仰，使中華文明具有無與倫比的穩定性，因此可以說，中國從公元前兩世紀（秦帝國）開始，就是一個統一的完整帝國。

在論述由地理環境決定的中國文明之古老連續性之時，古德諾尤爲強調

〔註 148〕弗蘭克·J·古德諾（Frank Johnson Goodnow，1859～1939），美國教育學家及法學家，約翰·霍普金斯大學校長。1912 年接受卡內基國際和平基金會的推薦，任中華民國政府憲法顧問。1913 年至 1914 年在華期間，作爲袁世凱政府的法律顧問，幫助起草中華民國新憲法。古德諾於 1915 年 8 月 20 日在《北京每日新聞》（Peking Daily News）上發表的一篇英文文章，被譯爲中文《共和與君主論》，該文被認爲是爲袁世凱稱帝提供理論依據。古德諾有關中國的書有《解析中國》等，該書第一章即爲「自然環境及中華文明之起源」。

〔註 149〕Frank Johnson Goodnow, "The Geography of China:The Influence of Physical Environment on the History and Character of the Chinese People". *NGM*, June, 1927.

中國文明「未受外界影響」這一特性。他將中國文明與古希臘、古羅馬相比，認爲隨著羅馬帝國衰落、亞洲起源的基督教等外在影響，西方文明的基礎早已發生改變。而中國的中原文明，即使數度遭受來自北方蒙古人與滿人的征服，卻在文化上反而將其吸納同化，「滿人失去自己的語言，正如蒙古人一樣。他們現在只講漢語，採用漢人的傳統，實際上，他們已變成了漢人。」〔註 150〕古德諾並非專業的地理學家，他在中國的政治生涯也主要在北京、南京等地度過，對幅員廣闊的中國地理其實知之甚少，因此其「漢化」論多來自中原人士、古代文獻及部份西方學者的觀點。然而這樣的論斷在《國家地理》等大眾傳媒中廣爲傳播，其影響不容小覷。由地理環境所決定的中國古老歷史、漢人強大的同化能力以及停滯不前的文明，構成了早期中國形象認知中最基本的底色與架構。

在西潮激蕩下的晚清，西方近代地理學說紛紛被介紹傳播至中國，其中，「以地理環境決定論最爲集中，且影響深遠。」〔註 151〕而梁啓超是當時最早也最爲熱心地引介此學說的人士，其 1902 年在《新民叢報》上發表的《地理與文明之關係》等文，〔註 152〕論說脈絡與孟德斯鳩、拉采爾以及哈伯特等人如出一轍。不可否認，地理環境決定論能在中國廣爲接受，自有其科學與合理性。正如一位地理學家指出，「就短期而言，人類可能按自己的願望去利用環境，但從長遠的觀點來看，自然終將確保環境贏得這場戰鬥，迫使佔據其上的人類作出讓步。」〔註 153〕

但是，「環境決定論」從其提出之日起，即受到不斷批評，包括「可能論」或「或然論」等不同學說的挑戰——後二者認爲人與環境的關係是一種積極的而不是消極的力量。英國地理學家邁克·克朗梳理自 20 世紀 20 年代以來，該主張在許多方面都受到的指責，最重要的一方面就是其早期的種族主義，實質上，「它試圖利用對環境刺激新達爾文式的反應，來解釋全球不同文化，」

〔註 150〕Frank Johnson Goodnow, "The Geography of China: The Influence of Physical Environment on the History and Character of the Chinese People". *NGM*, June, 1927.

〔註 151〕郭雙林《西潮激蕩下的晚清地理學》，北京大學出版社，2000 年，第 49 頁。本書亦指出，關於晚清時期中國人對「環境決定論」的認知與傳播，實際上存在較爲複雜的爭議，在接受的同時也不乏批判之聲，以嚴復、夏偕復等人尤爲激烈。

〔註 152〕梁啓超《飲冰室合集·文集之十》，中華書局，1989 年影印本。

〔註 153〕（英）R·J·約翰斯頓《地理學與地理學家》，唐曉峰等譯，商務印書館，1999 年，第 51 頁。

因此，正如伯克利學派創始人卡爾・索爾（Carl O. Sauer）〔註154〕所嚴厲批評的，環境決定論「形成了一個爲歐洲帝國主義辯護的自私的理由。」〔註155〕從《國家地理》所刊登的哈伯特與古德諾的文章來看，上述批評並非言過其實。在將中國納入世界文明中的「古老」、「停滯」與「落後」、「專制」等結構體系與等級秩序中時，縈繞的是社會進化論之「科學」話語，表明自己爲「進步」的一方，創造了歷史又必將改變世界，由此達成爲西方殖民主義張目的客觀功效。

正是因爲不滿環境決定論者將文化的複雜性簡化爲推動整個系統發展的惟一因素，地理學家們開始主張，「地理學的焦點是區域差異，即地球表面上各個景觀的嵌合。」〔註156〕這一主張，也體現在《國家地理》對中國地理的進一步認知中。從 20 世紀初開始，《國家地理》的足跡幾乎遍佈這個東方之國的每一角落，從大江南北到長城內外，步步深入，其對中國地理的認識也更加複雜化與細微化。以下，本文從景觀地理與區域地理這兩種視角，試析《國家地理》中呈現的中國地理的多元與差異所在。

2. 景觀分析：鑲嵌在歷史文化中的觀念文本

1912 年 10 月，《國家地理》出了一期中國特輯，由三篇專題報導與一幅地圖組成。三篇文章分別是《奇妙的中國大運河》、《拉薩筆記：世界最非凡城市》以及《中國寶藏》。〔註157〕多年後，《國家地理》編輯賈斯廷・卡瓦納指出，這期報導的重心在於「描繪西方人喜聞樂見的中國風光畫卷上……把主要筆墨用於描寫西方人眼裡中國的標誌景觀。」〔註158〕什麼樣的「標誌景

〔註154〕卡爾・索爾（Carl Ortwin Sauer,1890～1975），德國地理學家，認爲文化是由物質技術、社會制度方法及結構性知識所組成，開創了「伯克利學派」。景觀概念是其野外工作方法論中的自然成果，著有《景觀現象學》（1925）等。有評論家指出，索爾的理論方法帶有很濃的文化人類學的特色，他本人也曾明確提出文化人類學應是人文地理學的親密夥伴。參見（法）保羅・克拉瓦爾（Paul Claval）《地理學思想史》，鄭勝華等譯，北京大學出版社，2007 年，第 117～121 頁；唐曉峰《人文地理隨筆》，三聯書店，2005 年，336～337 頁。

〔註155〕（英）邁克・克朗（Mike Crang）《文化地理學》，楊淑華、宋慧敏譯，南京大學出版社，2003 年。第 20 頁。

〔註156〕（英）R・J・約翰斯頓《地理學與地理學家》，唐曉峰等譯，商務印書館，1999 年，第 55 頁。

〔註157〕F.H King, "The Wonderful Canals of China"; Shaoching H.Chuan, "The Most Extraordinary City in the World-Lhasa Notes"; Frederick McCormick, "China's Treasures". *NGM*, Oct.1912.

〔註158〕賈斯廷・卡瓦納（Justin Kavanagh），《西方視野裏的民國：百年之前〈國家

觀」呢？比如在《中國寶藏》一文的 50 幅配圖中，有 6 座寶塔、3 座牌樓，一處墳墓，一座拱橋，一道北京城門，一段長城，另有兩組石頭雕刻，一組爲明永樂皇陵前的石人、石獸，第二組爲洛陽龍門窟裏各式窟龕、佛像和碑刻。

《中國寶藏》裏的「標誌景觀」以石雕建築爲主，時隔 14 年的另一篇攝影專題《天朝景象》，選取的符號稍微多樣化些，除了出場率極高的牌樓、寶塔、寺廟、城樓和皇陵外，還增加了碾米石磨、載貨馬車、鄉村稻田，以及苦力、木匠和農民等形象，以及名爲「中國憂傷」的黃河。〔註 159〕爲何這些影像會反覆出現，並被冠以「中國寶藏」或「天朝景象」之名呢？在一座寶塔圖片下，作者提醒讀者注意塔上長出的青苔與小樹，然後評論道：「寶塔是一種中國過去文明階段的標誌物。」而牌樓這種「石頭雕成的拱門」，用來表彰節婦、孝子、善人等有德者，它們代表的是「中式景觀常有的特徵。」〔註 160〕

以下筆者便從景觀地理的角度，解析《國家地理》裏的中國景觀。

景觀，作爲一個地理學的重要概念，最早由德國地理學家洪堡（Alexander Von Humboldt,1769～1859）使用，法國地理學家保羅·克拉瓦爾認爲，「洪堡導致德國景域理念（the idea of landschaft）之形成，使景域理念在 19 世紀末成爲區域地理學概念之核心。」〔註 161〕1925 年，美國現代歷史地理學奠基人卡爾·索爾（Carl O.Sauer），出版《景觀形態學》（The Morphology of Landscape）一書，此書被視爲批判地理環境決定論的重要文獻，其理論方法也被認爲是帶有很濃的文化人類學特色，因爲與過分誇大自然環境對社會文化影響的決定論相反，索爾反過來強調文化對自然環境的改造。這種改造，通過索爾等景觀學派的研究得以證實。

那麼什麼是「景觀」呢？這是一個內涵豐富的概念，從洪堡以來，概指地面上的一切，一度成爲「地理」的代名詞，而索爾強調其文化一面，認爲景觀是自然與文化共同塑造而成的地表，並強調地表景物的文化深度與歷史深度。〔註 162〕這一過程，索爾概括爲「文化是動因，自然條件是中介，文化

地理〉鏡頭下的中國面貌》，《華夏地理》，陳昊譯，2011 年 10 月號。
〔註 159〕Robert F.Fitch. "Scenes in the Celestial Republic". *NGM*. Feb.1926.
〔註 160〕Frederick McCormick, "China's Treasures". *NGM*, Oct.1912.以及 P. H. Dorsett, "Peacetime Plant Hunting About Peiping", *NGM*, Oct. 1937
〔註 161〕（法）保羅·克拉瓦爾（Paul Claval）《地理學思想史》，鄭勝華等譯，北京大學出版社，2007 年，第 85 頁。
〔註 162〕唐曉峰著《人文地理隨筆》，三聯書店，2005 年，第 238、338、339 頁。

景觀是結果。」用圖解說明之：

索爾關於「文化景觀」的起源與過程模式圖〔註163〕

　　由圖示可知，索爾的歷史地理研究關注的是某一文化在地域空間內的起源與成長過程，由自然景觀轉變爲文化景觀的機制。因此，英國地理學克拉‧克朗將地理景觀視爲一個價值觀念的象徵系統，認爲社會就是構建在這個價值觀念之上的，「地理景觀的形成過程表現了社會意識形態，而社會意識形態通過地理景觀得以保存和鞏固。」克拉‧克朗進一步指出，「考察地理景觀就是解讀闡述人的價值觀念的文本。」〔註164〕當景觀不僅僅被視爲一種自然物而是一種「文本」被解讀時，便與三個因素息息相關。其一爲文本（即自然景觀本身）；其二爲「作者」，指促使景觀形成的文化、歷史以及社會；其三爲「讀者」，也就是闡釋景觀的人。由於闡釋者的文化背景與閱讀心境各有不同，於是不同的闡釋者必然會看到不同的「景觀」。因此，可以說，《國家地理》的闡釋者，也是通過對景觀的解讀，向其受眾闡明，爲什麼一個國家要建立在一種特定的模式上面，這個模式又是怎樣通過地理景觀反映不同的文明發展階段。

　　經筆者檢索，在125年歷史中，《國家地理》鏡頭與文字裏，中國景觀林林總總，紛繁多樣，而曝光率最多者分別爲：長城、兵馬俑、黃河和運河。長城代表地理空間與族群文化的邊界，兵馬俑反映中國人在時間緯度內的生死觀，黃河與運河都是農業中國的寫照，但前者代表「憂患」，後者卻表徵「智慧」。

　　（1）長城

　　長城的形象第一次出現在《國家地理》雜誌是在1900年的9月，題爲《中國長城》的短文裏，配上一頁大小的圖片一幅。文章節選自美國軍隊地形測量工程師詹姆斯‧H‧威爾遜（James H.Wilson）的著作《中國》。簡短的文字

〔註163〕同上，第337頁。
〔註164〕（英）邁克‧克朗（Mike Crang）《文化地理學》，楊淑華、宋慧敏譯，南京大學出版社，2003年，第35頁。

對這一「建築奇跡」的長度、形狀、建築材料以及功能等作科學介紹。文章認爲，長城的修築是對現代軍事工程學規則的一種蔑視，其城牆如此結實而難以翻越，其關口布局如此適當巧妙，如果加上任何防禦措施，足可以讓一支裝備上流攻城設備的現代軍隊也迷惑不解。〔註165〕此後，長城越來越多地成爲中國的象徵符號之一，不僅有兩篇重要專題報導，更在幾十篇文章中頻繁現身。《中國：她的歷史與發展》（1901.06）、《帝都北京的光榮》（1933.06）、《走進北平》（1936.02）、《美國幫助中國對抗水土侵蝕問題》（1945.06）《航拍中國》（1989.03）等文章都闢專節予以圖文介紹。甚至，長城也成爲一種喻指：在《滇緬公路：中國後門》裏，作者將修建於中緬印的戰時物資供應線比喻爲「中國人民保家衛國的偉大長城」，〔註166〕而中國奧運期間北京的「建築狂歡」，被作者表述爲代表著膨脹欲望與權力的「新長城」。〔註167〕2008年5月，在《巨龍之內》特輯裏，一家旅行公司刊登的整版廣告畫，蜿蜒的長城與巨龍連爲「二位一體」，在群山之上騰空而起，而廣告詞爲「期待遠大前程」（Expect Great Things）〔註168〕

另外兩篇專題報導，分別是兩位旅行家於1923年和2003年，沿著山海關、北京、河北、山西、寧夏、甘肅和蒙古等上千英里路線，對沿路風土人情與歷史變遷的考察筆記。1923年，亞當·沃里克在文章一開始便寫道：「據天文學家稱，在月球上唯一能用肉眼看到的人工建築，只有中國的長城。」在對長城兩邊的民族、宗教、建築以及風俗進行記錄後，沃里克寫道：

> 長城是兩個世界的邊界，不僅是自然邊界，也是種族邊界（a racial boundary）。它是兩種文明與兩個區域的分界線，將北方的游牧民與南方的農夫分隔開來。

沃里克也指出，長城作爲防禦工事的觀念已然過去，如今，單純的中國人只是把長城視爲一條巨大的化石龍，希望它保護中國免受邪靈侵害。然而，沃里克對此也感歎道：「在歷史的風吹雨打中，長城儘管依舊莊嚴肅穆，但片片磚石失落於山谷間，逐漸解體爲殘垣斷壁。哎，這隻巨獸，如今恐怕連抵擋邪靈的象徵力量也正在失去。」〔註169〕

〔註165〕James H.Wilson, "The Great Wall of China",*NGM*.Sep.1900.

〔註166〕Frank Outram,G.E.Fane, "Burma Road: Back Door to China", *NGM*. June,1945

〔註167〕Teb C.Fishman,Greg Girard, "The New Great Walls", *NGM*. May.2008

〔註168〕見2008年第1期內頁廣告，"China: Inside the Dragon". *NGM*. May.2008.

〔註169〕Adam Warwick , "A Thousand Miles Along the Great Wall of China", *NGM*. Feb.

八十年後，美國作家彼德·海斯勒，在《國家地理》上發表《追逐長城》一文，記錄其獨自駕車歷經 7436 英里，在「深入中國鄉村」的旅途中，以期發現「完好的、毀壞的和真實的中國長城」，以及長城內外地景面貌與人民生活的巨大變遷。海斯勒認爲，長城在中國是一種象徵符號，其意義如變色龍一樣隨時代和觀念而變，孫中山和毛澤東都認爲長城代表國家（民族），鄧小平號召全國人民「愛我中華，修我長城」。而今，長城又成爲「多民族國家團結的象徵」，完全不同於歷史上對長城的另一種表述——「抵禦外侮」的軍事屏障。海斯勒寫道：

> 這一防禦工事正是爲了將我這樣的「野蠻人」驅逐於外。但是顯然，今天的長城最有力量的品格不在於它的排外性，而更在其所內含的敘事意義。長城講述了自然的歷史，穿越中國的景觀與歷史，在時間與空間的交集中，它觸摸著文明的根基。〔註170〕

作爲「兩個世界的邊界」，長城觸摸的「文明根基」關涉「民族與國家」、「漢與非漢」以及「游牧與農耕」這類既差異又統一的話語實踐。而對其含義的解讀，正如拉鐵摩爾所言，需要「確切瞭解環境對社會的影響，社會對環境的適應，以及各種不同社會在它們的環境範圍中成熟、活動並發展，而且企圖控制它的方式。」〔註171〕

（2）兵馬俑

當長城作爲一種能穿越歷史的景觀符號被《國家地理》持續關注時，它的修建者——秦始皇，還建造了另一項宏大工程，在 20 世紀 70 年代起也成爲該雜誌矚目的焦點，這就是 1974 年的重大考古發現——兵馬俑。

> 當羅馬皇帝在西方擴張之時，東亞的另一位君主也在四處征戰，最終建立了中華民族的主體部份。這位勝利者就是秦始皇帝，中國的第一位皇帝，長城的修建者。公元前 210 年，秦始皇被埋葬於驪山底下 15 層深處……現在，考古學家們正在發掘墓地裏的驚人

1923.

〔註170〕 Peter Hessler, Photograph by Michael S.Yamashita, "Chasing the Wall". *NGM*. Jan. 2003.

〔註171〕 與亞當·沃里克一樣，拉鐵摩爾認爲，表面上看，中國的長城是世界的絕對邊界之一，但它也只是近似於一個絕對邊界，是環境分界線上社會影響的產物。見拉鐵摩爾著《中國的亞洲內陸邊疆》，唐曉峰譯，江蘇人民出版社，2010年7月，第19頁。

　　　財富：皇帝的地下御林軍，6000 個眞人大小的兵馬俑。〔註 172〕

　　這是兵馬俑第一次出現在《國家地理》雜誌上，首次出場即成爲當期（1978.04）封面，18 頁彩色圖文，配以華裔美籍畫家楊先民彩墨畫多幅，描繪秦咸陽宮、阿房宮的富麗堂皇，皇陵製俑與修建長城過程，秦始皇的焚書坑儒，以及荊柯刺秦王等情景史。該文記者加拿大前大使女兒奧黛麗·托平（Audrey Topping）在考古現場，自述其「站在雨中，激動得幾乎掉下淚來。」她說，「我們正在見證 20 世紀最驚人的考古發現，第一位統一中國的皇帝的御林軍塑像，在黃河流域盆地中沉睡了 2000 年後，現在從粗糙、濕冷的黃土中探身出來……中國充滿爭鬥與榮光的歷史，正在向世人展開。」〔註 173〕

　　從兵馬俑中「展示」中國歷史，正是《國家地理》的旨趣所在。從 1978 年至 2012 年 35 年中，該雜誌共推出 6 篇兵馬俑專題，從中國的「驚人發現」（1978.04）到「永生軍隊」（1992.08），從地底升起的「中國戰士」（1996.10）到「中國寶藏」（2010.10）以及「眞正的色彩」（2012.06）等。而其中的「歷史」含義也在不斷改變。

　　1992 年 8 月，攝影記者露易斯·馬札騰塔報導了漢朝第五位皇帝漢景帝僅兩英尺高的迷你版兵馬俑。最讓馬札騰塔難忘的是兵俑面部的神秘微笑，「好像潛藏著某種秘密的快樂」，馬札騰塔分析道：這種微笑反映人們對於來世的不同思考方式，在追求不朽中，黑暗的地下世界變爲有著永恒快樂的王國。馬氏認爲，這與漢景帝時代流行的道家哲學分不開，道家總是「向內看」，追求「自然的和諧。」與對漢景帝的評價不同，馬札騰塔認爲秦始皇是一位「有魅力的暴君」。〔註 174〕在四年後對秦兵馬俑的考古報導中，他列舉秦始皇統一度量衡、文字與錢幣的功績，以及修建的巨大公共工程，「包括兵馬俑和長城，都需要迫使成千上萬的人力並花費巨大財力，」因此，馬氏在文末援引中國歷史學家的評價：「秦始皇是推動中國歷史的人，他做了很多壞事，但總體上好事多於壞事。」〔註 175〕

　　曾駕車長城千里行的彼德·海斯勒，也對兵馬俑有深厚興趣。他在 21 世

〔註 172〕 Audrey Topping, Painting by Yang Hsien-Min, "China's Incredible Find". *NGM.* April. 1978.

〔註 173〕 Audrey Topping, Painting by Yang Hsien-Min ", China's Incredible Find". *NGM.* April. 1978.

〔註 174〕 O. Louis Mazzatenta, "A Chinese Emperor's Army for an Eternity", *NGM.* Aug. 1992.

〔註 175〕 O. Louis Mazzatenta, "China's Warriors Rise From the Earth", *NGM.* Oct. 1996.

紀前十年兩度來到陝西西安，「希望對中華帝國歷史的早期階段有所感知。」對於最早的兩朝（秦與漢）均建都西安，海斯勒認為是基於黃河與秦嶺山的「天然屏障」。隨著兩朝皇帝兵馬俑的出土，「考古學家正在撢去歷史之窗上的塵土，理解這兩位統治者和他們的文化。」一般而言，「秦始皇被認為是一位激進的改革家，被貼上暴君的標籤，他的秦朝在他死後四年即告結束。而漢景帝是一位謹慎的統治者，部份依賴於道家思想，幫助他鞏固了劉姓王朝長達四個世紀。」因此，從對兩千年帝制中國的影響來說，「秦朝引入的是一種革命觀，而漢朝灌輸的是傳統與秩序。」〔註176〕

　　2010年，在《不安息的靈魂》一文中，海斯勒的關注點從帝王陵俑轉向百姓墳墓。在親歷了河北懷柔縣一個叫三岔村的村民清明祭祖儀式後，作者追溯中國喪葬文化的變遷，從大地灣文化到當今的清明節，無論祭品如何變化（從陶器、玉石、活人犧牲、兵馬俑到冥幣等），也無論道教、儒教和佛教怎樣影響人們的生死觀，但中國人仍然相信，「死去的祖先對現實生活擁有干預的能力，一個不開心的先人能給活著的後代帶來疾病和災難。」因此，祖先崇拜與亡靈等級制度的觀念，「促進了中國的社會穩定，同時帶來的是中國文化的保守性。」〔註177〕

　　2012年6月，美國作家布魯克・拉爾默（Brook Larmer）和攝影師馬札騰塔又為《國家地理》的讀者帶來最新一期《彩色兵馬俑》，考古學家、藝術家們用現代工具和技術將地下軍隊復原為五彩斑斕，在過去與未來的通道中，作者寫道，「紅色與綠色，紫色與黃色……這些兵士並非一隻沉鬱的隊伍，他們是超自然的展示。」〔註178〕

　　（3）黃河

　　長江、黃河為中國位居一二的大河，但在王朝地理學中，對水問題的關注，主要取向在於與人利益相關的「水利」而非屬於自然研究範疇的「水文」。唐曉峰認為，對於水利問題，「尤以灌溉、水患、漕運三個方面最為重要，」因此，「由於地理位置的原因，由於水患程度的原因，由於大禹治水觀念的影

〔註176〕Peter Hessler, Photograph by O. Louis Mazzatenta, "Rising to Life,Treasures of Ancient China", *NGM*, Oct. 2001.
〔註177〕Peter Hessler, Photograph by Ira Block, "Restless Spirits", *NGM*, Jan, 2010.
〔註178〕Brook Larmer, Photograph by O. Louis Mazzatenta, "Terra-Cotta Army:true Colors", *NGM*, June, 2012.

響，黃河居於核心的地位。」〔註179〕黃河的這種核心地位，也體現在《國家地理》雜誌的表述比重與話語含義裏，相比於長江，黃河出現更多，並作為「中國憂傷」（China's Sorrow）的代表，用以書寫出一個對自然環境極其依賴又充滿憂患意識的農業國家形象。

在《諾亞之後的中國農民》一文裏，作者亞當·沃里克為文章所取小節標題即為「黃河是『中國憂傷』」。〔註180〕在一百多年的歷史中，「中國憂傷」除了散見於眾多文章裏，最重要的專題報導有三篇，《黃河上的筏運生活》（1932.06）、《治理黃河》（1942.02）和《苦澀的水》（2008.05）。

《黃河上的筏運生活》是由記者羅伯特·摩爾，沿著甘肅省到內蒙古的整個邊境，從西寧到包頭長達 200 里黃河航道上筏運交通的考察。用充氣的羊皮和填滿羊毛的牛皮製作的交通工具，在中國歷史悠久，但筏工們的生活充滿挑戰與艱辛。摩爾首先描寫黃河的諸多稱號：

> 地處中國北部的黃河是世界上最非凡的河流之一。但洪水破壞
> 了無數的家庭和農地，給中國人的生命和財產帶來無盡損失。僅因
> 這一點，人們就給黃河取了「中國的悲傷」、「無法治理的」、「中國
> 兒女的禍根」等稱號。〔註181〕

但是，羅伯特·摩爾也認識到，筏運經過的黃土平原，與渭河流域一道，是「中華民族的搖籃。」因此，「不可治理」的黃河一直是中國治水事業的重中之重。《治理黃河》一文，講述 1938 年 6 月，國民黨炸毀河南花園口黃河大堤，以阻斷日本進攻河南的道路，為抗戰贏得時機。但決堤之水卻使豫、皖、蘇三省成為沼澤，災難深重。美國工程師、聯合國善後救濟總署奧利佛·托德（OliverJ.Todd）應國民政府之邀來到中國，研究如何治理黃河水災。在沿黃河考察的路程中，他著重描述了中國農民的傳統治水之道，在大平原上與黃河作鬥爭的百姓生活。文中多篇圖片呈現出一面是沼澤、一面是乾涸大地的情景。衣衫襤褸的母子坐在辛苦撿拾的小把麥穗面前，面露微笑。托德寫道：我們親眼看到，黃河是怎樣在人民心中植下「宿命論」的精神。〔註182〕

〔註179〕唐曉峰著《從混沌到秩序：中國上古地理思想史論述》，中華書局，2010 年 1 月，第 297～300 頁。

〔註180〕Adam Warwick, "Chinese:Farmers since the days of Noah", *NGM*.April.1927.

〔註181〕W.Robert Moore, "Raft Life on the Hwang Ho". *NGM*. June. 1932.

〔註182〕Oliver .Todd, "Taming Flood Dragons Along China's Hwang Ho". *NGM*. Feb. 1942.

　　到二十一世紀，《國家地理》把關注的焦點集中於黃河污染與環境難民身上。《苦澀的水》一文的標題導讀直接警示道：「污染和過度利用摧殘著中國北方腹地的生命線——黃河，一場危機正在悄然醞釀。」什麼樣的危機？圖片呈現出下列場景：內蒙古的一處水源被某家化肥廠污染，冒著有毒蒸汽緩緩向黃河上游漫去；黃河下游一個「癌症村」的民房裏，一村民死去，旁邊的親人表示「無論我們做什麼都無濟於事。」另一個鄉村裏，民眾不願再喝骯髒的河水，紛紛用長塑料管從一口井中取水……作者布魯克‧拉爾默寫道：「這條傳奇性大河的衰落是一齣悲劇，受到波及的遠遠不止沿河傍水過活的1.5億多人口。黃河的困境表現出中國經濟奇蹟的另一面：一場環境危機已然釀成，而其中所短缺的資源是任何國家的生存都離不開的——水。」〔註183〕

　　實際上，在美國《國家地理》雜誌載此文的前三年，《中國國家地理》也曾提出「歐洲與中國河流要對話」，主編單之薔將黃河稱爲「疲憊的河流」，他認爲，黃河是中華民族的母親河，但是，「開發的無序，開發的混亂，到了令人觸目驚心的程度，」因此，「人們需要特別關注河流。」〔註184〕在《苦澀的水》中，作者也強調，「很少有哪條河能像黃河那樣深切地反映一個國家的靈魂。黃河之於中國，好比尼羅河之於埃及，它們都是文明的搖籃，不朽榮耀的象徵，是令人既敬畏又尊崇的自然之力。」〔註185〕

　　對於黃河的表述，中外在此達到相當一致性。或許，對於「民族靈魂」和「自然之力」的敬畏與尊崇，本應超越國界與族界。

（4）運河

　　　　這條大運河被稱作是中國的「御河」、「運河」以及「運糧河」。大運河連接了內陸大河與東部沿海，構築了一個大規模的水路運輸體系，這一特點僅僅是大運河的眾多功用當中的一個副產品。大運河的通航、灌溉、排水的功能在若干世紀裏得以全面發展，並得到了有效的利用。更爲重要的目的還在於使人們免遭不斷增長的水患的威脅。〔註186〕

20世紀初，正值美國工業興起、農業面臨嚴峻挑戰之時，美國農業部土

〔註183〕Brook Larmer, Photograph by Greg Girard, "Bitter Waters". *NGM*. May. 2008.
〔註184〕單之薔《歐洲與中國河流要對話：休閒的萊茵疲憊的黃河》，《中國國家地理》，2004年第11期。
〔註185〕Brook Larmer, Photograph by Greg Girard, "Bitter Waters". *NGM*. May. 2008.
〔註186〕F.H King, "The Wonderful Canals of China", *NGM*.Oct.1912.

壤所所長、威斯康星州立大學土壤專家富蘭克林‧H‧金（F.H.King）遠涉重洋，遊歷中國、日本和高麗，考察了東亞三國的古代農耕體系，其考察記錄與研究心得結集為《四千年農夫》一書，該書比較東亞與美國的農業模式，指出兩者資源條件差異以及東亞模式的優越性。《國家地理》選摘該書論述中國運河的一部份予以刊登，並對作者及其著作隆重介紹：

> 多年以來，沒有哪本書對於地理知識的實際貢獻比得上《四千年農夫》，該書作者是美國最傑出的農學家之一、新近去世的富蘭克林‧H‧金教授。金教授研究了中國農民如何在比美國少而次的土地資源上，養活五億人口所積累下來的四千年農耕經驗。……下文節選自金教授著作，所有圖片亦取自該書。〔註187〕

《國家地理》對《四千年農夫》推崇備至，而其選取金教授描寫「中國運河」這一專題，也是該雜誌長期關注的重要對象。不計散見於各文中的描述，僅專題即有五篇：1905年，美國駐杭州領事喬治‧安德森寫下《奇妙的中國運河》。〔註188〕幾年後，《國家地理》以同題選登富蘭克林‧金的文章。1927年，美國記者梅布爾‧C‧迪爾林乘船從上海至蘇州，再沿大運河到杭州，在《蘇州河》一文裏觀察運河船家的生活。〔註189〕到1937年，《真實的中國革命》一書作者、旅行家威拉德‧普萊斯從京杭大運河最北端的通州出發，考察從北京至天津段，在《大運河全景圖》一文裏，他認為，大運河是中國真正的心臟，中國的現代性體現在火車、汽車裏，而古老中國卻存留在運河人家的傳統生活中。〔註190〕最新一次專題報導，是2013年5月份的《大運河：中國的古老生命線》，該文由獲2011年普利策獎的記者伊恩‧強森撰稿，攝影師麥可‧山下，則是第11次在《國家地理》上報導中國。強強聯手，再次講述運河故事，「擁有1400年歷史，連接中國南北的偉大工程，至今仍在使用中。」〔註191〕

從對運河的百年表述中，可以發現，運河在西方人眼中有著非常獨特的地位，不僅一直備受關注，而且受到的讚美也最多。如果說黃河是「中國悲傷」，代表充滿苦難與憂患的農業中國，那麼，運河則代表「中國智慧」，證明中國也是一個「值得美國學習」的農業國家。《四千年農夫》中文版序言指

〔註187〕F.H King, "The Wonderful Canals of China", *NGM*.Oct.1912.

〔註188〕George E. Anderson, "The Wonderful Canals of China", *NGM*. Jan. 1905.

〔註189〕Mabel Craft Deering, "Ho for the Soochow Ho", *NGM*. June. 1927.

〔註190〕Willard Prince, "Grand Canal Panorama", *NGM*. April. 1937.

〔註191〕Ian Johnson, Michael S.Yamashita, "Grand Canal:China's Ancient Lifeline", *NGM*. May. 2013.

出，在殖民者對美洲大陸進行開發的短短不到一百年時間裏，北美大草原的肥沃土壤大量流失，嚴重影響了美國農耕體系的可持續發展。〔註192〕而富蘭克林‧金發現，在中國，運河帶來的淤泥可用作肥料，而人們充分利用各種糞便自製土家肥，既有效利用資源，又使土地免受化學化肥污染。因此，金教授認為，「通過深遠考慮，我們可以很明顯地看出，我們應學習中國人在保持水土方面所做的那樣。」運河引發了他對中國人的熱烈讚頌：

> 假設中國人不是選擇在亞洲東部生息繁衍，而是來到了北美洲
> 發展，今天的美國也會出現那樣規模的大運河。……他們還將阻止
> 對土地資源的隨意蠶食，並將在沿海地區的平原上建造 20 萬平方英
> 里的運河區，他們將在這塊如今正逐漸變得貧瘠的土地上耕耘、開
> 墾，創建出文明來。〔註193〕

時過境遷，到 2013 年，《國家地理》裏的傳統農業中國正在極速轉型，運河也有了不一樣的面貌。伊恩‧強森跟隨一艘駁船從山東濟寧到江蘇揚州，見證船上人家生活的現代變遷，以及運河兩岸城市面貌的變化，「在唐朝和清初兩個黃金時代，揚州就如同今日的上海。在現今繁華的南方，財庫富裕的地方政府美化了大運河並且從中獲利，想藉此促進觀光業與房地產開發。……但改建工程卻把運河邊幾乎所有的建築都夷為平地。好幾個世紀以來，大運河都是城市的心臟，如今它卻只是個背景。」〔註194〕

強森瞭解到，「2005 年，地方上幾位著名人士出面呼籲為具有歷史意義的大運河申報世界文化遺產。」從「農業智慧」的象徵到即將消逝的「文化遺產」，這是《國家地理》在新千年後，將書寫的中國景觀故事新主題。

從以上對中國典型景觀的分析中，筆者發現，《國家地理》裏的中國「景觀」，並非一幅幅如詩如畫、詩意盎然的自然美景，而是鑲嵌於具體的社會關係、文化歷史之中可供解讀的文本，具有多樣特徵與多重意義，與區域地理一道，闡釋的是複雜多元的中國故事。

3. 區域描述：空間格局與「中國」類型

在本書附錄部份，《國家地理》裏的中國文章列表（1949 年之前），僅從

〔註192〕（美）富蘭克林‧H‧金《四千年農夫：中國、朝鮮、日本的永續農業》，程存旺、石媚譯，東方出版社，2011 年，中文版序言，「理解中國小農」，第 1 頁。
〔註193〕F.H King, "The Wonderful Canals of China", *NGM*. Oct. 1912.
〔註194〕Ian Johnson, Michael S.Yamashita, "Grand Canal:China's Ancient Lifeline", *NGM*. May. 2013.

標題即可發現，被這本雜誌納入其取景框的，不僅有微觀層次上的地理景觀，也有中觀層次上的行政區劃，還有宏觀意義上的地理區域，如揚子江流域、東北（滿洲）、沿海城市、橫斷山脈，等等。著名的空中攝影師喬治·蓋斯特（George Gerster）在《航拍中國》一文中展示這片「萬花筒般的廣袤大地」後，其編輯寫道：數世紀以來對西方而言的「未知之地」（terra incognita）已被「盡收眼底」。〔註195〕

　　對中國全景圖的統計與分析，〔註196〕發現大體來看，《國家地理》在長達 125 年繪製的畫卷中，有三大迥然有別的地理空間值得關注，筆者將之稱爲「邊地中國」、「腹地中國」以及「沿海中國」，此三大區域既與中國傳統王朝地理觀中的「一點四方」有所照應，又分別對應《國家地理》表述的「多元性」、「中國性」與「現代性」。如圖所示：

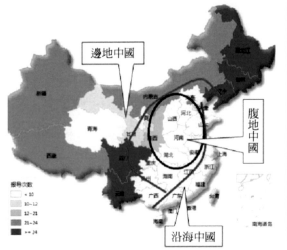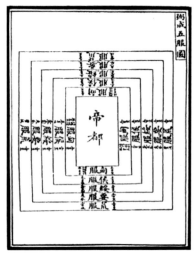

《國家地理》中國報導區域分佈圖（筆者製圖）　　弼成五服圖，採自《五經圖說》

　　邊地中國幅員遼闊，從莽莽森林的東北到浩浩戈壁的蒙古與新疆，從雪

〔註195〕George Gerster, Photographs by Larry Kohl, "Above China", *NGM*. Mar. 1989
〔註196〕本文統計的地理分佈數據，不僅包含文章標題中明確指明的區域，而且包含未在標題中表示而文本中卻主要涉及的地區。以《馬可波羅：世界上最偉大的陸路探險家》（1928.11）一文爲例，文中描述馬可波羅在中國境內的新疆、蒙古、北京、四川、雲南以及杭州等地的行程見聞及地理風俗，故筆者將上述地域分別統計爲一次。另外還有大量文章，如《中國地理：自然環境對中國歷史與中國人性格的影響》（1927.06）、《中國：巨龍之內》（2008.05）等文，是將「中國」作爲整體進行介紹，故在統計時以「中國」爲單位（約有 65 篇），未將其涉及的區域進行單獨計算。

域高原之青藏到高山峽谷之西南，無論是地貌還是文化，正是《國家地理》所尋找的「多元性」或「異質性」之所在。

「腹地中國」既指中原王朝地理觀中「一點四方」裏的中原漢地，亦指更大範圍的現代中國之政治、文化與農業區，從北部的北京、山西到南部的江西、湖南。邊地中國好似一個半圓之弧，對腹地構成一個半封閉的包圍圈，這個核心圈對於《國家地理》來說，典型地體現著其眼中的「中國性」。

至於沿海地帶，在歷代王朝地理版圖中，這裡堪稱「夷外之夷」，並不被「天子」們格外重視，但正是這片區域，成為 19 世紀西方人登陸中國、打開中國大門的前哨站。到二十世紀八十年代，它又成為中國經濟改革的試驗地與開放區，因此其代表的正好是一個夾擊在東西方影響下具有「現代性」特點的中國。

以下按雜誌表述篇幅從少到多的頻次，分析雜誌對幾大區域的文本表述。

（1）沿海中國

本文所述「沿海」區域，依照《國家地理》多篇以「中國沿海城市」文章中的範圍圖，大致包括澳門、香港、廣州、福州、廈門、杭州、寧波、青島、上海、大連、寧波、煙臺等東部沿海城市。這片區域，無論從地理位置到歷史沿革來看，對於中國人與西方人，皆有著不同尋常之意義。

從地理位置來看，沿海地帶至少與兩種地理相呼應，一是西接中原內陸，二是東臨茫茫大海。對於中國人而言，沿海具有從「天涯」到「良港」再到「都市」的意義變遷。首先，由於其「離京甚遠」，因此對於心向「京城」的官吏與文人，古代的沿海便承載著其「同是天涯淪落人」或者「煙波浩渺信難求」的黯淡感傷。從地緣政治角度來看，沿海作為中國海上邊疆，也經歷了不同待遇。由於自古對於華夏的威脅更多來自於北方，相較之下，東部沿海是中原的安全隔離帶而未受格外垂青。然而鴉片戰爭在海上掀起波瀾，西方列強借堅船利炮破門而入，沿海港灣紛紛被強租割據。於是，王朝地理觀中的「蠻荒之地」在國人心中搖身而變為「良港」，正如顧頡剛面對疆土之喪失，哀歎道：「我國以積弱之下，空見良港為人奪去，亦無可如何，誠可悲哀也！」〔註197〕

顧頡剛與史念海在 1936 年寫下《中國疆域沿革史》時，自陳其「吾人述

〔註197〕顧頡剛、史念海著《中國疆域沿革史》，商務印書館，2000 年，第 219 頁。

此期之情形，誠不禁心痛神愴也。」〔註198〕然就在相隔不足兩年之前，《國家地理》的年輕記者、攝影師 W・羅伯特・摩爾，帶著 17 箱行李來到中國沿海一帶，行李箱裏裝著相機和玻璃版底片，沿著 3000 公里長的海岸線，將中國「對外開放的通商海港」統統納入其鏡頭。所不同的是，摩爾的心情，與顧頡剛有著天壤之別。

在《中國沿海城市》一文的開篇之語中，摩爾追溯美國與中國沿海的「親緣關係」，摩爾認為，美國作為新生共和國，其第一個外貿國家即為中國，從著名的「波士頓茶黨」〔註199〕到開往中國的第一艘商船「中國女皇」號（Empress of China），開啓了一個大國的「海上商務之旅。」摩爾將中國沿海比喻為「吸引早期探險者的北極星」。百餘年過去，本著一探其「今日之巨變」的目的，他造訪了許多著名港口，香港、澳門、廣州、廈門、天津、上海等，捕捉下這些港口城市「現代化」之新顏。儘管在摩爾的鏡頭裏不乏戲子、苦力、香客以及獨輪車和小漁舟等「中國元素」，但他在文末總結道，「自『中國女皇』號駛入廣東港以來，中國沿海發生了驚人的變化。如今，法國、葡萄牙、大不列顛、德國和日本已經融入到中國神州，並促進了她的繁榮昌盛。這些本土港口，正在爆發無窮的新生命與生長力。」〔註200〕到 1945 年，《密勒氏評論報》主編約翰・鮑威爾（John B. Powell）在《今日中國沿海》一文裏，著重考察日本對上述口岸的入侵現狀與影響。〔註201〕

《國家地理》眼中二十世紀上半頁的沿海，與中國腹地大為不同。如果說在腹地看到的更多是一個帝國的龍鍾老態，然則對沿海，雜誌卻充滿「活力」、「現代」與「生機」等溢美之辭。此間差異，要結合西方對「文本」與「本文」兩者的塑造來看。一方面，雜誌文本中的「沿海」、「邊疆」與「腹地」等鏡像，都是由表述者通過文字與影像所「塑造」的產物。另一方面，與後二者不同，西方對沿海的「塑造」，不是僅停留在文本中，而是在實際的地理景觀裏，他們確實參與塑造了中國沿海。被雜誌納入筆端與影像的外灘、洋場、百貨公司、夜總會、教堂以及高個蓄鬚的錫克族交通警、穿著海軍制

〔註198〕顧頡剛、史念海著《中國疆域沿革史》，商務印書館，2000 年，第 218 頁。
〔註199〕1773 年 12 月，北美被殖民者塞繆爾・亞當斯率領不滿英國統治的六十名「自由之子」，潛入英屬東印度公司的商船，將船上所裝茶葉全部倒入大海，以對抗英國國會，最終引起著名的美國獨立戰爭。因船上茶葉來自於福建廈門，故摩爾從此事件開始述及美中貿易，以避開「鴉片戰爭」之開端。
〔註200〕W. Robert Moore, "Coastal Cities of China". *NGM*, Nov.1934.
〔註201〕John B.Powell, "Today on the China Coast". *NGM*. Feb.1945.

服蹓躂於中國街頭巷尾的外國船務官，無不是西方嵌入現代中國的一道道眞實風景。

費正清曾以上海爲例討論西方人對中國沿海面貌的塑造。費氏認爲，1860 年以後中國以條約爲基礎向西方開放，到 19 世紀末期，「外國人主導的管理機制在開放通商的重要城市發展起來。」外國人的影響如此之大：「外國化的上海在 20 世紀一直是中國大都市，但在 19 世紀五六十年代卻並非如此。」〔註 202〕「外國化」的不僅是沿海的地理，更有生活於其中的人民，因此費正清又以廣州人爲例說明，他說那些爲外國人尤其是洋商服務的華南人，本身具有一種當地人無法比擬的「洋氣」，有些人逐漸發展爲「買辦」，然後又成爲中國的現代實業家，「這樣，中國從一開始便加入了現代世界貿易經濟的大潮並在沿海地區首先發展起來。」〔註 203〕

以向西方「開放通商」爲論說依據，20 世紀八十年代後再次率先改革開放的沿海城市，在《國家地理》的書寫中，便沿襲著「現代化中國」的疆域特徵，只是其重心側重於東南沿海經濟特區。1983 年，雜誌的高級作家約翰・普特曼（John J.Putman）花了五個星期，訪問中國「大膽的新試驗田」。他寫道，「二十多年來，中華人民共和國關閉大門杜絕西方的影響，嘗試依靠自力更生和社會主義來獨自搞發展。但最近，由於對發展速度不滿意，它又重新打開面向世界的大門。」文章中，深圳、珠海等沿海經濟區的「洋味」少了，多了挑著被褥找工作的農民工，在樓市沙盤前駐足觀望的投資者以及工廠流水線作業的女工，還有堆滿挖掘機的巨大工地。儘管如此，普特曼仍然樂觀評論道：「這一次，中國打開其門戶，卻不是在大炮的威脅之下，而是取決於自己。或許這次，歷史學家們的預言能成爲現實，中西方可以友好地互通有無，交換知識與美德。」〔註 204〕到了 1997 年，雜誌資深記者邁克・愛德華茲（Mike Edwards）和知名日裔攝影師麥可・山下（Michael S.Yamashita），再一次記錄了沿海城市的變遷，在香港、澳門回歸的背景下，他們認爲中國黃金海岸進入「繁榮時期」。在麥可・山下的鏡頭裏，現代化的氣息撲面而來，各

〔註 202〕（美）費正清編，《中國的世界秩序：傳統中國的對外關係》，杜繼東譯，中國社會科學出版社，2010 年，第 279 頁。

〔註 203〕（美）費正清《中國：傳統與變遷》，張沛等譯，吉林出版集團有限責任公司，2008 年，第 214～217 頁。

〔註 204〕John J. Putman, Photography by H. Edward Kim, "China's Opening Door：Special EconomicZones". *NGM*. July. 1983.

城市的摩天大樓、深圳中華園、五光十色的商場，當然還有珠江三角洲的外資企業分佈圖，以及爲了「平息美國貿易官」而進行的打擊盜版秀。〔註205〕

　　在諸多沿海城市中，《國家地理》最青睞的是上海。以上海爲標題的特別報導有 5 篇，登上封面一次。從 1932 年的「世界大都會」〔註206〕到 1937 年「變革中的上海」，〔註207〕從 1980 年「巨人重生」〔註208〕到 1994 年「中國過去與未來交匯之地」，〔註209〕一直延伸至 2010 年的「上海夢」。〔註210〕在每一篇文章中，記者無一例外地會回味西方人的生活與影響。1937 年，美國作家阿曼達·博伊登向西方讀者介紹她的「住家廚子」，認爲僕人們都能「各司其職」，「中國僕人美名遠揚……有時他們會覺得外國人有的習慣莫名其妙，但即便如此，他們仍會照你的意思辦。」〔註211〕到了第二次開放與接觸時，記者對這個「混淆東西方理念」城市的陌生難免傷感。麥克·愛德華茲提醒自己，「與世界長時間隔絕之後，你不能怪中國人對其它國家的無知。」但是，當他聽到中國人議論「如果牛奶賣不出好價格，你們的資本家會把它倒掉」之類「令人難過的小故事」時，仍然不禁「大吃一驚」。〔註212〕到了 2010 年，上海世博會召開之即，記者布魯克·拉默爾和攝影師何夫傑（Fritz Hoffmann）認爲，上海有了新的標誌物，101 層的上海環球金融中心、金茂大廈和東方明珠電視塔，「昭示著這城市不斷膨脹的雄心。」而在這座不斷翻新的城市中，「時間前進的節奏如此之快，以至往日又成明天，舊物亦可新生。」〔註213〕

　　爲何上海能數度成爲雜誌的聚焦點？一位《華夏地理》編者認爲，與中國其它曾爲帝都或區域政治經濟中心的名城相比，上海不曾承擔中國數千年的歷史淵源，也並未傳承中國古代城市文明的衣缽……它在基因和血緣上與

〔註205〕Mike Edwards, Photography by Michael S.Yamashita, "Boom Times on the Gold Coast of China".*NGM*.March.1997.

〔註206〕W.Robert Moore ,"Cosmopolitan Shanghai, Key Seaport of China", *NGM*, sep. 1932.

〔註207〕Amanda Boyden, "Changing Shanghai", *NGM*. Oct. 1937.

〔註208〕Mike W. Edwards, Photography by Bruce Dale, "Shanghai: Born-again Giant", *NGM*, July. 1980.

〔註209〕William S. Ellis,Photography by Stuart Franklin, "Shanghai: Where China's Past and Future Meet", *NGM*, March 1994.

〔註210〕Brook Larmer, Fritz Hoffmann, "Shanghai Dream", *NGM*,March 2010.

〔註211〕Amanda Boyden, "Changing Shanghai", *NGM*.Oct.1937.

〔註212〕Mike W. Edwards,Photography by Bruce Dale, "Shanghai: Born-again Giant", *NGM*, July. 1980.

〔註213〕Brook Larmer, Fritz Hoffmann, "Shanghai Dream", *NGM*,March 2010.

西方世界的親近，可以說，她是西方現代化城市文明在中國的第一份嫁接品。」
〔註214〕可以說，這也是《國家地理》關於「沿海中國」的表述依據與策略。

（2）腹地中國

「腹地」一詞，誠如徐新建所言，具有比喻色彩，象徵特定族群生存疆界的心腹所在。〔註215〕早期中原中心觀中所指的這一「心腹」，主要指黃河流域以華夏爲主的中心、中原或京畿。在本書中，這一區域貫通古今，概指處於「邊地」與「沿海」之間的一片區域，從行政區劃上看，由北向南大致包括今天的北京、山西、陝西、河南、安徽、湖北、江西、湖南等省市，以及由這片區域再向東擴一點的河北和山東的大部分。需要指出的是，這並非一片單純意義上的地理空間，也兼具文化、政治與社會等特質。文化地理學家唐曉峰認爲，具有相似文化特質的地理區域就是文化區，而文化區的三種不同類型——包括形式文化區、功能文化區和鄉土文化區，可以依據不同的內容指標，靈活劃定。〔註216〕

總體來看，《國家地理》在報導這片區域時，將其塑造爲具有典型「中國性」意味的地理區域。「中國性」通過幾大特質得以呈現。其一，這一區域屬於中國「文明之源」與「政治中心」；其二，在文化上，這裡是傳統的「儒教帶」，與邊地的「黃教帶」迥然相分；其三，在這裡，讀懂「農業中國」。

首先，腹地中國，既是古老文明的起源地，也是傳統與當代中國的政治中心。這類中心以北京、西安、河南等地爲代表。對北京的報導，僅以標題統計有九篇，〔註217〕如果從內容主要涉及這一指標來看，即多達約二十多篇。第一篇完全講述北京的文章是旅行作家伊莉莎·斯德摩爾（Eliza

---

〔註214〕《華夏地理》編者按：《唯一的上海》，載於《華夏地理》2010 年 5 月號別冊，《美國〈國家地理〉鏡頭中的上海百年》，雲南：華夏地理雜誌社，2010 年 5 月。

〔註215〕徐新建《從邊疆到腹地：中國多元民族的不同類型——兼論「多元一體」格局》，《廣西民族學院學報》，2001 年第 6 期。

〔註216〕唐曉峰《文化地理學釋義》，學苑出版社，2012 年，第 145 頁。

〔註217〕關於北京的典型文章有：
William A.P.Martin（丁韙良），The Causes That led Up to the siege of Pekin, Feb.1901;James A.Muller, Peking, the City of the Unexpected, Nov.1920; W. Robert Moore, The Glory That Was Imperial Peking, June. 1933; John W. Thomason, Jr. Approach to Peiping,Feb.1936; George Kin Leung, Peiping's Happy New Year,Dec.1936;P. H. Dorsett, Peacetime Plant Hunting About Peiping,Oct.1937. Nelson T. Johnson, Power Comes Back to Peiping,Sep.1949; Franc Shor, Peking:The City They Call Red China's Showcase,Aug.1960.
Todd Carrel,Beijing:New Face of TheAncient Capital.March.2000.等等。

R.Scidmore）的《總理衙門》，選自其著作《中國：長命帝國》（*China, the Long-Lived Empire*.1900）。該文描述滿清中國外交部總理衙門的陰謀與權術，通過這一機構反映一個老邁、昏庸與遲鈍的「長命帝國」形象。〔註218〕其後，《國家地理》見證了義和團暴亂時期的北京、民國政府在南京與北京之間的數度遷都以及 1949 年共產黨進駐北平的「重新掌權」。在不同時期，對北京的表述呈現不同的話語模式，名稱從 Pekin、Peking 到 Peiping、Beijing 不斷演變，其關鍵詞亦滑動於「天朝帝都」、「異族統治」與「紅色櫥窗」、「古都新顏」之間。另一個具有帝都地位的城市西安，不僅因其秦始皇兵馬俑而一再被關注，也因為其是「古代貿易的十字路口，高度發達的文明中心」而在 1901 年就被《國家地理》專文描述。〔註219〕其它如湖南長沙出土的馬王堆辛追夫人墓〔註220〕、河南安陽的殷墟遺址〔註221〕等，都共同渲染了腹地中國的古老文明。

其次，從文化上來說，中原腹地也是儒家文化的發祥地。雜誌直接將山東稱為「中國聖地」，〔註222〕將山東勞動力（苦力）稱為「孔子的後人」。〔註223〕在《泰山：東方聖山》一文中，一位在中國生活了三十多年的畫家瑪麗・穆利金女士（Mary A.Mullikin）寫道：在埃及法老圖坦卡蒙（Tutankhamen）被放置進他在尼羅河的金字塔一千年前，在摩西率領信眾追尋耶和華到達西奈山（Sinai）數百年之前，中國的朝聖者們便已鑿刻出「通天石梯」，通向中華五大聖山之一的泰山之頂。〔註224〕在更早之前幾乎所有整體闡釋中國歷史地理的文章中，孔子這位「東方聖人」都是必不

〔註218〕 Eliza R. Scidmore, "The Tsung-Li-Yamen", *NGM*. July.1900.

〔註219〕 James M. Hubbard, "Singan - The Present Capital of the Chinese Empire", *NGM*, Feb. 1901.

〔註220〕 Alice J. Hall, "A Lady From China's Past", *NGM*, May.1974.湖南也被稱為「封閉的省份」，因為它是被西方探測和繪製地圖的帝國 18 省中的最後一省，被認為是「資源豐富，但保守而排外，西方觀念難以進入。」見 William B.Parsons, "Hunan : The Closed Province of China", *NGM*, Oct.1900.

〔註221〕 Peter Hessler, Photography by O. Louis Mazzatenta, "The New Story of China's Ancient Past", July.2003.此外，河南在最近的 2011 年，因其「少林工夫」而被關注，其主題聚集點也在古老的中國傳統與現代社會的衝突與變遷，見 Peter Gwin，Photography by Fritz Hoffmann, "Battle for the Soul of Kung Fu". *NGM*. March.2011.

〔註222〕 Charles K.Edmunds, "Shantung-China's Holy Land". *NGM*. Sep. 1919.

〔註223〕 Maynard Owen Williams, "The Descendants of Confucius". *NGM*. Sep. 1919.

〔註224〕 Mary A.Mullikin, "Tai Shan:Scared Mountain of the East". *NGM*, June.1945.

可少的象徵符號，用以證明中國人的「中庸之道」與「禮儀之邦」。美國外交官巴雷特將孔子等先哲所開創的時代稱爲「黃金時代」，指出儒教是中國最重要的宗教。巴氏認爲，儘管儒教有許多缺陷，長遠來說一定會讓位於基督教，但儒教對中國影響之大，其作爲一種偉大哲學，值得美國與西方國家研究與重視。〔註225〕

最後，也是最重要的特質，在於中原腹地是「農業中國」形象的典型區域。如前文所述，國家地理學會會長加德納・G・哈伯特和法學家弗蘭克・J・古德諾均從地理環境決定論的角度，將中國定性爲一個傳統農業大國。其中，華北平原、長江中下游平原、四川盆地以及黃河流域、長江流域和運河工程組成的中國腹心之地，是《國家地理》書寫農業中國的核心區，也是中國形象生成的底色與主色。

農業主題不僅貫穿在多篇文章中，而且體現於無處不在的圖象符號裏。僅以《諾亞之後的中國農民》（1927.06）爲例，該文中的 37 幅插圖，大致分爲三大類，構成農業中國的全景圖。其一爲農民形象，從農夫（婦）、挑夫、轎夫到賣茶攤販、洗茶婦女，甚至還有幾顆被懸掛於田埂樹椿上的土匪頭顱。其二是生產與交通工具，最多的是耕牛、驢子、鐮刀、石磨、水車、獨輪車和轎子，其中「肩挑背扛」是最爲常見的負重方式。其三是農村景象，不僅有茅草小屋，還有青田瓦舍；有層層梯田，也有山野瘦土；有戶前屋後戲玩的豬與狗，也有在草叢中光著身體追逐蚱蜢的小孩，還有坐在屋簷下給弟弟喂飯的小姑娘……〔註226〕

從以上農業中國圖景中，也折射出《國家地理》對於「他者」與「自我」有著複雜甚至矛盾的情感和態度。一方面，從審美敘事看，農業中國是田園牧歌的代表，雜誌行文中彌漫著對於和諧農業社會的懷舊之情。〔註227〕而這也正是在西方工業革命導致生態惡化與人心浮躁的背景下，部份人士對之進行反思與對照時產生的普遍情緒。另一方面，對於捆綁於土地上的農民，對他們輪迴的生命與循環不變的生活，雜誌又從線性歷史觀的角度，敘述出一個停滯、原始、落後與貧窮的鄉土社會，尤其是多篇文章中出現

〔註225〕John Barrett, "China:Her History and Development.Part Ⅰ", *NGM*, June.1901.
〔註226〕Adam Warwick, "Chinese:Farmers Since the Days of Noah", *NGM*. April.1927.
〔註227〕這種田園牧歌的代表，尤以小說家愛麗絲・霍巴特姐妹的《世界另一半的人怎樣生活》一文爲代表，見 Alice T. Hobart, Mary A. Nourse，"How Half the World Works", *NGM*. April.1932

的「示眾的頭顱」，更是中國傳統社會法律象徵的典型符號。這個社會並置、對比於開放、進步、現代的西方，由此推泞出一個專制、愚昧與暴力的中國。

值得指出的是，隨著八十年代中國的改革開放和九十年代中國城市化的大躍進，《國家地理》一方面展現其物質生活水平的提高與自由流動的生活空間，另一方面，極為關注農民普遍離鄉背景、農田遭受無度開發、生態污染與人心空虛等層面。這種關注是對其自身歷史所走過道路的深切反思，也體現為在全球化時代中保護人類共同家園的意識與責任。

（3）邊地中國

所謂邊地（borderland），是「中心」確立過程中的一個相對概念。徐新建認為，在大一統王朝時期，邊地就是中央、中原以外的「四方」，他同時指出，從族群和文化的交往進程來看，邊地的含義大致經歷了從邊荒到邊疆再到邊界的演變。〔註228〕本文所指的「邊地」，涵蓋上述三層範圍。從具體區域說來，除了傳統邊疆地區東北（滿洲）、蒙古、新疆和西藏外，再加上雲貴川桂等地所在的西南。

這一遼闊的中國邊地，雖然在古代王朝地理觀中屬於「五服」範圍的「要服」、「荒服」乃至更遠之域，而且如葛兆光所言，地理空間越靠外緣，「就越荒蕪，住在那裡的民族就越野蠻，文明的等級也越低」。〔註229〕所以從重要性而言，邊地中國應該遠遠不及王所在的「王畿」，但從本文統計的數據來看，在《國家地理》的視野中，這些地方卻是最有吸引力的「熱點」（hot spot），報導數量大大超出「腹地」與「沿海」。〔註230〕為何《國家地理》如此關注中國的「四夷之地」？以下從文本中分析《國家地理》雜誌裏邊地中國的意義

〔註228〕徐新建：《邊地中國：從「野蠻」到「文明」》，《西南民族大學學報》（人文社科版），2005年第6期。

〔註229〕葛兆光《古代中國人的天下觀念》，唐曉峰主編《九州》（第四輯），商務印書館，2007年，第120～132。「五服」觀念出自《尚書‧禹貢》，指東周時期「王」所在的洛陽一帶「中心」（王畿）之外，由內向外依次是五百里甸服，五百里侯服，五百里綏服，五百里要服，五百里荒服。這樣的五個五百里，就有五千里方圓的地方，此即為古代中國想像的「回」字形天下觀。本文將所指「邊地」大致劃定在要服、荒服及其之外，因為「要服」中的「要」類似於約定、條約之意，王對其的管轄較為鬆散，而「荒服」更是指荒蠻之地，離「中心」已相去甚遠。

〔註230〕經統計，這一地區報導頻次大致如下：四川30篇，雲南24篇，東北（滿洲）24篇，新疆23篇，西藏21篇，蒙古14篇。以上數據並非指單獨成篇，各區域或有交叉，統計時筆者分開計算。

與特質。

其一，邊地中國為西方列強的角逐地帶。

法國社會學家、漢學家謝和耐在《中國社會史》一書中，將 1894 年稱為中國「苦難年代的開端」，他認為，這一年的中日戰爭使華夏世界政治、社會、經濟進入新的崩潰階段，「可以說從這時起中國再也無法掌握自身的命運。」標誌即為中國領土的紛紛淪陷。自日本吞併臺灣與澎湖列島並在東北（滿洲）取得統治地位後，「日本的領土野心激發西方列強也來瓜分中國領土，並將中國劃分為其『勢力範圍』。」〔註231〕隨著日俄、英俄、英法在中國東北、內蒙、新疆、西藏以及西南地區的角逐，西方各路「探險家」紛紛湧入上述地區，搜集各種政治、經濟和軍事情報。

國家地理學會正好成立於「苦難中國」時代，因此最早的一篇單獨報導中國的文章《西伯利亞跨陸鐵路》（1897.04），便是身為美國將軍同時也是學會副會長的格里利（A.W.Greely），對俄國在中國東北（滿洲）修建東清鐵路的詳細介紹，提醒美國國會關注俄國在中國的資源佔領與政治特權。〔註232〕自此以後，「滿洲」成為雜誌較長時期最為關注的議題。〔註233〕蒙古、新疆與西藏不必多說，更是處在多方覬覦下。《國家地理》的特約記者、法國作家塞布麗娜與羅蘭德・米喬德夫婦於 70 年代在阿富汗和巴基斯坦，「隔岸」觀察中國邊疆衝突與爭議，如此評論道：「在這片中亞的十字路口，即便在最近的歷史中，英國獅、俄國熊、中國龍，仍在彼此不安地注視著對方。」〔註234〕早期對西南的報導看似大多為探險家們在高山峽谷間採集動植物，但第一個將西南帶入雜誌讀者視野的福雷斯特（George Forrest），〔註235〕其怒江之行便是由時任雲南騰越（今騰沖）的英國領事利頓（G.J.L.Litton）組織，此人當時的目標，「既是政治的，也是地理學的：要去考察薩爾溫江和伊諾瓦底江是否在雲南西北和上緬甸形成了一個獨特的地理學和人種學的分水嶺。」〔註236〕而隱藏在「分水嶺」後的意圖，正是要重新勘定中緬邊界，為英國進一步打

〔註231〕（法）謝和耐《中國社會史》，黃建華、黃迅餘譯，江蘇人民出版社，2010年，第 503 頁。

〔註232〕A.W.Greely, "The Siberian Transcontinental Railroad". *NGM*, April.1897.

〔註233〕有關滿洲報導的分析見本節「時代聚焦」部份。

〔註234〕Sabrina and Roland Michaud, "Trek to Lofty Hunza - And Beyond", *NGM*, Nov.1975

〔註235〕George Forrest, "The Land of The Crossbow",*NGM*, .February, 1910.

〔註236〕George Forrest, "Journey on Upper Salwin,October-December,1905", *The Geographical Journal*, Vol.32, No.3（Sep., 1908）, pp. 239～266

開中國市場尋找新路。〔註237〕

其二，**邊地中國為探險之地。**

實際上，雖然《國家地理》報導中國的由來，與其所依託的帝國主義海外擴張大背景息息相關，但它更主要的旨趣所在，仍在於對地球的探索與發現。早期地理學的主要活動是探險，因此地理學會樂於資助探險家們不斷收集地球上「未知之地」的信息。英國地理學家約翰斯頓就曾客觀指出，「美國的國家地理學會及其普及刊物《國家地理雜誌》在美國保持著探險傳統……力求在學術研究和廣大讀者之間架設一座橋梁。」〔註238〕

就中國而言，可供探險的地域當屬邊地中國。其中首當其衝的探險活動是登山，而位於中國西部的珠穆朗瑪峰成爲各國登山者的首選之地。從 1933 至 1988 的 50 多年間，《國家地理》對珠峰的報導即有 14 篇之多。〔註239〕而在西南和西北，約瑟夫・洛克對明雅貢嘎雪山、貢嘎里松貢巴以及甘肅卓尼阿尼瑪卿山的報導，成爲該雜誌至今引以爲豪的探險壯舉。除了登山，在茫茫戈壁中的汽車之旅、「世界屋脊」青藏高原的徒步穿越，以及在慕士塔格峰滑雪運動等，〔註240〕都已載入學會的探險里程碑。

其三，**邊地中國的異質與多元。**

所謂多元性，指邊地中國在地理、人種、族群、文化與經濟等各方面的多樣與異質，既與中國中原漢地存在巨大差異，也與西方（歐洲與美國）極爲有別。簡言之，這種「有別」涵蓋著西方人眼中「他者」所具有的原始（primitive）、異域（exotic）、情慾（erotic）以及浪漫、神秘等特性，《國家地理》對這些特性的追求，被美國民族學家杜磊（Dru Gladney）稱爲是此雜誌的「典型風格」。〔註241〕

對於「異質性」的渴求，從與西方自身的關聯來看，一方面可視作《國

〔註237〕對福雷斯特怒江之行及《弓弩之地》一文的分析，詳見本書第四章「植物獵人」。

〔註238〕（英）R・J・約翰斯頓《地理學與地理學家》，唐曉峰等譯，商務印書館，1999 年，第 50 頁。

〔註239〕參見 *National Geographic Index 1888～1988*, National Geographic Society, Washington D.C.,1992,P.391.

〔註240〕Ned Gellette, Galen Rowell, "American Skiers Find Adventure in Western China", *NGM*, Feb.1981.

〔註241〕Dru C. Gladney, "Representing Nationality in China: Refiguring Majority/ Minority Identities", *The Journal of Asian Studies*, Vol.53, No.1（Feb.,1994）, 92 ～123.

家地理》在西方工業文明出現危機後，希望在游牧或者農耕社會以及「原生態」、「原住民」中發現一種簡單、寧靜的慢生活，從而達到反思並尋求自身救贖的願望。三十年代的法國汽車新疆之旅中，記者梅納德·歐文·威廉姆斯記錄下探險家們的心聲：「游牧民族的生活洋溢著詩情畫意。他們遠離了世俗的喧囂，這簡直是一片世外桃源，牛群、駿馬，還有廣闊的草原，一切都散發著原始而有質樸的芳香。」〔註242〕當然，同時也存在另一種解讀，即《國家地理》實際上是以他者的「原始」、「落後」，並置西方的「現代」與「文明」，從而增強自身的優越感與認同性，甚至爲其對非西方世界的「文明化」工程提供合理性辯護。

　　而邊地與中原的差異，是《國家地理》瞭解一個多元中國的源泉。西藏、新疆、蒙古游牧民的生活方式與精神信仰，他們的語言文字與體質特徵，常常使《國家地理》的記者感慨：「我們仍在中國嗎？」〔註243〕經由這樣的問語，多樣性與異質性便常常具有了陌生或疏離的效用。而約瑟夫·洛克在西南觀察到的異樣族群與文化，也使他相信：

　　　　幾百年來，中國仍不能以一個統一的國家自居。誠然，它無數
　　廣袤的領地合在一起稱爲中國，但是，語言差異和交通落後造成的
　　重重障礙使得一部份地區與其它地區存在差異，其差異如此之大，
　　正如同福摩薩和阿拉斯加彼此不同……中國人也不能說就是漢人。

　　〔註244〕

約瑟夫·洛克，一位在中國西南生活達25年之久的美國探險家、植物學家，以其對西南與中國的認知，向《國家地理》總共發去九篇異域珍聞，極大地刺激了西方讀者對中國的想像，也爲其認識多元中國增加了一重緯度，正如編輯愛德華茲所言：「他把異國風情帶進了讀者的臥室，包括異域的王國、民族，以及甚至連地理學家也知之甚少的高山雪峰。」〔註245〕實際上，在《國家地理》的中國展廳中，西南佔據最大一隅，僅1949年以前，直接相

〔註242〕Maynard Owen Williams, "First Over the Roof of the World By Motor", *NGM*, March.1932

〔註243〕Rick Gore, Photographs by Bruce Dale, "Journey to China's Far West", *NGM*. Mar. 1980.

〔註244〕Joseph F. Rock, "Konka Risumgongba, Holy Mountain of the Outlaws", *NGM*. July. 1931.

〔註245〕Mike Edwards,photographed by Michael S.Yamashita , "1922～1935:Our Man in China:Joseph Rock". *NGM*, January 1997.

關作品約二十多篇（見下表），居於各區域之首。而這其中，不僅有洛克的貢獻，也有諸多地質學家、傳教士、政治家、學者、軍人以及記者各色人等的書寫。它們共同拼合出一份域外讀者解讀西南及至整體中國的特殊樣本。筆者的論著也聚焦於此，經由從西方到中國的整體脈絡，縮略到中國的西南地區，力圖通過對這一特定區域的關注，透視並放大《國家地理》的中國圖景及其後面的異域表述。

　　本書的第二至第四編，筆者將跟隨《國家地理》的足跡，在「花卉王國」、「西南之路」以及「多樣族群」中，領略與考察民國時期的西南風景，以及那些看風景的人。

《國家地理》西南報導列表（1900～1949）（筆者整理）

	時　間	篇　名	撰　稿	攝　影	涉及區域
1	1900.09	《揚子江流域旅行記》書評	伊莉莎・斯德摩爾：旅行作家	無	四川
2	1910.02	弓弩之地	喬治・福雷斯特：英國植物學家	同撰稿人（以下簡寫爲同）	雲南
3	1911.11	花卉王國	歐內斯特・威爾遜：英國植物學家	同	四川等地
4	1911.12	富饒美麗的四川	羅林・錢伯林：美國地質學家	同	四川
5	1920.11	花國伊甸園：四川	約瑟夫・畢啓：美國傳教士、教育學家	同	四川
6	1921.09	在康區的生活經歷	謝爾頓（A.L.Shelton）：美國醫學傳教士	同	康區
7	1924.11	納西族驅鬼治病儀式	約瑟夫・洛克：植物學家、探險家	同	雲南
8	1925.04	四川木里：黃教喇嘛之地	約瑟夫・洛克	同	四川雲南
9	1925.04	國家地理學會雲南遠征隊	吉爾伯特・格羅夫納：國家地理學會會長	同	雲南
10	1925.09	一個孤獨地理學家的經歷	約瑟夫・洛克	同	雲南、四川、甘肅

11	1926.08	穿越亞洲大峽谷	約瑟夫·洛克	同	雲南
12	1930.10	壯麗的明雅貢嘎山	約瑟夫·洛克	同	四川
13	1931.07	聖山貢嘎里松貢巴	約瑟夫·洛克	同	四川
14	1935.10	藏傳佛教的神諭者	約瑟夫·洛克	同	雲南
15	1940.11	滇緬公路：中國後門	弗蘭克·歐特南等：記者	同	雲南
16	1942.09	中國打開野性西部	歐文·拉鐵摩爾：地理學家、東方學家	同	雲南 重慶
17	1943.05	登上雄偉的明雅貢嘎山	理查德·波薩爾等：美國軍隊工程師	同	西康
17	1944.06	考察中國西部康定大草原	約翰遜：美國畜牧學專家	同	西康
18	1944.09	中國人飲食裏的鹽	攝影專題	Acme	四川
19	1945.06	史迪威公路：通向中國的陸路	納爾遜·泰曼：美國軍隊橋梁工程師	同	雲南
20	1945.08	中國人工修建空軍基地	攝影專題	美國陸軍航空部攝影	成都
21	1946.08	昆明：中國西南通道	約瑟夫·巴莎迪：美國陸軍通信兵中尉	同	雲南
22	1947.01	羅羅之地歷險記	雷諾德·諾伊：美國陸軍航空兵	同	西康

第二編　異域綻放：「植物獵人」
與「花卉王國」

　　在浩瀚宇宙的一顆蔚藍色星球上，除開極地、海洋與沙漠，春來花紅柳綠、夏至草長鶯飛，這不過是大自然隨季節變遷而生發出的尋常光景。在由這一尋常光景搭建的巨大舞臺上，動物、植物與人類共同演繹著漫長而精彩的地球故事。

　　歷史地理學家房龍在《人類的故事》一書中，開篇即描繪了「舞臺布景」裏的生命大戲。幾萬年來，生命細胞在海水中毫無目的地隨波逐流，有一些細胞來到湖泊中，紮根於湖中淤泥，變成了植物。植物大量繁殖，不得不尋找離開水面的新居所：

> 　　經過幾百年的訓練，它們學會了怎樣在空氣中生活得和水中一樣愜意。它們的體型不斷變大，長成了灌木和樹。終於，它們學會了怎樣長成可愛的花朵，吸引忙碌的大黃蜂和鳥兒的注意，使之幫忙把種子撒播到遠處，直到遍地綠草茵茵，大樹成蔭。〔註1〕

　　人類是最後一個來到大地舞臺上的動物，但他一旦來到，便成為征服自然的強大物種。人類的祖先「從棲身的樹上下到比較危險的地面後⋯⋯在地上四處游蕩，看看他的運氣是捕殺別的動物還是被別的動物捕殺」，歷史學家阿諾德・湯因比據此判斷：「那時他們已經是一種社會性的動物，至少是通過這種習性的改變而成為了社會性動物。」〔註2〕在人類力圖擺脫自然界的支配所進行的征戰上，開始從「寄生」走向了「掠奪」：

〔註1〕　（美）房龍（Hendrik Willem Van Loon）《人類的故事》，璐璐等譯，中國城市
　　　　出版社，2009年，第9頁。
〔註2〕　（英）阿諾德・湯因比（Arnold J.Toynbee）《人類與大地母親：一部敘事體世
　　　　界歷史》，徐波等譯，人民出版社，2001年，第10頁、20頁。

他在力所能及的範圍內，向自然發出挑戰，用人類的選擇代替
了自然選擇。爲了自己的需要，他馴化了一些動植物，對它們進行
培育，並對他所厭惡的某些物種加以消滅。他輕蔑地給這些不受歡
迎的物種加上『雜草』和『害蟲』的標簽，然後宣稱他要盡最大努
力消滅它們。〔註3〕

對動植物的馴化與遷移，是一部以「人類選擇」干預或代替「自然選擇」
的行爲史，但或許因爲這一舉動除了消滅，還有人類所宣稱的「保存與拯救」，
因此常常成爲人類進入文明階梯的證據而被銘刻。「植物獵人」的故事，便往
往被講述成哥倫布式或庫克船長式的英雄史詩。然而正如哥倫布及庫克的探
險與「發現」本身已經或正在受到質疑與反思一樣，〔註4〕本編所要揭開的，
也正是這個故事的另一面：在植物探險與異域探獵中，還關乎發現與掠奪、
博物與科學、文化與帝國等等需要重新檢驗的話語與修辭。

第三章　世界裏的花園與花園裏的世界

人類從樹上下到地面即開始四處漫遊與遷徙，並在不同地域建立各自獨
立的文明中心，不同的文明中心又開始互相往來互相滲透，而今已很難找出
一個舉世公認的所謂文明發源地。植物的奧德賽之旅同樣如此。在世界任何
一個花園裏，都有來自他鄉卻已反客爲主的奇花異草與土著居民爭奇鬥妍，
共享同一片陽光雨露。

當來自澳洲、非洲、美洲以及亞洲的花木都在一個花園裏安下家，整個
世界可能變成植物獵人的「大花園」，而某一花園又可容納「全世界」。1947

〔註3〕（英）阿諾德・湯因比《人類與大地母親：一部敘事體世界歷史》，徐波等譯，
　　　　人民出版社，2001 年第 13 頁。湯因比認爲：「生命進步的最好形式是寄生，
　　　　最壞形式是掠奪」，人類從「寄生」的樹上走下來，開始對自然「掠奪」，便
　　　　開啓了生命進步的最壞形式。

〔註4〕近年來，新史學、後殖民主義及原住民運動等皆對哥倫布的所謂「發現」及「新
　　　　大陸」之說進行過深刻反思。以《1491：哥倫布之前的美洲之新啓示錄》一書
　　　　爲例，作者通過考古資料研究認爲，以前的歷史將哥倫布之前的印第安書寫爲
　　　　生活在原始荒野之中，實際上，很多印第安人已在這片土地上建立了自己的文
　　　　明，如阿茲特克城已有潔淨的街道與自來水，玉米種植技術已相當成熟，他們
　　　　美化大地的歷史我們才剛剛開始去瞭解。Charles C.Mann, *1491：New Revelations
　　　　of the Americas Before Columbus*,Vinatage Books,A Division of Random
　　　　House,Inc,New York, 2005。另參見本書第一編第一章中對「地理鬥士」的分析。

年，紐約植物園的助理園長、植物探險家與分類學家 W.H.坎普（Wendell Holmes Camp）在《國家地理》上寫道：「我們園林裏的那些美麗植物，它們來自如此廣泛的地方，當你沿著園中小徑散散步，便彷彿是在做一次長途旅行。實際上，你完全可以說：世界就在我的花園裏。」〔註5〕——世界就在我的花園裏，摩肩比鄰，迎風招展，任憑我盡收眼底、遠觀近玩，這情景正是西方列強海外勢力的生動隱喻。在彼時英美海外殖民地遍及全世界時，花園裏的世界，不能不令人聯想到通向他國路上的獵獵旌旗，浩浩戰帆。

　　本章內容有三：其一，簡要回顧人類尤其是西方人植物採獵的歷史，焦點從世界轉移至中國，聚焦於中國西南。其二，在植物探險的征途中，離不開獵人的天資秉賦與冒險精神，但更離不開帝國的眾多資助者，從政府機構、傳教團體到商業機構與科研院所，無不各有所圖、各取所需。本章將重點以美國農業部爲例探討採獵後面的動機與條件。其三，在將植物探險這一事業進行反覆傳誦並曉之於大眾的過程中，國家地理學會及其雜誌可謂不遺餘力，在汗馬功勞的背後，隱含了一個傳播媒體怎樣的追求與目的？本章試作分析。

一、植物採獵：山花與海路

　　1911 年，美國阿諾德樹木園（Arnold Arboretum of Harvard University）派遣到中國採獵植物的歐內斯特・威爾遜（Ernest H.Wilson）在《國家地理》雜誌上寫道：

　　　　我們生活在一個實用主義的時代，判定任何行動究竟價值幾何，要以對人類是否有實際效用爲準繩。在中國的植物採獵，當然不是爲了純粹的藝術審美與學術研究。把我們的家園裝扮得漂漂亮亮，或者拓展我們的知識學問，這些並非阿諾德植物園孜孜以求之事業的原初動力，亦非其最終目標。〔註6〕

　　接著，威爾遜列舉了植物採獵的複雜動機、目的與分工：作爲一個科學研究機構，阿諾德樹木園負責對植物進行研究，將其分類、命名、栽培、展示新引種的價值。而對於另一些人，看到的是引種植物的商業經濟價值。對

〔註5〕W.H.Camp "The World in Your Garden", *NGM*, July 1947.此語也是費爾柴爾德的植物採獵探險著作書名：David Fairchild. *The World Was My Garden*. New York: Charles Scribner's Sons, 1938.
〔註6〕Ernest H.Wilson, "The Kingdom of Flowers", *NGM*, Nov.1911.

於苗圃主人與育種專家，這些新引種植物就意味著美元，其潛在的經濟效益不可限量。而華盛頓農業部，「對於中國經濟植物作為一個豐富來源之前景毫不含糊。」〔註7〕

1. 漂洋過海：植物的奧德賽旅行

對植物的馴化首先來源於人類對食物的需求。利用與栽培野生穀物、野果、球莖、根鬚及藥草等，野生植物逐漸進入人類的後花園。人類在馴化植物的過程中，同時也對某些植物產生了特定的感情，比如中國人所熟知的「感時花濺淚，恨別鳥驚心」等，形象地說明了人與物的情感共生。此外，人除了生活在物理空間外，同時也是生活在精神世界裏的感情物種。長期觀察與領悟花開花落、葉枯葉榮，認識到植物的規律性生命周期，又使人類的祖先從中看到生命的象徵與預兆，從而生發出對特定神靈的崇拜與宗教儀式。

如此，從用於食物，到由於人類的情感與宗教信仰，植物的馴養與遷徙得到不同人群的參與並推動。文字記載的植物遷移證據可追溯至公元前 1495年。據記載：「埃及女王哈特謝普蘇特就曾派人遠征索馬里，去那裡搜集香樹。羅馬人將自己國家的很多植物帶到羅馬帝國鐵蹄所到的每一處角落。後來，中世紀的僧侶在整個歐洲交換植物。羅馬人和這些僧侶將新植物引入許多國家。」〔註8〕雖然人類搜集植物的歷史如此悠遠流長，但要到十七、十八世紀，隨著文藝復興思想的再次活躍，新技術的發明，以及歐洲人對博物學的熱忱，系統而有組織的植物搜集活動才開始蔚為壯觀。

美國科學史研究者范發迪（Fan Fa-ti）認為，在科學史中，博物學可以說是最難捉摸的課題之一，要瞭解這項科學活動，不能將其只當作精英所從事的知性追求，而應看成是很多人參與的文化實作活動。在 18 世紀這一時期，博物學是社會大眾積極參與的科學與文化活動，這種風氣表現在科學演講、植物採集以及昆蟲和化石收藏等流行與嗜好之中。〔註9〕

這一看法，我們可以在十八世紀的哲學家盧梭身上找到有力證據。盧梭在《懺悔錄》中，聲稱他本來應該有可能成為一名偉大的植物學家。後

〔註7〕 Ernest H.Wilson, "The Kingdom of Flowers", *NGM*, Nov.1911

〔註8〕 （英）托比‧馬斯格雷夫（Jane Kilpatrick）等著《植物獵人》，楊春麗等譯，希望出版社，2005 年，第 6 頁。

〔註9〕 （美）范發迪《清代在華的英國博物學家：科學、帝國與文化遭遇》，袁劍譯，中國人民大學出版社，2011 年，第 3 頁，導言第 2 頁。

來，他果然寫出《植物學通信》這種風靡整個歐洲的「植物學知識提要」著作。在他寫給德萊賽爾夫人的第一封信中，深信「不管對哪個年齡段的人來說，探究自然奧秘都能使人避免沉迷於膚淺的娛樂，並平息激情引起的騷動，用一種最值得靈魂沉思的對象來充實靈魂，給靈魂提供一種有益的養料。」〔註 10〕給盧梭的書作序的羅伊・麥克馬倫認爲，這一風潮原因之一源於時代的敏感性，「在 18 世紀和 19 世紀早期，植物學風行一時：在我們的『後愛因斯坦時代』，勇於探索的業餘人士沉迷於類星體和大爆炸；而在後林奈時代，業餘人士們熱衷於雄蕊和雌蕊。」〔註 11〕

在平民百姓、凡夫俗子都熱衷於前往英國皇家植物園　（也稱邱園：Kew Garden）遠足或製作標本冊的風潮中，古老的植物探險事業必然也獲得了新的動力與資源。坎普在《花園裏的世界》一文裏寫道：「從中國、日本、錫蘭、印度、澳大利亞、近東，從西印度、北美洲和南美洲——從全世界各地，植物湧入歐洲，植物學家和園藝家處於不斷發現新品種的興奮之中。這是植物探險家的黃金時代。如果一個人探險回來而沒有在其眾多獵物裏找到新品種、新發現，他將被認爲是多麼可憐的人！」〔註 12〕

植物採獵所帶來的經濟利益在資本主義海外市場擴張過程中的地位愈加突顯。僅在英國，在邱園、東印度公司等的推動下，大英帝國的很多殖民地大力開發種植園，馬斯格雷夫認爲，「大英帝國在橡膠、金雞納樹、茶以及其它經濟作物的交易中獲取的財富在其擴張中起著不可估量的作用。」〔註 13〕到十九世紀末至二十世紀初，相對歐洲來說後起的資本主義強國美國，在植物領域中扮演越來越重要的角色，逐漸成爲植物採獵與花卉園藝學領域裏的領頭羊，植物移民與雜交的中心也從歐洲轉移到美國。

2. 花卉王國：從商埠到山野

「中華帝國通常又稱爲『花卉王國』」，1911 年 11 月，曾四次到過中國的威爾遜在《國家地理》上發表《花卉王國》，詳述中國豐富廣袤的植物資源。

〔註 10〕　（法）讓—雅克・盧梭《植物學通信》，熊姣譯，北京大學出版社，2011 年，第 17 頁。

〔註 11〕　（法）讓—雅克・盧梭《植物學通信》熊姣譯，北京大學出版社，2011 年，「導言」，第 1 頁。

〔註 12〕　W.H.Camp, "The World in Your Garden", *NGM*, July, 1947.

〔註 13〕　（英）托比・馬斯格雷夫等著《植物獵人》，楊春麗等譯，希望出版社，2005 年，第 8 頁。

〔註 14〕誠然，中國能獲得「花卉王國」、「花園之國的伊甸園」等美稱〔註 15〕，成為西方植物獵人競相冒險的植物天堂，成為西方海外貿易市場體系的重要一隅，確與中國獨特的地理因素息息相關。

由於中國幅員遼闊，從南到北跨越了熱帶、亞熱帶和溫帶等多個氣候帶，而且由西向東地形呈現出由高山、高原到平原的階梯性變化，高山、森林、與草原競美，大河、湖泊與冰川爭雄，複雜多樣的地形有利於生物的分化與發展。而從地質史上看，4 億年前印度次大陸與歐亞大陸碰撞形成的喜馬拉雅山和青藏高原，為植物遷移提供了新場所，也使自白堊紀以來，到第四紀冰川，中國陸地受氣候影響都較小。種種優越的自然與地質條件，使許多發源於古老的生物在中國得以保存，成為許多動植物的避難所。以銀杏樹為例，它曾廣泛分佈於英國等地，如今卻僅有中國的少數品種存活下來，成為植物王國裏的活化石。〔註 16〕

中國自然科學史專家羅桂環認為，「儘管我國國土面積的大小與太平洋彼岸的美國差不太多，所處的緯度也大體相近，但因氣候和地形地貌等自然地理更為複雜多樣，所呈現的生物物種多樣性也更為豐富多彩。」〔註 17〕一位英國作家也在讚歎中國植物寶庫的豐富性時認為，中國大地上「活躍著世界上最豐富、最多品種的植物群，這點無論是歐洲大陸還是美洲大陸都無法比擬，就算是兩者加在一起也遠遠不及。」〔註 18〕而美國的植物探險家坎普卻認為正是這多樣的植物種類，「對我們美國大有好處，因為這大大利於我們的可選擇性與利用性，因為美國同樣疆域遼闊、氣候多樣，土壤多型。」〔註 19〕

〔註 14〕 Ernest H.Wilson, "The Kingdom of Flowers ", *NGM*, Nov.1911

〔註 15〕 Dr.Joseph Beech, "The Eden of The Flowery Republic", *NGM*, Nov.1920.此外，在早期部份西方人看來，「中華」的華字，發音與意義與「花」相似，故在其很多文章與著作標題中，用花指中華，因此 Flowery Republic 代指中國（「中華」）。此解釋來源於對俄亥俄州立大學馬克‧本德爾教授（Mark Bender）的訪談，特此致謝。

〔註 16〕 Jordi López-Pujol and Ming-Xun Ren, "China: A Hot Spot of Relict Plant Taxa", In Vittore Rescigno, eds.*Biodiversity Hotspots*, Nova Science Publishers, Inc. 2009, Chaper4, P.1.

〔註 17〕 羅桂環《近代西方識華生物史》，山東教育出版社，2005 年，第 1 頁。

〔註 18〕 （英）簡‧基爾帕特里克《異域盛放：傾靡歐洲的中國植物》，俞蘅譯，南方日報出版社，2011 年。

〔註 19〕 W.H.Camp, "The World in Your Garden", *NGM*, July 1947.

　　然而，威爾遜在強調中國「花卉王國」的地位之時，又不無遺憾地認識到，西方人對中國以及中國事物的知識來得太過緩慢、有限而費力：「世界上最悠久的文明古國，只在最近才進入探險家、調查員以及博物學家們視野，這確實令人費解。雖然早在五百年前偉大的馬可波羅就向世界和我們的祖先們介紹了這片土地，但直到最近五十年人們才開始聆聽和相信這位古代遠行者。」〔註20〕他繼而指出，雖然西方的漠不關心和忽略起了推波助瀾的作用，但中國的排外政策是主要原因。

　　1757 年，清朝規定對西方的海外貿易政策，指定廣州爲唯一的對外貿易港口。由於有此「排外政策」，西方早期到中國的植物探求，大多只能在中、東部港口。范發迪對清代在華的英國博物學家所做的研究，其地域也集中在廣州等商埠裏，因爲那時的博物學家一般是在各地市場上收集標本，「由於洋人活動的範圍受到限制，博物學研究者的『遠征』很少超過廣州城外一帶的花園、苗圃、魚市、藥鋪和古玩店」。〔註21〕英國邱園園長約瑟夫・班克斯（Sir Joseph Banks）曾兩次安排園藝師跟隨英國使節團（馬嘎爾尼使團）和阿美士德使團到中國，指示他們盡可能多到遠地搜集植物，但兩次都由於無法深入中國內地而沒有成功。

　　1840 年鴉片戰爭後，中國大門大開。蘇格蘭人羅伯特・福瓊（Robert Fortune）是清帝國自由通商貿易後的受益者。他受英國皇家園藝學會派遣，從浙江、上海、福建及周邊地區帶回廣泛的植物種類，在他的貢獻清單裏有多種多樣的樹木、灌木、多年生草本植物和鱗莖植物，又是他把茶從中國引進到英國殖民地印度，因此被西方認爲是「在中國植物搜集史上無可爭議開闢新紀元的人。」〔註22〕但福瓊雖然遊歷了大部分中國，他的採集點仍集中在中部、東部地區。威爾士在談論福瓊的功績時指出：「他遊遍中國園林，爲我們帶來永久性的福祉。但旅行的困難使他沒有對野生植物進行調查。除了大約六種植物，其中包括價值非凡的雲錦杜鵑，由他引入歐洲的植物物種幾乎都來自園林之內。」〔註23〕

〔註20〕　Ernest H.Wilson, "The Kingdom of Flowers", *NGM*, Nov. 1911
〔註21〕　（美）范發迪《清代在華的英國博物學家：科學、帝國與文化遭遇》，袁劍譯，中國人民大學出版社，2011 年，第 20 頁。
〔註22〕　（英）托比・馬斯格雷夫等著《植物獵人》，楊春麗等譯，希望出版社，2005 年，第 99 頁。
〔註23〕　Ernest H.Wilson, "The Kingdom of Flowers", *NGM*, Nov.1911.

較早深入中國西南進行植物採集的人有法國傳教士賴神甫（J.M.Delavay）和在中國海關任職的英國人韓爾禮（A.Henry,1856～1930）等。賴神甫從雲南大理送回大量植物標本到巴黎，據威爾遜稱，他搜集到的植物種類達到 3000 種。〔註24〕韓禮爾是英國林奈學會會員和藥學會會員，1888 年曾到四川巫山等地旅行採集，1896 年他被調到雲南蒙自任職，1898 年又調到思茅海關，這大大方便了他的植物採獵活動。他送到歐美各大植物學研究機構的標本多達總約 5000 種。〔註25〕如此之多的植物類別使西方植物學家深感震驚。正如威爾遜所言：「這些採集帶給人們一個全新的觀念，一些植物種屬（genera），如杜鵑花屬、百合屬、櫻草屬、梨屬、懸鈎子屬、薔薇屬、葡萄屬，它們的家鄉，並非此前一直以爲的其它某地，而恰恰就在中國。」〔註26〕

中國西部及西南廣闊的山野，拜多樣氣候類型與豐沛降雨量所賜，植物群落珍貴而多樣，其豐富性大大超過了世界其它溫帶地區。以下是威爾遜在《國家地理》上向西方讀者描述的西部及西南地理與植物分佈圖：

> 中國西部與西南野生物種遠比中部豐富。崇山峻嶺被或深或淺的山谷分割著。隔河而立的兩個人通常能夠順暢地對話交流，若要見面卻得走上一天的路。對一些高大的山脈來說，山頂基本上終年積雪。這些終年白雪覆蓋的高山絕大多數沒有在地圖上被標注過，也未曾被測量，只有喜馬拉雅山脈能做參照。但我堅信，這片未知領地的頂峰其高度足可與珠穆朗瑪峰匹敵。這片未知之地，從生物學和人種學上看，是喜馬拉雅山向北與向東的延伸。其狂野、雄壯與迷人景致，只有阿爾卑斯山能夠媲美。

在插入一段作者在這未被地圖標注的未知之地的冒險經歷後（遇山體滑坡導致左腳受傷成永久跛足）後，作者繼續描繪道：

> 在南緯附近的江河山谷間，是溫帶植物群落。再往上到達 3 千至 5 千英尺海拔的高地，我們能找到闊葉常綠熱帶雨林。再往上到達 8 千至 9 千英尺，森林由落葉樹組成，與我們大西洋海濱的樹木類似。繼續往上，在 9 千至 1 萬 2 千英尺（達到樹木生長的通常極限），壯麗的森林裏充滿了山地松、銀杉、落葉松與鐵杉。

〔註24〕同上。
〔註25〕羅桂環《近代西方識華生物史》，山東教育出版社，2005 年，第 109 頁。
〔註26〕Ernest H.Wilson, "The Kingdom of Flowers", *NGM*,Nov.1911

在整個針葉林向下俯瞰至 5 千英尺高的山谷，從六月到七月初，再沒有能與漫山遍野恣意綻放的杜鵑花林相媲美的風景了！杜鵑花是聚生植物，各類屬的杜鵑花生長在特定的海拔高度，從而形成不同的色帶——白色、粉色、緋紅色，氣勢磅礴，美不勝收。

到達樹木不能生存的高度極限後，便是由草本植物、矮屬杜鵑、柳絮、杜松、帶刺的柳樹等組成的波狀起伏的高沼地。再往上走，沼地讓位於龍膽草、櫻草、罌粟、馬先蒿、附子等高山植被，這些植物的顯著特點是其花色彩絢麗萬分。1 萬 6 千至 1 萬 6 千 5 百英尺高是所有植物的極限，再往上便是裸石與冰川，終年不化的積雪構成美麗莊嚴的全景圖。〔註27〕

一般的讀者從威爾遜的異域探險中，讀出的也許只是對「未知之地」、「荒野」、「美麗」、「難以進入」等境界的好奇與想像，以及在探險敘事背後呈現的「民族主義、帝國主義和白人男性英雄的話語符號與象徵」〔註28〕然而，對於那些熱衷於冒險的植物獵人，對於急欲在海外尋求資源與利益的帝國商人與政府，這卻是無法抵抗的誘惑。閘門一經打開，植物採獵的勢頭便再不可阻擋。至世紀之交時，到中國採集植物地域重心已從沿海及中東部轉移到中國腹地西部與西南，植物類型從觀賞型轉移到經濟型，從園林苗圃轉移到野生作物。隨著威爾遜、喬治·福雷斯特（George Forrest）和約瑟夫·洛克（Joseph F.Rock）等直接深入到西南的高山深谷，一個「植物學帝國主義」〔註29〕的美學、科學與商業大廈得以系統建立。

二、美國農業部：「使世界更適於居住」

由植物採獵及其形成的博物學、園藝學，以及更重要的，它所建立起的巨大的資本市場與財富大廈，使搜尋異域植物這一行為成就了一條完整而複雜的利益鏈。如果說植物獵人處於這鏈條的前端，那麼各式各樣的政府部門、商業公司、植物園林、研究機構，還有各國在華領事機關、中國海關以及傳

〔註27〕 Ernest H.Wilson, "The Kingdom of Flowers", *NGM*,Nov.1911

〔註28〕 Lisa Bloom, *Gender on Ice: American Ideologies of Polar Expeditions*, Minneapolis: University of Minnesota Press, 1993

〔註29〕 Franz Broswimmer, "Botanical imperialism: The Stewardship of Plant Genetic Resources in the Third World", *Critical Sociology*，April, 1991 18: 3-17 作者使用「植物帝國主義」意指在資本主義體系世界語境裏對來源於第三世界生物或植物進行的挪用、控制與經濟利用。

教士團體等，都或緊或鬆地組成了一長串利益節點並形成非正式聯盟，它們構成了植物移種、信息傳遞及財富流通的全球網絡。

對帝國主義與植物移種之間關聯的研究，亦即帝國海外貿易與眾多機構的關係，國外學者多有論述。比如，露茜爾·布羅克韋（Lucile Brockway）在《科學和殖民擴張：英國皇家植物園的角色》一書中，通過對邱園的研究，指出該植物園通過建議、協助、管理大英帝國在全球殖民地的若干植物園，提供科學與技術支持，從而使被殖民國和第三世界的蔗糖、橡膠、茶葉、咖啡、香蕉等產品成為帝國積累財富與海外擴張的重要資源與動力。〔註 30〕此類研究還有如道納爾·麥克拉肯（Donal P.McCracken）的《帝國花園：維多利亞時期大英帝國的植物學機構》〔註 31〕和理查德·格羅夫（Richard Grove）的《綠色帝國主義：殖民擴張、熱帶島嶼伊甸園和環境主義的興起》〔註 32〕等，從不同的角度指出植物學家們如何把科學知識轉變成了帝國的硬貨幣，植物園等科學機構因此成為帝國殖民體系中不可或缺的一環。

范發迪論述英帝國通過植物採集與博物學研究而在晚清中國建立起一個錯綜複雜的科學帝國主義網絡，比如在華各領事機關及中國海關，既是英國和清朝政府處理外交及貿易的重要機構，同時又時時注意在華的政府發展、社會變遷以及經濟改善；而教會組織則帶著改變中國人的目的而研究中國人，商人為了新市場而調查貿易路線與潛在的進出口產品。所有這些都與當時的植物採集發生著關聯，而他們的功能共同之處又在於全部設法收集、處理並傳播關於中國及其人民、文化、社會、商業、地理以及自然界的信息，也就是生產關於中國的知識與想像的一部份。〔註 33〕

范發迪把關注的焦點集中於英國在華機構與人員，而本書試圖把目光觸及到大洋彼岸的美國，以《國家地理》雜誌中頻繁提及的美國農業部為例進行分析。美國農業部（United States Department of Agriculture）是正式的政府官方機構，對其認知可以大致瞭解帝國系統的核心中樞。

〔註 30〕 Lucile Brockway, *Science and Colonial Expansion: The Role of the British Royal Botanic Gardens*, New York and London, Academic Press, 1979.

〔註 31〕 Donal P.McCracken,*Gardens of Empire:Botanical Institutions of the Victorain British Empire*, London:Leicester University Press, 1997.

〔註 32〕 Richard Grove,*Green Imperialism:Colonial Expansion,Tropical Island Edens and the Origins of Environmentalism,1600～1800*, Cambridge, England: Cambridge University Press, 1995.

〔註 33〕 （美）范發迪《清代在華的英國博物學家：科學、帝國與文化遭遇》，袁劍譯，中國人民大學出版社，2011 年，第 108 頁。

　　早在 1911 年，美國植物學家大衛・格蘭迪森・費爾柴爾德（David Grandison Fairchild）就對《國家地理》的讀者說：「如果你擔心世界糧食的供給問題，你要做的僅僅是找農業部的隨便一位熱心人聊一聊，你就會得到一幅農業遠景圖，他會讓你認識到：我們大平原上的糧食問題並非不可解決。我們尚未瞭解世界糧食生產的能力與潛力，因爲我們剛剛才開始用現代科技對來自世界各地的不同植物進行研究。」〔註 34〕

　　作爲一位「農業探險家」（agricultural explorer），同時又負責農業部「外國種子與植物引進」（Foreign Seed and Plant Introduction）的政府官員，費爾柴爾德似乎確實有理由爲自己所在的部門感到驕傲與自豪。在美國首都華盛頓的地標建築國家廣場（National Mall）南側，坐落著一棟體積龐大的乳白色建築，這就是美國聯邦政府最大的機構之一——美國農業部的行政大樓。這棟樓與華盛頓紀念碑、美國國家自然歷史博物館以及歸其管轄的美國國家植物園（U.S. Botanic Garden）等眾多建築一起，見證、參與並敘述著美國歷史。

　　美國農業部歷史悠久，成立於 1862 年，由亞伯拉罕・林肯總統批准創建，是聯邦政府內閣 13 個部之一。林肯將此部門稱爲「人民部」（The People's Department），因爲其時，美國有一半以上的人口住在農村。2012 年，在 150 週年紀念會上，現任美國農業部部長托馬斯・詹姆斯・維爾薩克（Thomas James Vilsack）講到，雖然現在美國的農業人口只占到 2%，但農業部仍將秉持林肯總統的願景：密切關心每一位美國人每一天的日常生活。〔註 35〕基於此宗旨，農業部在美國這樣講究政府職能高效率的系統裏卻建制了異常巨大的組織，且職能廣泛龐雜。2013 年農業部官方網站上公佈的職能機構圖，顯示目前農業部在一位總部長之下設有七位副部長，分別管理七大任務〔註 36〕：

　　（一）自然資源與環境（Natural Resources and Environment）：下設森林局；自然資源保護局。

　　（二）農場與海外農業服務（Farm and Foreign Agricultural Services）：下

〔註 34〕 David Fairchild, "New Plant Immigrants", *NGM*, October, 1911。（注：David Grandison Fairchild：1869～1954，美國植物學家，美國農業部植物探險家，國家地理學會董事局成員，爲《國家地理》雜誌撰稿 12 篇，著作有《我花園裏的世界》、《世界在我門外生長》等。本文將在多處引用他的文章。

〔註 35〕 Thomas James Vilsack, "Message from Secretary Vilsack about USDA 150th". http://www.usda.gov/wps/portal/usda/usdahome?navid=USDA150

〔註 36〕 參見美國農業部官方網站的組織系統圖：http://www.usda.gov/wps/portal/usda/usdahome?navid=USDA_ORG_CHART

設農場服務署；海外農業局；風險管理局

（三）鄉村發展（Rural Development）：下設農村公用事業局；農村住房管理局；農村商務合作局

（四）食品、營養與消費者服務（Food,Nutrition and Consumer Services）：食品與營養局；營養政策與促進中心。

（五）食品安全（Food Safety and Inspection）：食品安全與監測局

（六）研究、教育與經濟學（Research,Education and Economics）：農業研究局；全國食品與農業研究中心；經濟研究中心；全國農業圖書館；全國農業統計中心。

（七）市場與規範（Marketing and Regulatory Programs）：農業營銷局；動植物檢疫局；穀物檢驗、包裝和倉儲管理局。

　　從以上職能與機構中可看出，美國農業部的確是一個集監督管理、政策制定與執行以及科學研究和調查於一身的多功能型的政府大部。其中，自然資源和農業服務在這個政府大部中佔據核心地位，而森林資源與農業發展又是其重中之重。森林局和自然資源保護局兩個機構以可持續生態系統發展原則，管理與監測全國國土的土壤、水、森林和野生動植物。占第二核心職能的「農場與海外服務」，看似一個矛盾組合體，但它的職責是「代表著美國農民和食品以及農業部門在海外的各種利益。它也負責搜集、分析和發布關於全球農產品供求狀況、貿易走勢的信息、以凸現市場機會。」〔註37〕更可看出，美國農業部從未把自己國家的農業限定在一國之內，而是真正做到了「放眼全球，關注天下」。儘管150多年來美國農業部的機構名稱一變再變，但這一基本壯志從未更改。如今的「海外農業局」與創建於1898年「外國種子與植物引進局」一脈相承，香火延續。

　　在農業部內創建「外國種子與植物引進局」的不是別人，正是我們前面提及的大衛‧G‧費爾柴爾德。這位植物學家與探險家在1898年，只有22歲時，即在美國農業部創建了他此後為之奮鬥一生的事業平臺。〔註38〕此外，費氏也是國家地理學會會長亞歷山大‧格雷厄姆‧貝爾（Alexander Graham Bell）的女婿，也是該學會董事局成員之一。或許是基於這一特殊身份，他

〔註37〕李向民《美國農業部的職能定位與機構調整》，《調研世界》，2001年第6期。

〔註38〕Sarah Hayden Reichard and Peter White, *Horticulture as a Pathway of Invasive Plant Introductions in the United States*, American Institute of Biological Sciences, Feb.2001,PP.103～113.

在《國家地理》上發表的以農業探險和植物採集的文章多達十二篇，包括與中國密切相關的《我們的植物移民》（1906 年 4 月）、《植物新移民》（1911年 10 月）和《植物獵人》（1919.07）等文章。1923 年，當約瑟夫·洛克從美國農業部處獲得的資金支持縮水時，費爾柴爾德還促使格羅夫納（Bert）設法弄到 1 萬 7 千美元的學會資金支持洛克繼續在西南考察，這樣，就使洛克能得以執行雙重任務，既為政府搜集植物，也為《國家地理》雜誌撰寫文章。〔註 39〕

　　費氏曾在《國家地理》雜誌上驕傲地宣稱：「改變世界上有價值的植物的地理分佈，正是美國農業部的『外國種子與植物引進局』這一機構正在從事的事業。這項事業的雄心正在於：使世界更適於居住」。〔註 40〕基於這一信念，他成為其時美國最多產的植物引種專家之一，共為美國引進了兩萬多異域植物，包括具有重大經濟價值的大豆、開心果、芒果、油桃、海棗、竹子以及日本櫻花等。〔註 41〕

　　在世界各地採獵途中，費氏寫作了一系列講述探險經歷的暢銷書，包括《世界是我的花園：植物探險家的旅行筆記》、《大東方的花園島：在菲律賓和荷屬印度收集種子》、《世界在我門外生長：熱帶邊緣的鄉村之屋》以及《植物探險》等。〔註 42〕費氏也是傑出的攝影師，書中的圖片都是自己拍攝，他不僅講述採集植物的知識與經歷，同時繪聲繪色描述當地土著的風俗文化。在《世界是我的花園》一書裏，費氏寫道：「我很高興，我看了機車時代來臨之前世界所剩不多的幾個安靜之所。」〔註 43〕此書獲得了 1938 年美國「國家圖書獎」。而在《國家地理》雜誌上，費爾柴爾德撰寫的美國在加勒比海、加勒利群島、巴拿馬、非洲以及中國等世界各地的植物探險故事就達近十篇

〔註 39〕 Robert M.Poole,*Explorers House:National Geographic and the World Made*, New York:The Penguin Press, 2004, P133.

〔註 40〕 David Fairchild, "New Plant Immigrants", *NGM*, October 1911.

〔註 41〕 Williams, Beryl and Epstein, Samuel. *Plant Explorer*. New York: Julian Messner, 1963.P185

〔註 42〕 David Fairchild, *Exploring for Plants.*New York: Macmillan, 1930.*The World Was My Garden*. New York: Charles Scribner's Sons, 1938. *Garden Islands of the Great East: Collecting Seeds from the Philippines and Netherlands India in the Junk 'Chêng ho.* New York: C. Scribner's Sons, 1943. *The World Grows Round My Door; The Story of The Kampong, a Home on The Edge of the Tropics.* New York: C. Scribner's Sons, 1947.

〔註 43〕 David Fairchild. *The World Was My Garden*. New York: Charles Scribner's Sons, 1938.P103.

〔註44〕

　　在費氏等人的積極運籌推動之下，農業部派往世界各地的農業探險家爲美國的自然資源保育和資本財富積累立下了赫赫戰功。費氏在《植物新移民》中，描述了一片興旺繁忙之景：「每一天，世界不同地方的植物移民來到我們華盛頓，每一天，通過成千上萬個包裹，他們在我們國家不同地方找到自己的新家。」〔註45〕印度的芒果、阿拉伯的棗椰、日本的烏多、中國的柿子，都在 「使這個世界更適於居住」。爲了幫助北方草原和西南乾旱區的定居者，美國農業部在世界各地廣泛網羅植物獵人，尋求適合於上述地方生長的抗旱、耐寒、抗鹽鹼的各種作物。中國農業的悠久歷史和無與倫比的農作物品種，自然是其首選之地。他們雇用的荷蘭人梅耶（F.N.Meyer），在東北引去的大葉菠菜拯救了弗吉尼亞的菠菜罐頭工業，在北京郊區找到的板栗及樹皮標本，拯救了美國土生土長卻染病而正在毀滅的美洲栗，爲美國挽回了不可估量的經濟損失。此外，還有諾頓（J.B.Norton）、賈應斯（H.A.Jaynes）、貝利（L.H.Bbailey）、多賽特（P.H.Dorsett）以及最爲中國人熟悉的洛克。〔註46〕

　　如同費氏會將自己的旅行經歷書之於紙，很多植物獵人，幾乎都不會僅僅滿足於只是一個行走者，他們用筆、用相機記錄下自己的所見所聞，記錄下所到之處的民風民俗，這是另一種權力，一種更爲強大的話語權，本書將在後文詳細分析。總之，作爲一個官方的政府組織，農業部所從事的植物採獵，收穫的不僅僅是海外貿易市場裏的財富資本，更在於完成對中國自然世界與世俗社會的探究與考察，或者是想像與建構。

三、國家地理學會：探險與傳奇

　　如果說在獵求異域植物這一帝國事業中，農業部以政府的官方身份發揮著主要資助者的重要角色，阿諾德樹木園以科學的名義，無形中爲中西學者搭建了一座跨文化橋梁（後文將會述及）。而美國的國家地理學會及其雜誌，則憑著自己的各種身份、力量與手段，爲這一事業搖旗吶喊奔走鼓勁，爲海

〔註44〕 David Fairchild, "Hunting useful plants in the Caribbean"（Dec.1934）; "Hunting for plants in the Canary Islands"（May 1930）; "The Jungles of Panama"（Feb.1922）; "New Plant Immigrants"（1911.10）; "Our Plant Immigrants". etc. *NGM*.

〔註45〕 David Fairchild, "New Plant Immigrants", *NGM*, October 1911.

〔註46〕 羅桂環《近代西方識華生物史》，山東教育出版社，2005 年 10 月第 1 版，第 261～268 頁。

外擴張繪製另一條路徑與藍圖。

　　查閱雜誌目錄，不計美國在世界其它地方的植物探險報導，僅在中國範圍內，與植物採集有關的文章約有 19 篇。〔註47〕無數植物獵人的身影活動在《國家地理》雜誌的圖文裏，正是這些圖文，構成了西方世界關於中國及中國西南的第一次認知焦點。

　　《國家地理》雜誌裏的植物探險報導大致有三類：

　　第一類，以《植物移民》、《花卉王國》等為代表，全面評述美國在全世界範圍的植物探險與採集，其意義與重要性，意在讓國人認識到美國與世界的關聯，從某種程度上為美國或西方國家的市場擴張、資本積累尋求合法理由。

　　第二類，以《植物獵人》、《在北平的植物採集》等為代表，講述植物獵人的故事，包括獵人的人生經歷與所到之處的地理環境與資源情況，突出其堅定的目標與艱辛之路，樹立英雄形象，同時增強國家認同感與世界主義價值觀。

　　第三類，以《弓弩之地》、《納西族的驅鬼治病儀式》等為代表，是植物獵人講述自己的探險經歷，重點在於對異域之地、異族之民的所見所聞與所思所想。作者很少在文中直接談論自己的採獵行為，而是在探險路途中觀看、表述異域文化，呈現中西文化的接觸與交鋒。這部份內容本是植物獵人正當事業的副產品，卻影響巨大，成為世界瞭解異文化的重要窗戶。

　　那麼，為何國家地理學會及其雜誌會如此熱衷於植物採獵報導呢？筆者認為，植物採獵本身所內含的傳奇與探險色彩，是《國家地理》邁向傳媒帝國擴大其發行率、影響力所必不可少的元素。更重要的，通過對帝國事業的支持和參與，學會更加樹立和強化了自己半官方組織的身份地位。除此而外，對「科學」的修辭利用和對「探險」精神的開發頌揚，是實現學會形塑「科學機構」和「世界之窗」形象的策略與途徑。

1. 支持異域植物採獵是對帝國事業的支持與參與，從而強化學會的

〔註47〕僅洛克貢獻給《國家地理》的就有十篇，其中在緬甸的一篇《尋找大風子樹》以植物採集為標題，其餘中國的九篇文章，內容基本不直接講述植物採集本身，而更多是探險經歷與見聞。但洛克的探險皆為了採獵植物，因此筆者將之計算在植物篇的文本分析內。另外如一位人類學家 Frederick R. Wulsin 的 "The Road to Wang Ye Fu"（1926.02）等文，講國家地理學會的中國遠征隊帶著科考任務，包括沿途收集野生動植物，由於只是提及，故未列入。

半官方組織地位

1908 年 12 月，美國總統羅斯福在國會發表演講，題目是《來自中國的教訓》，次年一月，《國家地理雜誌》全文登載。羅斯福總統描述了中國華北嚴重的森林毀壞情況，他說：就在幾百年前，中國華北的森林茂盛，古木參天，曾是世界上最富饒最美麗的地方，這不僅在中國的文字裏有記載，而且馬可羅波也為之驚歎不已。但現在，華北的森林遭到嚴重砍伐，山上只剩下裸露的石頭，水土無法保持。當土壤流失、洪水泛濫、氣候改變之時，也就是農民棄土而去那一天，這是不可逆轉的改變。羅斯福以中國為教訓，重申了美國森林保護的決心，絕不允許任何妨礙保護森林的行為，絕不姑息為了個人利益而破壞森林的犯罪行為。「如果說我們對子孫後代負有什麼不可懈怠、無可推卸之責任的話，那麼第一而且最重要的一件便是：保護好我們的森林，因為森林是自然資源保護的核心與關鍵。」〔註48〕

羅斯福對中國華北情況又從哪裏來的呢？文中屢次引用「根據農業部植物產業局的弗蘭克‧N‧梅耶（Frank N.Meyer）最近的調查」。梅耶四次到中國華北及中國中部採集植物。由此可見，植物獵人不僅是做採集植物這樣看似純粹科學的事，實則承擔著對他國資源、國土乃至其它情況進行調查勘測的重任，一方面為美國「提供教訓」，另一方面也是借他人之力保護自己的資源。威爾遜數次談到在中國引種植物的巨大優勢，他與羅斯福一樣，清醒地認識到：專家們一次又一次地警告世界要警惕木材饑荒，每個文明國家都應努力保護自己的森林資源。因此，植物獵人到全世界各地採集植物，有的用於防治森林病蟲害，如防治正在毀滅的美洲粟進而挽救美國的製革業；有的用於生產工業原料，如橡膠、漆樹、油桐等；有的用於生產藥物，如洛克尋找大風子樹目的在於提煉治療麻風病的原料，等等。而在「世界對軟木與硬木的需求與日俱增」的情況下，植物獵人通過考察，發現「在西藏與內陸邊境上還有許多有價值的松樹與杉樹也是好木材，」通過引種，「大多數這樣的樹都已在阿諾德植物園進行引種栽培，其耐寒性和適應性還有待考驗。一旦成功，誰能估量出其巨大的造林價值呢？松節油供應量嚴重缺乏，價格一年比一年貴，期待可以從中國的某種松樹中提煉成功，便能開闢出另一供給源。」〔註49〕

國家地理學會與農業部、總統甚至全體國民一起，致力於保護自己國家

〔註48〕Theodore Roosevelt, "Lessons From China, " *NGM, Jan.1909.*
〔註49〕Ernest H.Wilson, "The Kingdom of Flowers", *NGM,*Nov.1911.

的植物資源，參與到帝國建設國家、開拓海外市場的事業中，從而奠定了一個半官方組織的地方與身份。

而且，如前所述，美國派出的眾多植物獵人，有些受國家地理學會直接資助，有的是農業部派遣，而農業部的很多成員又是國家地理學會的董事局成員，或者直接參與雜誌的編輯工作，比如在 1905 年 11 期的助理編輯成員名單裏，就有 3 位都是農業部門人員：農業部生物調查部主任 C.Hart Merriam；農業部氣象局主任 Willis L.Moore；農業部農業探險家 David G.Fairchild。〔註 50〕其中費爾柴爾德，既是植物獵人，又是國家地理的多產作者，還是學會會長的女婿。多重身份交叉，實現著國家地理學會的擴張策略與地位訴求：「國家地理學會應該事實上成爲其名之所指：代表國家表述的全國性組織。」〔註 51〕

2. 異域植物採獵是為了「使世界更適於居住」，從而迎合學會會員的中產階級價值觀

費爾柴爾德在《植物新移民》一文中，開篇就談到：「對於那些曾跟隨《國家地理》在全世界漫遊的讀者，一定常常在心裏想：照片裏這些構成美麗風景的奇異樹木，它們究竟有什麼用呢？」〔註 52〕費氏認爲，如果說地球上有 50 萬種不同的樹木，而人類利用到的，不過區區數百種，因此，爲了「使世界更適於居住」，植物的採集與移植就成了一項人類的造福工程。

《國家地理》這樣一種以人類的名義塑造的「世界主義」與「白人責任」修辭，契合著它的讀者的品味與價值觀。

人類學家凱瑟琳·盧茨深入研究過國家地理學會的讀者構成，她指出，通過會員制，國家地理學會「吸引了大量家庭，這些家庭在當時多是中產階級，卻嚮往著朝向受過良好教育、『有教養的』上層階級的生活方式邁步。〔註 53〕而所謂上層階級，就是有著全球眼光的「世界主義者」，因此，「早期的國家地理學會兜售政治和經濟地理學的文章，成爲鼓吹美國在新時代中

〔註 50〕見 1905 年 11 月期封二的 "Associate Editors"。
〔註 51〕Alexander Graham Bell, "Address of the President to the Board of Managers, June 1,1900." *NGM*,Oct.1900
〔註 52〕David Fairchild,"New Plant Immigrants", *NGM*, October, 1911.
〔註 53〕Lutz, Catherine A.and Jane L. Collins,*Reading National Geographic*, Chicago: University of Chicago Press, 1993，P.17

應建立全球責任感國家新形象的得力干將。」〔註 54〕植物採集與移栽，並不是所有人、所有國家想幹就能幹的事業，如果不憑藉強大的國家背景、經濟勢力、技術手段，尤其是科學技術的發達，比如若是沒有發明改進用於裝植物的特別箱子，一顆種子怎抵得住月轉星移的漂洋過海，一珠幼苗怎經得起顛沛流離的長途跋涉？除此而外，正如當今一位英國作家發出的感歎：「中國園林植物引進英國的過程背靠著重大的歷史變遷，這期間許多植物愛好者和研究實踐者們為之堅韌不懈，始終如一，對植物的這一份熱忱化成巨大的動力和精神，才有今天如此成就。所以我們應該深深感謝並銘記前人的辛勤耕耘。」〔註 55〕從今人的銘記與感謝中，不難看出，宣揚自己國家所擁有的科學、奉獻、財富、力量等引發的自豪感，不僅迎合了讀者的口味，某種意義上，學會本身也參與塑造建構了自己的「中上層階級」。

在國家地理學會一年一度的晚宴上，學會為其尊貴的客人獻上的菜肴中，有一道菜是芋頭（dasheen），這是一種與夏威夷芋芳（taro）相似的大葉植物的根。「我們的客人多麼友好！」費爾柴爾德寫道：「他們寬容地接受了這一新引進的食物，而且認為它比土豆更美味。」〔註 56〕

3. 異域採獵充滿探險與傳奇色彩，符合傳媒的大眾傳播策略

2001 年，《國家地理》編輯在第六期卷首語裏，自豪地宣稱：「這本雜誌最大的力量乃在於為歷史的骨頭添加了血肉之軀，在區分事實與虛構之時，為過去了的人與事注入生命的氣息。」〔註 57〕實際上，國家地理學會一直在致力於成為強大的探險與科研力量，比如在世紀初，投入巨大財力、人力、物力參與報導並製造出「極地探險第一人」的歷史神話〔註 58〕。與此同時，

〔註 54〕 Pauly,Philip. "The World and all that is in It:The National Geographic Society, 1888～1948", *American Quarterly* 1979. P521.

〔註 55〕 （英）簡‧基爾帕特里克（Jane Kilpatrick）《異域盛放：傾靡歐洲的中國植物》，俞蘅譯，南方日報出版社，2011 年，第 15 頁。

〔註 56〕 David Fairchild, "New Plant Immigrants", *NGM,* Octomber, 1911.

〔註 57〕 Bill Oliver, "From the Editor", *NGM,* Jun.2001.

〔註 58〕 關於極地探險第一人之爭，參見 Lisa Bloom, *Gender on Ice: American Ideologies of Polar Expeditions*, Minneapolis: University of Minnesota Press, 1993；以及 Howard S.Abramson,*National Geographic: Behind America's Lens on the World*，New York: Crown Publishers,1987,P83。此外，這位作者還另有專著 *Hero in disgrace: The true discoverer of the North Pole,Frederick A.Cook.* iUniverse,2000，嚴屬譴責國家地理學會在「北極第一人」之爭中掩蓋真相的行為與意圖。

學會從未停止致力於贏得最廣大人群的關注。學會會長貝爾在 1899 雇傭吉爾伯特・哈維・格羅夫納，（後來成爲他的女婿）時，亦鼓勵格羅夫納要研究大眾雜誌，尤其是《哈潑斯》、《世紀》等，以期對《國家地理》作借鑒之用〔註59〕。他要求格羅夫納應著重研究「大眾地理學家」，從希羅多德到達爾文，認爲他們的作品之所以成功，歸因於他們「準確、親歷的實錄；簡潔而直截了當的描述——在讀者頭腦裏形成圖象的描述。〔註60〕凱瑟琳・盧茨也指出，關心市場規則的編輯們會「根據公眾的不同興趣，或者美化原始社會的異域與儀式，或者用聳人聽聞的方式表述獵頭、食人族、毀屍或紋身等。」〔註61〕

　　二十世紀初植物探險的故事，是能將探險與傳奇巧妙結合的絕佳題材，既能得到「骨頭」，又可添加「血肉」。筆者將在下一章專門分析在中國西南探險的三位植物探險家，此處以費爾柴爾德的文本爲例，在他對弗蘭克・梅耶的悼念文章中，集中了獵人故事之所以符合一本雜誌需求的所有元素，簡析之。

　　其一，探險精神與人生價值

　　梅耶第一次探險是 1905 至 1906 年，在華北與滿洲；第二次於 1909 至 1911 年到了甘肅、俄國土耳其斯坦、「中國土耳其斯坦」（即新疆）；第三次，他於 1912 至 1915 通過中國西北到甘肅然後到了西藏；最後一次植物之旅始於 1916 年，他到北京附近熱河去尋找野梨林，還到了宜昌，在宜昌因爲中國革命的緣故，滯留了數月。由於戰爭的限制與不確定，再加上生病，造成他極度神經虛弱。1918 年 6 月 2 日，他淹死在蕪湖附近的長江裏。

　　費氏贊曰：梅耶的名字值得被突顯，因爲他是開拓者，他的事業更依賴於他個人的首創精神。梅耶所行經之地並非地理學家聲稱的未被地圖標注的空白之地，他也沒做什麼地理學上的探險與發現，但是他對當地人們的植物運用及應用原理的觀察，爲我們建立起眞正的外國知識作出了極大貢獻。梅耶的生命停止了，他的死因將永遠是一個謎。他以一個荷蘭人和專業園丁的身份來到美國，成爲一名美國公民，從此爲這片土地帶來了太多太多永久性的福祉。〔註62〕

〔註59〕Lutz, Catherine A.and Jane L. Collins,*Reading National Geographic*, Chicago: University of Chicago Press, 1993, P.21.

〔註60〕Howard S.Abramson,*National Geographic:Behind America's Lens on the World*，New York: Crown Publishers,1987,P.48.

〔註61〕Lutz,Catherine A.and Jane L. Collins,*Reading National Geographic*, Chicago: University of Chicago Press, 1993, PP.23～24.

〔註62〕David Fairchild, "A Hunter of plants", *NGM*,July,1919.

從這段悼詞裏，還可看出以費氏爲代表的《國家地理》所要建構的另一種價值：國家認同。梅耶並不是一個美國人，但他「成爲一個美國公民」了。這正如約瑟夫·洛克，他也只是一個美國移民，但時隔多年後，雜誌編輯稱他爲「我們的男人在中國」。〔註63〕在承認與自豪中，完成了國族建構、國家認同的任務。

其二，傳奇經歷與孤獨體驗

> 捕獵動物與搜求植物是完全不同的兩回事。狩獵是充滿個人快感與即時滿足感的冒險，獵人可以在一場圍獵後立即圍在篝火旁享受美味。而植物獵人的獵物要在數年才開花結果：當看到他們引種的異域樹木在家鄉林陰道上茁壯成長，果園裏瓜果飄香，他們的快樂才會與日俱增。〔註64〕

費氏在文中將植物獵人與動物獵人作對比，盛讚其忍受孤獨而有長遠貢獻。另一方面，孤獨中的異域體驗也爲雜誌提供了不可多得的素材。梅耶探險途中寫來的信被費氏轉引到雜誌上，費氏坦率地承認道：「梅耶的工作以及他圖文並茂的經歷描述對於我們的雜誌和報紙記者來說有一種奇特的吸引力。」什麼樣的經歷呢？「比如他在半夜裏記錄下來的驚心動魄的故事，無論是在哈爾濱遭遇無賴，還是在甘肅被持槍威脅。」

不僅有危險，孤獨感也是不可或缺的元素。梅耶在其生命的最後一年寫的信裏談到他的孤獨感：「當然，這份探險之途，持續缺乏可以鼓舞你的同伴，真是讓人氣餒。你必須一個人準備好所有的儲備。野外的士兵要面對的危險確實更大，可是他們至少有同伴可以常常在一起娛樂。一個月來，我都沒見到一個白人。我的新翻譯像一個海綿，只知道從我這兒吸取，卻從不回報。我的工作對中國人來說非常難以理解，他們好像認爲花那麼多錢爲了幾顆植物種子是多少傻的一件事！」

一個孤獨的探險家，正因爲他的孤獨，正因爲他一直在渴望著尋找「可以鼓舞士氣的同類人」，這樣的經歷與感受，才能打動西方「同類人」。到頭來，一切歸於：西方是西方，東方還是東方。

其三，遭遇他者與異樣文明

費氏認爲，梅耶的信「是真正的旅行者的信」。在寒冷而骯髒的旅館裏，

〔註63〕Mike Edwards, Michael S. Yamashita, "Our Man in China", *NGM*, Jan.1997.

〔註64〕David Fairchild, "A Hunter of plants", *NGM*, July 1919.

他會如實表達他的不舒服感。在高加索莊嚴的山頂與山口，他心中又滿是奇怪的生存哲學，在甘肅佛廟裏，他感受四千年前的異樣文明。

梅耶信件裏還記錄了另一件事：在北京附近尋找無核柿子林的途中，到了一個荒涼的地方，因爲早上基本沒吃什麼東西，到十一點就已饑腸轆轆。敲開一戶人家的門，這家人太窮無法招待，但主人告訴他們，前面一英里路程左右，就有條件好的人家可以吃飯和喝茶。可是當他們好不容易到了那裡，發現什麼也沒有。當地人又告訴他們，再往前一英里，就有好的飯店了。忍饑挨餓終於到達，仍然是一窮二白。當地人繼續其小孩般的「一英里的謊言」。直到下午三點，才終於找到一個可以烤火與吃飯的地方。梅耶寫道：「我重重地關上門，對這些土著的撒謊既憎惡又生氣。可是一頓飽餐後，我心情平靜下來，並且想到，當地人之所以騙我們，也許是爲了不讓我們因爲遙遠漫長的目的地而泄氣呢。〔註65〕

這個故事只是梅耶及所有植物獵人與當地人遭遇的一件小事，瑣碎平常，談不上轟轟烈烈。但是在這裡，土著、善良、孩子氣、貧窮、欺騙乃至體驗、誤解、偏見、生氣、原諒等等認知與表述，構成了一個與西方生活迥異的他者世界，一個有差異、有等級的世界。正如凱瑟琳·盧茨所言：「不論故事是怎樣被講述的，收集與呈現本身即意義重大。他們創造了一個迷人的、穩定的並且是完整的『人類』幻象，以及爲異域與異國規定秩序的可能性。」〔註66〕

第四章　植物獵人：「園藝學裏的哥倫布」

1919 年，費爾柴爾德在《國家地理》雜誌撰文《植物獵人》，對異域植物採集者歌頌有加：

> 在所有的探險家中，沒有誰受到的禮贊——對人類文明的貢獻
> ——比植物獵人更少。他的名字既沒有鐫刻在新發現的大陸上，也
> 沒有標注於未知的海圖中。但若不是他的遠見、勇氣與堅韌，荒蕪
> 的家園怎會如此富足，今人與子孫怎能得以衣食無憂？植物獵人，
> 這些無名英雄，他們是園藝學裏的哥倫布。〔註67〕

〔註65〕David Fairchild, "A Hunter of plants", *NGM*, July,1919.
〔註66〕Lutz,Catherine A.and Jane L. Collins,*Reading National Geographic*, Chicago: University of Chicago Press, 1993, PP.23, 24.
〔註67〕David Fairchild, "A Hunter of plants", *NGM*,July 1919.

本章講述三位到中國西南的植物獵人，最早來的一位是英國的威爾遜（1899 年），他主要在四川西部一帶活動，又被稱為博物學家；最早在《國家地理》上發表中國西南族群與地理考察的，則是有著「採花領事」之稱的英國人福雷斯特。在雜誌上最多產的是奧裔美國人約瑟夫·洛克。他們的故事與影響，還將在本書其他章節中繼續，本章著重其人生經歷及所涉及的殖民時代海外貿易大背景分析。

一、「採花領事」喬治·福雷斯特

1910 年 2 月，《國家地理》雜誌上刊載《弓弩之地》（*The Land of The Crossbow*），講述作者一行在怒江的探險與勘查經歷。正是此文，成為該雜誌向其讀者呈現中國西南的第一篇報導，完整介紹了深山峽谷中的一個西南少數民族——傈僳族。作者福雷斯特拍攝了大量照片，包括薩爾溫江的地理與族群，尤其是怒江上游最具特色的溜索橋，以及傈僳女人的服飾、男人的弓弩等。福雷斯特的照片極其詳盡而細緻，堪稱珍貴的民族志檔案。

英國皇家地理學會會長在讀到此文的原始版本後，寫下長長的評語，他說：我相信，世界上每一條大河，我們都已或多或少有所瞭解了，而薩爾溫江（怒江），是有待解決的最後一個問題。」〔註68〕

這篇文章的作者，在雜誌中沒有任何身份介紹，只有一個名字：喬治·福雷斯特（George Forrest），被騰沖民間稱為「採花領事」的英國植物採集員。〔註69〕

1. 人生經歷：成為植物獵人

喬治·福雷斯特（1873.3.18～1932.1.6），出生於蘇格蘭中部城市的福爾柯克城（Falkirk），這是一個維多利亞時代的工業與製造業小城。福雷斯特父母皆為平民，其父為石匠之子，後來開了個雜貨店，其母為裁縫之女，生了十二個孩子，八個存活，福雷斯特是最小的一個。福雷斯特的家庭信奉福音

〔註68〕 George Forrest, "Journey on Upper Salwin,October-December, 1905", *The Geographical Journal*, Vol.32, No.3（Sep., 1908）, pp. 239～266。英國皇家地理學會會長讀到的是發表在其自己學會刊物上的文本，而非《國家地理》轉載的文章，後面將分析二者的關係。

〔註69〕 禾朗：《高黎貢山的「採花領事」》，《普洱》2011 年 11 期。福雷斯特贏得此名，是由於他與當時英國駐騰越領事利頓（George Litton）一起結隊在怒江考察探險與採集植物和信息，故而老百姓亦以「領事」稱之，這一名稱，亦暗含了其人其事的「政治」含義。

派浸信教會（the evangelical Free Church），該教派的信眾們深信，在一個全球性宗教家庭中，不同地區、民族及種族存在差異，因而其信仰也各有區分。美國密歇根大學歷史與人類學家艾瑞克・繆格勒（Erik Mueggler）曾對福雷斯特和洛克進行過細緻研究，他認爲，正是這一早期的宗教教育，可能是此後福雷斯特在與中國西南的納西和藏族合作中，秉持著一種「有限的開放性」立場與姿態的原因。〔註70〕

　　十八歲時，福雷斯特進入當地一家藥物製劑作坊工作，負責乾燥藥草和藥劑裝瓶，這工作一幹就是六年，爲他以後辨識植物、製作標本打下了基礎。此後，隨著澳洲淘金熱興起，福雷斯特到澳大利亞尋找新出路，但除了把十餘年光陰留在新南威爾士一家農場裏養羊外，他的淘金夢幾乎以失敗告終。從澳洲回到蘇格蘭，閒來無事，便給格拉斯哥（Glasgow）一家博物學會採集植物。改變命運的時刻發生在一次雨後的垂釣途中。福雷斯特在愛丁堡附近的郊區偶然發現了一個古老的石棺槨，於是他抓住機會，將其帶給愛丁堡的國家博物館古董館。此後，由古董館館長牽線搭橋，福雷斯特進入愛丁堡皇家植物園從事植物標本製作。皇家植物園管理員巴爾弗（Isaac Bailey Balfour, 1853～1922），從此在福雷斯特植物獵人的生涯中扮演了不可或缺的角色。是他將福雷斯特介紹給當時急欲參與到帝國花卉貿易鏈條中的棉花經紀人布利（Arthur Kilpin Bulley），由此人出資雇傭福雷斯特到中國作一名植物獵人。又是巴爾弗，由於自己對中國尤其是杜鵑花分佈中心的強烈興趣與探求熱情，促成了福雷斯特與中國西南杜鵑花的不解之緣。

　　1904年，已年滿31歲福雷斯特，與布利簽訂了爲期三年的植物採集合同，每年薪金100英鎊，踏上異域採獵之路。一個在自己國家屬於下層階級的平民百姓，一旦來到第三世界的異土他鄉，背靠英帝國這棵大樹，從此便能改變身份，開始雄心勃勃的事業人生。在二十八年的時光中，福雷斯特先後服務於皇家植物園、維奇公司，共七次到中國採集植物，以雲南爲大本營，其足跡遍佈緬甸、西藏東部、四川等地，他訓練並依靠雲南麗江農民助手，從中國帶回令人矚目的成果，成爲也許是到中國西南的最著名植物獵人。福雷斯特共採集了大約3萬1千種植物，僅杜鵑屬的新品種就達309個，共計5375

〔註70〕Erik Mueggler, *The Paper Road:Archive and Experience in the Botanical Exploration of West China and Tibet.* Berkeley,Los Angeles,London: University of California Press,2011，P.21.

號標本送到英國植物園。〔註71〕羅桂環認爲，正是「由於他的採集，愛丁堡植物園成爲當今栽培杜鵑花種類最多的植物園之一，同時也爲那裡成爲杜鵑花和豹子花屬植物研究的中心打下基礎。」此外，福雷斯特也打獵製作了不少動物標本，先後在雲南收集了上萬隻鳥類和不少中小型獸類標本，其中包括以往雲南未報導過的鳥類90種，還有30種在科學上是新的。〔註72〕

　　1921年，福雷斯特被授予英國皇家園藝學會維多利亞榮譽勳章（Royal Horticultural Society's Victoria Medal of Honour），1927年獲維奇紀念獎章（Veitch Memorial Medal）。1924年，福雷斯特被選爲倫敦林奈學會成員（the Linnean Society）。

　　1935年，蘇格蘭岩石公園俱樂部出版大型紀念冊《喬治·福雷斯特：探險家和植物學家，我們的花園因他的發現和植物引種而更美麗》。〔註73〕1952年，英國皇家園藝學會出版了《福雷斯特的旅行與植物引種》，〔註74〕講述其人其事，主要介紹他引進的植物品種，書中配有福雷斯特自己所拍照片100幅。到2004年，英國皇家植物園研究員又出版專著《福雷斯特：植物獵人》。〔註75〕在蘇格蘭斯特靈大學（Stirling University）校園的「青銅大道」上，有一條「福雷斯特小徑」（George Forrest Walk），校園網站的宣傳頁裏這樣寫道：「這條路以紀念一位傑出的植物採集員而命名。」〔註76〕

2. 尋找杜鵑花的故鄉：大樹杜鵑王與帝國標本

　　1954年5月，在名爲《杜鵑花綻放在蘇格蘭西南部》一文中，蘇格蘭美麗的花園裏，各種杜鵑花競相開放，壯麗多姿，花團錦簇，美不勝收。高大者如古木參天，叢生者似波濤起伏，濃密者猶華蓋招展，賞心悅目，令人歡

〔註71〕 Peter Hutchison, "Hunting the Plant Hunter:The Search for George Forrest's Grave." *Journal of American Rhododendron Society*, JARS V53:No1:p8:y1999

〔註72〕 羅桂環《近代西方識華生物史》，山東教育出版社，2005年10月第1版，第148頁。

〔註73〕 Scottish Rock Garden Club，*George Forrest, V. M. H.: explorer and botanist, who by his discoveries and plants successfully introduced has greatly enriched our gardens.1873～1932*. Stoddart & Malcolm, ltd,1935

〔註74〕 Dr.J.Macqueen Cowan, C.B.E.（Edited）,*The Journeys and Plant Introductions of George Forrest V.M.H*, Oxford University Press,1952.

〔註75〕 Brenda McLean,*George Forrest：Plant Hunter*, Antique Collectors' Club Limited, 2004.

〔註76〕 Medal Routes in Stirling, http://www.stir.ac.uk/media/schools/sport/sportcentre/documents/Walking%20Medal%20Route%20Stirling.pdf

為觀止。《國家地理》編輯波伊爾（David S.Boyer）漫遊在如此美景中，突然想道：「我們看到的所有杜鵑，其實都是從國外引進的，沒有一種是不列顛群島的土著居民。」於是波伊爾回顧了「從中國和喜馬拉雅山來的植物」，在 19 世紀初期，最突出的幾位植物獵人：「英國植物學家，包括已去世的喬治·福雷斯特和金登·沃德（Francis Kingdon-Ward），以及英裔美國人，被稱為「中國的威爾遜」，還有最多產的約瑟夫·洛克……」〔註77〕

　　或許，每一位來到中國尤其是西南的植物獵人，都不可能對漫山遍野恣意生長的杜鵑花視而不見。按植物學的分類，杜鵑花屬（Rhododendron）是一個大屬，分佈在歐、亞、北美及大洋洲，但主要分佈在亞洲。根據中國科學院研究員耿玉英的介紹，「全世界種類大約有 960 種。我國有 570 種，除新疆和寧夏外，其餘各省、區都有。種類最多、生物多樣性最豐富的地區是我國雲南、四川和西藏，三地分佈的杜鵑花占我國所有種數的 80%左右，是世界杜鵑花分佈的中心，也是世界公認的杜鵑花王國。」〔註78〕

　　正是如此種類繁多的杜鵑花，引發了西方的種植與研究熱情。1911 年，福雷斯特回國後，巴爾弗將他介紹給富豪威廉姆斯（J. C. Williams），後者是一位狂熱的杜鵑花迷，他一直在購買威爾遜為維奇公司（Veitch and Sons）採集的杜鵑花種，還曾以三百英鎊購買過福雷斯特為其前任雇主布利（Bulley）採集的所有杜鵑花種子。這一次，威廉姆斯決定直接與福雷斯特合作，他們簽訂了三年五百英鎊的薪金合同。由於把目標主要定在了杜鵑花上，福雷斯特開始認真研究杜鵑花，他仔細辨識了威爾遜在中國拍攝的七百張杜鵑花照片，並到邱園觀察，到法國巴黎標本館研究學習。〔註79〕與此同時，巴爾弗又交待給了福雷斯特另一個任務：尋找並確定杜鵑花的中心。

　　福雷斯特終於實現了自己的承諾，為歐洲帶回 300 多種杜鵑花，成為「最偉大的植物獵人」。而且，在他人生裏還可大書特書的事跡，便是大樹杜鵑王的發現。1931 年，福雷斯特在最後一次雲南遠征中，率隊來到騰沖北部的高黎貢山。在原始森林裏，一棵開滿鮮花的大樹躍入眼簾。當福雷斯特確定這

〔註77〕David S.Boyer, "Rhodeodendron Glories of Southwest Scotland", *NGM*, May, 1954.

〔註78〕耿玉英編著《中國杜鵑花解讀》，中國林業出版社，2008 年 5 月，第 1 頁。

〔註79〕Erik Mueggler，*The Paper Road:Archive and Experience in the Botanical Exploration of West China and Tibet*.Berkeley, Los Angeles, London:University of California Press, 2011, P.77.

是一棵杜鵑花樹時，興奮異常，經過測量，這棵樹「樹齡達 280 年，高 25 米，幹周長 2.6 米。」〔註 80〕如此巨大的樹如何採集呢？為了拿回實物標本，以證明自己的偉大發現，福雷斯特居然做出決定：把大樹砍倒，割下底部圓盤。當大樹轟然倒下時，不知福雷斯特是否有一絲惋惜與愧疚？又不知，當這棵 280 歲高齡的樹王在一瞬間成為標本，去到千里之外的英國，被陳列於不列顛的自然歷史博物館，領受人們驚歎之時，它的靈魂是否能原諒那冒犯它的這些文明的野蠻人呢？

在納西人的靈魂觀中，有個叫「署」的精靈，它是人的同父異母兄弟，司掌大自然的草木與動物。當有人亂砍濫伐、肆意捕獵時，「署」就會發怒而攝走人的魂使其生病遭災。納西族學者楊福泉講述自己的田野經歷，親眼見到在中甸三壩鄉一個因打鳥而生病的孩子，以及因打死一條口叼青蛙的蛇而生病的男子，不得不請東巴來為其向「署」贖魂。〔註 81〕而在東巴經《拉短拉振、瓦那尼本兄弟傳略》中，這兩兄弟挖了湖邊的野地，砍了湖邊的樹，並打了衛護這棵樹的蛇，「署」 便把他們的魂攝去了，兩兄弟的生命神也隨他們的魂一起出走。〔註 82〕

歷史有許多驚人巧合，也留下幾番耐人尋味的遐想。1932 年 1 月 6 日，福雷斯特死於砍倒大樹一年後，時年 59 歲。當時，他剛剛射獵到一隻野雞，因突發性心肌梗塞，倒在騰沖（當時的騰越）附近的小山上。麥克奎因·考恩（Macqueen Cowan）所編文集裏，即以福雷斯特的盛大葬禮開頭，由英國駐騰越領事館組織的葬禮，在三十年代的中國邊城騰沖的狹窄的街道上，形成長長的隊伍，甚是風光氣派。〔註 83〕如今，他已長眠在騰沖的來鳳山上 80 年有餘，他也許不會相信他的魂是被「署」所攝走的。

這位砍倒大樹杜鵑王、又射殺了無數隻飛禽鳥獸的植物獵人，在他的同類眼中是「勤勉、堅定與才能」的典範（巴爾弗寫給布利的推薦信）。他的西方朋友和親人當然也不會請東巴給福雷斯特向「署」贖魂，他們會銘記住的，

〔註 80〕馬斯格雷夫《植物獵人》，第 180 頁。另見羅桂環《西方對「中國——園林之母」的認識》，稱這棵樹「胸圍達 2.4 米」，《自然科學史研究》，第 9 卷，2000 年第 1 期。

〔註 81〕楊福泉《納西人的靈魂觀》，《思想戰線》，1995 年第 5 期。

〔註 82〕同上。

〔註 83〕James Hitchmough, "George Forrest Plant Hunter by Brenda Mclean "（Book Review）, *Garden History*, Vol. 31, No. 2（Winter, 2003）, pp. 230～231

是使他們的土地美麗多姿的「園藝學裏的哥倫布」。1997 年，美國杜鵑學會蘇格蘭分會的彼得·哈欽森（Peter Hutchison）沿著怒江峽谷，來到雲南的邊境小城騰沖縣，尋找被他稱爲「或許是最偉大的植物搜集員」的福雷斯特的墓地。然而，到騰沖尋找故人蹤跡的哈欽森，卻發現埋葬福雷斯特的來鳳山，早已物是人非，墓地根本無跡可尋。對於一個飽經滄桑的邊境戰略要塞小城，福雷斯特和他的帝國早已消失在歷史中。哈欽森最後如此緬懷道：「福雷斯特的記憶沒有停留在雲南這個彈痕累累的小山上，卻烙刻在增加我們關於中國植物知識的貢獻中，烙刻在那些他引進到我們花園裏的植物上。遠勝於一道墓碑的，正是他用靈巧的手記下的準確的田野觀察筆記與愛丁堡上千件植物的標本簽。」〔註 84〕

到了 2011 年，艾瑞克·繆格勒正是根據福雷斯特與洛克所留下的筆記與標簽，他們所繪製的地圖和所拍下的眾多照片，以及來自云南土著——植物獵人所依賴的當地農民，其繪製的地圖與標本說明中，挖掘出不被西方人表述因而從未在西方歷史上留下姓名的土著居民的故事。繆格勒認爲，來自云南麗江、騰越的土著，在西方植物獵人的採集中具有不可或缺的作用，他們在與其西方雇主的交集與互視中，一方面成爲現代西方殖民體系的一部份，另一方面卻用自己的方式，生產出各自對於家園、地理與歷史的追尋與表述。〔註 85〕

如此，在不同的記憶與表述中，福雷斯特成爲一個有爭議的人，而這也許是所有西方植物獵人在歷史之河與紙上之路中所具有的共性，因此值得再次評介與分析。本書將在第六、第九章中繼續講述他的故事。

3. 地理考察：怒江上的政治地理學

《弓弩之地》一文出現在 1910 年的《國家地理》雜誌上，但此時距福雷斯特在文中描述的怒江之行已過去近五年，而且，該文也不是第一次公開面世。早在 1908 年 9 月，一篇題爲《薩爾溫江上游之旅：1905 年 10 月～12 月》的文章，已在英國皇家地理學會的專業期刊《地理學刊》（The Geographical Journal）上發表〔註 86〕。《國家地理》在轉載時，更換了標題，對其中部分內

〔註 84〕 Peter Hutchison, "Hunting the Plant Hunter:The Search for George Forrest's Grave". *JARS*（*Journal of American Rhododendron Society*, V53:No1:p8:y1999.

〔註 85〕 Erik Mueggler, *The Paper Road:Archive and Experience in the Botanical Exploration of West China and Tibet*.Berkeley, Los Angeles,London:University of California Press,2011.

〔註 86〕 George Forrest, "Journey on Upper Salwin, October-December, 1905", *The Geographical Journal,* Vol.32,No.3（Sep., 1908）, pp. 239～266

容進行刪減與編輯，但照片與主體內容完全一致。（也許是當時還不存在版權
之爭，所以《國家地理》沒有附加轉載說明。）

　　將兩文進行對比閱讀，發現一個重要區別，即《國家地理》在文章一開
始，略去了此次考察的「政治」背景。

　　《弓弩之地》（美國《國家地理》）一文的開頭：

　　　　本文所描述的旅程是對位於北緯 26°至 27°30′的薩爾溫江河
　　谷一帶，進行**植物學和地理學**的考察。這兩條平行線之間的地帶還
　　是地球上的「未知之地」（「terra incognita」），長久以來，中國人，
　　以及歐洲人，在它面前都退避三舍，原因正在於我們在後文中將要
　　描述的，它的荒涼、貧瘠和難以進入（inhospitable barren ,and
　　unnegotiable）。但是，儘管有如此不利條件，此處卻是一個極具吸
　　引力的地方：在這片區域，包括整個薩爾溫江流域，居住著儸儸人。
　　薩爾溫江其支流繼續往東北、東方和南方，流經實際上整個雲南省，
　　以及四川西北部分區域。

　　　　在一個晴朗的日子，我們從騰越出發，往北行走。第四天，我
　　們經過了最後一個漢人村莊，進入到儸儸人的地盤，在 Ta-Chu-Pa
　　紮營住宿。〔註87〕

　　再來看《薩爾溫江上游之旅》（英國《地理學刊》）一文的開頭：

　　　　本文所描述的旅程，是由最近去世的利頓先生（George Litton）
　　所組織。他此行的目標**既是政治的，也是地理學的**：首先，要去考
　　察薩爾溫江和伊諾瓦底江是否在雲南西北和上緬甸形成了一個獨特
　　的地理學和人種學的分水嶺——這是當地漢人政權也清楚的明擺著
　　的事實，但出於自身利益，他們對此予以否定。第二，要去考察位
　　於北緯 26°度至 27°30′的薩爾溫江河谷，對這片區域，在我們考
　　察之前，還一無所知。

　　　　利頓先生得到位於北京的陛下公使（his Majesty's minister）的
　　特別許可，進行此次考察。我作為一個朋友和助手隨行，但我的主
　　要任務是在一個全新的區域採集植物。這次旅程確實是利頓先生組
　　織的，此文也是由我們共同完成。

〔註87〕George Forrest, "The Land of The Crossbow", *NGM,* February, 1910.

> 在十月十一日這個晴朗的日子，我們從騰越出發，往北行走。
> 第四天，我們經過了最後一個漢人村莊，在瑞麗江源頭上 Ta-Chu-Pa
> 的傈僳人的村莊紮營住宿。〔註88〕

兩相對照，利頓與福雷斯特怒江之行的目的極為明確：由政治而考察地理與民族。雖然《國家地理》沒有在文前交待考察的「政治目的」，但文中對於怒江流域的地理、歷史以及族群、文化及其認同的表述，基本是符合利頓的預設目標。那麼，利頓何許人也？為何有如此明確的政治地理目標？問題還要從英國在東南亞的殖民擴張歷史以及中緬邊界爭議講起，在此簡要概述。

19 世紀後半葉，英國與緬甸歷經數次戰爭之後，終於吞併了緬甸。為了打開中國大市場，他們急需向中國西南推進，建立貫通從印度經中國西南到長江流域的商路。1876 年，英國利用「馬嘉里事件」，迫使清政府簽訂了「中英煙臺條約」，從而取得了「商訂通商章程」以及派員「在滇遊歷調查」的權利。1886 年，英國強迫清政府簽訂《中英緬甸條約》，其中規定，「會同勘定」中緬邊界。1897 年，清政府簽訂了允許英國在雲南邊境城市騰越設置邊境貿易站，此後又在此設立領事館、海關、稅務司等機構。而利頓即為騰越領事館領事。〔註89〕在此期間，英國政府經由各種途徑與理由，在「事實上提出了要以高黎貢山為中緬北段的邊界線，以達到侵佔中緬北段全部未定界土地的要求。」由於清朝不同意此分界線，主張雙方派員會勘。清政府派出騰越關道石鴻韶，英方代表即為利頓，在 1905 年 3 月至 5 月完成會勘工作。由於石鴻韶的堅持，雙方並未達成一致意見，而是清政府提出「五色線圖」。〔註90〕而利頓向英國政府報告，要求清政府以高黎貢山線為界，以便「和平商結」。爭議未果，導致後來的「片馬事件」與「班洪事件」。此後，經歷辛亥革命、抗日戰爭、緬甸獨立等歷史洪流，中緬邊界問題終於在 1960 年中緬簽訂邊界條約而落下帷幕。

回到 1905 年 10 月利頓與福雷斯特的怒江之行。此行的目的，正是利頓為了再次確定高黎貢山是中緬地理與人種學上的天然分界線，證實他深信的

〔註88〕 George Forrest, "Journey on Upper Salwin, October-December, 1905", *The Geographical Journal*, Vol.32,No.3（Sep., 1908）, pp. 239～266.

〔註89〕 利頓（G.J.L.Litton），曾任英國駐重慶與騰越領事，著有《中國：川北旅行報告》（China: Report of a Journey to North Ssu-ch'uan, 1898）

〔註90〕 謝本書《從片馬事件到班洪事件：中緬邊界歷史沿革問題》，雲南社會科學，2000 年第 4 期。

「當地政府與怒族、傈僳和俅子（Qiu）不存在實質上的關係」。〔註91〕在《弓弩之地》一文裏，福雷斯特詳述了所經之地的氣候、動物、植物資源情況，所經村莊的地名與環境，族群特徵與經濟往來。在文末的「評論」中，福雷斯特從族源、宗教、語言等方面總結傈僳人特徵（見下表）。

《弓弩之地》一文對傈僳人情況描述（筆者整理）

特　徵	描　　述
地　理	傈僳人（The Lissoo Race）分佈在從 26°至 27°30´以北的整個薩爾溫江流域。他們沿瑞麗江（Shweli，緬甸北部河流）和伊洛瓦底江的山谷而居，直到下游的緬甸，據我所知，到達緬甸東部的撣邦（Shan states），離群獨居。
宗　教	這個部落無疑是在佛教傳入藏區之前的藏族的一個分支（offshot）。沒有一個傈僳人，哪怕是那些鄰近藏族生活的人，顯示出一點點受佛教影響的痕跡。他們的宗教受緬甸的克欽人（Kachins）影響，相信各種各樣的神靈（nats 或 spirits）存在，如果這些神靈得不到撫慰，它們會造成人生病、莊稼欠收或災難。最重要的神靈是祖先的鬼魂。傈僳人的墳墓通常在村莊附近的田野裏，在墳頭，他們放上死者生前用過的弓弩、飯碗和其它對象。這些習俗或許來源於漢人的祖先崇拜。
語　言	·除了酋長及其家人，在村子裏的任何人，都完全不懂漢語。 ·幾乎每一種村子，都說一種不同的方言，兩個與我們一道從騰越來的傈僳人，都聽不懂 26°30´以北地區的傈僳語。
種　族	實際上，在風俗習慣、衣著和生活方式上，這些人都與漢人相同，除了語言和種族的區別。

在此文中，福雷斯特（以及利頓）認為，由於傈僳人所在的深山大谷「太窮」，實在「無油水可榨」，以致清朝地方官很少涉足到他們的事務中，故而傈僳人反倒不被滋擾而過著平靜簡單的生活（由此證明中國當地政府與其沒有實質性關係）。在語言學上，強調傈僳人與緬甸卡欽人的關係淵源，將其納入到「撣語系」（Shan）裏，這種認知與同時期英國情報官員戴維斯少校從語言角度對雲南民族的分類如出一轍。戴維斯在《雲南：連接印度與揚子江的鎖鏈》一書中，把雲南民族語言分為「猛吉蔑語系、撣語系和藏緬語系」。〔註92〕這一分類體系基本上塑造了西方人的認知，不僅是福雷斯特一行，及

〔註91〕 Litton, "Report by Mr.Litton"，轉引自 Erik Mueggler，The Paper Road:Archive and Experience in the Botanical Exploration of West China and Tibet.Berkeley, Los Angeles, London:University of California Press, 2011, P.41.

〔註92〕 H.R.戴維斯《雲南：聯結印度和揚子江的鎖鏈——19 世紀一個英國人眼中的雲南社會狀況及民族風情》，李安泰等譯，雲南教育出版社，2000 年。因翻譯版省略了戴維斯有關語言調查的附錄，故轉引自彭文斌《中西之間的西南視野：

至 20 世紀 40 年代，當美國人歐南特一行到滇緬公路考察時，談到築路者與邊境民族進行語言溝通的困難，如此描述道：「這些當地的中國撣人（Chinese Shans），說的是一種混雜語言（a hybrid tongue），大多數爲撣語，但也有一些漢語和雲南方言夾雜其間。」〔註 93〕

戴維斯等人的民族分類框架對民國時期的中國邊疆民族學影響也深遠彌久，從丁文江、凌純聲、馬長壽到芮逸夫、岑家梧等，都將戴維斯的研究視爲具有現代「科學性」的民族學方法。〔註 94〕但是，據斯坦福大學博士墨磊寧的說法，三四十年代的中國民族學家們不太願意按照語言學家的分類標準進行民族分類，一方面，「因爲語言不能在所有的情況下代表民族」，但是，「除了語言之外，他們好像也沒有什麼別的選擇。」〔註 95〕另一方面，卻與中國當時特殊時局不無關係。其時，列強臨境，內亂不斷，邊疆乃至國家面臨殖民危機，中國學人與西方的學術對話，便夾雜著強烈的意識形態。對於戴維斯等「帝國殖民化的西南視野之中的中國西南少數民族分類，」這時期的中國學人「自然不得不提高警惕，開展政治化的學術鬥爭，」〔註 96〕其中，語言學分類法成爲抗爭的工具之一，即對「孟高棉」、「泰撣」這樣的外來分類術語進行清理與正名。在持續的調查、更正與重新建構後，「民國時期所稱的『撣語系』、『撣臺（泰）族系』，成了漢藏語系壯侗語族或百越族系。」〔註 97〕其它名稱也做了相應調整與變更。

可以說，20 世紀上半頁，植物獵人、探險家、領事官員等，以政治地理、民族語言爲工具進行的民族考察與分類，背後彰顯的是學術與政治、國家與民族的利益糾葛與紛爭問題，而這一影響，至今仍在餘音嫋嫋。

二、博物學家歐內斯特·亨利·威爾遜

　　　　西南民族志分類圖示》，西南民族大學學報（人文社科版），2007 年第 10 期。
〔註 93〕Frank Outram and G.E.Fane, Burma Road, "Back Door to China", *NGM*, Nov. 1941.
〔註 94〕彭文斌《中西之間的西南視野：西南民族志分類圖示》，西南民族大學學報（人文社科版），2007 年第 10 期。
〔註 95〕黑磊寧「民族識別」的分類學術與公共知識建構—美國斯坦福大學墨磊寧博士專訪》，載於彭文斌主編《人類學的西南田野與文本實踐—海內外學者訪談錄》，民族出版社，2009 年，第 229 頁。
〔註 96〕彭文斌《中西之間的西南視野：西南民族志分類圖示》，西南民族大學學報（人文社科版），2007 年第 10 期。
〔註 97〕羅康隆《試析西南民族的文化譜系》，《民族研究》，1992 年第 4 期。

福雷斯特的《弓弩之地》發表一年多後，《國家地理》雜誌刊登了一篇全面介紹中國植物資源以及歐美從中國採集、引種花卉樹木的歷史、過程與意義的文章，這就是威爾遜的《花卉王國》〔註98〕。如果說，《弓弩之地》是為雜誌讀者揭開中國西南這片未知之地的一角簾幕，從政治地理學的視角，展示的是一個荒蠻、原始的「野性中國」，那麼，《花卉王國》則如題名所示，講述的是一個有情趣、有文化的「美麗中國」。

阿諾德植物學教授瑞德爾（Alfred Rehder）認為，正是由於威爾遜（Ernest H.Wilson，1876～1930）對中國植物及其知識的精通，所以被同行們貫以「中國的威爾遜」雅號（Chinese Welson）〔註99〕。同樣，由於與中國的不解之緣，威爾遜又被稱為「打開中國西部花園的第一人」〔註100〕，而由他正式提出的「中國——園林之母」這一著名論斷〔註101〕，為一個植物王國的形象生成，奠定了首當其衝的功勞。但是，或許威爾遜最為滿意的稱號，應該是「博物學家」，那是他為自己的著作所取的標題：《一個博物學家在華西》。〔註102〕

「博物學家」稱號的獲得，仍是與在中國西南的植物採集緊密相連。因此有必要簡述威爾遜生平及其在中國的四次採集經歷。

1. 獵人之旅：打開西部大花園

與福雷斯特曲折的求職經歷不同，威爾遜從一開始就走在植物人生的軌道上。1876 年 2 月出生在英格蘭南部格洛斯特郡（Gloucestershire），威爾遜在中學畢業後即進入英格蘭中部沃里克郡（Warwickshire）一家苗圃公司當學徒。1892 年，年僅 16 歲的威爾遜進入伯明翰植物園，成為一名有前途的年輕園丁。在繁重的工作之餘，他堅持到伯明翰的技術學校攻讀植物學，由於成績優異，還被授予皇后獎。1897 年，他又來到丘園（皇家植物園），很快就因出色的才能獲得認可。威爾遜並沒有就此滿足，一年後，他又來到南康新頓的皇家科學院深造，並打算成為一名植物學教師。正當其時，著名的維奇公

〔註98〕 Ernest H.Wilson, "The Kingdom of Flowers", *NGM*, Nov. 1911.

〔註99〕 Alfred Rehder, "Ernest Henry Wilson", *Arnold Arboretum*, Vol. XI, 1930.

〔註100〕 （英）托比·馬斯格雷夫等著 楊春麗等譯《植物獵人》，希望出版社，2005年 3 月第 1 版，第 142 頁。

〔註101〕 E.H.Wilson, China, *Mother of Gardens*, 1929.此書是由威爾遜《一個博物學家在華西》（1913）再版時改名稱。

〔註102〕 E.H.Wilson, A *Naturalist in western China, with vasculum, camera, and gun*, London: Methuen&Co.LTD.1913.

司正在尋找到中國的植物獵人，威爾遜成爲首要人選。正如瑞德爾所言，「威爾遜生來就是植物獵人的料，他那一身強壯有力的肌肉、毫不氣餒的意志力以及對植物的至情至愛，不僅使他的採集與引種超過了其它採集員，而且在植物的馴化、栽培方面的研究也極爲成功。」〔註103〕

　　系統研究過近代西方識華生物史的專家羅桂環認爲，「如果把威爾遜的工作作爲西方在華引種工作整體的一個階段加以考察的話，我們很容易發現，與前一個階段的福瓊等人主要從我國花園引進現成的栽培花卉不同，這一階段西方人以引種我國的野生花卉爲主……地點也由我國的東部進入到我國的中西部。」〔註104〕而威爾遜的四次中國之旅，就是一個西部的「發現之旅」。

　　前兩次的行程都是受維奇公司所雇。第一次是於1899年4月至1902年，爲了尋找珙桐樹。珙桐樹又稱手帕樹或郜子樹，是由法國傳教士譚微道在四川寶興發現採得。這一漂亮物種引起西方人的極大興趣與思慕。威爾遜歷經艱辛，終於在湖北宜昌附近找到一棵開滿鮮花的手帕樹。威爾遜用文學性的語言描寫道：「在我心目中，珙桐是北溫帶植物群裏最有趣和最漂亮的樹……花朵由綠到純白，再到褐色，當微風輕拂，它們就像一隻隻大蝴蝶在樹間飛舞。」〔註105〕

　　第二次是1903年至1905年，爲維奇公司尋找綠絨蒿。正是這一次，威爾遜打開了西部大門。他將總部設在樂山（時稱嘉定府），先後在川北和川西的深山野谷裏，到達打箭爐、松潘等地，他收穫的不僅是成片金黃的全緣綠絨蒿和紅花綠絨蒿，還有後來在西方花園裏大放異彩的帝王百合。爲此，當威爾遜凱旋而歸後，他在大英帝國研究院的植物學所謀得了助教一職，以及維奇公司老闆哈里爵士贈送的鑲嵌著41顆鑽石的金徽章〔註106〕。

　　由於威爾遜的巨大成功，引起了阿諾德樹木園館長薩金特的注意，也促

〔註103〕Alfred Rehder, "Ernest Henry Wilson", *Arnold Arboretum*, Vol. XI, 1930.

〔註104〕羅桂環，《西方對「中國——園林之母」的認識》，《自然科學史研究》，2000年，第19卷第1期。

〔註105〕E.H.Wilson, A *Naturalist in western China, with vasculum, camera, and gun*, London: Methuen&Co.LTD.1913.P.43.

〔註106〕（英）托比‧馬斯格雷夫等著《植物獵人》，楊春麗等譯，希望出版社，2005年，第150頁。

成了其 1906 年至 1909 年的第三次中國之旅。這一次，他先到宜昌，然後又到四川，仍把基地建在樂山，從不同方向對四川進行全面搜索，在岷江山谷、瓦屋山、峨眉山等地，威爾遜的收穫數以萬計。

最後一次是威爾遜的驚心之旅。1911 年他再次受雇於阿諾德樹木園。在從松潘回成都的路上，路面陡峭，崎嶇難行。威爾遜本來坐在轎子上，卻遇山體滑坡，只能自行。不料一塊石頭落下來，砸在他小腿上，頓時皮開肉綻，血流不止。此地距成都還有三天路程，威爾遜只好用他攝像機的三角架臨時做成夾板固定住傷口，由夥計們把他抬回成都。在成都，傷口已嚴重感染，但在長老教會的醫生精心醫治下，才免截肢，三個月他能勉強行走後，回到美國接受了再治療。儘管從此右腿比左腿短了一英才，但總算能行走自如了。在他出事故的時候，他的中國助手們依然在尋找植物，珍貴松柏籽和帝王百合都安全送到了美國。儘管有此不幸事件，他的目標依然得以實現。

1919 年 4 月，威爾遜被任命為阿諾德樹木園的助理園長。1927 年 4 月，當薩金特先生去世後，他升任為園長。從中國回去後，威爾遜可謂充分享受帝國大靠山的受益者。他的足跡遍佈世界幾乎每一個有著豐富植物資源的角落，歐洲自不必說，從大洋洲的澳大利亞、新西蘭，到非洲的中部、西部，亞洲的日本、緬甸、印度、新加坡……無一不留下他的探索與發現。這些世界之旅，旨在為帝國機構建立廣泛分佈的網絡體系，「他完全認識到，他的主要目標是，為阿諾德樹木園和全世界的植物學機構建立更為密切的聯繫，以及與對植物有興趣的個人發展友好關係。」〔註 107〕

2. 博物著作：植物及其它

使威爾遜自豪地把自己區別於一般植物獵人而冠以博物學家這一稱號的，不僅是他驚人的採集量，而且更要歸功於他的著作等身。這些著作，從內容上可分為幾大類：〔註 108〕

第一，中國經歷與中國植物研究：如《一個博物學家在華西：帶著採集箱、照相機與槍支》（1913）、《植物採獵》（1927）、《中國：園林之母》

〔註 107〕 Alfred Rehder, "Ernest Henry Wilson", *Arnold Arboretum*, Vol. XI, 1930.

〔註 108〕 根據 Wikipedia 與 Rehder 文章資料整理，參見 http://en.wikipedia.org/wiki/ Ernest_Henry_Wilson，及 Alfred Rehder, "Ernest Henry Wilson", *Arnold Arboretum*, Vol. XI, 1930.

（1929）；以及主要以中國植物爲材料依據的《威爾遜植物志》，此書系與薩金特合著。

第二，觀賞植物研究：如《園林裏的貴族》（1917）、《園林裏的高等貴族》（1928）、《美國最大的園林：阿諾德樹木園》（1925）；

第三，嚴謹的植物學專題研究：如《日本櫻桃》、《日本松柏和香柏》（1916），以及與瑞德爾合作的《杜鵑花專論》（1921 年）、《東亞百合花專論》（1925）。

爲威爾遜的著作寫書評的諾曼・泰勒認爲，「有如此非凡成就的旅行者和植物學家，對一個西方人幾乎一無所知的地方，寫出來的經歷若不是趣味盎然，那簡直是不可能。」〔註109〕威爾遜的博物書籍的確堪稱通俗與專業結合的典範。他對植物的介紹不僅來自於在標本館裏的研究發現，更著重對植物在本土環境裏生長習性的描述。此外，在他很多著作裏，有大量的人文、地理環境描寫，尤其在中國，對非漢族群的觀察與記錄，細緻生動，堪稱爲人種學民族志。

此處以《一個博物學家在華西》一書爲例，大致瞭解在世紀之初的英美帝國，所謂博物學家的定義與標準爲何。這本根據個人的親身經歷於 1913 年完成的旅行與科學著作，由薩金特作序，在中國植物學與科技史研究中引用率很高，主要描述了四川和西藏邊界令人震驚的植物資源、草木知識與族群地理。正如一位書評人概括的：這本書是關於植物學「旅行」的故事，是植物學家對新區域的介紹與引進。〔註110〕實際上，這本著作還有一個耐人尋味的副標題：《帶著採集箱、照相機與槍支，對花卉王國偏僻地區十一年旅行、探險與觀察的描述》。由於筆者的論文並非專業的科學史研究，在此僅簡要介紹其目錄。

這本書共分兩卷，全書配有威爾遜拍攝的一百張照片與一幅地圖。第一卷主要介紹西部地理、旅程路線、族群特徵與社會政治經濟概況。

    Ⅰ. 中國西部：山脈與河流

    Ⅱ. 湖北西部：地形與地質

〔註109〕Norman Taylor, "Wilson's A Naturalist In Western China", *Torreya*, Vol. 14, No. 1
（January, 1914），pp. 8～10.

〔註110〕J. M. C. "Wilson's A Naturalist In Western China", *Botanical Gazette*, Vol. 57, No.
4 （Apr., 1914），p. 332.

Ⅲ. 旅行方法：道路與食宿

Ⅳ. 尋找花卉：湖北西北行

Ⅴ. 森林與峭壁：穿過湖北—四川邊界

Ⅵ. 四川的紅色盆地：地質、礦產與農業

Ⅶ. 四川西部：從巫溪縣（Taning）到宣漢縣（Tunghsiang）的旅行

Ⅷ. 古老王國巴（Pa）：從宣漢縣到閬中府（Paoning Fu）

Ⅸ. 成都平原：「中國西部的花園」

Ⅹ. 四川西北：翻越大山到松潘廳

Ⅺ. 漢藏邊陲：「蠻子之地」

Ⅻ. 羌戎部落（Chiarung）：他們的歷史、風俗與傳統

ⅩⅣ. 穿越漢藏邊陲：灌縣到丹巴縣（Romi Chanco），巴郎山（Panlan Shan）

ⅩⅤ. 穿越漢藏邊陲：丹巴縣到打箭爐：大寶山的森林

ⅩⅥ. 打箭爐，西藏之門：它的人民、風俗與傳統

ⅩⅦ. 神聖的峨眉山：它的寺廟與植物

ⅩⅧ. 穿越老林（Laoling）：從樂山到馬烈鄉，途經瓦屋山

ⅩⅨ. 瓦山和它的植物〔註111〕

第二卷對川西植物與動物進行詳細介紹。首先概述中國西部的植物，認為其是世界上最富饒的溫帶植物群。對主要的成材木、果實、中藥材、園林與園藝學、中國人最喜愛培養的花、農作物、經濟樹木、茶樹以及西藏的茶葉貿易等，都有專章論述。除此以外，還有四章為西部中國的動物、鳥類主題。最後，作者簡潔地闡述了當前中國政治動亂的原因與可能趨勢。

由此可知，威爾遜的著作，其實是集地理、民族與植物、動物，以及旅行遊記、中西交際於一體的著作，而其中對川西的百張照片，更成為歷史的記錄，也充分體現西方人的眼光與視角，值得作為人類學讀本進行分析。正如書評人泰勒的推薦詞：「可以說，所有熱愛植物的人都應該讀讀這兩卷本

〔註111〕 E.H.Wilson, A Naturalist in western China, with vasculum, camera, and gun, London: Methuen&Co.LTD.1913.地名音譯參照印開蒲等著《百年追尋——見證中國西部環境變遷》中「威爾遜《中國——園林之母》一書地名對照表」，中國大百科全書出版社，2010年，第569～579頁。

大作，而每一個想要到中國旅行的人，以及對於一般的讀者和商人，都要知道，這本書提供的中國西部的知識，可比其它任何著作都要更爲詳細與有趣。〔註 112〕

將《花卉王國》一文與《一個博物學家在華西》進行對照，可以發現，《國家地理》1911 年發表的文章，是威爾遜後來論著的精華微縮版。文中所配照片，全部用於論著，而兩者的基本觀點也完全相同，甚至，《花卉王國》的大量段落，幾乎未加改動地收錄於論著。

因此，本書擬對《花卉王國》一文稍加引介與評述，以此得知，在當時中國革命風起雲湧之時，西方讀者通過《國家地理》所瞭解到的中國的另一面。

3.《花卉王國》：另一個中國

1911 年，中國爆發了對一個國家未來起著翻天覆地深遠影響的資產階級革命，史稱辛亥革命。在這一年，《國家地理》共刊載了三篇關於中國主題的文章：《花卉王國》（11 月）、《人口綢密美麗富饒的四川》（12 月）以及《中國近況》（12 月）。三篇文章，構成了美國認知中國的三重視角：人文地理、社會變遷與政治變局。

《四川》一文由美國地質學家、《地理學刊》創辦人羅林‧錢柏林（Rollin T.Chamberlin）撰稿，描寫在當時中國十八省之中，四川面積最大、人口最多，在某些方面最富饒。除對都江堰、成都街景、城門寺廟以及鄉間農業、風景人情進行素描外，文章還介紹了成都的教會學校，配以傳教士在指導留著長辮子的華西大學學生練習棒球的照片。由於現代化的西方教育，「四川也是當前革命的發源地」〔註 113〕。《中國近況》的作者麥考密克（Frederick McCormick）是美聯社駐北京通訊記者，也是中國文學與歷史專業的學者，由於常在《瞭望》（The Outlook）、《世紀雜誌》（Century Magazine）上發表文章，爲時人所熟知。此文是 11 月份在《國家地理》髮表演講的文字實錄。麥考密克縱論當前中國局勢，對暗殺慈禧事件、國外貸款風波等不安定因素

〔註 112〕Norman Taylor, "Wilson's A Naturalist In Western China", *Torreya*, Vol. 14, No. 1（January, 1914）, pp. 8～10.

〔註 113〕Rollin T.Chamberlin, "Populous and Beautiful Szechuan:A Visit to the Testless Province of China, in Which the Present Revolution Began",*NGM*,Dec.1911.作者在此指四川的「保路運動」與辛亥革命的關係。

進行回顧分析，也指出美國對中國局勢的錯誤認知及其後果。〔註 114〕相比
這兩篇講述社會結構與政治動盪的文章，《花卉王國》呈現出「另一個中國」，
闡述中國的植物資源、人文地理，分析美國海外貿易中，中國植物資源與異
域引種所佔的重要角色與意義。〔註 115〕

文章由照片與文字兩部份構成，分述之。

（1）照片類

全文共配威爾遜所攝照片 24 幅，全部收錄於兩年後出版的《一個博物學
家在華西》（該書中有照片 100 幅）。從類型來看，照片大致分三類：

A. 植物：這一類型的照片最多，共有 14 張。威爾遜所拍植物照片，以
野生樹木為主，每張照片有拍攝地點、植物屬名、小大尺寸、生長特性的簡
單介紹，大部份注明其價值與重要性，尤其是美國引種的必要性與產生的經
濟價值評估。除了這些基本的博物學知識，威爾遜也很擅長構圖法，所拍的
樹木大多構圖簡潔精巧，如毛竹飄逸清疏，皂莢樹枝影橫斜，漆樹峻瘦曠達。
又往往點綴幾間青瓦茅廬，或農夫販卒，既襯托對比出樹木大小，又增添幾
分野趣，儼然一幅東方野景圖，十分符合西方對東方田園風光的想像，或許
正是它們，創造了西方的東方印象。

所拍樹木名錄如下：

嘉定（樂山）的銀杏樹；宜昌附近的皂莢樹、報春花、常綠闊葉樹柞木；
四川西部（Chiu Ting Shan）上的鏽毛泡桐；揚子江畔的蜜橘（甜橙）；萬縣揚
子江邊的筆管榕；岷江邊水富附近金鑲玉竹；農民砍伐的一棵雲南松圓木；
四川西部樂山府的毛竹；揚子江邊的油桐；青池縣（Ching Chi）的漆樹；成
都的冬瓜茱地；四川西部豐都縣種植的罌粟花（圖片說明：中國人正在強制
執行最近國際鴉片煙大會上的決議，該會議要求中國鴉片種植必須逐年減
少）。

B. 景觀：這一類照片有八張，往往融風景、建築與人物於一體，景
觀不是單純的自然風景，往往重在介紹其歷史文化，或人與自然的力量對
比。

〔註 114〕Frederick McCormick, "Present Conditions in China", *NGM*, Dec.1911.

〔註 115〕Ernest H.Wilson, "The Kingdom of Flowers", *NGM*, Nov.1911。以下引文均出自
於此篇文章，故不再做注。

比如一幅拍攝於四川西部灌縣的「竹林與楠木林中的寺廟」照片，作者說明道：「楠木是中國最有價值的樹木，用於寺廟建築與棺材木料。中國人對自然美景有強烈愛好，他們把最好的地方用於修建寺廟和聖祠，並且往往種上珍稀名貴樹木」。在岷江水富附近，他拍到「石壁上的蠻子洞」，特意注明鑿刻此洞的族群已消失。還有一張「四川到拉薩的路」：廣角鏡頭裏，一條像繩子一樣的山路，盤旋消失於深山峽谷中，路的一邊山上怪石嶙峋，另一邊崖下江流湍急。在圖片的左下角，兩個背茶客的背影佔據於畫面隱隱一角。這樣的構圖法，越發顯出大自然的雄偉與人力的渺小。

本文中此類型的照片還有：成都附近一座聖祠邊的竹林小徑；成都府轄郫城（tartar city）內的民居與小巷；青州附近的貞潔牌樓；高山下的打箭爐城；小金縣（Monkong ting）；從四川到西藏的木板橋。

C. 人物：在威爾遜的照片中，單純的人物照非常少，在《國家地理》發表的文章裏，僅有兩幅，不能與洛克和福雷斯特的人種志攝影相提並論。

但就是這兩張照片，其意味深長值得仔細評說。其中有一張背負茶磚行走在茶馬古道上的背茶客，是其所拍照片裏最有名的一張（見本書第六章「西南之路」裏相關論述）。

另外一張，標題為「作者的大隊伍」。這張照片裏一共有 24 個中國農民，從灌縣到打箭爐的路上。他們是威爾遜的植物採集員。照片中的男人頭上裹著包頭布，腳穿草鞋，或坐或站，大多數人手持一根扁擔，用於挑裝有植物種子的大麻袋。再看圖片說明：「薩金特博士的事業所帶來的結果，是從中國獲取的上千樹種，大約 1200 種樹木是我們未曾栽培過的新品種，包括觀賞樹木與灌木，長綠與落葉樹。還有新的百合、鳶尾屬植物、牡丹以及數量驚人的草本植物；以及可用於造林的具有木材價值的松柏類樹木；還有許多具有經濟價值的果實類植物，尤其是槳果類。」

THE AUTHOR'S CARAVAN, WHICH CROSSED FROM KUAN HSIEN TO TACHIEN LU VIA THE TRIBES' COUNTRY, A DISTANCE OF APPROXIMATELY 330 MILES

"Dr. Sargent's enterprise has resulted in the acquisition from China of some thousands of seedlings, covering about 1,200 species of plants new to cultivation. These embrace ornamental trees and shrubs, evergreen and deciduous in character; new lilies, iris, peonies, and other stalking herbs; new conifers of probable value as timber trees for afforestation work, and many economic plants valuable to the plant-breeder as a source of new races of fruits, more especially berries."

　　值得注意的是，這張拍攝人的照片，除了標題「作者的大隊伍」（The Author's Caravan）以外，沒有對照片中的人物進行一字介紹或說明。從某種角度看，這種典型的「題文不符」，暗示了照片中的人物或許只是作者的採集隊與運輸隊，如同不需要姓名的工具，這也是西方植物獵人文本裏不謀而合所共同編碼的「在場的沉默者」。在圖片右邊，是作者乘坐的轎子。其實在四川西部崎嶇的山路上，轎子能派上用場的時候很少，但它們是西方人權力與地位的象徵，不可或缺。

　　（2）文本內容

　　威爾遜的《花卉王國》是綜述類科普作品，又要力求引起《國家地理》中上層階級讀者注意與認同，因此他在縱論古今中西的植物文化與貿易利益中，以中國資源對美國的重要性爲全文主旨，正如副標題所呈現的：在中國的幫助下，阿諾德樹木園致力於使美國更美麗富饒。

　　總的來看，文章有三大內容，由於此前已在文中多處引用，以下簡要總結。

　　其一，植物群關聯理論

　　威爾遜通過四次中國行，對中國的植物資源有了切身觀察與科學研究，認爲中國植物群與美國有相當的關聯性：

　　　　眞正和中國植物最有密切關係的地方卻是大西洋彼岸的美
　　國……這樣的例子很多，同一類的兩種屬，一種在美國東部，另一

種卻在中國和日本。具有代表性的例子就是鬱金香樹、肯塔基可可樹和黃樟。這些物種，中國擁有其中一種，美國有另外一種。許多樹種對兩個國家而言都尋常可見。

究其原因，乃在於：

> 史前，北半球遍佈冰川。在那個時候，亞洲和美洲連爲一體，植物也生長在更靠北的地方。隨著冰蓋逐漸融化，迫使植物往赤道方向撤退。後來，大寒時代結束，冰帽減弱，植物區又能往北移一點。但是，相比從前，冰蓋仍然更靠近南緯，使得以前森林覆蓋的地方，由於寒冷氣候，植物無法再生長。這次冰川時代後的地理大變動，導致兩個半球分立，獨成一體，植物區系也就分開了。其它的因素對植物分佈也有影響，但以上解釋簡略概括了爲什麼在如此隔離的地理區，卻有如此相似的植物種類。

其實，最早注意到植物區域分佈關聯的，是阿薩·格雷，他在此前 50 多年，從日本調研中，提出日本植物與美國植物的密切關係。但是，威爾遜從中國引進的植物，充分說明：

> 僅在一個世紀以前，中國還被隨意地稱爲「Indies」，這個地理上的失誤使一些物種的名字被長期錯誤地稱呼，以至於來自中國的物種被加以前綴「Indica」。在上個世紀中期，一些用於裝飾的植物從日本引進，植物學家給他們取名「japonica」。但後來才發現這些植物品種其實來源於中國，日本也是從中國引進的。

用科學事實糾正了西方對中國的錯誤認識，使一位研究者也指出：「阿薩·格雷應該修正一下他的理論，他應該解釋的問題應改爲美國東北部和亞洲東部的植物爲什麼關係如此密切。」〔註 116〕

其二，中國植物培育傳統與局限

威爾遜認爲，中國人種植花草樹木的歷史堪稱悠久：

> 在中華文明的開初，也就是現代國家祖先們還處在野蠻時代時，天朝帝國的子民們就對花花草草別有鍾情了。最貧寒人家的茅舍旁邊，你都能看到奇異的樹木；在旅店的院庭裏，店家會爲擁有幾棵別具特色的樹而自鳴得意；寺廟的院落被花草襯托得更爲清

〔註 116〕 Norman Taylor, "Wilson's A Naturalist In Western China", *Torreya*, Vol. 14, No. 1（January, 1914），pp. 8～10.

幽，文人雅舍和富貴人家的花園裏更是種滿了各種名花珍草。在一
些富裕的城市像蘇州、杭州和廣州更有在這個幅員遼闊的中華帝國
聞名遐邇的園林。

但威爾遜也指出中國人培育植物的品種很單一，也不太注重其經濟價
值，他們給花與樹賦予特定的內涵與價值，比如梅蘭竹菊，各有品性，而且
判定花的品質的依據還有其顏色純淨、習性優雅以及香味微妙等。

通過用科學眼光的介紹與評論，一個古老、浪漫卻停滯在時代潮流中的
東方古國形象得以建構並鞏固，同時也為西方的植物採獵提供了合情合法之
依據。

其三，美國植物採集史與未來採集重點

威爾遜向美國讀者介紹，中國的植物群，從廣泛意義上來說，屬於溫帶
植物群。其價值在於，具有觀賞價值的樹木和灌木種類豐富，美麗多樣，能
夠在中國乃至歐洲的任一戶外公園、花園裏種植。相比來說，儘管大西洋北
部不乏美麗的闊葉樹和灌木，但缺乏四季常綠的闊葉林是很大的遺憾。因
此，威爾遜感歎道：「對這些我們極度需要的四季常綠植物種子，若我們從
中國弄到一半，那將是多大的禮物啊！雖然不能太樂觀，我們仍有理由充滿
希望。」

接下來，威爾遜歷數從西方派到中國的植物獵人，其貢獻與成就。而對
於以後要採集的重點，威爾遜有清晰的指導思想，其中有句話值得再次引用：
「我們生活在一個實用主義的時代，任何行動最終要以是否對人類有實際效
用而判定。在中國的植物探求當然不只是為了單純的審美和學術價值。」在
「要採集具有經濟價值的植物」的目標下，威爾遜列舉了產油的、作為工業
原料的油桐、漆樹、橡膠等，以及可以解決木材荒的杉樹、可以用做果實的
漿果類樹木，等等。

作為一位維多利亞時代的博物學家，威爾遜對中國植物的記錄與研究，
對花卉王國、園林之母的肯定與讚歎，成為當今中國人追溯時代變遷的憑據。
〔註117〕現在中國環境資源遭受極度破壞，美景不復，遙想當年，確有激勵之
功。但是，正如本書一再說明的，只有當西方列強在特定的時代背景下建立
的植物學帝國主義，得到認真檢索與反思，這樣的「追尋」才有意義。

〔註117〕印開蒲等著，《百年追尋——見證中國西部環境變遷》，中國大百科全書出版
　　　　社，2010年。

三、「人類學家」約瑟夫・洛克

1996 年，《國家地理》雜誌的助理編輯麥克・愛德華茲（Mike Edwards）沿著洛克的足跡，來到雲南省古魯肯村（Nguluko，即今天的玉湖村，又稱雪嵩村），他發現：「這個村的村民至今還記得洛克，若他在天有知，一定會非常高興。」這個村的老者不僅記得有個「洛博士」，而且洛博士從美國帶去的一些東西，比如牙科器械，或者他走時留下的如鋸子、鑿子，居然迄今還被幾位村民使用著。筆者於 2014 年到玉湖村時見到洛克當年的舊物已收藏在「洛克舊居」裡。愛德華茲回顧了洛克爲《國家地理》寫的十篇文章，自豪地將洛克稱爲「我們的男人」，他說：「我們的男人在中國，當然，他不僅僅是我們的。作爲一個植物學家，他還屬於夏威夷和哈佛大學，哈佛大學還聲稱他是歷史學家和詞曲編撰學家。最重要的，他屬於中國。他看到了中國，他在那兒生存下來，它用文字和照片記錄了它——他到了中國！」〔註 118〕

約瑟夫・洛克舊居，位於玉龍雪山腳下雪嵩村（筆者拍攝）

隨同愛德華茲一起尋訪洛克足跡的著名攝影記者麥可・山下（Michael Yamashita），在其大型攝影文集《尋訪香格里拉》中，宣稱洛克「可以算是我的老朋友」，因爲正是通過洛克與洛克的作品，山下開始認識中國的西南以及西藏，開始「探索失落的茶馬古道」並尋訪「飄渺的香格里拉」。〔註 119〕而洛

〔註 118〕 Mike Edwards, photographed by Michael S.Yamashita, "1922～1935:Our Man in China:Joseph Rock". *NGM*, January ,1997.

〔註 119〕 （美）麥可・山下《尋訪香格里拉：探索失落的茶馬古道》，胡宗香譯，電子工業出版社，2013 年，第 248 頁。

克與香格里拉的淵源，成爲關於「地理的想像」與「想像的地理」之間微妙難解關係的最典型案例。

哈佛大學檔案館收藏的洛克檔案裏，對洛克的身份介紹如下：約瑟夫·洛克——植物學家、人類學家、探險家、語言學家和作家。〔註120〕也許在所有植物獵人中，洛克擁有頭銜最多，而每一個名稱，其實就是一種身份認定，無論是記錄在植物標本的標籤上，還是投射在黑白或彩色照片裏，無論是用腳丈量還是用筆書寫，無論虛擬還是眞實，都代表了一個人與特定時間、空間的情緣。

1. 植物學家

約瑟夫·洛克（1884～1962），於 1884 年出生於維也納，其父親是當時奧地利貴族世家波托茨基伯爵（Count Jan Potocki，1761–1815）兒子的僕人。該伯爵是一位探險家，遊歷過歐洲、亞洲和北美，同時還是第一批從語言和歷史角度研究斯拉夫人的民族學者。波托茨基伯爵還著有流傳甚廣的遊歷小說《撒拉格撒手稿》（*The Saragossa Manuscript*），這本小說被認爲是幻想小說體裁的開端之一，它「以優雅的敘述與異國情調來誘惑讀者接受不可能的事情」〔註121〕。也許這本書穿越幾十年時光後，誘惑的對象之一就包括了年幼的洛克。洛克的母親在他六歲時就已去世，他父親也許經常將他帶到雇主的家裏。英國旅行作家布魯斯·查特文猜想到：「我常常想像，在他父親雇主的圖書館裏，洛克想必早已閱讀了主人那本關於異國他鄉的小說《撒拉格薩手稿》，並且深受其影響。」〔註122〕十三歲時，洛克在對古老中華（Cathay）的想像中，開始自學漢語。

這位社會底層階級家的孩子，卻有著不安分的靈魂。洛克嚴厲的父親要求兒子成爲一名教堂裏的牧師，但洛克，正如他的名字 Rock（石頭），無聲而執拗地選擇了自己的道路。這條人生路，已被眾多研究者詳細介紹過。〔註123〕

〔註120〕Archives of the Arnold Arboretum of Harvard University, Cambridge MA 02138. "Papers of Joseph Francis Charles Rock（1884～1962），1922～1962: Guide", Cambridge MA 02138.

〔註121〕Martín Santana C. "The world of the fantastic as literary genre: The trace of a quest in Angela Carter's The Bloody Chamber". *Philologica canariensia: Revista de filología de la Universidad de Las Palmas de Gran Canaria*, 1996（2）：185～194.

〔註122〕Bruce Chatwin, "In China:Rock's Kingdom", *New York Times,* March16,1986.

〔註123〕比較詳細地研究約瑟夫·洛克的著作有：Sutton, S.B. *In China's Border Provinces: The Turbulent Career of Joseph Rock, Botanist Explorer*, New York, 1974; 該書已有中文翻譯版, 斯蒂芬尼·薩頓著《苦行孤旅：約瑟夫·F·洛克傳》, 李若虹

在此簡述之。18 歲時，洛克離開家庭，在歐洲各個國家幾近身無分文游蕩了四年後，終於來到紐約。在紐約他開始學習英語，由於患了結核病，他來到空氣較爲乾爽的美國南部城市聖安東尼奧，進入貝勒大學學習英語和聖經。1907 年，洛克再一次出發，到了遠離美國本部的夏威夷，完全依靠自學，獲得了他人生中第一個意味著專業權威的職業與稱號：植物學家。

洛克在火奴魯魯的一家私立中學裏教授拉丁文與博物學。正是博物學這門課程激勵了他，使他走出教室，進入到神秘的樹林中，親身觀察與研究，成爲夏威夷林業部的植物學家，繼而建立起一個夏威夷原生植物標本館。在此期間，洛克撰寫了數篇植物學論文與專著，其中有影響力的是出版於 1913 年的《夏威夷島的原生樹木》以及《夏威夷島嶼上桔梗科半邊蓮亞科植物的專題研究》（1919）等。〔註 124〕洛克在著作中大量使用植物攝影，代替此前的植物繪圖方式。

1921 年，美國農業部意欲尋求一名到緬甸、泰國等東南亞國家去採集大風子樹（Chaulmoogra）的植物獵人，據說這種樹的果實提煉的油能生產出治療麻風病的藥物。而洛克在夏威夷採集植物期間，曾登上一個神秘、隔絕的島嶼，那裡面關著各地來的悲慘的麻風病人。命運的安排就這樣充滿了必然與偶然，而任何偶然也許又早已潛伏在必然之中。洛克接受農業部的派遣，開始異域植物獵人之旅。兩年後，他的首篇異域珍聞刊登於美國《國家地理》雜誌上。〔註 125〕

從 1922 年開始，洛克先後受雇於美國農業部、阿諾德樹木園、美國國家地理學會，以及史密森松尼安博物館等機構，把人生的大部份時光留在了中國西南的崇山峻嶺中。他以麗江爲基地，率領他的納西助手們，以「國家地理探險隊之雲南遠征隊」的名義，遊歷於薩爾溫江、揚子江、湄公河的亞洲

　　　　譯，上海辭書出版社，2013 年。Jim Goodman, *Joseph F.Rock and His Shangri-La*, HongKong,Caravan Press,2006；Erik Mueggler, *The Paper Road:Archive and Experience in the Botanical Exploration of West China and Tibet*.Berkeley,Los Angeles, London: University of California Press, 2011；以及納西族學者和匠宇、和鑀宇《孤獨之旅：植物學家、人類學家約瑟夫.洛克和他在雲南的探險經歷》，雲南教育出版社，2000 年。

〔註 124〕Joseph Rock, *The Indigenous Trees of the Hawaiian Islands, Honolulu:Privatedly published*, 1913; *A monographic study of the Hawaiian species of the tribe Lobelioideae family Campanulaceae*, Vol. 7. No. 2. Pub. by Authority of the Trustees, 1919. "Palmyra Island with a description of its flora." （1916）等。

〔註 125〕Joseph Rock, "Hunting the Chaulmoogra tree", *NGM*, March ,1922.

大峽谷，他遠赴木里王國、甘肅卓尼與永寧樂土，到雄偉的明雅貢嘎、貢嘎嶺與阿尼瑪卿山探險訪聖。

　　洛克的植物成就是驚人的，這一點我們在前文已多次提及。國家地理學會會長格羅夫納在 1925 年撰寫了《國家地理學會雲南探險隊》一文。文章全文登載了農業部部長亨利・華萊士和國家博物館負責人雷文納爾先生的感謝信，摘引如下：

　　　　我謹代表農業部對於國家地理學會為美國園藝事業所做的貢獻表示衷心感謝。

　　　　我部同仁饒有興致地尋繹著他過去 18 個月的漫遊蹤跡。洛克成功地把種子包裝起來並寄回華盛頓，令大家尤為感到驚奇。我們知道，要從雲南這樣的地方把極易腐壞的種子處理妥當並郵寄回來是何其不易的事情。

　　　　就我們所知，洛克博士寄回的種子，一路輾轉，卻沒有丟失過任何一包。

　　　　成千上萬的種子都已經發芽，其幼苗成長在馬里蘭州貝爾縣的引種植物園裏。此外，農業部還把洛克博士不同種類的杜鵑花和松樹分散到許多育苗室，分發給公園主管們，派送給主要植物園以及大不列顛的私人植物收藏館，人們相信植物在英國也能培育成功。

　　洛克的探獵不限於植物，到 1924 年止，他送回去的植物與動物標本也被國家地理學會送給了國家博物館，由此獲得了博物館館長熱情洋溢的感謝信：

　　　　我非常高興地對這一饋贈表示感謝。我們共收到來自中國雲南、西路和西藏東南部的 6 萬餘種植物標本、1 千 6 百餘種鳥類標本和 60 餘種哺乳動物標本。這些標本都是由洛克先生率領的國家地理學會探險隊獲取的。

　　　　鳥類館副館長 C.W. 里奇蒙博士指出，這批鳥類標本是迄今為止國家博物館從亞洲地區一次性獲得的最重要的一批收藏品。

　　　　標本處理得當，標注完備，運抵博物館時保存得完整無缺。對於處理、包裝、託運這些標本的方法，為這些標本啟封的鳥類

學家都感到無可挑剔。凡親手打開包裹的專家，特別是當他們得知收集者是一位從未受過這方面專業訓練的植物學家時，都讚歎不已。

……

我謹此深表謝意，對這一贈予行為表示由衷的感謝，並將贈品標注為國家地理學會贈品。〔註 126〕

格羅夫納在文章中全文刊登兩封感謝信，當然是為了顯示學會與官方和科學界的親密合作關係，再次牢固地樹立和鞏固自己的半官方非盈利性質的科學機構地位。此外，格羅夫納尤為在意的，不僅是洛克「實實在在地豐富了西方世界的植物品種。」更在於，「由於學會的資助，洛克先生拓展了在雲南的工作範圍。他的研究工作和探險活動使我們瞭解到中國境內一片鮮為人知的地域，以及那裡風俗各異的部族。」〔註 127〕

2. 人類學家

洛克對中國西南的表述，實際上由四大類組成，其一是他與雇主或朋友的通信，其二是他的日記，〔註 128〕第三為學術論著，第四大類是《國家地理》上的文章。最後一類，筆者將在第九、十章著重分析。

奇怪的是，洛克在小小的夏威夷島上寫出數篇權威的植物學著作，卻從未寫過一篇關於中國植物的論文。相反，他筆耕不輟的，是那些「奇異的」風俗、儀式，獨特的文化與族群，還有他傳奇般的經歷與複雜心境。除了《國家地理》的文章，他還在各種刊物上發表關於納西文化的論文數篇，如在成都《華西邊疆研究會雜誌》、北京的《華裔學志》以及《人類志》（Anthropos）等刊物發表了《納西巫師的殺魂研究》、《納西文學裏的洪水故事》、《Zherkin 部落及其宗教文學》、《納西－印度那伽儀式相關性研究》、《漢藏邊陲的薩滿教研究》，等

〔註 126〕Gilbert Grosvenor, LL.D. "The National Geographic Society's Yunnan Province Expedition", *NGM* ,April,1925. 譯文采用甘雪春主編，《大洋彼岸的目光：美國學者眼中的中國西部少數民族文化》，昆明：雲南人民出版社，2003。

〔註 127〕Gilbert Grosvenor, LL.D. "The National Geographic Society's Yunnan Province Expedition", *NGM*, April 1925

〔註 128〕洛克的書信與日記目前收藏於哈佛大學居多，大部份原件與打印件可在哈佛大學官方網站查詢，檔案目錄為"Papers of Joseph Francis Charles Rock （1884～1962），1922～1962: Guide", Archives of the Arnold Arboretum of Harvard University, Cambridge MA 02138。洛克日記所記細緻完整，而大量情感流露堪比馬林諾夫斯基日記，與公開出版物形成表述異文化的互文文本。

等。〔註129〕此外，還有畢其一生精力編撰了一本1094頁的《納西語－英語詞典》。而讓洛克被納西人惦記，並尊稱其為「納西學研究之父」的，是其極具史料價值的《中國西南古納西王國》。這本書為洛克贏得了人類學家的稱號。

《中國西南古納西王國》一書開始於1934年，最終於1945年在美國哈佛大學出版社出版，受哈佛燕京學社資助。此書可謂標準的民族誌著作，分為兩卷，各章目錄如下：〔註130〕

第一章：導言——雲南省

第二章：麗江的歷史

第三章：麗江的地理

第四章：麗江迤西和西北部區域

第五章：永寧區域的歷史和地理

第六章：鹽源縣的歷史和地理

每章體例基本以地方志結合實地考察排布。就實地考察而言，正如作者在「前言」裏所言，「我花了12年的時間對雲南、西康和與此毗連的納西人居住區域進行了全面考察。」經由雙腳一步步丈量，洛克完成了繁瑣細緻的地理記錄。例如，在寫「昆明到大理的道路」中，作者將昆明經大理至麗江的路分為17個站，每一站以第一現場的方式進行介紹，比如在第7站：

從楚雄到呂合街有60公里，海拔為6500英尺（1981.2米）。出了楚雄西門，走過縣城近郊，通過壩子的西頭，跨過三家塘小村附近的一座搭橋，進入有幾條岔路的山谷，轉向右邊那條路，山丘都是紅沙石和黏土構成的，越過長著小松樹的矮山，我們下到另一個小平壩，道路從平壩的邊緣穿了過去，幾個小村座落在山麓的小丘上，其地海拔6350英尺（1935.5米），客商通過的打尖地點是大石鋪。沿途長著壯觀的櫟樹林。〔註131〕

〔註129〕 *The Killing of the Soul By Naxi Sorcerers*, West China Border Research Society; *The Story of the Flood in the Literature of the Na-khi Tribe* , Monumenta Serica; *The Zherkin Tribe and their Religious Literature. The Na-Khi-Naga Cult and Related Ceremonies*, Serie Orientale Roma,Iv,1952; *Contributions to the Shamarism of the Tibetan-Chinese Borderland*, Anthropos,1959; etc.

〔註130〕 Joseph F.Rock, *The Ancient Na-Khi Kingdom of Southwest China*,Harvard University Press1947.中譯本目錄比原版本詳細，且把原版本分插的圖片集中到內容之後。

〔註131〕 約瑟夫・洛克《中國西南古納西王國》，劉宗岳等譯，宣科主編，雲南美術出版社，1999，第10～11頁。

細緻之處，還在於英文版中，幾乎每一個地方的地名，都由納西語、英語和漢語（繁體字）進行標注。然而，作者自感其著力最多之處，卻是文獻工夫。他「首先收集關於中國西部的中國文獻，然後收集所有用歐洲語言撰寫的有關這些區域的出版物。」以至洛克自豪地宣稱「我自己的藏書中有很多在亞洲、歐洲和美洲各個圖書館中所沒有的孤本圖書。」〔註132〕

在引述地方志時，洛克有時會很巧妙地將自己的觀點寓於一些評價性詞彙中，比如介紹一本大清乾隆時期麗江府知府管學宣所著地方志《麗江府志略》，這本書的開頭爲：

> 邊陲荒陋之地，忽化而文明，其所以被化者，非臣子之力所能致，而其布化也，則必由方面守土之名臣，悉心經理、教訓、正俗，而後百世千世之雅化，蔚然開先焉。〔註133〕

對此語句，洛克寫道：「在這本志書的序言中，我們看到這樣一段自大、傲慢（pompous）的開場白。」〔註134〕由一句「自大傲慢」的評價，足可看出洛克對於清帝國所實施的「改土歸流」政策所持謹慎、保留甚至反對的觀點。接下來他進一步介紹管學宣自言修此地方志的背景，在於一些漢族官員沒有把納西人同化爲漢人，自己反而受了納西人的同化。管對這些漢族官員的無能進行指責。對於管的指斥，洛克分析說：「管氏是清政權下就任知府這個職位的，所以很容易看出他爲什麼要詳細敘述人民從清帝國所得到的恩惠德澤，」管學宣指出經過二十年改土歸流後，「他們（納西人）如牛羊戀芳草般地被皇上的恩澤所吸引」。當讀到此語時，洛克略帶諷刺之意地寫道「這種虔誠的願望究竟有沒有實現過，還是充滿疑問的。」〔註135〕

洛克在著作中呈現出打破大漢族中心主義與中央－邊陲的等級觀，這是其被稱爲「人類學家」的原因所在。在1931年發表的《聖山貢嘎里松貢巴》一文中，洛克分析漢人對少數民族的命名，指出其中充滿歧視：

〔註132〕同上，前言，第9頁。

〔註133〕管學宣《麗江府志略》，大清乾隆八年三月十青，轉引自約瑟夫・洛克《中國西南古納西王國》，劉宗岳等譯，宣科主編，雲南美術出版社，1999，第28頁。

〔註134〕Joseph F.Rock, *The Ancient Na-Khi Kingdom of Southwest China*, Harvard University Press1947.P28. "Pompous" 除了「自誇自大」外，還有「華而不實」等意思。

〔註135〕約瑟夫・洛克《中國西南古納西王國》，劉宗岳等譯，宣科主編，雲南美術出版社，1999，第29頁。

　　　　總體上，漢人稱呼少數民族時具有輕蔑意味，而非用少數民族
　　的自稱。比如諾蘇人（Nosu）被稱爲「儸儸」；納西人，稱爲「摩梭」
　　（Moso），以及「西蕃」、「蠻子」、「西夷」等。漢字又常常用動物
　　偏旁組成的字命名少數民族，體現出完全的貶損與蔑視。〔註136〕

　　然而，在對待自己內在的帝國主義、白人中心優越感時，洛克的表現卻
難以爲人稱許。且不論他在西南極盡排場彰顯的「洋老爺」身份，僅從其著
述中亦可窺見一二。洛克在對永寧里新人（Hli-Khin）的「道德」進行描述與
評價時，認爲里新人只承認他們的舅舅，「他們不知道『父親』一詞……並說
他們沒有父親」，洛克解釋說，這是因爲「永寧喇嘛奇特的生活方式……他們
都不結婚，是獨身者。這樣做的結果是生下了一群不知其父的私生子
（illegitimate children）」，而且，由於女子可以自由地結束與一個男子的關係
而另尋他人，洛克認爲，這種「亂交」（promiscuous sexual intercourse）導致
了性病的流行。洛克總結說：「永寧人的道德水準，絕對難以說得上高」（the
moral standard of Yung-ning is thus anything but high）。〔註137〕批評家吉姆·古
德曼注意到此細節，他尖銳地批評道：「對於一個其調查方法堪稱全面、細緻
與科學的人來說，這簡直是令人驚奇的一頁。他的描述既不全面也不准確，
暴露了對所記錄社會的偏見。」〔註138〕

　　最嚴格的評價來自於繆格勒，他指出洛克過度倚重於地方志等文獻資
料，沒有做出文化理論的建構。繆格勒說：「用馬林諾夫斯基的民族志標準來
看，這本『文獻中的人類學』，其實根本對『文化』不感興趣。」〔註139〕

3. 探險家

　　洛克兩次率領「國家地理學會雲南探險遠征隊」（1923～1924 和 1927～

〔註136〕Joseph F.Rock，Konka Risumgongba, Holy Mountain of The Outlaws. *NGM*, July,
　　　　1931.
〔註137〕Joseph F.Rock, *The Ancient Na-Khi Kingdom of Southwest China*, Harvard
　　　　University Press1947.P391.此書的中譯本（劉宗岳等譯），對此類描述做了技
　　　　術性處理。如將「永寧人的道德絕稱不上高」，改成「其道德狀況肯定是特殊
　　　　的一種。」也未譯出「性病」「亂交」以及「私生子」等詞句，參見中譯本第
　　　　270 頁。
〔註138〕Jim Goodman, *Joseph F.Rock and His Shangri-La*, HongKong, Caravan Press,
　　　　2006, PP116～117.
〔註139〕Erik Mueggler，*The Paper Road:Archive and Experience in the Botanical
　　　　Exploration of West China and Tibet*.Berkeley, Los Angeles, London:University
　　　　of California Press, 2011

1930），翻山越嶺，跨江涉河，深入到西南的川滇與西北甘青等地，一邊採獵奇花異草，一邊留意奇聞異事。他總共發回九篇圖文並茂的異域報導，正如愛德華茲所言：「他把異國風情帶進了讀者的臥室，包括異域的王國、民族，以及甚至連地理學家也知之甚少的高山雪峰。」〔註140〕

在1910年至1935年之間（福雷斯特《弓弩之地》到洛克《藏傳佛教的神諭者》），《國家地理》共發表與中國相關的文章有七十餘篇，為學會修史的布賴恩（C.D.B.Bryan）認為，這些文章，「沒有哪一篇對激發讀者的想像力，比得上兩個完全不同類型的人所寫——威廉姆斯（Maynard Owen Williams）和洛克。」〔註141〕威廉姆斯為學會工作了近30年，走遍大半個中國，因其對二十世紀初震驚世界的雪鐵龍——哈特亞洲汽車之旅進行全程系列報導，向世人展示了一個遼闊而危險的中國西北邊疆（新疆）。〔註142〕而洛克，與他的納西助手們，在中國西南的經歷，對學會會長格羅斯文納具有強烈的吸引力，因為當時，會長正在為雜誌四處「搜羅大膽、獵奇的冒險故事。」〔註143〕

需要指出的是，洛克的探險故事，其功能不僅在於「刺激西方讀者的想像」，更在於，在某種角度來看，他是一個帝國主義的代言人，有必要在故事中樹立英雄形象，展示帝國威力。因此，他的探險才能與國家地理學會的追求不謀而合，而他在探險中奢華的排場才能得到學會的資助。甚至，學會還要親自操刀，將故事改編，塑造自己的英雄神話。霍金斯教授在《美國肖像》一書中講述了一個典型案例。洛克的第一篇文章《尋找大風子樹》，描繪在緬甸的一個村子裏，老虎出沒，咬死了5個村民。整個村子都處於緊張狀態中。在發表出來的文章中，「洛克」寫道：

〔註140〕Mike Edwards, photographed by Michael S.Yamashita, "1922～1935:Our Man in China:Joseph Rock", *NGM,* January, 1997

〔註141〕C.D.B.Bryan, *The National Geographic Society:100 Years of Adventur and Discovery*, New York:Abradale Press, 2001 .P179

〔註142〕威廉姆斯從1919年開始為《國家地理》工作，30多年期間在雜誌上共發表90餘篇文章，是一代讀者心目中的「地理先生」。布賴恩以「廣博的、社交的、不易受影響的、熱情的」等詞彙形容威廉姆斯，故與洛克為「不同類型」。C.D.B.Bryan, *The National Geographic Society:100 Years of Adventur and Discovery*, New York:Abradale Press, 2001 .P179

〔註143〕Mike Edwards, photographed by Michael S.Yamashita, "1922～1935:Our Man in China:Joseph Rock", *NGM,* January, 1997.

> 所有的男人都用梭鏢和砍刀武裝起來。行進在隊伍前面，**我**來
> 到了慘劇現場，可怕的場景等待著我。〔註144〕

但實際情形是怎樣的呢？在洛克發來的原始文稿裏：

> 所有的男人都用梭鏢和砍刀武裝起來。行進在隊伍前面，**我們**
> 來到了慘劇現場，那情景我將久久難忘。〔註145〕

在編輯的改稿裏，「我們」改成了「我」。這一字之差，卻真是微言大義。讀者眼前浮現的是一個「帶領」村民而不是「與」村民一起前行的英雄形象。而且，編輯又將洛克描述的「母老虎」（tigress）改為了「公虎」（tiger），以體現這場與「猛獸」搏鬥的壯觀與驚險。這樣，媒介通過巧妙的修改與潤色，極其巧妙地維護或提升了帝國的意志與威嚴，將第三世界置於受難的、需要保護的角色裏。

這是探險故事的表述者所慣用的神話修辭手法：情節可以驚險刺激，內容充滿異國情調，在與大自然的對抗與西方文明高舉的火炬中，滲透所有關於地理想像與帝國陽剛的話語。表述者也不僅僅是洛克，更是洛克背後的國家地理學會，是美國農業部、阿諾德樹木園，是整個強大的西方帝國。而他們表述的手段，也不僅僅是紙和筆。

第五章　博物帝國與知識生產

前面已談到，威爾遜於1913年出版了自己最有影響力的著作《一個博物學家在華西》，這本書還有個長長的副標題，「帶著採集箱、照相機與槍支：對花卉王國偏僻地區十一年旅行、探險與觀察的描述」。採集箱、照相機和槍支，這三組看得見的實物，又是看不見的象徵，它們既是植物獵人的工具，但更可被視為帝國權力的隱喻：採集箱代表的是「科學」，有了它，東方山野裏的植物才能在西方帝國花園裏綻放，而帝國建立的科學網絡才能籠蓋「四

〔註144〕Joseph Rock, "Hunting The Chaulmoogra Tree", *NGM*, March 1922。英文為："All the male villagers armed themselves with spears and knives and marching ahead of them,I went to the scene of a tragedy.A dreadful spectacle awaited me."

〔註145〕Stephanie L.Hawkins, *American Iconographic:National Geographic,Global Culture,and the Visual Imagination,*,Charlottesville and London:University of Virginia Press,2009.PP182.183.霍金斯通過查閱原始文檔，發現洛克的原始文稿為："All the male villagers gathered with spears and knives and marching ahead of them we went to the scene of a tragedy which will remain indelibly impressed in my memory."

野」；照相機代表「文化」，通過帝國之眼或者上帝之眼給人類建立種族檔案，在進化的階梯上將之各置其位；槍支，在植物獵人的裝備裏，作爲獵殺動物以製作標本的工具，不言而喻，其也代表著「軍事」，它是帝國主義的權力源泉，是實行殺戮與征服的硬威脅與強暴力。

因此，當一群植物獵人在二十世紀初期跋涉於中國西部大花園，帶著槍支、採集箱與照相機，這樣的形象又被《國家地理》反覆書寫並固定下來，更清楚地表述了這樣一個歷史邏輯：帝國主義從來不只是冷酷無情的戰爭與死亡，不只是赤裸裸的貿易與掠奪，它還可以是一種文化、馴服與規訓的過程。對此，美國學者何偉亞在論述 19 世紀英國在中國的帝國主義教程時，總結得相當精當，他說：「槍炮不僅僅強迫他人順從，它也在進行說服。字詞和形象不僅僅是說服，它們也是某種強制。」〔註146〕

在本章中，筆者將著重論述採集箱裏的知識生產與帝國博物學之關係，以及由阿諾德樹木園所建立的「跨文化之橋」。

一、「採集箱」裏的科學與文化

1905 年，當威爾遜帶著他的採集箱（vasculum），跋涉於中國西部的崇山峻嶺中，把採集的植物種子與幼苗運送回歐洲帝國的花園裏時，奧地利維也納召開了第二屆國際植物學大會，來自歐洲國家數百名植物學家頒佈了「國際植物命名法規」（International Code of Nomenclature），確定拉丁文命名法爲統一規則，林奈分類法爲標準的分類體系。

1957 年，中國科學家竺可楨在紀念卡爾‧林奈（Carl Linnaeus, 1707～1778）誕生 250 週年的大會上，簡潔勾勒了這位近代自然科學史上劃時代的人物。他認爲這位近代生物分類學奠基者，「所創的拉丁文簡潔分類法，確定了數以千計的植物動物學名，這是生物學上劃時代的創舉，爲以後全世界生物學家所採用，廓清了過去動植物命名混亂不清的狀態，開生物科學的新紀元。」〔註147〕然而，這位畢生與「數以千計」動植物打交道的博物學家，卻「足跡基本限定在瑞典境內」。〔註148〕林奈何以能讓其追隨者在 1905 年

〔註146〕（美）何偉亞著《英國的課業：19 世紀中國的帝國主義教程》，劉天路等譯，社會科學文獻出版社，2007 年，導論，第 4 頁。

〔註147〕竺可楨《紀念瑞典博物學家卡爾‧林內誕生 250 週年》，《科學通報》，1957年第 19 期。

〔註148〕徐保軍《林奈的博物學：「第二亞當」建構自然世界新秩序》，《廣西民族大學學報》，哲學社會科學版，2011 年 11 月。

建立起讓全世界都要遵行的統一法則呢？分類的基礎與先決條件在於對最大量材料的佔有與認知。而我們已知，其時，地球上每個角落的植物，都被植物獵人們源源不斷地送回到西方的博物館、實驗室、植物園乃至田間地頭，他們已擁有「花園裏的世界」，成為歐美科學家們的研究材料。

然而，世界一端某個荒郊野嶺裏的活株植物及其種子和標本，要成功地經受漫長艱辛的旅途考驗到歐美花園並保存完好甚至存活下來，僅僅依靠植物獵人的勇敢與能力顯然不夠。范發迪在其《清代在華的英國博物學家》一書裏，有一節講到「植物的運輸」，他說，「像採集標本一樣，把動植物運回英國也得依賴當時對華貿易的人員、機制和設施。」這一設施中，19 世紀 40 年代華德箱（Warden Case）的普及運用大大減小了植物在海上的風險與死亡率。〔註149〕而威爾遜在其著作書名中提到的「採集箱」（華德箱為其中一種），也是帝國欲望機器裏平凡卻重要的一顆螺絲釘，是植物獵人在野外採集時不可或缺的工具。

新墨西哥大學的標本研究員簡·米伽特（Jane Mygatt）回顧了作為採集員「伴侶」的採集箱發展史。採集箱第一次出現在書本中是 1704 年，那時，啟蒙運動以來，植物的採集越來越有實用性並有利可圖。用於田野的各種裝備得以發明，而採集箱也不斷發展、演化，以利於更好地放置剛採下來的植物，方便運輸並保持濕潤。〔註150〕美國使用採集箱的鼎盛期是 1870 年至 1945 年，從米伽特提供的照片來看，威爾遜所使用的採集箱應該是用錫皮做成，形狀像油壓缸，有把手，可背的肩帶上有棉護墊。為防止剛採下來的新鮮植物在途中枯萎，在箱裏要放置濕毛巾。

無論是「華德箱」，還是採集箱，都只是帝國工具的一種代表與象徵，與其科技、經濟、軍事勢力一道，使得異域資源佔有、掠奪成為可能，而資源的佔有，則意味著知識霸權的獲得。這正是採集箱與林奈的關聯與象徵——依靠科技，佔有資源；依靠資源，佔有知識；依靠知識，佔有話語霸權。清華大學學者孟悅也認為，「收集植物並把它們製成標本是掌握這些植物資源的物理程序，而為這些植物命名和通曉它們——將其體系化並進行討論——則是關鍵的象徵性文化行為，藉此可在歐洲殖民帝國中實現對它們的『佔有』。」〔註151〕

〔註149〕（美）范發迪《清代在華的英國博物學家：科學、帝國與文化遭遇》，袁劍譯，中國人民大學出版社，2011 年，第 29～33 頁。

〔註150〕Jane Mygatt, "A Case for Collecting", www.msb.unm.edu/herbarium/documents/vasculum.pdf

〔註151〕孟悅《反譯現代符號系統：早期商務印書館的編譯、考證學與文化政治》，清華大學學報（哲學社會科學版），2008 年第 6 期。

　　這種依賴於殖民擴張而形成「多重佔有」的知識實踐，對中國的植物學知識、博物學觀念，乃至於本土知識，又有何影響呢？

　　先來看看二十世紀初中國一位百科全書式的學者杜亞泉所自述的求知遭遇。杜亞泉是早期商務印務館的編譯人員，也曾主編當時很有影響力的學術刊物《東方雜誌》。其時，杜和同事想編譯一本供自己查閱方便的植物學辭書，但是：

> 當時吾等編譯中小學校教科書，或譯自西文，或採諸東籍，遇一西文之植物學名，欲求吾國固有之普通名，輒不可得。常間接求諸東籍，取日本專家考訂之漢名而用之。近時日本專家，亦不以考訂漢名為重，植物名稱，多僅列學名及用假名聯綴之和名，不附漢名，故由和名以求相當之漢名，亦非轉輾尋求不可。〔註152〕

　　杜亞泉所稱的「和名」，即日本名，而「學名」，即植物的科學名稱（scientific name），正是林奈命名法。林奈將所有植物分別取一屬名和種名，都用拉丁文表示，比如向日葵的學名為：Helianthus annuus L，前面的 Helianthus 是屬，要大寫，而 annuus 是種，要小寫，L 是命名人林奈的縮寫。這一命名法，對於在阿諾德樹木園學習的植物學家胡先驌來說，「簡短而便於使用」，〔註153〕但是正如杜亞泉等人當初所感受到的，這樣以拉丁文詞形的命名和分類法，從體系和結構上來說預設了全世界植物的種類和科屬，對於不通曉整個體系的人來講，根本無從研究和理解任何一種植物，故而導致「非轉輾尋求不可」。更嚴重的是，它規定了一種「普世」法則，便相當於規定了只有一種植物知識的起源中心，其它地方的植物，只能在這個中心裏按照其所建立的知識體系去尋找、對應自己的歸屬。20 世紀初，中國人胡先驌、陳煥鏞等一行來到哈佛大學阿諾德樹木園學習植物學，事隔多年後，西方學者論及此經歷時誇耀說：「如果中國植物學家未曾在世紀初來到西方的這些機構，他們的植物學研究將只能從零開始。」〔註154〕之所以有如此狂妄之語，乃在於其腦海中的認知圖示，完全以西方科學為圭臬，從而完全遮蔽、無視甚至取代了非西方的本土知識。

〔註152〕杜亞泉主編《植物學大辭典》，商務印書館，1918 年，序：第 1～2 頁。
〔註153〕胡先驌《林奈對近代植物分類學的貢獻》，《科學通報》，1957 年第 17 期。
〔註154〕Karen Madsen, "Notes on Chineses-American Botanical Collaboration", *Arnoldia*, Volume/Number 58/4・59/1, 1998～1999.

　　事實又是怎樣呢？李約瑟曾在《中國科技史》裏述及中國古代博物學家撰寫的大量關於特定植物的專著，比如《竹譜》、《桐譜》、《菊譜》、《荔枝譜》等，他說：「這種現象是西方世界所無法比擬的。」〔註155〕以中國最著名的《本草綱目》來說，據日本學者山田慶兒（Yamada Keiji）的研究，《本草綱目》包含了不同性質的分類系統，第一種是按人本中心即對人有益或有害而將植物分為上品、中品和下品；第二種是由各個「部」或「綱」體現出來的宇宙論式分類，如水、火、土、金石、草、禽、獸、人等。〔註156〕山田慶兒的研究表明，中國的植物研究實際上已關乎藥用性、文化習俗、生活政治等方面的內容，具有更強的開放性。

　　但是，由於西方科學所建立起的文化霸權，使他們在做研究時很少或根本不屑於引用東方的知識。范發迪系統研究了英國博物學家遭遇中國科學與文化之情景，得出的結論是：「沒有證據顯示當時博物學家曾試圖認真解釋中國人知識體系的觀念基礎和組織原則。西方博物學家鮮少討論調和兩大知識傳統，或者全盤吸引中國人的知識體系。」相反，「中文文獻通常被視為一種落後、不成熟而且信息蕪雜的資料來源，就像早期西方著作一樣，而不是一個有其自身歷史和邏輯傳統的產物。」〔註157〕

　　對多元知識系統的忽視與遮蔽，使得他者文化幾乎被隱沒不彰。以西方植物獵人在西南遭遇到最多的一樣植物——杜鵑花為例。如果說福雷斯特在雲南的密林裏不假思索就砍倒了一棵 280 歲高齡的杜鵑樹是其缺乏生態觀念，那麼，這也應該是他完全忽視納西人的文化所致。艾瑞克・繆格勒在其《紙上之路》一書中，細緻挖掘出福雷斯特在雲南麗江的納西助手們的心靈世界。大量東巴經、民間故事裏都有線索表明，納西人確定他們的祖靈之地是在雲南西北方，在一個有三棵黑杜鵑盛開的「天界」。繆格勒認為，古魯肯村的納西人帶領福雷斯特採集杜鵑花的路線，正好是他們尋找祖靈之地的

〔註155〕李約瑟《中國科學技術史》（第 6 卷），《生物學及相關技術》第一分冊，《植物學》，第 189 頁。

〔註156〕Yamada Kaiji.Higashi Ajia no honzo to hakubutsugaku no sekai, "The world of botany and the concept of cosmology". Kyoto:Kokusai Nihon Bunka Kenkyu Senta,1995,PP3～42.轉引自孟悦《反譯現代符號系統：早期商務印書館的編譯、考證學與文化政治》，清華大學學報（哲學社會科學版），2008 年第 6 期。

〔註157〕（美）范發迪《清代在華的英國博物學家：科學、帝國與文化遭遇》，袁劍譯。中國人民大學出版社，2011 年，第 167 頁。

路線。〔註158〕福雷斯特與他們日夜同行，卻從不關心他們究竟在想什麼、要什麼。時隔近二十年後，被稱為「人類學家」的洛克駐紮在同一村子古魯肯村裏，參與搶救、翻譯與研究東巴經，他應該瞭解杜鵑花在納西文化裏的象徵與意義，可是他也從未對納西人的植物知識及相關文化給予論述與評價。

1993年，英國學者傑克‧古迪（Jack Goody）在其所著的《花文化》一書裏，提出這樣的基本假說：花怎樣才稱得上「文化」呢？只有園藝裏的、技術性的、人工種植的花才「文化」。因此，古迪根據在非洲的田野調查，認為西非洲沒有花文化（有植物文化），因為人們不種花。〔註159〕按此邏輯，納西人根據杜鵑花路線對祖靈之地的尋找算不算「花文化」？他們在各種儀式裏大量用到的道具——杜鵑（野生）算不算是「花文化」？

實際上，不僅是納西人，在中國大西南，許多民族都有自己的杜鵑花傳說。日本年輕學者松岡格通過對彝族的調查發現，楚雄彝族與馬纓花（馬纓杜鵑）、涼山彝族與索瑪（彝語裏的杜鵑花），有著深深的生命聯結，杜鵑花象徵著他們的生命力與生產力，與生殖崇拜和族群起源都有關聯。〔註160〕而美國俄亥俄州立大學馬克‧本德爾（Mark Bender）在《雪族：諾蘇人〈勒俄特依〉裏的植物與動物》一文裏，專門考察這部彝族起源史詩裏諾蘇人如何用自己獨特的世界觀、生命觀對動物、植物進行分類，不同的動植物在彝族古代與當代文化中都有不同的象徵意義，它們在彝族古代與當代文化中產生重大影響，其中，索瑪花被認為是授予彝族祖先智慧的花朵。〔註161〕

忽視他者文化的結果將使西方文化盲目自高自大且最終走向「科學危機」。北京大學哲學系教授劉華傑曾經明確指出：「近代自然科學與現代性為伍，相互提攜，只經過幾百年時間，就大大改變了物質世界與人類的精神世

〔註158〕Erik Mueggler，*The Paper Road:Archive and Experience in the Botanical Exploration of West China and Tibet*.Berkeley,Los Angeles,London:University of California Press,2011，PP.114～115.

〔註159〕Jack Goody,*The Culture of Flowers*,London:Cambridge University Press,1933.轉引自：（日）松岡格《彝族與高山杜鵑：論園藝文化以外的花文化》,《民族學刊》,2011年第5期。

〔註160〕（日）松岡格《彝族與高山杜鵑：論園藝文化以外的花文化》,《民族學刊》,2011年第5期。

〔註161〕Mark Bender, "Tribes of Snow: animals and plants in the nuosu book of origins", *Asian Ethnology*, 67/1 , 2008

界，嚴重影響了人地系統的可持續發展。」〔註162〕近年來，中國本土學者尤其認識到地方性知識的重要，尤其發掘出蘊藏在少數民族生活與精神世界中的植物文化、民間植物分類學與土著民族的思維智慧的關係。〔註163〕正確認識土著知識的文化多樣性意義，對長期以來包括植物學在內的西方博物學所具有科學話語霸權特徵，應該是一種消解與挑戰。

有學者曾認為，自林奈開始將地球上的生命群分類後約 200 多年的今天，我們仍然不知道地球上究竟存在多少物種，可能連 1/10 都尚未掌握。在地球上大約 1000 萬～3000 萬的物種中，只有 140 萬種已經被命名或被簡單地描述過。〔註164〕但是，當西方植物獵人熱情地擁抱林奈的分類體系，他們成為或專業或業餘的博物學家。他們在《國家地理》上發表各種遊記，「急切地加入到地球分類工程中」，〔註165〕在這「地圖上的空白」處，按照特定標準和原則，把族群按照類似林奈的原則和標準，納入到西方知識生產大中心裏。最需要提醒的事實是，正如塔默爾‧羅森伯格（Tamar Y.Rothenberg）在《呈現美國的世界》一書裏所論述的，這些「博物學家」，他們成為「科學權威合法化的中心代理人」，因而其敘事，「尤其是從探險中得來的知識，被認為是科學的、有用的知識，對於服務於帝國產生了最大的效用。」〔註166〕

憑藉「採集箱」帶來的「科學」與「文化」，歐美帝國擁有了對於第三世界國家進行「幫助」的話語權。

二、樹木園留學生的「跨文化經歷」

1911 年，威爾遜在為《國家地理》寫的《花卉王國》一文中，有一段長

〔註162〕劉華傑《大自然的數學化、科學危機與博物學》，《北京大學學報》（哲學社會科學版），2005 年 5 月。

〔註163〕這方面的較新成果的有：崔明昆《象徵與思維——新平傣族的植物世界》，雲南人民出版社，2011 年 7 月；鄒輝《植物的記憶與象徵：一種理解哈尼族文化的視角》，知識產權出版社，2003 年 5 月。

〔註164〕龐無正、丁冬紅主編《當代西方社會發展理論新詞典》，詞條「生物多樣性的消失」，吉林人民出版社，2001 年，第 396 頁。

〔註165〕Tamar Y.Rothenberg,*Presenting America's World:Strategies of Innocence in National Geographic Magazine,1888 ～ 1945*, Hampshire:Ashgate Publishing Limited. 2007, PP.7～8.

〔註166〕Tamar Y.Rothenberg,*Presenting America's World:Strategies of Innocence in National Geographic Magazine,1888 ～1945*,Hampshire:Ashgate Publishing Limited. 2007, P8.

長的副標題：「對中國豐富樹木與灌木的描述，以及，在中國的幫助下，阿諾德樹木園如何美化了美國大地。」〔註167〕

時隔近88載後的1999年，哈佛大學阿諾德樹木園（The Arnold Arboretum of Harvard University）的定期研究型雜誌《阿諾德》（Arnoldia），刊登了一篇歷史回顧文章，題目是《中美植物學合作備忘錄》，文章講述的是中國植物學奠基人、植物分類學家陳煥鏞（Woon-Young-Chun）、胡先驌（H.H.Hu）〔註168〕等人早年在哈佛大學及阿諾德樹木園求學的經歷。文章明確指出，中國植物學家與西方的合作早在20世紀初即已開啓，而鑄造這一合作紐帶的，是西方的機構，包括阿諾德樹木園與哈佛大學植物標本館。作者寫道：「正如美國人早年必須到歐洲去學習美國的植物一樣，中國人也不得不遠涉重洋來到歐洲和美國，到英國皇家植物園、柏林植物園、紐約植物園，去學習中國的植物。如果中國植物學家未曾在世紀初來到西方的這些機構，他們的植物學研究將只能從零開始。」〔註169〕

時過境遷，兩相對照，無論誰對誰的「幫助」，或是如何「合作」，都承載著沉重的帝國遭遇與歷史變遷，或許正如哈佛大學科學史學者哈斯（WilliamJ.Haas）在講述中國留美植物學家陳煥鏞故事時，稱其爲一種「跨文化經歷」，〔註170〕能更準確道出二十世紀初阿諾德樹木園與中國植物學所經歷的曲折而複雜的歷程與關係。

美國哈佛大學阿諾德樹木園是世界著名的「活樹博物館」，同時是重要的中國植物研究中心。之所以能成爲集園藝與研究爲一體的機構，與哈佛大學的布希學院（BusseyInstitute）分不開。學院與樹木園皆分別來自兩位捐贈人布希（Benjamin Bussey）與阿諾德（James Arnold）。1871年，哈佛大學在布希捐贈的位於馬薩諸塞州牙買加平原的林地山莊（Woodland

〔註167〕Ernest H.Wilson, "The Kingdom of Flowers", *NGM*,Nov.1911

〔註168〕陳煥鏞（Woon-Young-Chun1890～1971），1903年赴美留學，1915入哈佛大學布希學院，1919年獲森林學碩士學位回國。胡先驌（H.H.Hu 1894～1968），1923至1925年在哈佛大學學習，獲植物分類學哲學博士學位。此外與陳煥鏞同時在布希學院就讀的還有錢崇澎（1883～1964）、鍾心煊（1893～1961）等後來的中國植物學大家。此後到阿諾德樹林園學習植物分類的還有胡秀林、王啓無、胡秀英等重要學者。

〔註169〕Karen Madsen, "Notes on Chineses-American Botanical Collaboration", *Arnoldia*, Volume/ Number 58/4・59/1,1998～1999

〔註170〕WilliamJ.Haas, "Transplanting Botany to China:The Cross-Culture Experience of Chen Huanyong". *Arnoldia,* 1988 - agris.fao.org

Hill ）上創建了小規模的本科教育學院，1872 年，哈佛大學又在阿諾德捐贈的土地與布希所贈共計 265 公頃土地上，建立起一個用於露天栽培本土與異域植物的樹木園。依照兩位捐贈人的意願，學院與樹木園均旨在促進農業、園藝、植物及相關領域的研究與發展。〔註 171〕因此，從一開始，布希學院與阿諾德樹木園相當於一體化的單位，他們的職工和設備通常是共有的，〔註 172〕如此，學院是教學研究單位，樹木園爲田野實作基地，吸引著全世界的園藝迷。

使植物園享有「中國植物研究中心」這一美譽的，功勞首推「樹木園三巨頭」：主任薩金特（Charles Sprague Sargent，1841〜1927）、植物學者瑞德（Alfred Rehder,1863〜1949）與植物採集員威爾遜。〔註 173〕樹木園首任主任、植物學家薩金特畢生致力於搜集各種樹木和灌木，並很早就認識到中國植物資源的豐富性與對美國的價值所在。這種認識一方面是他自己在日本、中國、朝鮮等地搜獵的結果，另一方面也受時任布希學院的植物分類專家阿薩・格雷（Asa Gray）所激勵。格雷認爲，至少四十種植物只生活在東亞和北美的東北部，這表明這兩種植物群有密切關係。對薩金特來說，東亞便意味著是新英格蘭新的植物來源地。〔註 174〕薩金特開始積極物色能到中國尋求植物的人，首先是通過歐洲的一些機構，到 1907 年，他雇用了威爾遜到中國西部，後來又找到洛克。二人帶回來的品種讓世人矚目。而這些植物種子在異國土地上除了生根發芽，還能轉化爲科學知識，其功勞首推植物分類學家、樹木園標本館館長瑞德，以及其它植物學家如梅爾（Elmer D.Merrill）、傑克（John Jack）等。他們一生致力於中國植物的研究。比如梅爾，被陳煥鏞稱爲「偉大朋友」，陳在紀念他的文章裏談到：「很多外國植物學家、旅行家、採集家們，爲了他們所代表的政府或機關的利益，或是爲了個人的名利，或是爲了商家的營利，走遍了我國的大地。梅爾先生同這些人相反，他在扶助中國植物分

〔註 171〕Mary Jane Wilson, "Benjamin Bussey, Woodland Hill, and the Creation of the Arnold Arboretum", *Arnoldia*, 2006 Vol. 64, No. 1.

〔註 172〕羅桂環、李昴《哈佛大學阿諾德樹木園對我國植物學早期發展的影響》，北京林業大學學報（社會科學版），2011 年 9 月，第 10 卷第 3 期。

〔註 173〕Peter Del Tredici, P D. "The Arnold Arboretum: a botanical bridge between the United States and China from 1915 through 1948". *Bulletin of the Peabody Museum of Natural History*, 2007

〔註 174〕Karen Madsen, "Notes on Cheses-American Botanical Collaboration", *Arnoldia*, Volune/Number 58/4・59/1,1998〜1999

類學成爲一個獨立發展的本土科學方面出了很多的力氣。」〔註175〕梅爾在1916年第一次訪問中國時，便幫助建立起嶺南大學和南京大學的標本館，並且一直爲中國的許多機構鑑定植物標本等。

擁有寶貴資源，再加上無可比擬的研究條件，西方國家建立起名副其實的「植物學帝國主義」。以科學之名，帝國大廈需要做的只是等待前來朝聖的學徒。對於植物學這門在當時中國還很陌生的學科而言，正如《阿諾德》的一位編輯所言：「植物學作爲一門科學，首先在於建立起分類學：給植物命名並找出其各自關係，這是一切研究的基礎與開端。」〔註176〕而能鑑別、分類的能力從哪裏來？操千曲而後曉聲，觀千劍而後識器。當阿諾德樹木園擁有了成千上萬件中國的植物品種後，識器與曉聲皆不在話下。所以當陳煥鏞1915年來到哈佛，利用樹木園豐富的收集品種時，他由衷地說：「我在中國要花上一生時間才能找到能供我研究的樹木，在這兒只需短短幾年。」〔註177〕

阿諾德樹木園爲西方與東方建立了一座跨文化的「植物之橋」，本文以中國植物分類學奠基人陳煥鏞的阿諾德樹木園經歷，探究這座橋上的人來人往，揭示跨文化經歷的複雜與微妙。

陳煥鏞（1890～1971），原籍廣東新會縣。父親爲清朝駐古巴使節，精通英語，母親爲西班牙人。陳出生於香港，後隨父母搬遷至上海。1910年20歲在紐約州立大學森林學院本科畢業後，於1915年進入哈佛大學阿諾德樹木園學習，四年後獲得科學碩士學位。學成歸國後陳先後在金陵大學、東南大學、中山大學等任教並從事植物學研究，發表的英文論文與中文著述在國際國內均有極大影響力。陳與早期一同留學哈佛的錢崇澍以及後來去的胡先驌等人一道，建立和發展了中國植物學研究機構與隊伍，尤其是實現了由中國人探察自己祖國山河植物種類的抱負，他們編寫的《中國植物圖志》等著作，成爲中國人自己的植物學寶典。

爲陳寫評傳的美國學者哈斯認爲，「有強烈報國熱情的學生通常都會聲稱他們研究的學科對於中國的未來是最重要的。」1911年，在《中國留美學生

〔註175〕陳煥鏞《科學史與科學家介紹：紀念植物學家梅爾博士》，《科學通報》，1956年12月號。

〔註176〕Karen Madsen, "Notes on Cheses-American Botanical Collaboration,*Arnoldia*", Volune/Number 58/4・59/1,1998～1999

〔註177〕WilliamJ.Haas, "Transplanting Botany to China:The Cross-Culture Experience of Chen Huanyong". *Arnoldia, 1988 - agris.fao.org*

月刊》（*Chinese Students' Quarterly*）上，陳煥鏞發表文章闡述「中國林學的重要性」。他將砍伐森林比喻爲導致山洪、飢餓與氣候改變的癌症。中國曾經是綠樹成蔭、山清水秀的寶地，但任意砍伐已使很多地方面目全非。陳號召要通過教育消除「大眾無知」，陳希望能運用西方先進的科學，呼籲政府和人民一起努力，開始植樹造林運動以求拯救中國。〔註 178〕

留學期間，陳煥鏞等留學生受到包括薩金特等人的嚴格訓練與資金支助。薩金特爲陳申請了哈佛的謝爾登獎學金，讓陳在留學期間又回到中國做一年田野，然後再回美國，對所收集的種子材料進行分類與研究。這是薩金特擴大中國收集植物的戰略計劃，即安排阿諾德樹木園受過訓練的學生回國後繼續收集植物並與之保持標本交換與鑒定等合作關係。陳煥鏞是擔當這樣角色的第一人。另外一個深受留學生們喜愛的植物學家傑克教授，他「作爲一位熱情與有效率的老師，總是想各種辦法幫助中國學生，常常自己掏腰包，或者爲他們申請哈佛的獎學金以盡可能多地做田野」。〔註 179〕即便回國後，這些留學生都還與阿諾德植物園的老師保持著個人友誼與科研合作。陳煥鏞和胡先驌都曾將自己新發現的植物屬種以阿諾德植物學家名字命名，如秤錘樹屬 Sinojackia（紀念傑克）、木瓜紅屬 Rehderodendron（紀念瑞德）、Sinomerrillii（紀念梅爾）等。

然而，在求學激情的表面下，仍潛伏著莫名的困惑與掙扎。陳本是一個有著西班牙血統並已熟知西方文化的中國青年，但他發表在《中國留美學生月刊》（他有段時間擔當該雜誌主編）上的兩篇短篇小說，依然顯示出複雜的心理歷程。一篇《苦力》（*Bitter Strength*），以香港爲背景，描寫一個中國黃包車夫被驕橫的英國士兵隨意刺死之事，表達了對西方殖民者的憤恨與抗議。另一篇《東方是東方 西方是西方》（*East is East and West is West*）發表於 1914年，被哈斯認爲「很有可能是陳的自傳」。故事講述一個上海男子離開未婚妻梅小姐赴美留學。梅小姐「是美的，但不是美國女孩那種引人注目的美，而是有著東方特色的安靜、祥和之美」。這位知識青年到新英格蘭學院就讀後，生活方式與行爲習慣上開始西化。他遇到了一位衛斯理學院的中國女研究生，這位女孩更加適合他的美國化口味，於是他們結婚了。而留在中國的梅

〔註 178〕 William J. Haas, "Transplanting Botany to China: The Cross-Culture Experience of Chen Huanyong". *Arnoldia*, 1988 - agris.fao.org.

〔註 179〕 Karen Madsen, "Notes on Cheses-American Botanical Collaboration", *Arnoldia*, Volune/Number 58/4 · 59/1, 1998～1999.

小姐，她忠實的信念與希望破碎後，安靜地遁入空門，每日與青燈、木魚與古鐘為伴。〔註180〕

　　對 1900 至 1927 年中國留美學生生活與心態史進行研究的美國歷史學教授葉維麗，也注意到了陳煥鏞早年的這一短篇小說，她認為這些創作反映的是留美學生「夾在道德與浪漫之間的」的困惑與焦慮，「雖然這些在美國的學生享有更高程度的個人自由，但他們不能完全擺脫傳統文化的束縛。」〔註181〕

　　筆者認為，這種面對中西文化產生的矛盾與掙扎，除了當時留學生們普遍存在的在異文化中遭遇感情牽絆與認知迷惑外，作為選擇植物學如此「接地氣」學科的知識分子，實則是他們更加隱隱感到，中國邁向現代化世界，並不意味著要與本土知識一刀兩斷，傳統文化也不一定只是需要擺脫的「束縛」。植物學者們所要做的，更重要的是在這條尋找之路上，對中西文化進行重新發現、認識與再「搭橋」。

本編小結

　　在本章中，筆者將《國家地理》裏的植物獵人敘事，放到西方帝國的海外擴張大背景中來分析與理解。認為：植物獵人與花卉王國，這一組兼具征服性與浪漫化意味的意象，卻恰好構成帝國話語的一體兩面——文明與野蠻。

　　在帝國殖民主義時代，植物採集與移栽，兼具科學之名與經濟之實。〔註182〕從某種角度來看，由於植物的引種與保育，「使土地更適於居住」（費爾柴爾德語），從而有益於保護地球生態。此外，與其它不可再生資源比如礦產、金屬等相比，植物採集是一種特殊工作，引種並非連根消除，植物可以再生，其影響不會造成「你有我無」的後果。俗語云：贈人玫瑰，手有餘香。正如威爾遜在《花卉王國》一文裏所言：若不是中國的禮物，我們的花園不可能如此美麗，儘管中國現在要反過來向我們索求花卉新品種。」基於上述兩點，西方人在華植物採集活動背後隱藏的殖民利益動機，很少受到當今中國學者的認真檢視。

〔註180〕 WilliamJ.Haas, "Transplanting Botany to China:The Cross-Culture Experience of Chen Huanyong". *Arnoldia*, 1988 - agris.fao.org.

〔註181〕 葉維麗《為中國尋找現代化之路：中國留學生在美國（1900～1927），周子平譯，北京大學出版社，2012 年，第 167 頁。

〔註182〕 José de Souza Silva, "*Agricultural Biotechnology Transfer to Developing Countries under the The Cooperation-Competition Paradox*", *Cadernos de Ciência & Tecnologia, Brasilia*, v.14, n.1, p.91～112, 1997.

　　實際上，「獵人」一詞所包含的征服、強行之意，不可不察。這種征服，不僅僅指在中國積弱積貧之時代，西方人可以在極不平等的條件下，不付出任何代價就對別國資源任意取捨，且其目的完全是爲了建立自己的「世界花園」。更主要的是，由植物採集所帶來的一系列更深層次的問題與後果，深深地影響與形塑了帝國與「他者」的關係。在知識生產上，由於西方成爲植物研究中心，由其建立的科學話語成爲一種霸權，以「博物學」的名義完全掩蓋與遮蔽了中國的本土知識。而自然「博物學」與人種「博物學」息息相關，由此，在植物獵人們的文本書寫中，我們將看到，中國乃至西南族群被相應地置於進化階梯中的低級序列，因而間接爲西方文化霸權尋找到合理化理由。本書將對此問題進一步論述。

第三編　西南道路：「一點四方」 與「四面八方」

　　遍佈地球的道路網，既是大自然的鬼斧神工，也是人類對未知世界無休止探索與征服的結果。不同的人，爲著不同的目的，在森林裏披荊斬棘，海洋上泛波揚帆，陸地上開山闢途，天空中翱翔展翅。無論是摩西率領以色列人走出埃及的救贖之旅，還是大禹雲遊四方治理洪水的探險之途；無論是哥倫布開啓的「地理大發現」，還是鄭和七次下西洋所展示的帝國威風，每一次出發，腳下的道路便將一個文明與另一文明相連，一個族群與另一族群相繫。道路與視野一同延伸，新世界亦在地平線之外漸次擴展。

　　研究不同階段不同文明的道路，涉及人文地理、族群生態、帝國政治、文化傳播等諸多議題。從人的眼光來看，道路可具有商貿、宗教、知識以及政治等不同功能。〔註1〕因此，本來寂靜不言的道路，一旦被言說被表述，便可體現出表述者心裏的「道」（way）。道的兩端有了方向所指，何者在中心？何者爲邊緣？道上之人，何者處在文明社會，何者還是野蠻之民？

　　本編以「道路」爲主題，關注美國《國家地理》所表述的中國西南之路，分析這一空間如何被呈現爲或「閉塞」或「開放」的不同圖景，以再現西南形象的一個側面。《國家地理》對西南道路的關注持久而意味深長。在這流動的空間中，不同的路人，朝向不同的道路方向：有的路迴向過去，有的路直面現實，有的路指向未來——

〔註1〕（法）呂西安・費弗爾《大地與人類演進：地理學視野下的史學引論》，高福進等譯，上海三聯書店，2012年12月，第316～386頁。

19、20 世紀之交，福雷斯特和威爾遜等人穿行在深山野谷，看到的是怒江上的藤條橋、茶馬古道上的背茶客，他們走在「迴向過去」的道路上，復述的是遠東之一隅的未知之地；到了四十年代，二戰爆發，中國抗日根據地遷至大西南，滇緬公路成爲盟軍國際運輸線，《國家地理》「直面現實」，講述一個新西南與新中國的開放和崛起；在全球化、工業化一路凱歌的今天，《國家地理》著眼於西南地區的生態、人文與精神，在「面向未來」的道路上，關注傳統與復興之間的掙扎與選擇。

繼世紀初「植物獵人」的採集之路後，《國家地理》對中國西南的第二次大聚焦，便主要在滇緬公路及其深遠影響。本編以滇緬公路爲重點，分析雜誌對中國「西南道路」的表述。此部份共分三章：第一章回顧 20 世紀早期西方人眼裏西南的險途與交通，第二章梳理雜誌對滇緬公路的相關報導，第三章分析歐文・拉鐵摩爾關於西南與中國及亞洲關係的論說。

第六章　20 世紀初的西南險道

20 世紀上半葉，西方旅人對中國西南道路與交通的描述，離不開幾個詞：「匱乏」、「艱險」與「骯髒」。1931 年，新聞記者埃德加・斯諾在爲紐約《太陽報》寫的中國遊歷文章中，繪聲繪色地描述了一番雲南的「馬幫之路」：

> 作這樣的旅行究竟是什麼滋味，你不妨作下面的這個實驗，就可以瞭解一二。找一棟紐約市的摩天大樓，再弄來整整一列火車的石灰和碎石頭，從樓梯的頂部倒下來，讓每一級樓梯都蓋滿了這些東西，然後拉一條消防皮管來噴水噴兩整天，讓石灰和碎石頭的混合物陰乾。於是在頂部吹凜冽的寒風，在底部把蒸汽管開得大大的。你用羊皮把你自己裹起來，開始爬上爬下（你想騎馬也可以），每天爬八個小時。這樣一來，就不難領略到在雲南的皇家古道上登山的樂趣了。〔註2〕

斯諾的這一「實驗」並非原創，而是在 19 世紀 70 年代一位穿行雲南的英國領事官員阿貝爾（Aber）所做的比喻，不過阿貝爾的版本爲：

〔註2〕　（美）埃德加・斯諾著《馬幫旅行》，李希文等譯，雲南人民出版社，2002 年，第 61 頁。

在國內的英國人，如欲知雲南驛道上旅行之確切情形，可將垃圾箱龍頭轉開，將半噸碎磚及廢物，傾倒於房內樓梯之上，再上樓下樓，連續七小時，而僅在午餐時休息一小時。〔註3〕

不管是在英國還是美國，是在家室之內還是摩天大樓之上，這一比喻已深入西方人腦海。到 1940 年，一位在英國外事辦工作的中國通費子智（CP.Fitzgerald）又將這一故事在皇家地理學會的專業期刊上予以復述，然後從專業角度評論了西南的地理與地勢，概述了民國時期西南的道路交通概況：

在如此困難之地區，西南道路交通仍處於原始狀況，這毫不足怪。雲南與貴州、揚子江畔之重慶與緬甸之間，如此廣闊區域，迄至 5 年前，還沒有一條道路，可以通過一輛有輪之車。〔註4〕

美國《國家地理》雜誌對中國西南道路的關注與表述，自植物獵人福雷斯特以來，歷經百餘年從未間斷。四十年代中美共同修建滇緬公路（史迪威公路），這是二戰時期盟軍的抗日大通道與中國生命線，《國家地理》將目光主要聚焦於此道。在此之前，該雜誌對西南道路與交通的表述，並未脫離上文提及的「匱乏、艱險與骯髒」等印象或範疇。在雜誌圖文並茂的表述中，有兩類經典形象流傳至今，成為早期西南交通的「形象代言人」：怒江上的「藤條橋」與茶馬古道上的「背茶客」。

一、藤條橋與背茶客

1932 年，福雷斯特在雲南騰越（今騰沖）猝然去世。在他去世後，他所拍攝的大量照片由騰越領事館工作人員整理裝袋，然後交由英國皇家地理學會，納入英帝國殖民檔案管理信息系統網絡之中。福雷斯特的照片檔案袋，分別命名為「類型」（Type）、「武器」與「橋」。「類型」裏裝入的是人物照（西南民族），「武器」特指傈僳人的弓弩，而「橋」指的是怒江上游別具特色的藤條橋及其它材質的各式弔橋。

〔註3〕轉引自 Patrick Fitzgerald, "The Yunnan-Burma Road", *The Geographical Journal*, Mar., 1940.Vol. 95, No. 3

〔註4〕Patrick Fitzgerald, "The Yunnan-Burma Road", *The Geographical Journal*, Mar., 1940.Vol. 95, No. 3。該作者中文名為費子智，著作有《五華樓》、《為什麼去中國》等。其 1952 年出版的《中國革命》，被認為是標誌著澳大利亞中國學引起世界關注的開始

　　《國家地理》在 1910 年發表的首篇講述中國西南的文章《弓弩之地》，是福雷斯特 1906 年怒江之行的考察記。這篇文章共配有一幅怒江（薩爾溫江）素描地圖及十五張照片，照片除了呈現傈僳人形象、服飾、弓弩、村落、窩棚及自然風光外，其餘便是達五張之多的各種橋梁。

ANOTHER TYPE OF LIANA BRIDGE IN THE LAND OF THE CROSSBOW, SHOWING APPROACHES AND FASTENINGS

SINGLE-ROPE BRIDGE, OWNED BY THE VILLAGERS OF LI-MA-TI, SHOWING A NATIVE IN THE ACT OF CROSSING SPAN FULLY 300 FEET (SEE PAGES 140 AND 145)

（怒江上的藤條橋，《弓弩之地》1910.02）

　　據一位中國民俗學者考證，索橋一般建於山高穀深、水勢險急而河面較窄處，所用索具，因質料不同而有繩索、藤索、篾索、鐵索之分。〔註5〕從照片說明及文中描寫看，作者非常強調索橋的材質，即主要描寫用藤條（liana cane）做成的索橋。五張照片中只有一座較大的弔橋為鐵索橋。照片標題說明提供信息如下：

　　A.「大主壩」（Ta-Chu-Pa）附近：跨度 125 英尺的弔橋，由藤條與小樹做成。

　　B. 怒江：在湍急江面上的橋，由小樹與藤條做成。

　　C. 另一座橋：弓弩之地上的藤條橋，本照片展示橋的一端及地面與橋梁的連接點。（本文上圖左）

〔註5〕黃紅軍《車馬‧溜索‧滑竿：中國傳統交通運輸習俗》，四川人民出版社，1993年，第42頁。

D. 勞馬地村（Lo-Ma-Di）上的單繩溜索橋：一個當地村民正在過索橋，
　　江面寬度 300 英尺。（本文上圖右）

E. 湄公河（瀾滄江）上的鐵索懸掛橋，在騰越與大理府路上：上緬甸與
　　雲南的主要通道，由 12 根鐵鏈與木板鋪成，7 英尺寬，70 碼長。

在文章中，福雷斯特特別描述了怒江上的單繩溜索，過這樣的索橋不僅
意味著困難，甚至有生命危險：

> 用這種溜索過河，比用湄公河上的雙繩溜索更加困難。湄公河
> 上的溜索一頭高，一頭低，人利用自身重量從高處滑下，不用太費
> 勁就可順利過河。而單繩溜索要難得多，在過河之前，先要用繩索
> 把人捆起來，然後進行助跑。一個人被捆成面朝蒼天，背向大河，
> 這真不是容易活！怒江一帶的繩子都是用粗糙的藤條製作，人溜到
> 河中間時，極有可能繩子會突然斷掉。而且每一次就算過了河，手
> 上也被勒出許多傷痕。〔註6〕

福雷斯特在文中介紹的單溜與雙溜，又稱為平溜和陡溜。平溜用一根粗竹
索橫繫兩岸，牢固於樹根或大石上。平溜完全靠人力，除福雷斯特所言之生命
危險外，確實較為費勁。陡溜為一來一往兩根溜索，各置兩岸高低不一之處。
雖然雙溜利用人自身重量較為省力，但也有危險，而這種危險，在經另一位探
險家約瑟夫‧洛克的妙筆與美圖後，藤條橋上的過客與驚馬便廣為人知。

1926 年，洛克在《穿越亞洲大峽谷》中，也用五張照片形象地展示了西
南的索橋，而且介紹了索橋的各種知識，他認為這種竹子做的橋可能「來源
於西藏附近河谷裏的『鹿頭』、傈傈或其它叢林農民，」而且詳細介紹了修建
繩橋的地理位置與技術要求等，而最精彩的，是洛克對過河的體驗，在一番
躊躇猶豫後：

> 輪到我過橋了。現在回想起來當時最難受的就是那種被捆起來
> 的感覺，我覺得那就像一個人在大手術前被打了麻醉一樣。
>
> 我全身上下捆紮穩當，雙手緊握滑輪。還沒有做好充分心理準
> 備，村長就抓住我的衣角，從後面把我推到橋椿臺的邊緣，使我置
> 身於河岸的樹叢之中。
>
> 有人叮囑我頭不能太靠近繩子，話音還沒落就是一聲「走」！
> 我就以每小時 20 英里的速度蕩了出去。我瞥了一眼腳下咆哮的河

〔註6〕George Forrest, "The Land of The Crossbow", *NGM*.Feb.1910

水，接著聞到一股木頭滑輪和粗糙的繩子快速摩擦發出的焦糊味，
然後我像一頭騾子一樣重重地落到了對面布滿石塊的河岸上。

　　輪到馬匹過河時，它們也被驚嚇得夠嗆。當它們無助地被懸
在半空中時，這些馬大張嘴，尾巴緊張地翹著，四條腿奮力蹬踏，
最後到達對岸時已被嚇得站不起來了，順勢就倒在地上。〔註7〕

　　如果說送到帝國檔案館的「異國及其一切」，為歐美帝國的殖民事業提
供了必不可少的科學數據資料，是一種直接而毫不掩飾的殖民工具，那麼，
這種發表在大眾傳播期刊上的情感體驗與親身經歷，則為西方民眾建立關於
一個「神秘、落後」的第三世界提供了充分的想像力。在動蕩時代，這樣一
種形象與想像力的結合，也必然為西方殖民提供合法性依據，即西方對這樣
一個「落後」地區的「開發」和「利用」，是文明對野蠻的拯救，是現代對
原始的開化。正如傳教士丁韙良在《中國覺醒》一書裏，提到雲南、貴州的
土著居民，其中一些「相貌不俗，鬥志昂揚」，但丁韙良通過引用他人之語
「中國人稱他們生活在完全的野蠻狀態之中」，並為其提供一劑良方：「然而
傳教士們最近已經開始針對他們來進行傳教，我們希望他們能跟緬甸的克倫
人一樣，美好的生活總有一天會降臨到這些雲南土著身上。」〔註8〕眾所周
知，在丁韙良寫這番話的1906年，緬甸已是英國的殖民地。

　　回到「索橋」。雖然福雷斯特將西南河谷間的溜索歸為「橋」類，是中
國先人「攀藤過澗渡河方式」的演變與進化方式。在黃紅軍編著的《車馬．
溜索．滑竿》一書裏，梳理了索橋的歷史與分佈。他認為溜索只是索橋的前
身，這種方式在西南、雲南、貴州的山區還普遍流行。而生活在岷江上游的
羌族擅長建索橋，漢代時，竹索橋稱「笮」，就是因為其時羌人中的笮部落
善建索橋而得名。〔註9〕

〔註7〕Joseph F.Rock, "Through the Great River Trenches of Asia", *NGM.*Aug. 1926。此
　　處翻譯採用甘雪春《大洋彼岸的目光》，第145～146頁。此外，洛克對索橋
　　的相關描述還見於1930年的《雄偉的明雅貢嘎》一文，在雅礱江上，由於過
　　藤條橋時橡木做的滑輪裂開，探險隊的兩頭騾子掉入江口被水吞噬，這一情
　　節被《國家地理》在回顧雜誌探險史時屢次引用。
〔註8〕（美）丁韙良《中國覺醒：國家地理、歷史與炮火硝煙中的變革》，沈弘譯，
　　世界圖書出版公司，2010年，第48頁。
〔註9〕黃紅軍《車馬．溜索．滑竿：中國傳統交通運輸習俗》，四川人民出版社，1993
　　年，第42頁。

　　時過境遷，今天，人們已把藤條索橋視爲「中國傳統交通運輸習俗」之一種，併入「中國民俗文化系列」。在黃紅軍的著作中，收錄了清人吳升在理番過溜索時留下的詩句：「上無一髮可援手，下則百丈奔驚龍。身如雲浮腳棉軟，達岸回觀人飛空。」收錄者問道：今天，當人們乘坐著舒適安全的纜車觀賞峨眉秀色、黃山勝景時，可曾想過那「達岸回首人飛空」的溜索？〔註10〕

　　《國家地理》把西南河谷上特有的溜索橋形象固定並留傳下來。到2009年，該雜誌記者馬克・詹金斯再次來到怒江，在題爲《尋找香格里拉》的文章裏，第一幅主打照片爲兩頁寬的圖片：懸在急流上的溜索橋。不過，藤條已換爲鋼索，而且，帶著母牛一起滑過鋼索橋的傈傈族小夥子，可以到集市裏把母牛賣掉，從而賺得150美元，「相當於雲南省平均年收的三分之二。」在新時代，《國家地理》以溜索橋開頭，要講述的是關於旅遊經濟與傳統生活，關於西部邊陲「兩種未來前景競爭」的故事。〔註11〕

　　與藤條橋一樣，讓《國家地理》在新世紀時不斷回頭尋找的，還有一個經典形象，即「背夫」（porter）。如果「藤條橋」代表道路狀況的話，「背夫」則是這條路上的「交通工具」。2010年，馬克・詹金斯與麥可・山下尋找「被遺忘的道路」——茶馬古道，在文章首頁的導語裏便寫道：「從前茶葉比絲綢或瓷器更貴重的時候，背夫和負重的牲畜便沿著茶馬古道，步伐緩慢地順著之字形路線攀上西藏海拔4600米的札爾加瑪埡口。如今的旅行者乘坐汽車越過這一曲折爬升的路段。」〔註12〕

　　關於「背夫」，也即人力搬運工，福雷斯特也早在《弓弩之地》一文中便已有描述。他在文中描述替他們背行李的山民：「一個傈傈人在坎坷不平的山路上，平均背負70磅，一口氣走上6至8個小時不成問題，而且他們每天只需消耗1磅7盎司的大米。」〔註13〕但將「背夫」這一形象固定下來的，則是1911年威爾遜的《花卉王國》。該文介紹了中國西南與西藏的「茶馬互市」（威爾遜列出的西藏用以交換漢地茶葉的清單包括羊毛、動物皮、砂金、中

〔註10〕黃紅軍《車馬・溜索・滑竿：中國傳統交通運輸習俗》，四川人民出版社，1993年，第43頁。

〔註11〕Mark Jenkins, Photographs by Fritz Hoffmann, "Searching for Shangari-la:Two Visions of the Future Compete for the Soul of China's Western Frontier". *NGM*. May.2009.

〔註12〕Mark Jenkins,Photographs by Michael Yamashita, "The Forgotten Road", *NGM*. May. 2010.

〔註13〕George Forrest, "The Land of The Crossbow", *NGM*. Feb. 1910.

藥材等），其中有兩張照片拍下了行走在茶馬古道上的背茶客。兩個並不健壯的男人，背著比自己高出一大截的茶磚，用 T 形木拐支撐著在路邊歇息。照片標題名爲「將『茶磚』背至西藏的人」，加上說明：一個人背的茶磚重達 307 磅，另一個 298 磅。在艱險的道路上，他們每天平均走 6 英里，整個行程常常要走數百英里。」〔註 14〕而在對頁的另一張照片中，這兩個背茶人的背影隱隱地出現在相片左下角，雄偉的高山與湍急的河流占滿了幾乎整張照片，愈發襯托出大自然的險峻與背夫的渺小。

這兩張照片，是《國家地理》第一次把西南茶馬古道上的背茶人形象介紹給西方讀者。此後威爾遜的著作及哈佛大學圖書館的電子網站上，「背夫」照片也赫然在列。〔註15〕緊隨著威爾遜《花卉王國》發表的第二期，《國家地理》又刊登了地質學家錢柏林（Rollin T.Chamberlin）的《富饒美麗的四川》，這篇文章介紹的交通工具除了轎子外，還有四川的獨輪車，稱這看起來簡陋的交通工具卻並不是「下層階級」所可享用的。錢柏林認爲最普遍的運輸工具還是那些肩挑背扛的「苦力」（coolie），他們「力氣之大，負重再多也看不出疲勞之態。」〔註16〕

直到 40 年代，背夫形象還在反覆出現。1943 年，兩位美軍部隊裏的工程師在滇緬公路被中斷後，奉命考察駝峰航線，他們在康定拍下了幾乎和威爾遜的背茶客相同的照片，並且介紹了他們用於途中支撐貨物的「T 形木拐」，由於貨物太重，一旦放下，背茶人很難再次把貨物背上，所以用此拐杖可以讓他們「站立著休息」。〔註17〕同一年，美國俄勒岡州立大學的畜牧學教授雷·G·約翰遜一行，受時任西康省主席劉文輝之邀，來到西康省省會康定考察，記錄下沿途的民生、民俗與社會、政治、生態等情況。在《探險中國西部的草原仙境》一文裏，僅「背夫」形象就有三張照片：背著一大背煤停歇在報欄前的男子，背著「重達 220 磅茶磚走完 150 英里路」的農民，甚至連女人也背著巨大的麻袋，沉重的貨物壓彎了她的腰。〔註18〕

〔註 14〕 E.H.Wilson, "The Kingdom of Flowers", *NGM*, November.1911

〔註 15〕 參見哈佛大學阿諾德樹木園圖書館「威爾遜」：http://arboretum.harvard.edu/library/image-collection/botanical-and-cultural-images-of-eastern-asia/ernest-henry-wilson/wilsons-photographs/

〔註 16〕 Rollin T.Chamberlin, "Populous and Beautiful Szechuan", *NGM*,Dec.1911.

〔註 17〕 Richard L.Burdsall And Terris Moore, "Climbing Mighty Minya Konda", *NGM*, May 1943.

〔註 18〕 Ray G.Johnson, "Exploring a Grass Wonderland of Wild West China", *NGM*, June.1944

MEN LADEN WITH "BRICK TEA" FOR THIBET

One man's load weighs 317 pounds avoirdupois, the other's 298 pounds avoirdupois. Men carry this tea for hundreds of miles, accomplishing about 6 miles per day, over vile roads (see pages 1029 and 1035)

威爾遜拍攝，「茶馬古道上的背茶客」，《花卉
王國》1911.11

　　由於照片的強烈視覺衝擊力，使中國西南道路與交通運輸情況完全被「典
型化」地固定下來：在「高嶺聳雲，大河橫空，唯有迷徑可以置足，崎嶇險峻，
本非炮車輜重所能運輸，悉賴駄獸之背」〔註19〕的茶馬古道等西南險途中，運
輸工具除了「駄獸之背」外，便是最原始的「人之背」——「背上的民族」。

　　「背上的民族」（A Nation on the Backs of Men）一語見於《國家地理》
於1920年刊載的《花卉王國的伊甸園》一文，約瑟夫·畢啓（Joseph Beech）
〔註20〕在從重慶到成都的路上，坐在轎子（sedan-chair）裏，看到沿路除了到

〔註19〕申旭《中國西南對外關係史研究——以西南絲綢之路為中心》，雲南美術出版
　　　　社，1994年，第323頁。

〔註20〕Dr.Joseph Beech, "The Eden of The Flowery Republic", NGM,Nov.1920.約瑟
　　　　夫·畢啓（Joseph Beech,1867～1954），美國傳教士，獲文學、神學博士學位，
　　　　1898年來到中國傳教，在四川參與創建四川求精中學、華美中心，籌建並主
　　　　持華西協合大學，被稱為「華西壩的開拓者。」參見羅三貌《華西壩上的早
　　　　期洋人們》，《西部廣播電視》，2009年第4期。以及畢啓孫子的回憶錄：Thomas
　　　　F. Beech , "Joseph Beech:Story of Determination and Dedication in China",
　　　　http://www.beechchinawest.com/. January, 2012.

成都附近才偶而出現的獨輪手推車外，竟沒有一輛有輪子的機動車，而沿途的農民幾乎都是肩挑背扛的「人力搬運工」，畢啓感歎道：

> 這些「背上的民族」，是這塊土地上未被書寫的史詩；因為，他們像大力神一樣，把整個世界都背在身上：從大山裏挖出的煤和礦，山上的木材，城市裏修寶塔的石頭，田地裏的糧食——所有一切，全部背在背上，趕著他們的豬，一起行走在去往集市的路上。〔註21〕

　　儘管被稱為「史詩」，但畢啓把他們描述得毫無悲壯與英雄氣概，他們只是「最有效率的機器，最便宜的動物，運貨的騾子」，當一個背夫摔倒時，不會有人同情他，如果有人想分擔他的負重，「他會認為你想搶他的飯碗」。讀到這樣的表述，這個「花卉王國伊甸園」的形象漸漸清晰，在充滿田園風光與壯麗風景的異國之路上，一個外國旅行者帶著自己的「部隊」，坐著轎子，隊伍裏包括幾個背夫，一個背他的輕便小床和寢具，一個背他的食物，一個廚師，通常，還有一隊護衛。

　　畢啓描繪的情景在世紀初的中國，當然是普遍之極的現象，我們也早已見識過「植物獵人」們的排場，如洛克的隊伍，有過之而無不及。這一現象，或許部份地可以解答，為何在動蕩的中國，仍有那麼多外國人趨之若鶩地遊歷其中。菲茨拉傑爾德（即費子智）在《為什麼去中國》一書裏，描述了這些人的生活：「他們享有治外法權，不受中國法律或中國當局的管轄。他們的收入大部份不靠中方，傳教士由傳教團體供給……」，基於優越的生活條件與心理優勢，他們來到中國，可能被中國文化吸引，然而這種文化「可以把一個外國人從他的『背景』中吸引出來，但卻不能讓他融入自己的『背景』之中」。〔註22〕因此，他們在發現「史詩」的同時，可以毫不猶豫地把「動物」、「騾子」之類的詞加諸於其上。

　　雖然「背夫」是生活在最底層的、最廉價的勞動力，但這並不妨礙《國家地理》將這一形象繼續延續並固定下來。當馬克・詹金斯與麥可・山下在「茶馬古道」上尋找往昔記憶時，他們找到了幾位已年逾古稀的老人，「他們堅持要給我表演一下當年做背夫時是怎樣幹活的」，作者記錄道：

〔註21〕 Dr.Joseph Beech, "The Eden of The Flowery Republic", *NGM*,Nov.1920.

〔註22〕 （澳）C.P.菲茨傑拉爾德（C.P.Fitzgerald）著，《為什麼去中國——1923～1950年在中國的回憶》，郇忠、李堯譯，濟南：山東畫報出版社，2004年，第159、160頁。

　　　　背深深彎著,馱起想像中的茶包,青筋畢露的手捉住丁字形的
　　木拐,頭埋下,眼睛盯著往外斜分的腳,兩位老人演示他們當年排
　　成一排,蹣跚地順著濕滑的卵石小道前行。照舊日的規矩,甘紹雨
　　走了七步後停下來,把木拐往地上頓了三下。接著,兩人把拐杖繞
　　到背後,架住加了木框的馱包,用無形的竹撢子擦去額頭的汗水。
　　他們低沉地唱起當年的背夫號子:上山七步歇一歇;下山八步歇一
　　歇;平地十一步歇一歇。如果你不歇,你就是傻瓜。〔註23〕

　　文中配有一幅 1946 年一隊背茶客行走在彎曲山路上的老照片。回顧了
背茶人那「太艱苦、太危險」的路途後,詹金斯欣慰於背夫歷史的結束:「1949
年新中國成立後,新修了公路,人力運茶的歷史很快就結束了。毛澤東的新
政權把地主的土地分給窮人,將背夫從繁重的勞役中解放出來。」〔註24〕

　　在欣慰的同時,詹金斯對古道的尋找,實際上充滿著複雜之情:如何
面對傳統生活的消逝?這一問題,實際上早在畢啓將背夫稱爲「這片土地
上的史詩」時就在顯現。畢啓圖文並茂地描繪了四川的道路與交通,並提
及外國在華投資修路的情況,如法國計劃將其滇越鐵路向北延伸至重慶與
成都,比利時已簽訂修建一段從西安到成都的鐵路,以與東北和滿洲相連,
而美國占股份的鐵路協議則擬連接漢口與成都。但一邊展望著四川的交通
前景,畢啓一邊哀歎隨著機車時代的到來,東方氣質(the spirit of Orient)
將要消逝:

　　　　當西方已進入飛行時代時,中國還在靠步行。這一時代終將改
　　變,四川的雪山終將與歐洲的阿爾卑斯山一樣,迎來朝聖的旅遊者。
　　但在這一時代到來之時,世界上最壯麗的旅途將要消失,東方氣質
　　將隨著機車的到來而逝去。〔註25〕

　　畢啓哀歎的「東方氣質」是什麼呢?在這篇文章裏,包括背夫形象,一
共配了 34 張照片,除了江邊碼頭的漁船與漁民、重慶郊外壯觀的墳場、犁田
的水牛和農民、賣鹽的貨擔郎等等眾生萬象外,拍攝者將鏡頭對準的是一條
條道路:延伸至視線之外的蜿蜒山路、起伏不平的石板路、用竹子製作的懸

〔註23〕 Mark Jenkins, Photophraphs by Michael Yamashita, "The Forgotten Road", *NGM*, May.2010.
〔註24〕 Mark Jenkins, Photophraphs by Michael Yamashita, "The Forgotten Road", *NGM*, May.2010.
〔註25〕 Dr.Joseph Beech, "The Eden of The Flowery Republic", *NGM*,Nov.1920.

索弔橋等。這些路，連同福雷斯特、洛克等人在怒江上看見到的各類藤條橋、弔橋一道，一起構成了一個「難以進入的中國，」一個西方人眼中「眞實的中國」。或許，這就是畢啓所謂的「東方氣質」。

二、沿著馬可·波羅的路徑

　　1937 年 12 月，貴州的山路第一次出現在《國家地理》的圖文裏。由美國農學家、嶺南大學農學院的創建人格羅夫（W.W.Groff）與中國攝影家劉體志（T.C.Lan）組成的「國家地理學會——嶺南大學廣西遠征隊」，途經貴州段，他坐在轎子裏，感歎於「貴州的峽谷地帶對坐轎的旅行者眞是艱難考驗。」兩個轎夫沿著羊腸小道不斷地上坡下坡。先下行至 2500 英尺深的山谷，「狹窄的小路幾乎沒有轎子的空間。」在之字形的下坡路上行進了整整一天後，跨過被稱爲花橋的弔橋，接下來的路又是對面的一座大山。作者據此寫道，「貴州省，險路甚於雲南，名聲小於西藏。直到最近，貴州人依然過著純粹的中世紀的生活方式。〔註26〕

　　旅行敘事研究學者尼古拉斯·克利福德，對 1880 年至 1949 年間，英美的中國旅行文本進行研究後發現，在 20 世紀初，對於一些旅行者來說：

　　　　如果是坐著火車、汽車和飛機等便利的現代交通工具，輕易就
　　　遊歷於中國，要是還有現代旅館可供享受的話，這樣的中國，將不
　　　再是眞正的中國。〔註27〕

　　什麼是「眞正的中國」呢？克里福德認爲，那些到中國的旅行者們，仍然繼承著早期西方人士對中國的表述傳統，他們「回到馬可·波羅那裡，擁抱明清時代的耶穌會會士，以及所有啓蒙時代的中國風。」〔註28〕也就是說，在一個落後、閉塞、神秘而難以進入的地方，在一個能讓西方人尋找到自身的優越感與征服欲的地方，才是他們需要的中國。然而，正如畢啓所言，機車時代遲早要到來，「東方氣質」總有逝去之時。「東方氣質」的逝去，對於西方的旅行者來說，一則意味著優越感的喪失，二則意味著一種焦慮感，因爲其所發現的，並非「眞實中國」。

〔註26〕 G.Weidman Groff and T.C.Lau, "Landscaped Kwangsi, China's province of Pictorial Art", NGM.Dec.1937.

〔註27〕 Nicholas Clifford, *"A Truthful Impression of the Country":British and American Travel Writing in China,1880～1949*,The University of Michigan Press，2001,P.90.

〔註28〕 Nicholas Clifford, *"A Truthful Impression of the Country":British and American Travel Writing in China,1880～1949*,The University of Michigan Press，2001,P.52.

　　克利福德歸納了旅行者們的「四條道路」。旅行者按照時間與空間的緯度，沿著四條不同的道路走向「眞實」中國：第一條路爲讓時光倒流，旅行者走的是「回到過去」之旅；第二條路爲深入內地，旅行者遠離沿海城市，因爲那些條約港口已「西方化」；第三條路爲「抽離歷史」（dismissing the past），著重於一個變化著的、正在現代化的中國；第四條路，爲想像之旅，進入的是未來中國。〔註29〕這裡，克利福德的道路既是實體之路，也含象徵之意。需要指出的是，在任何文本表述中，無論是腳下的路，還是心中的「道」，其實都並非只能「四選一」，而總是可以在過去、現在與未來的時空中相互交集、自由穿梭。

　　如何尋找到「眞實的中國」？到更爲偏遠的「內地」去，到「未知之地」的西南，發現藤條橋、背茶客，這是空間上的「眞實中國」。而在時間上，若要讓「時光倒流」，可以說，所有的旅行者都找到了一個絕佳通道：馬可・波羅。馬可・波羅是幾乎所有西方人最喜歡的東方向導，是通向神秘歷史的有效途徑，是一個集多種功能於一身的象徵符號，可以被隨時召喚又任意徵用。

　　先來看一段埃德加・斯諾的行程。這位文筆風趣的作家，在《馬幫旅行》一書裏，記錄了從雲南到緬甸的各種奇聞與異事。

　　　　當年忽必烈的蒙古騎兵隊扛著犛牛尾旗子，就是從這裡浩浩蕩蕩出境，所向披靡，直搗孟加拉灣的。這些情節我是從馬可・波羅遊記裏讀到的。我就是因爲讀了數百年前馬可・波羅關於他越過西藏高原的記述，才樹立起雄心，要追隨他的足跡，沿這條路線進入緬甸。「你們聽我説，雲南人是吃生肉的，」馬可・波羅在書中寫道，「就像我們吃經過烹調的肉一樣。」馬可・波羅可能説的是雲南部落眾多的土著。多少世紀以來，雲南就像是中國南方的西伯利亞，是發配犯罪官員的去處。這也許就是這裡的人爲什麼説北方話，而不是説中國南方方言的原因吧。自馬可・波羅的時代以來，雲南人的飲食習慣已經改變了，但在別的方面卻沒有多少變化，即使有的話，似乎也是變得更糟了。〔註30〕

〔註29〕 Nicholas Clifford, *"A Truthful Impression of the Country":British and American Travel Writing in China,1880～1949*, The University of Michigan Press ,2001,P.92

〔註30〕 （美）埃德加・斯諾《馬幫旅行》，李希文等譯，雲南人民出版社，2002年，122頁。

這段描寫，極爲典型地概括出馬可‧波羅對於後世旅人的四種功能：

其一，建構他者之異。通過持續而有系統地將他者放置於與自己所處之「現在」迥然不同的時間點上，便根本否定了兩者的同時共存性。人類學者費邊（Johannes Fabian）曾經指出，人類學知識往往通過將地理空間的差異轉化爲時間的差異，來對「異己」進行建構。〔註 31〕旅行家同樣如此，處處回到馬可波羅的時代，實際上也是爲敘述一個「停滯了的帝國」尋求證據。

其二，激發探險欲望。在將自己與馬可聯繫之時，現代行者暗示其共同的探險精神與相似的艱苦旅程；

其三，介紹異國知識。旅行者在文本中引用馬可的描述作爲歷史資料，可起到旁徵博引、見多識廣之功效；

其四，評點世事變遷。對比中外古今，以馬可所述與自己的田野所觀作對比，用於感歎滄海桑田時代巨變；

以上功能，無不被《國家地理》及其作者們充分納入其精美文筆與巧妙敘事之中。《國家地理》對「馬可‧波羅」非常偏愛，在其百年歷史中，除了分散於不同時期不同文章的高頻率使用外，還有兩次大型的重訪報導。第一次出現於 1928 年 11 月，希爾德布蘭迪（J.R.Hildebrand）撰寫的《世界上最偉大的陸路探險家》，與洛克的《在卓尼喇嘛的生活》同期刊載。該文導語寫道：馬可‧波羅深入極遠之亞洲，「發現」了許多不爲歐洲人所知的異域，並爲人類增加了不計其數的礦產、動物、鳥類以及植物知識。〔註 32〕

第二次重訪，是在新世紀的 2001 年，由雜誌助理編輯邁克‧愛德華茲撰文，世界著名攝影師麥克‧山下歷時三年，跨越十國，追隨馬可‧波羅書中所述之足跡，從威尼斯出發，來到中國，又返回威尼斯。這次大型重訪，《國家地理》以《馬可‧波羅：從威尼斯到中國》爲總標題，以《馬可‧波羅歷險記》、《馬可‧波羅在中國》、《回家之路》於五月至七月分三期連載。〔註 33〕《馬可‧波羅在中國》主要講述的便是中國境內的足跡：「馬可波羅

〔註 31〕 Johannes Fabian, *Time and the Other:How Anthropology Makes Its Object*, New York: Columbia University Press, 1983, P.30.

〔註 32〕 Jesse Richardson Hildebrand, "The World's Greatest Overland Explorer". *NGM*. Nov.1928. 希爾德布蘭迪在《國家地理》上發表的文章還有《東方探路者》、《華盛頓的魅力之源》、《人類征服太空的進步》、《太平洋上的哥倫布》等。

〔註 33〕 系列報導：Mike Edwards, Photograph by Michael S.Yamashita, "The Adventures of Marco Polo", *NGM*, May.2001; "Marco Polo in China", *NGM*，June.2001; "Marco Polo:Journey Home", *NGM*，July. 2001.該組報導「如此大篇幅、長時間

　　於 1271 年從威尼斯出發,歷時兩年,經過塔克拉瑪干沙漠的漫漫黃沙,騎上如今的人們仍然騎行的駱駝,到了中國。馬可在中國度過了 17 年,當他返回家鄉時,帶回的故事震驚了整個歐洲世界。」〔註 34〕

　　什麼樣的故事能「震驚整個歐洲世界」?我們在此以其講述的西南故事為例探知一二。根據《行記》,馬可在元上都期間,很快學會東方禮儀與風俗,並懂得四國語言,頗受忽必烈賞識,名列榮譽侍從之冊。忽必烈數次派馬可出使國內外許多地方,因此他在《行記》裏對大汗之地、波斯、中亞各國、蒙古諸汗國的記述都非常詳盡。而在此期間,馬可曾受遣出使離京「六個月之地」,名為哈剌章州的地方,去「處理一件重要國務」。據方國瑜考證,馬可的這次雲南之行,處理的便是元朝「征緬」之事。而其路線,為「乃向西南行,道經山西、陝西、四川及西藏東部蠻荒之境而至雲南,蒙古人當時稱其地曰哈剌章。」〔註 35〕《行記》第一六章「馬可之出使歸來」記載道:馬可奉使歸來,謁見大汗,詳細報告奉使之事。言其如何處理一切,復次詳述其奉使中之見聞。大汗及其左右聞之咸驚異不已,皆說此青年人將必為博識大才之人。」〔註 36〕

　　馬可講述的「大中華帝國」故事讓歐洲人震驚,而他講述的西南故事又讓大汗「驚異不已」。威尼斯人認為馬可講大汗那部份有誇張的成分(整個歐洲都知道成吉思汗蒙古而且害怕它),而「當聽到雲南、暹羅、爪哇等地時,他們便譴責他「完全是在發明」。〔註 37〕但這樣的故事,卻成為《國家地理》反覆引述之「歷史」。希爾德布蘭迪在一篇文章中將馬可的西南故事作了精練概括:

> 　　在那兒,在今天稱之為中國「野性西部」的地方,國家地理學會遠征隊不畏匪患冒險帶回了抗枯萎病的栗子樹和杜鵑花種以及許許多多科學新數據的地方——馬可波羅沉著冷靜,且行且觀。

　　的連載,在美國《國家地理雜誌》來說是史無前例的。」報導獲得《國家地理》雜誌最佳故事獎和最佳攝影獎。參見麥克·山下《重返馬可·波羅之路》,湖南文藝出版社,2010 年 6 月。

〔註 34〕 Mike Edwards, Photograph by Michael S.Yamashita, "Marco Polo in China", *NGM*, June.2001.

〔註 35〕 方國瑜 林超民著《《馬可波羅行紀》雲南史地叢考》,民族出版社,1994 年,第 11、12 頁。

〔註 36〕 (法)沙海昂注《馬可波羅行紀》,馮承鈞譯,商務印書館,2012 年,第 28 頁。

〔註 37〕 Jesse Richardson Hildebrand, "The World's Greatest Overland Explorer". *NGM*. Nov.1928.

揚子江在他看來簡直就是一片內陸海洋而非河流。有一次，他聲稱他看到江上有 5000 艘大船，其運輸能力大於基督王國的所有水路之總和。從成都繼續西行，他經過可怕的森林，遇到奇怪的部落，當地人絕不娶貞潔處女爲妻。但是，馬可強調：「沒有人敢與有夫之婦有何瓜葛，這是絕不可違背之定律。」

在這些土著之中，馬可發現了「巫師與占星家」，並認爲他們是「世界上最巧之魔術師」，其最大靈異，「聞之見之足以驚人」，馬可卻忍而不述，因爲深知沒有人會相信，而且「蓋人將大爲驚異，而不得何種良好印象也。」

在與世隔絕的雲南府，他遇到了聶斯托利派教徒（Nestorian Christians）；繼續往西，到了大理府，他發現奇異的巫師用黑首羊（black-faced sheep）爲犧牲跳驅邪舞儀式。男人皆以金裝飾上下牙齒，並養育良馬販售印度。用白貝（porcelain）和鹽作貨幣。

在這兒，他也發現了三十英尺長的毒蛇大蟒，「其口之大，足吞一人全身。」

「是的」，他告訴多疑的威尼斯人，他所說的話，如白紙黑字，絕對可信，比如獵人捕蟒之法：「蟒夜出求食，曳尾而行，獵人僅植獵具於其所過之道上，蓋其逆知蟒必循舊道而歸也。其法深植一椿於地，椿上置一鐵，形同剃刀，鋒甚銳利，然後以沙掩之，俾蟒行時不見此機。蟒所經行之處，植此種椿鐵數具，蟒歸時行其上，破腹至臍，立死。」

蟒膽極其珍貴，「設有爲瘋狗所齧者，用此膽些許，量如一小錢重，飲之立愈。設有婦女難産者，以相當之量治之，胎兒立下。此外凡有疾如癬疥或其它惡疾者，若以此膽些許治之，在一最短期間內，必可痊癒。」

馬可的獄友們，聽到這些，故意將頭扭開，也許還帶著點同情。

〔註 38〕

〔註 38〕 Jesse Richardson Hildebrand, "The World's Greatest Overland Explorer". *NGM.* Nov.1928. 此文中所述，見於沙海昂注《馬可波羅行紀》，馮承鈞譯，第 248 至 275 頁。筆者所作翻譯，凡文中引語部份，皆對照採用馮承鈞譯本。

　　曾將馬可的雲南之行及其所記整理著書的方國瑜與林超民認為，「《馬可波羅行紀》在古代地理學史上，在亞洲歷史的研究上，有著不可忽視的重大作用。」〔註39〕在《行記》中，馬可詳細記載所經之途歷史、地理、交往、經濟及民族風俗各方面情況。這些材料成為《國家地理》裏現代行者的旅行指南，幾乎人手一冊。無論是對成都「三王之國」的歷史介紹，〔註40〕還是在雲南發生的韃靼與緬軍的馬象之戰，〔註41〕無論是在城市裏遇到的某建築，還是行經某一鄉村遇到的飾有紋身之民，「馬可波羅」都會適時出現。

　　然而通讀以上無論是斯諾還是《國家地理》上的摘引，其最常用之素材仍在於「奇聞異事」，有時作者甚至會來一番「主動求證」或「拾遺補缺」。在2001年重訪馬可波羅之路時，作者愛德華茲便對照著《行紀》所述之「金齒州」，在大理附近的鄉村遇到一位40歲左右的（傣族）婦女，「我問她我是否可以看看她的牙齒。」愛德華茲寫道，「她向我親切微笑，露出了兩顆金牙」。在該文裏，配有一張大理的兩個纏腳老太太坐在門前聊天的照片，照片文字說明道：「纏腳是富裕家庭的象徵，馬可波羅在書中竟然沒提到，學者們認為也許是馬可波羅根本沒看到上層女子在公共場合露面的原因。」〔註42〕

　　我們可以看出，「馬可波羅」的在場，並不在於要證實他是否確實到達過中國，他書中所記是真還是偽。〔註43〕真正重要的功能，在於用這一「符號」，去證實一個「神秘」、「野性」、「古老」的中國。周寧以《馬可‧波羅遊記》為代表，認為其書寫的是一個「大汗的大陸」，這一中國形象維持在約1250～1450兩百年間，與其後三百年間的「大中華帝國」、「孔夫子的中國」一起，

〔註39〕方國瑜 林超民著《〈馬可波羅行紀〉雲南史地叢考》，民族出版社，1994年，第9頁。

〔註40〕Joseph Beech, "The Eden of The Flowery Republic", *NGM*, Nov.1920.文中所述「三王之國」見沙海昂注，馮承鈞譯《馬可波羅行紀》第248頁。

〔註41〕Frank Outram and G.E.Fane, "Burma Road,Back Door to China",*NGM*,Nov.1940.文中所述見沙海昂注，馮承鈞譯《馬可波羅行紀》第272～273頁。

〔註42〕Mike Edwards,Photograph by Michael S.Yamashita, "Marco Polo in China", *NGM*, June.2001.

〔註43〕馬可波羅是否真到過中國，至今國際學界仍存在爭議。其中最大的疑點有三：其一為馬可的記述裏沒有長城、纏腳、喝茶等最明顯的中國特徵；其二為迄今，沒有一本中國書籍確切記載過馬可波羅；其三，馬可聲稱參與的一起歷史事件實際上在他們到達之前一年即已結束。參見 Peter Jackson, "Marco Popo and His 'Travels'", *Bulletin of the Schools of Oriental and African Studies, University of London*,Vol.61,No.1（1998）。

構成了西方對中國「烏托邦形象」的三種類型。〔註44〕但從馬可的西部（西南）形象中，我們看到的並非周寧所言之「凸顯的是物質文明」的強盛之國，而是「原始落後」的野性西部。對這後一種形象的反覆徵用，既能激發現代歐洲人對中世紀的興趣與想像，又可增加西方旅行者的優越感和使命感。

除了表徵一個「神秘」、「野性」的中國之外，「馬可波羅」還有另一重要功能：證實一個「停滯的中國」。《國家地理》裏中國西南的第一篇文章《弓弩之地》，便已開始使用此符號。福雷斯特介紹怒江河谷傈僳族的村落，總是坐落於 5000 至 7000 英尺的山間，再高，山勢太陡；再低，則瘧疾彌漫。但是，每個村子都在海拔 2000～3000 英尺的怒江河岸有自己的稻田，「於是，這些居民便住在山間，而下山播種和收割，經年累月，如同馬可波羅以來的時代一樣。」〔註45〕不變的還有市容市貌，地質學家錢柏林看到成都的布局及道路，「正是馬可波羅看到的樣子，小溪穿城而過，一座石橋橫跨其上。」〔註46〕即使到了 40 年代，美國陸軍橋梁工程師泰曼（N.G.Tayman）走在新修的滇緬公路上，看到缺乏維護的生命線，不免感歎道：「在許多地方，這條路不過是古老的馬可波羅道的翻版。」〔註47〕

如此種種，不勝枚舉，在無數「如同馬可波羅……」的表述中，一條「回向過去」之路打通，遊歷者們在西南內地，通過馬可波羅的眼睛，看到了一個古老而又停滯的中國，某種意義上，這是他們心目中的「真實中國」。

其實，歷史人物被作為一種迴向過去的符號與通道，尤其是在旅行文本中，馬可波羅並非孤例。14 世紀著名的另一位阿拉伯旅行家伊本‧白圖泰（Ibn Battuta），出生於摩洛哥，從 20 歲起到麥加朝聖，從此開始一生的遊歷，到過現在 44 個國家的領土，其《伊本‧白圖泰遊記》與《馬可波羅行紀》齊名，成為旅行者到中東、阿拉伯世界旅行之路上的「導游手冊」。然而，當代阿拉伯裔學者琳達‧斯提特（Linda Steet）通過對旅行文本的表述策略進行研究後發現，現代旅行者們喜歡追隨這位十四世紀旅行家的足跡，使阿拉伯似乎還

〔註44〕周寧《天朝遙遠：西方的中國形象研究》（上），北京大學出版社，2006 年，第 6 頁。

〔註45〕George Forrest, "The Land of The Crossbow", *NGM*, Oct.1910

〔註46〕Rollin T.Chamberlin, "Populous and Beautiful Szechuan", *NGM*, Dec.1911.對成都石橋的描述見沙海昂注《馬可波羅行紀》，馮承鈞譯版本，第 249 頁。

〔註47〕Nelson Grant Tayman, "Stilwell Road---Land Route to China", *NGM*，June.1945.

停留在六百年前，因此，表述者們「通過混淆語境與使用託辭（Confusion of context and pretext），讓我們以為我們看到的是十四世紀前一個阿拉伯男人所看的，而非《國家地理》在 1991 年所見。」〔註48〕

琳達要批判的，正是以「借古人之眼」敘述一個「停滯的」非西方世界這樣一種片面甚至狡點的敘事策略。據說馬可波羅臨終前，其朋友要求他為自己所說的難以置信的事情而懺悔，馬可只回答了一句：「我所說的，還不及我所看到的一半多。」〔註49〕確實，關於道路，即便是沿著馬可波羅的足跡，需要講述的也還有很多很多。

三、從「一點四方」到「四面八方」

1922 年，法國年鑒學派創始人呂西安·費弗爾在《大地與人類演進》一書中，把人類交流的道路分為三類：商貿路線、宗教和知識之路以及政治之路。他認為，前兩條路皆十分重要，「不過佔據最重要位置的，實質上是政治之路，它們創立並維持著國家和帝國的存在。」何謂「政治之路」？「它們是人們經過深思熟慮後交流往來之方式方法的『聯合體』，以使國家能自由而充分地利用它的各種資源、權力以及與之休戚相關的鄰國那種業已成熟的交往關係。」〔註50〕費弗爾舉例說明的政治之路包括古代羅馬龐大的路網系統、大流士時代波斯的皇家馬路，以及現代化國家的鐵路網絡，尤其是那些戰略性和軍事化的鐵路。

借用費弗爾提出的「政治之路」概念，可以分析西南在中華帝國內外之間，所具有之「道路」的不同價值與意義。一方面，西南雖屬「中國」，卻處於帝國邊緣，按《禹貢》所分之「五服」結構，西南處於最末端，只是有待開化與開發的「荒服」。〔註51〕另一方面，由於西南與東南亞接壤，雖是帝國邊緣，卻是「東南亞的樞紐」，因此受到西方列國的覬覦，成為其構建「政治之路」的對象與目標。

〔註48〕 Linda Steet, *Veils and Daggers: A Century of National Geographic's Representation of the Abra World*. Philadelphia: Temple University Press, 2000. P.4.

〔註49〕 Mike Edwards, Photograph by Michael S. Yamashita, "Marco Polo in China", *NGM*, June. 2001.

〔註50〕 （法）呂西安·費弗爾《大地與人類演進：地理學視野下的史學引論》，高福進等譯，上海三聯書店，2012 年，第 335、336 頁。

〔註51〕 《禹貢》一書，將「普天之下」的「王土」以京畿為中心，按距離遠近劃分為「五服」：甸服、侯服、綏服、要服、荒服。

　　正是這樣不同的視野，造就了西南複雜的「路況」特徵。按鄒逸麟所言，「早期交通路線的開闢，目的不外乎以下傳政令、上達民情、輸送賦稅、調動軍隊等政治職能爲主。」〔註52〕既然身處帝國邊緣，其交通重要性便隨政治重要性而遞減。故西南內部或與中原交通之路，正如前文所述，其「匱乏、艱難與骯髒」，使西南成爲「落後、閉塞」的代名詞。李白曾高呼「蜀道難，難於上青天」，其實他更重要的呼告是後一句——「爾來四萬八千歲，不與秦塞通人煙」。也正是由於根深蒂固的地理與政治「邊緣」地位，使西南在 20世紀經歷了忽而備受矚目忽而遭受離棄的境遇。

　　西方列強倒是很早就認識到了西南交通的重要地位。百多年前，英人 H.R.戴維斯就爲英國在雲南修建鐵路而奔走呼告，他 1894～1900 年先後四次到雲南徒步考察，研究修建滇緬鐵路的可行性。其根據考察報告寫成的面向大眾發行的旅行記，用了書的前三章，論述一個基本情況，即修建楊子江與印度之間的鐵路問題，在附錄中更詳細地描述了建議修建的這條鐵路。戴維斯認識到，「法國人正在建的鐵路不容置疑將對這個國家引進變革。」〔註53〕的確，法國人於 1910 年修通的滇越鐵路所引發的變革是巨大的，不僅某種程度上促使當時西南人士聯合起來，爲對抗英法侵略，倡議靠自己的力量修築貫通各省鐵路幹線，還因此而引發了其後聲勢浩大的保路運動，「爲近代辛亥革命開啓了大門。」〔註54〕百餘年後，有人類學者通過對滇越鐵路的考察，更發現滇越鐵路「在不同歷史時期對邊民社會產生不同層次的影響，已成爲邊民社會不同人群與個人自我的延伸。」〔註55〕

　　然而上述兩種視角，無論是從帝國的角度還是西方列強的角度，都只是西南話語的一部份。徐新建指出，要全面認識西南，需超越「西南」一詞的稱謂局限，增加新角度、擴展新視野，比如，「如果我們把關注的聚焦點由東亞大陸的中心地帶即所謂『中原』移向西南本身，再由此向各方看去的話，

〔註52〕鄒逸麟編著《中國歷史地理概述》，上海教育出版社，2007 年，第 325 頁。

〔註53〕H.R.戴維斯著，李安泰等譯，《雲南：聯結印度和揚子江的鎖鏈——19 世紀一個英國人眼中的雲南社會狀況及民族風情》，雲南教育出版社，2000 年 4 月，前言第 1 頁。

〔註54〕張軻風著《民國時期西南大區區劃演進研究》，人民出版社，2012 年 10 月，第 141 頁。

〔註55〕吳興幟著，彭兆榮編《延伸的平行線：滇越鐵路與邊民社會》，北京大學出版社，2012 年。

便會發現西南實際上是處於多方交融之中的一個巨大的三角地。」〔註 56〕如圖所示：

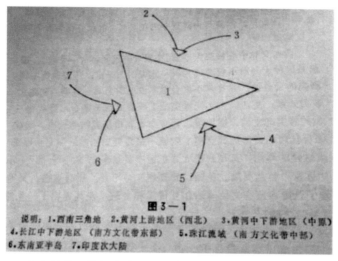

圖 3-1

說明：1.西南三角地 2.黄河上游地区（西北） 3.黄河中下游地区（中原）
4.长江中下游地区（南方文化带东部） 5.珠江流域（南方文化带中部）
6.东南亚半岛 7.印度次大陆

西南格局：「多通道，大三角」，徐新建製圖〔註 57〕

　　這一視線的「移向」至關重要，能使我們從傳統的「一點四方」跳出來，而以西南本身為焦點，去放眼「四面八方」。照徐新建的圖示，理解西南「多通道」位置的重要性，西南與「西戎」、中原、荊楚、南粵以及東南亞及印度等的多邊關係就會突顯，而由此產生的西南自身各具特色又相互關聯的川、滇、黔以及藏文化區，是理解一個整體「中國西部」的關鍵。〔註 58〕實則，這也是理解一個「整體中國」的通道。

　　但是要真正具有這樣的視野，還有漫長的路要走。20 世紀 40 年代席卷全球的世界大戰，會成為重新認識西南的契機嗎？

第七章　亞洲戰場上的滇緬公路

　　20 世紀 30、40 年代，若不是二戰轟然而至，《國家地理》的讀者們，也許還將在一幅幅藤條溜索與背茶客的照片中，神遊於中國西南那「偏僻」、「停滯」的時空裏。然而，隆隆炮火打斷了他們的遠古想像與浪漫情懷。中國大西南的崇山峻嶺間走來的不再是植物獵人，而是與中國、緬甸人民一起開山

〔註56〕徐新建《西南研究論》，雲南教育出版社，1992 年，第 141 頁。
〔註57〕同上，142 頁。
〔註58〕同上，第 141～144 頁。

築路的美國工兵。《國家地理》對中國西南第二次大規模的關注，便是這條美國與中國軍民共同抗擊日本的物資供應線，「馬可波羅曾行走過的西南絲綢之路，成爲美國人所熟悉的滇緬公路」。〔註59〕

「滇緬公路」，英語稱爲「Burma Road」〔註60〕。由於它關聯著二戰時盟軍的中國戰場，因此對這條路的報導實際上是二戰報導的一部份。而作爲一份人文地理雜誌，《國家地理》對這條路的關注又不限於戰爭。

總體來看，在七篇與「滇緬公路」緊密相關的文章中（見下表），主題大致有三：

其一，通過滇緬公路的修建與抗戰情況，講述美國對中國戰場的支持與同盟關係，美國、中國及亞洲人民共同抗日的決心與事跡；

其二，作者親身體驗與觀察，記錄滇緬邊境的族群特徵、地理情況與礦產資源；以及在這一接觸帶中東方與西方、傳統與現代、漢與非漢的交流、接觸與影響；

其三，經由滇緬公路，中國「打開了西部大門」，分析戰爭爲中國西部帶來移民、科學與現代化的影響，評估戰後中國將在亞洲乃至國際中承擔的重要角色。

隨著中美同盟關係的建立，美國對國民政府在農業、經濟上的援助與合作相繼展開，而《國家地理》亦因之更深入到西南的涼山、西康腹地，寫作了《登上雄偉的明雅貢嘎山》、《考察中國西部康定大草原》、《美國協助中國對抗土壤侵蝕》、《儸儸之地歷險記》等，對西南地區的彝、藏等族群有深入觀察與描述。

二戰期間《國家地理》對中國「滇緬公路」的報導（筆者整理）

序　號	時　間	標　題	作　者
1	1940.11	滇緬公路：中國後門	弗蘭克・歐特南
2	1942.09	中國開放其野性西部	歐文・拉鐵摩爾：學者

〔註59〕 Mike Edwards, Photograph by Michael S.Yamashita, "Marco Polo in China", *NGM,* June.2001.

〔註60〕 注：滇緬公路在英文中爲（Burma Road，因爲這條公路連接中國與緬甸，有九百多公里在中國境內，由中國人負責從昆明至中緬邊境小鎮畹町，再由英國人負責修築從畹町至緬甸再到臘戍段。雖然緬甸境內只有 188 公里，但英語名稱便成爲 Burma Road。

3	1943.10	緬甸：印度與中國的交匯點	約翰・克里斯汀：太平洋事務研究中心研究員
4	1944.03	「自由中國」六千英里行	約翰・克里斯汀
5	1945.06	史迪威公路：通向中國的陸路	納爾遜・泰曼：美國軍隊橋梁工程師
6	1946.08	昆明：中國西南門	約瑟夫・巴莎迪諾：美國陸軍通信兵中尉
7	2003.11	滇緬公路：鮮血、汗水與痛苦之路	多諾萬・韋伯斯特：作家

一、新長城與盟軍生命線

1940 年，《國家地理》刊出第一篇有關滇緬公路的文章《滇緬公路：中國的後門》，文章導讀上寫道：「正如古代的長城，這條成千上萬中國人在高山峽谷間修建的公路，是為了保衛自己的家園。」〔註61〕

2002 年，一位美國記者韋伯斯特重走幾已被遺忘的滇緬公路，他將這條路稱為「鮮血、汗水與痛苦之路」。在該文繪製的示意地圖中，當年中國與世界的運輸大通道與生命大動脈，包括（老）滇緬公路、史迪威公路（利多公路或中印公路）與駝峰航線，被形容為「地獄般的生命線」：

> 到 1937 年，日本開始切斷中國與世界的所有通道。為了維持自己的軍隊，中國領導人蔣介石修建了滇緬公路，以連接到達仰光港口的鐵路線。日本於 1942 年入侵緬甸並關閉了滇緬公路後，美國開始修建一條從印度利多出發的長達 500 英里的道路。道路修築期間，從利多到昆明的物資全部由駝峰航線運送，而這條危險的航道，奪去了 607 名飛行員的生命。〔註62〕

由於雜誌本身的地理、人文視角，《國家地理》將關注點著重放在滇緬公路上，在「Burma Road」的統一名稱下，實際包括中國人修建的（老）滇緬公路與史迪威指揮的美國人修建的利多公路。

要瞭解滇緬公路作為戰時中國生命線的重大意義，還要從蔣介石的「以空間換時間」（trading space to get time）戰略思想說起。

1931 年 9 月 18 日，日本關東軍軍官用炸藥破壞了瀋陽站北約 8 公里處南滿鐵路的二至三英尺鐵軌，從「毀路」開始，日本人走上全面侵華道路，中

〔註61〕Frank Outram and G.E.Fane, "Burma Road,Back Door to China", *NGM*, Nov. 1940.

〔註62〕Donovan Webster, "Blood,Sweet,and Toil Along the Burma Road.", *NGM*, Oct. 2003.

國東北三省淪爲日本殖民地「滿洲國」。1937 年，日軍在盧溝橋發動「七七事變」，中日戰爭正式爆發，北方城市與東部沿海港口紛紛淪陷，中國半壁山河瞬間落入敵手。1938 年，蔣介石國民政府從南京撤退到山城重慶。資料表明，蔣介石的戰略基於「以空間換時間」的原則，他甚至在戰前即已構想了撤至中國西南偏遠內地的戰略，1935 年 8 月，他在一次政治幹部集會上說，「我們本部十八個省份哪怕丟了十五省，只要川滇黔三省能夠鞏固無恙，一定可以戰勝任何的強敵，恢復一切的失地。」〔註 63〕

由於山勢險阻，日本人失去大舉進攻西南的陸路交通要道，因而在中東部逡巡不前，中國的防禦戰產生了一定效力，前方戰場也有了喘息的機會。但是，若要把日本人趕出本土，收復失地，則需要重型軍事裝備，尤其是移動炮火、反坦克槍械等武器。所有這些，在仍處於前現代、前工業階段的中國無法自己生產，只能通過向西方國家購買或請求援助。與此同時，從中原遷移至西南避難的大量移民，也極缺生活物資。嚴峻的事實是：儘管還有桂越公路與滇越鐵路，但已受到嚴重威脅，而所有海港城市被日本控制，世界向中國的物資供應鏈條幾乎完全斷裂。因此，打通西南向緬甸的公路迫在眉睫。

《國家地理》在向讀者介紹滇緬公路的修建史時，提到了一個人的名字，這就是當時的雲南王彝族將領龍云：「當蔣介石政府意識到急需打通一條道路以從中國後門連接到外部世界時，它召集了雲南省主席龍雲將軍來修建滇緬公路。」〔註 64〕實際上，加緊修築滇緬公路的建議，正是龍雲在七·七事變後就向蔣介石提出的緊急方案。1937 年，國民政府與雲南省達成協議，「築路費用由中央與地方政府各負擔一半，爲此中央政府撥款 200 萬元，施功力量由雲南省政府組織。」〔註 65〕在龍雲的強力主導下，雲南省通過保甲制度招募勞工，每天投入沿路各族勞工二、三十萬，日以繼夜開山掘土，僅用了一年左右時間，滇緬公路即於 1938 年建成通車。

滇緬公路通車後，中國地貌學專家沈玉昌在《學生之友》上撰文，稱滇緬公路爲「中國之生命線」，在回溯了西南兩千年的對外交通史後，他樂觀地描述道：「滇緬公路自昆明到臘戍，全程 1146 公里，六日可畢其程，自昆明開

〔註 63〕轉引自費正清、費維愷編，《劍橋中華民國史 1912～1949 年，下卷》，北京：中國社會科學出版社，1994 第，第 549 頁。

〔註 64〕Nelson Grant Tayman, "Stilwell Road-Land Route to China", *NGM*,June.1945

〔註 65〕謝本書《龍雲與雲南抗戰》，《抗日戰爭研究》，2001 年第 3 期。

車第一日至楚雄，第二日至下關，第三日至永平，第四日至保山，第五日至芒市，第六日即可到達臘戌。……自臘戌至仰光鐵道 903 公里。」〔註66〕

《國家地理》第一篇關於滇緬公路的文章發表於 1940 年，即是描述的此段路程。兩位英國人弗蘭克・歐特南（Frank Outram）及其同伴費恩（G.E.Fane）開篇就坦承：「我們聽說從緬甸出發的中國最偉大公路已經開通，這促使我們決定去看一看這條現代公路是否已經通車。我們的主要目標是從自己親身經歷來驗證中國人宣稱的所謂『全天候』的公路是否屬實。」〔註67〕弗蘭克一行選擇了視察雨季（東南亞的雨季差不多從 5 月持續到 10 月，或者從 6 月持續到 11 月）中的道路情況。從緬甸出發，經歷了的無比危險的山脈與峽谷、傾盆而至的暴雨與季風，以及「688 英里沒有一個加油站」，見到路邊無數的翻車事故，忍受著高溫與毒蚊，終於到達寶山，卻因連綿數天的大雨，脆弱的公路實在無法前行，最終未能到達昆明。最後，弗蘭克總結道：「中國人修成了全天候的公路了嗎？答案為『是』，也可以說『不』。是，他們正在修建；不，他們尚未完成。」弗蘭克認為，在如此條件下用一年時間修建一條全天候的公路在任何國家都絕不可能，「一條普通的山路都需要 4～5 年的時間來完成，而這絕不是一條普通山路。但是，「無論如何，」弗蘭克總結說：「這是無比偉大壯麗的工程，中國人可以為它而驕傲！」〔註68〕

第二年，俄國人顧彼得（Peter Goullart）受雇於國際援華組織「中國工業合作社」到麗江工作，他描述了從昆明到麗江段的情形：「回憶在滇緬公路上的行程，常使我心中充滿恐懼。雖然這條公路建築很了不起，維護得很好，沿途風光美麗，卻是一條險惡的要命路。經過無數 U 字型急轉彎，越過好幾座山脈，公路爬高了一萬英尺左右，車子沿著令人頭暈目眩的懸崖陡壁邊沿前行。我第一次橫越這條公路是在它剛修好後不久。我永遠無法忘記無數重型卡車翻在深谷底無法挽救的情景。在抗日戰爭期間，這條公路是給中國供應軍用物資和貨物的生命線。」〔註69〕

〔註66〕沈玉昌《滇緬公路：中國之生命線》，《學生之友》，1941 年第 2 卷第 3 期。

〔註67〕Frank Outram and G.E.Fane, "Burma Road,Back Door to China", *NGM*, Nov. 1940.

〔註68〕Frank Outram and G.E.Fane, "Burma Road,Back Door to China", *NGM*, Nov. 1940.

〔註69〕（俄）顧彼得《被遺忘的王國：麗江 1941～1949》，雲南人民出版社，2007 年，第 13 頁。

　　就是這樣一條險象叢生的道路，成為中國最重要的一條國際運輸通道，英美援華的絕大部分物資與蘇聯的部份物資都通過此路運往中國。但好景不長，除了建成不久因英國妥協於日本的壓力而關閉該路三個月之外，〔註 70〕到 1942 年，日本攻佔緬甸，全面控制滇緬公路。日本趕走了緬甸原宗主國大英帝國，太平洋戰爭也全面爆發，英美宣佈對日作戰，中國成為盟國一員。同盟國為延續蔣介石政府抵抗日本之軍事能量，同時也為了支持由史迪威領導的緬北反攻部隊以重新奪回緬甸陣地，於 1942 年迅即開啓了駝峰航線與中印公路（建成後蔣介石將之命名為史迪威公路）的修建，從空中與地面開始對中國抗敵進行大輸血。

　　1945 年，就在史迪威公路建成不久，《國家地理》即刊登了橋梁工程師納爾遜‧泰曼（Nelson Grant Tayman）的文章《史迪威公路：通往中國的陸路》。納爾遜親自參與了道路橋梁的設計與修建，在文中，他細緻再現了道路的修建情況與中緬邊境的人文地理。納爾遜以自豪的心情誇耀道，在史迪威公路上運載物資的卡車是「美國陸軍工程兵智慧的、最具激動人心的證明，」中國「後門」的開通，為盟軍從陸地反攻日本侵略軍打開了寬敞的大門，「由美國陸軍工程兵部隊修建的史迪威公路，是中國的新生命線，與老滇緬路相連，這是歷史上第一條把印度北部與雲南省聯通的全天侯公路。」〔註 71〕

　　然而，歷史的戲劇總有出人意料之處。正當《國家地理》在 1945 年 6 月還在用納爾遜那句「美國人與中國人所做的事業預示著他們的未來」設想史迪威公路的前途時，僅僅兩個月後，美國就以兩顆原子彈結束了太平洋戰爭，結束了日本對中國長達八年的侵略，也結束了史迪威公路偉大卻短暫的使命。

　　2008 年，《洛杉磯時報》載文《緬甸的史迪威公路：一項勞命傷財的二戰工程即將重生》。文章報導中印雙方擬將重新開發這一早被歷史的荒草掩埋的道路。文章引用當年英國首相溫斯頓‧邱吉爾的嘲諷，這項花費美國一億四千九百萬美元的工程是「一個巨大的、勞民傷財的任務（an immense, laborious task），極可能一直到對於它的需求都過期了還不能竣工。」〔註 72〕但是，文章裏採訪到一位年逾 89 歲的築路老兵艾佛里奧‧格瑞羅（Evelio Grill），一位做史迪威公路口述史的老人，在文章作者看來，不管歷史如何定論，功過如

〔註 70〕鍾自若《英封鎖滇緬路之面面觀》，《民意周刊》，1940 年，第 139 期。

〔註 71〕Nelson Grant Tayman, "Stilwell Road-Land Route to China", *NGM*, June. 1945.

〔註 72〕By Staff Writer, "Burma's Stilwell Road: A Backbreaking WWII Project is Revived." *Los Angeles Times* December 30, 2008.

何評說，勝利與失敗已經不再重要，重要的，是對歷史和記憶的尊重，即使
那份記憶裏有不可承受之重。

二、汗水、鮮血與記憶

　　今天，在雲南的交通地圖上，已找不到「滇緬公路」的道路標誌。這段
路，已被「320 國道」、「昆瑞公路」等取代，老路已埋沒於萋萋荒草中。2002
年，《國家地理》記者韋伯斯特重走滇緬路，在從雲南松山到昆明的「老路」
上，他碰到一位 75 歲的放羊老人，這位老人年少時修過兩年的滇緬路，他說：
「我知道它很出名。但它現在被忘記了。是的，它的彎彎拐拐太多了……我
說，走新路去吧，把這條路留給山羊，留給過去。」或許老人的「遺忘」話
語，恰恰襯托出歷史的悲涼與無奈，因此韋伯斯特固執地寫道：「即使我結束
了我的旅途，即使我會將過去封塵，我也不願將這條路忘卻。」〔註73〕為什
麼呢？韋伯斯特在其出版的著作裏作了如下解釋：「當我們理解了第二次世界
大戰的亞洲戰場上這段既充滿恐怖又鼓舞人心，最終並以輝煌的勝利而落幕
的壯麗史詩之後，這條道路，又有誰能夠忘卻它呢？」〔註74〕

　　而在《國家地理》編輯為韋伯斯特文章所起的標題，名為「沿著滇緬公
路：鮮血、汗水和艱苦」。

　　對於這條「血路」最形象的說明，或許來自於這條路上眾多的暱稱之一：
「一英里一人路」（man a mile road），指築路人死於敵軍的槍擊、虐疾、炮火
以及其它事故的頻率，平均每英里死一人。〔註75〕而這一數字僅僅指築路的
美國工兵：在 1.5 萬名美國工兵中，1133 名美國將士殉職於 1079 英里的道路
上。〔註76〕橋梁工程師納爾遜在提到這些美國工兵時，常常在前面加上了一
個詞：黑人（Negro），因為這支隊伍裏有 9000 人是黑人，他說：「這些黑人
工兵幹著非常艱苦的工作，比如推土機和卡車司機。到了晚上偶爾他們高唱
自己家鄉古老的家族農場的歌曲，帶有黑人特有的一種爵士樂的味道。我站
在那裡，聽著熟悉的美國黑人歌曲在緬甸荒原上空迴蕩。」〔註77〕

〔註73〕Donovan Webster, "Blood,Sweet,and Toil Along the Burma Road.", *NGM*, Oct.2003

〔註74〕（美）多諾萬・韋伯斯特著《滇緬公路：第二次世界大戰中國——緬甸——
　　　　印度戰場的壯麗史詩》，朱靖江譯，作家出版社，2006 年 5 月，「序」第 4 頁。

〔註75〕Donovan Webster, "Blood,Sweet, and Toil Along the Burma Road", *NGM*, Oct.
　　　　2003.

〔註76〕By Staff Writer, "Burma's Stilwell Road:A Backbreaking WWII Project is
　　　　Revived." *Los Angeles Times* , December 30, 2008.

〔註77〕Nelson Grant Tayman, "Stilwell Road-Land Route to China", *NGM*,June.1945.

　　當《國家地理》以一貫持之的浪漫化、英雄主義情懷講述故事時，故事的另一面仍會浮現出來，或早或遲。《洛杉磯時報》在 2008 年一篇報導裏，以略帶辛酸的語言寫道：「奉命去完成任務的弟兄們大多數是美國非洲裔士兵，他們被編入這支部隊是因爲他們的膚色。」在那個還存在種族歧視的年代裏，這些黑人工兵一邊忍受不公待遇，一邊將命運交付於未知的戰場裏，「隨著二次世界大戰愈來愈激烈，他們在緬甸的叢林中沒日沒夜地幹活；有時在海拔 1 萬英呎的半山上；有時被 140 英吋的降雨浸泡著，在連續五個月的雨季中；他們跨越狂野的江河激流，穿越險惡的沼澤濕地，裏面藏有吸血的水蛭、成群結隊的咬人螞蟻以及傳播傷寒瘧疾的蚊群。」更爲嚴重的結局是，「有些人被疾病纏繞折磨而死，或是被在泥濘中倒塌的築路機械砸中身亡，或者掉下懸崖絕壁摔死，另一些人則被激流溺斃，或是在兼任額外的對日軍作戰的一線戰鬥中捐軀。」〔註 78〕

　　歷史終不會忘記。2004 年，美國國防部在佛羅里達農工大學（Florida A&M University）舉行「美國非洲裔歷史紀念月」，一直未被認可的築路工兵獲得了他們應有的榮譽，儘管這一認可來很太遲，能夠前去參加儀式的老兵已屈指可數。

　　而中國修路者的身影，在《國家地理》的報導裏也有章可尋。橋梁設計師納爾遜肯定道：「這條路的修建與維護，完全依賴於沿路上最卑微的老百姓付出的血、汗與淚水。」而這些老百姓，據納爾遜瞭解，是以「中國延續了數千年的招募壯丁的制度徵集而來」，由於國民政府派赴緬甸戰場的遠征軍也急需人力，因此修公路的人手甚爲缺乏，「中國中央政府招募壯丁的數目巨大。省政府主席接到命令把勞工編隊，由農村保甲長輪流負責，他們都必須完成定額的任務。」〔註 79〕

　　中國學者謝本書爲「雲南王」龍雲作傳，他在研究中證實：「從 1937 年 12 月起，雲南省政府徵調民工，每天上陣達 15～20 萬人，多時達 30 萬人。龍雲給各縣縣長下達的命令是，必須如期完成，否則自己帶著手拷來見。當時缺少築路機械，主要靠人力挖山開路，勞動十分艱苦。工地沒有住房，風餐露宿；冬天高山區，以烤火熬過難眠之夜；夏天在河谷地區，汗流浹背，

〔註 78〕 By Staff Writer, "Burma's Stilwell Road:A Backbreaking WWII Project is Revived." *Los Angeles Times*，December 30, 2008.

〔註 79〕 Nelson Grant Tayman, "Stilwell Road-Land Route to China", *NGM*, June. 1945.

瘴癘流行。在整個修路過程中，民工傷亡在萬人以上。爲了補充勞力，婦女也走上了艱苦的築路工地。」〔註80〕

《國家地理》在 1940 年的報導中，即已刊出這些築路者照片，其中一張是少數民族的修路場景，一張爲修路工的路邊工棚。

同一年，皇家地理學會的《地理雜誌》也刊登了費子智的文章《滇緬公路》，該描述與《國家地理》如出一轍，茲摘譯如下：

> 中國工程師須克服之困難，不僅來自於大自然。因爲雲南西部，人煙稀少，勞工需從距公路百里以外招募而來。說是招募，卻必帶強制性質，政府規定各區各村在一定時間內，必須供給一定數目之人員，其服役期限，通常持續一月之久。勞工皆係山民，其中許多皆爲非漢民族，從未見過任何有輪車輛，更遑論汽車。機械甚至工具，概無一件；勞工完全用原始之錘子，在岩石嶙峋之山側，雕出道路。其築路所需碎石等，須用柳條籃筐從遙遠河床背負而來；滾壓公路之巨大石碾，亦用手工敲碎花崗岩而成。在荒郊野外，勞工工作地點也遠離哪怕極小村落，故只能在公路邊，露宿於用樹枝草木搭成的營棚裏。營地海拔又高，冬天夜裡溫度常在冰點以下。〔註81〕

就在美國工兵獲得國防部認可與紀念的 2004 年，在中國雲南，一個大型的滇緬公路紀念雕塑亦在 320 國道眠山路口落成。在雲南的媒體上，如此介紹道：「滇緬公路建於 1937 年，始於昆明西郊，終於緬甸臘戌，全長 1146 公里。是雲南各族人民不畏艱險，不怕犧牲，傾心修築的西南部國際交通運輸線，它爲運送抗戰所需戰略物資，奪取抗日戰爭勝利作出了不可磨滅的貢獻，在中國交通史上佔有重要地位，在社會主義建設時期發揮了重要作用。」〔註82〕

由於歷史原因，當年參與修建滇緬路的萬千「各族人民」，以及遠赴緬甸戰場的中國遠征軍，連同那段驚心動魄的歷史洪流，很長時間並未得到應有的關注與認知。而今，各種以紀念爲名、行旅遊之實的「銘記」忽又熱鬧一時。歷史學家黃仁宇曾言：「如果被當時人的情緒牽制，就極易將一個範圍龐大的技術問題，視作多數規模狹小的道德問題，而使我們因著大時代所產生

〔註80〕謝本書《龍雲與雲南抗戰》，《抗日戰爭研究》，2001 年第 3 期。
〔註81〕Patrick Fitzgerald, "The Yunnan-Burma Road", *The Geographical Journal*, Vol. 95, No. 3（Mar., 1940）.
〔註82〕李垠　幟然《滇緬公路紀念雕塑落成》，《春城晚報》，2004 年 8 月 16 日。

之歷史觀失去了應有之縱深。」〔註83〕而《國家地理》及其它各類立場的相關表述若能得以層層揭開，或許能盡量避免簡單化與功利化的徵用歷史符號之嫌。

三、剪刀、「頂好」與「24道拐」

對滇緬公路的記憶與表述，除了對其「新長城」與「生命線」之歷史豐碑的頌揚，以及對築路者血汗貢獻的緬懷，同時被中西學者與民間同時強調的意義，乃這條路上的中西相逢以及「跨文化」橋梁作用，由此而引申的關於現代化、發展與友誼等等話題。

橋梁工程師泰曼巡走在史迪威公路時，見證的是路上的友誼。一幅「美國，頂好」的照片成為「史迪威公路」的經典記憶。作者寫道，村民們「感激美國對中國提供的幫助」，因此只要美國人一出現，他們都會豎起大姆指，口中高呼「頂好——美國」。甚至連仍在母親背上的小孩子，也學會了見到美國大兵就豎起大姆指。〔註84〕而美軍士兵們也歡笑著同禮相還，「頂好」成為中美人民的通用語。當然，《國家地理》著力呈現的友誼，存在於路上的士兵、工程師與村民之間。至於這條路的真正主角，刻寫歷史的人——蔣介石與史迪威之間的恩怨糾結，均不在其文本之內。〔註85〕

道路不僅促進人際交流，更有新事物、新觀念的傳播與接受。以下兩個例子，從不同的角度傳達出共同的主題：戰爭年代，中西相遇對西南帶來的影響與記憶。

在滇緬路上，有一個雲南祿豐的村鎮，以製作剪刀聞名，所做剪刀既漂亮，又是用祖輩傳下來的技藝。「但今天他們的剪刀又做得更好了，原因是工匠們利用了美國的合金鋼」，一位來此視察的西方人寫道。這些合金鋼從何而來？原來那些翻倒毀棄在滇緬公路上的美國卡車，被沿路村民拆散後撿回來。在這位視察者眼中，勤儉節約的中國老百姓，充分利用西方物資，這種有效利用「使得我們輸送的東西價值倍增」。〔註86〕

〔註83〕黃仁宇《從大歷史的角度讀蔣介石日記》（增訂本），九州出版社，2011年5月。

〔註84〕Nelson Grant Tayman,Stilwell Road---Land to China, *NGM*.June 1945.

〔註85〕關於史迪威與蔣介石之間的關係，可參見巴巴拉‧塔奇曼著《史迪威與美國在華經驗》，陸增平譯，商務印書館，1984年。塔奇曼認為，蔣與史的關係，「是美中關係，從廣義上說，也是美國與亞洲的關係。」

〔註86〕Owen Lattimore, China Opens Her Wild West, *NGM*,Sep.1942.

因中西相逢而倍加「增值」的，不僅僅是路上的棄車，更有「美軍的足跡」。1945 年 6 月，在《史迪威公路》一文中，一張「像蛇形一般」(with snakelike turns) 的「二十四道拐」的照片，成為史迪威公路的標誌。納爾遜在文中對這張圖片有一句有意思的說明：「公路有許多急轉彎，其中有一個長達 4 英里。中國官員看起來似乎不願意從那裡的稻田中穿過。也許他們認為稻穀比縮短幾英里的路程更重要些。」〔註87〕這張照片充分體現了山勢的複雜與道路的艱辛。

但是，由於這張照片的說明文字沒有標注確切拍攝地點，一直以來人們以為它就在雲南某處，很多人多方查找卻不見蹤影。最終，滇緬公路的一位民間學者戈叔亞費心考察求證，方證實這「24 拐」原來不在雲南，而在貴州晴隆縣。這一「著名景點」的發現與確定，甚至引發相關歸屬地的「爭論」，〔註88〕也成為近年貴州的一張名片。據晴隆縣政府網站介紹，2006 年，「二十四道拐」被國務院公佈為第六批重點文物保護單位，成為貴州省西線紅色旅遊的重要組成部份，2010 年又被列為「貴州省愛國主義教育基地」及黔西南「金州十八景」之一。2013 年 8 月中旬，一部投資 3000 萬元的大型電視劇《二十四道拐》在晴隆縣開機拍攝。〔註89〕一位記者描述了因滇緬公路及戰爭的到來，對貴州晴隆鎮的影響，茲摘錄一段：

> 70 餘年前，晴隆因為抗戰，有了許多不同尋常的事發生。一個僅有 5 萬人的小縣城，一下子成了軍事要地，眾多重要機關和因戰爭需要而設置的軍事機構落戶晴隆。在這裡，當年美國駐軍的足跡更是比比皆是。
>
> 因了抗戰，在落後閉塞的晴隆，有了許多歷史上的第一次：第一次看見了美國人，第一次上演電影，第一次聽了馬思聰在獨奏音樂會上的演奏，有了第一家旅行社、咖啡屋、酒吧，有了吉它和小提琴……戰爭使這個西南邊陲上雖然自古以來就是兵家必爭之地但默默無聞的小鎮，超常規地接觸到了本應是若干年後才能接觸到的事物。〔註90〕

〔註87〕Nelson Grant Tayman,Stilwell Road---Land to China, *NGM*.June 1945.

〔註88〕參見陳亞林《更正半個世紀的「差錯」：戈叔亞與「24 道拐」之「被發現」》，《黔西南日報》，2011.12.3。

〔註89〕貴州省晴隆縣人民政府網站，《《一度被歷史迷霧湮沒的「24 道拐」》被多家媒體轉載》，見 http://www.gzql.gov.cn/qlgov/news/qlxw/2013-06-14/8328.html。

〔註90〕周軍《被歷史迷霧湮沒的「二十四道拐」》，《文史精華》，2011 年第 12 期。

這樣的描述頗為耐人尋味。當「落後閉塞」的晴隆人，「第一次看見了美國人」，其所傳達的「激動」與「自豪」，表述了西部人對於「外面世界」的渴望，對於「現代化」的熱切擁抱。由中國人表述的這種渴望之情，一方面是自古以來帝國內部「一點四方」王朝地理觀的延伸，另一方面也與西方一以貫之的「拯救論」以及以西方為中心的「衝擊——回應論」不謀而合（後文將再述）。

1941 年，一位對中國邊疆深有研究的美國學者，奉命來到中國大西南，「擔任蔣介石的政治顧問」。這位邊疆學者會在這裡建立起怎樣的西南觀，又會產生什麼樣的影響呢？

第八章 中國打開「野性西部」

歐文‧拉鐵摩爾（Owen Lattimore 1900.7.29～1989.5.31），一位從田野中獲得聲望與成就的人類學者，被認為是與費正清齊名的中國問題權威專家，以他的中國邊疆研究影響與引領了中西方學術界在此領域的進路。二戰期間，拉氏作為羅斯福派往中國的蔣介石政府顧問，對中國西南的情況作了深入觀察與調查，他將西南思考與抗日戰爭、亞洲局勢和世界前途聯繫起來，發表了諸多重要思想觀點。

1942 年，拉氏在《國家地理》上發表文章《中國打開其野性西部》（China Opens Her Wild West），論述滇緬路的打通、西南大後方的戰略轉移、昆明與重慶等城市的變革等議題，由此預告 「一個新中國在戰爭年代誕生於大山深處，」並且「從此以後，意味著一個更加緊密、巨大的亞洲形成了」。［註91］這一「新中國」與「新亞洲」的言說與展望，從實體的公路出發，探討在大變革時代，西南乃至中國發展之道路，在打開的西部與擴展的地平線中，照見的實為一個「四面八方」的新西南。

本章以拉鐵摩爾的雜誌文本與相關著作為分析對象，結合本刊雜誌裏的其它「道路、二戰、西南」等相關文本，分析在「新中國」的各種言說中，其所包含的無限矛盾與張力：中心與邊緣的互動、現代與傳統的衝突、國家建設與民族建構，以及，中國與亞洲及世界的「局勢」與「決策」（拉氏書名）。

［註91］Owen Lattimore, "China Opens Her Wild West", *NGM*, Sep.1942.

一、拉鐵摩爾的傳媒觀：「事實不能爲自己代言」

　　要分析拉鐵摩爾在《國家地理》上的中國文本，有必要先對其傳媒觀有一定瞭解。作爲一位學者，拉鐵摩爾與傳媒業的淵源不可謂不深。早在 1921 年，拉鐵摩爾 21 歲時，便在天津進入《京津泰晤士報》（Peking and Tientsin Times）從事編輯工作，該報是當時「北方最有影響的英文報紙」。〔註92〕但拉鐵摩爾對於只能做編輯而不能出去採訪新聞感到失望，又因爲這份報紙「非常保守」，〔註93〕因此一年後拉鐵摩爾便辭職。在此後深入中國邊疆的幾次遊歷中，拉氏與傳媒的聯繫也非常緊密，以與《國家地理》的關係來看，他在該雜誌發表了四篇文章，幾乎每一次重要考察經歷都在該雜誌中詳細刊載。〔註94〕

　　從 1929 年至 1944 年，拉鐵摩爾在《國家地理》上發表的四篇文章，在某種程度上剛好對應其每一階段的學術研究旨趣與主要著作成就（見下文表格）。一方面，這體現了《國家地理》作爲大眾傳媒，卻具有相當敏銳的學術敏感與眼光；另一方面，這與拉鐵摩爾所秉持的傳媒學術觀不可分割。1934 年，拉鐵摩爾在自己負責主持的極具影響力的學術月刊《大西洋事務》上，撰文《事實不能爲自己代言》，〔註95〕闡述其傳媒觀。從這篇言簡意賅的文章中，可見《國家地理》文章的取向與標準。

　　《事實不能爲自己代言》，是一篇闡述西方外國事務報導的新聞思想論文，發表於二十世紀三十年代，有其特定的歷史背景。其時，世界正處於大動蕩與大變革中，最深刻的烙記爲世界經濟危機與二次世界大戰。西方迎來工業革命後最嚴重的經濟大蕭條，美國總統羅斯福在 1934 年簽署《證券交易法》；阿道夫・希特勒在 1934 年被任命爲德國首領，從此法西斯極權思想讓

〔註92〕《天津泰晤士報》由英商斐令漢（William Bellingham）所擁有的天津印字館於 1894 年 3 月 10 日創辦，是一份關於政治、商業、文學、科技與社會各方面的報紙。天津另一家早期有影響的英文報紙爲英籍德國人德璀琳創辦的《中國時報》（The Chinese Times）。見張石《天津早期的兩家外文報紙》，《中國檔案》，2012 年 6 月。

〔註93〕（日）磯野富士子整理《蔣介石的美國顧問：歐文・拉鐵摩爾回憶錄》，復旦大學出版社，1996 年，第 10 頁。

〔註94〕拉鐵摩爾與《國家地理》的關係，除了其報導主題與這份雜誌定位的相關性外，其人際關係或許也有一定因素。拉氏的姑姑是亞歷山大・格雷厄姆・貝爾的學生與門徒，而貝爾是《國家地理》的第二代掌門人。

〔註95〕Owen Lattimore, "Facts Do Not Speak For Themselves", *Pacific Affairs*, Vol. 7, No. 2（Jun., 1934）.

整個世界傷痕累累，德國、日本、意大利軍國主義發動的二戰使世界人民民不聊生；而中國，或許是最難「報導」的國家：在外，帝國主義虎視眈眈，對其領土與資源繼續蠶食鯨吞，日本侵略使中國的苦難磬竹難書；在內，內戰使已破碎的山河更加雪上添霜，中國工農紅軍於 1934 年開始漫漫長征路。

世界被捲入激烈的時代洪流中，紛紜複雜的各種事件與人物紛至沓來，亂哄哄你方唱罷我登場，令人難以應對。這樣的時代對於新聞業來說，卻既是天堂也是挑戰。「天堂」在於記者們根本不愁沒有聳人聽聞的「新聞」發生，挑戰在於記者們若只抓住驚天動地的熱鬧表象，而不能對微觀世界做出洞察與解釋，則只能讓這世界更加紛亂而無序。正如黃仁宇所言，那些被歷史學家所忽視的事件，「表面看來雖似末端小節，但實質上卻是以前發生大事的癥結，也是將在以後掀起波瀾的機緣。其間關係因果，恰為歷史的重點。」〔註 96〕

在此背景下，拉鐵摩爾雖然沒有任何新聞學專業背景，但是他早年在《京津泰晤士報》的工作經歷，以及他負責《大西洋事務》這樣有影響的學術期刊所帶來的視野與思考，為他積累了對新聞業的觀察與認識。在《事實不能為自己代言》這篇並不長的隨筆式論文中，筆者將其主要觀點歸納為二：其一，記者應該成為「專家型記者」；其二：記者應該掌握「客位」與「主位」的區別與平衡。由於拉氏的觀點對理解他在《國家地理》上文章的風格與觀點極其重要，在此筆者詳加引述。（下文中加了引號而未注釋的皆為拉氏此文原話）〔註 97〕

其一，事實與意義：時代需要「專家型記者」

拉氏在文章中一開始就闡述了美國新聞業長久以來一直嚴格遵守的原則，即記者報導與編輯社論嚴格分離，這是支配其行業的規則與慣例，「長期以來美國報業所持的信條為：記者的任務是報導新聞，而不是發表意見。」傳統上，公眾想要從記者那裡獲取的，似乎只是什麼事正在發生，至於為何會發生及其趨勢推論，就留待「專題特稿作家」，或者編輯部去處理。美國的這一新聞觀，對中國和日本建立現代新聞業的標準也有很深刻的影響。

〔註 96〕黃仁宇《萬曆十五年》，生活讀書新知三聯書店，1997 年 5 月，第 1 頁。

〔註 97〕Owen Lattimore, "Facts Do Not Speak For Themselves", *Pacific Affairs*, Vol. 7, No. 2（Jun., 1934）.以下評述文字，凡引用拉氏引語而未注明出處者，皆來源於筆者對拉鐵摩爾文章的編譯與歸納整理。

　　但是在特殊時代裏，拉氏認為，這樣一種觀念被國外通訊記者所繼承發揮，使他們僅僅成為一種「搬運型記者」（transplanted reporters），基本上以追求刺激與聳人聽聞為能事，而非對事件意義的尋求。「這樣的人被選中主要是因為他們能做新聞——在國內新聞裏遵循的那種慣例，而非是考慮他們是否具有德國、俄國或者遠東的知識儲備。」這樣做的結果，是美國駐中國的通訊記者，其職責就是，「告訴地鐵上的讀者，中國黃河正發生水災，告訴華爾街的讀者，中國的商業情況與投資預報。讀者們不會在乎，這位記者是否知道中國西部省區如何感受到穆斯林權勢的上升，或者他是否理解上海工業化對於江西農民的影響，江西的共產主義思想與國民黨政策的關係，這不是新聞。」

　　與此同時，拉氏認為，美國編輯所撰寫的外國事務報導，除了幾個大報外，都不可避免因其缺少思想、信息和理解，呈現明顯而固執的地方主義與偏狹習氣。實際上，「美國最占上風的新聞傳統不是基於理解力上的解釋，而是在於好鬥性——一個能影響一個政黨事業的記者，通常被認為其能力超過那些能真實、完整地理解事件所具全部意義的記者。」

　　拉鐵摩爾以《紐約時報》記者沃爾特‧杜蘭蒂（Walter Duranty）為例，講述一個「專家型記者」應該具有的素質。杜蘭蒂負責報導蘇聯問題，在記者中以蘇聯問題研究專家著稱。〔註 98〕儘管在對蘇聯大饑荒的問題上杜蘭蒂備受爭議，但在該文中，拉氏對其持完全肯定態度：「從美國新聞傳統的觀點來看，杜蘭蒂是一個異端。他為新聞著色。但他的偉大之處正在於他的解釋力，他使純粹的事實報導轉變為對事件意義的追求與發掘。」

　　拉氏十分強調「杜蘭蒂現象」的重要性，稱其意義已超越了對於美國新聞業的重要性，而是「世界新聞業發展趨勢的一種跡象」。拉氏認為，隨著當今世界民族主義的蔓延，新聞傳播發展的加速，「意味著每個自我為中心的國家都會對另一個自我為中心的國家所發生的事越來越敏感，也越來越需要瞭解其所思所想。」因此，拉氏對於「專家型記者」的預測與解釋能力持肯定與推崇態度。

〔註98〕沃爾特‧杜蘭蒂（Walter Duranty1884～1957）。杜蘭蒂是英裔美國人，為《紐約時報》（1922～1936）報導蘇聯，並有大量著作。杜蘭蒂曾獲普利策獎，但他又是最受爭議的記者，由於他對蘇聯發生的大饑荒（1932～1933）予以否認淡化，其聲譽大受影響，被認為是「斯大林的辯護者」。參見 S.J.Talor, *Stalin's Apologist: Walter Duranty: The New York Times's Man in Moscow*, Oxford University Press ,1990.

其二，主位與客位：專家型記者的立場問題

在論述了記者應該成為所報導地區事務的「專家」之後，拉氏闡述專家記者的立場與素質問題。

拉鐵摩爾雖然在文章中沒有用人類學的術語「主位」與「客位」等來設定新聞記者的要求，但他認為解釋性報導，既需要從他者的眼光，又要站在所報導對象的立場上，這樣的新聞才是時代所需要的。在拉氏的數篇報導中，都流露出這樣的立場取向，如在《通向突厥斯坦的沙漠之路》裏，他裝扮成駱駝客，借助多年來在中國所習得的語言與文化優勢，他與其它駱駝客同吃同住甚至同樣的打扮，「我像商隊生意人一樣低調地生活和旅行，不會引起其它人的注意。」〔註99〕在完全人類學式的田野行走中，他饒有興趣地觀察路上的人和事。而在《滿洲的小路與荒林》一文裏，他和他的妻子九個月的時間都住在窮苦老百姓中間，吃盡了苦，只是因為「我們不僅是想要看和聽，我們還要與他們住在一起，住在滿洲人的日常生活當中。」〔註100〕

更重要的是，拉鐵摩爾所關注的領域與方式，與當時的漢學家和一般旅行者皆有不同。雖然人們常常將其與漢學家費正清（John Fairbank）相提並論，但拉氏很清楚他們的差別：「費正清對中外約章和海關史之類的東西感興趣，我對此一無所知。在他的回憶錄《心繫中國》（Chinabound）中，他自己寫道，他瞭解中國學者和知識分子，但不瞭解真正的人民群眾——農民。而這正是我所瞭解的。這些漢學家接受的訓練與我的知識背景大相徑庭。」〔註101〕而對於一般旅行者或曰探險家，拉氏也略帶尖酸地批評：「在 20 年代後期，當時形形色色的美國青年正周遊世界。他們撰寫趕時髦的書，談論艱辛、跳蚤、糟糕的食物，由於不懂當地的語言而無法與人們交談；胡亂地應付一切，諸如此類。」〔註102〕

秉持人類學家對獨特領域的關注，與對新聞業的獨特見解，拉鐵摩爾在《國家地理》上的文章，便既呈現出一定的主位、客位相結合的立場態度，也有專家的解釋力度。1932 年，拉鐵摩爾的《滿洲：衝突的搖籃》出

〔註99〕 Owen Lattimore, *The Desert Road to Turkestan*, Little, Brown, And Company, 1929

〔註100〕 Owen Lattimore. "Byroads and Backwoods of Manchuria: Contrasts of Modernism and Unaltered Ancient Tradition Clash", *NGM.* Jan.1932.

〔註101〕 （日）磯野富士子整理《蔣介石的美國顧問：歐文‧拉鐵摩爾回憶錄》，復旦大學出版社，1996 年，第 39 頁。

〔註102〕同上，第 21 頁。

版後，他收到一對一直資助他的富商巴雷特夫婦寫的信：「你正在成爲大學裏又一位腳註愛好者。」拉鐵摩爾在回信中稱：「研究一直是我生活的一部份，旅行是爲了研究搜集材料，我必須繼續我正在從事的工作，但我不喜歡這樣的想法，即你們對我們不滿意。因此，請不要再送錢給我們。」〔註103〕從這往來信函中，我們可以看出，拉鐵摩爾爲了研究而在旅行中搜集素材，這些素材成爲《國家地理》雜誌上發表的遊記，雖然不乏人情味、衝突性的文學性描寫，但必然包含著他的研究發現與理論觀點，亦即其奉行的專家型解釋力。

　　拉鐵摩爾在《國家地理》上四篇遊記與相應的專業著作，分別從不同方位（西北、東北、西南）或多重視角表述了「邊疆」與「國家」乃至「世界」的關係。

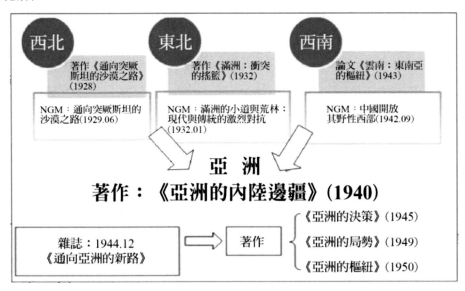

拉鐵摩爾在 NGM 的遊記報導與部份學術著作（筆者製圖）

　　對20世紀動盪中國的書寫，遊記與專著難分彼此的現象不獨拉氏。尼古拉斯・克里福德在對1880至1949年英美的中國遊記進行研究後認爲，戰爭的陰影籠罩這個國家長達百年之久，使得難於在純正的遊記與解釋中國的專著裏劃上嚴格的分界線。〔註104〕在此，筆者以拉氏對滿洲的書寫爲例，瞭解

〔註103〕同上，第22～23頁。
〔註104〕Nicholas Clifford, "A Truthful Impression of the Country":British and American Travel Writing in China, 1880～1949,The University of Michigan Press2001,P92.

其雜誌文本與著作的互文性，對西南的表述集中在《中國開放其荒野西部》一文裏，將在後面重點闡述。

20 年代，拉鐵摩爾的新疆沙漠之行爲他開啓了中國研究的一扇門，名譽與資助也接踵而至。美國社會科學理事會提供的資金，使他能實現 1929～1930 年的滿洲考察，以「專門研究來自關內的中國移民的拓居問題。」〔註105〕實際上，後來拉鐵摩爾的研究表明，他研究的不僅僅是移民問題。在此次考察結束的著作《滿洲：衝突的搖籃》裏，他自陳：

> 對於中國、內蒙古的考察，以及從蒙古到中國新疆的遊歷使得我越來越深信，非常有必要好好研究一下滿洲。對滿洲的研究可以更好地理解中國與俄國之間漫長的邊界。在滿洲、蒙古與新疆，上演了游牧民族被打敗並向西遷移的歷史，所以在歷史上一直很重要。到如今，滿洲地區又成爲三種文明博弈相爭的場所：中國、俄國以及西方世界。日本代表西方文明，因爲經過明治維新，他已從中學習了富強的道路。因此，在這個時代，滿洲成爲了衝突最明顯的地區。〔註106〕

因此，拉鐵摩爾在《滿洲：衝突的搖籃》一書裏，全面考察了「滿洲」的歷史背景、地緣政治與現實衝突。通過既宏觀又微觀的視角，拉鐵摩爾預測到滿洲將要成爲亞洲戰火最先爆發起來的地區之一，顯示了他敏銳的政治眼光與洞察力。

《國家地理》在 1932 年 1 月即發表了拉氏著作的摘錄版《滿洲的小路與荒林》，此文主要集中於滿洲的「現代化與不變之古老傳統的激烈對抗」（副標題），〔註107〕與其著作「衝突的搖籃」緊密相連。拉鐵摩爾一開篇就寫道：「當我和妻子到滿洲時，我們計劃在此居住一年。我們想看的不僅是『現代化的進步』（modern improvements），而且還有正在被現代文明取代的老式生

〔註105〕（日）磯野富士子整理《蔣介石的美國顧問：歐文・拉鐵摩爾回憶錄》，復旦大學出版社，1996 年，第 19 頁。

〔註106〕Owen Lattimore.*Manchuria:Cradle of Conflict*, New York:The Macmillan Company, 1932。在本書中，包含十二章，分別是：種族與文化的戰場；部落入侵的蓄水池；早期的帝國擴張；中國文化的活力量；轉向東方的俄國；中國滿洲的土地和權力；擴張與西方化；士兵、鴉片與殖民化工；滿洲在世界中的地位等。

〔註107〕Owen Lattimore."Byroads and Backwoods of Manchuria:Contrasts of Modernism and Unaltered Ancient Tradition Clash ", *NGM*.Jan.1932.

活。」在拉氏看來，由於日本和俄國在滿洲建立的鐵路網，以及中國內地強大、古老的「活著的」傳統文明，使滿洲的現代化速度比在中國內地快得多。但是，滿洲又是中國文明和西方文明共同起作用的地方，所以拉鐵摩爾要全面、細緻考察它的影響，在先進現代化與不變傳統之間的對抗與妥協，各種民族主義的潮漲與潮落，種族和民族的混雜與融合，以及一年又一年，在俄國、日本與中國之間成千上萬的移民大爭奪。

　　除了與著作裏相同的歷史背景與地緣政治的介紹與評述外，雜誌文章仍以講故事為主，呈現傳媒雜誌的偏好與風格。以對「魚皮韃靼人」（阿穆爾河流域民族穿著魚皮做的衣服）薩滿教的描述為例。一開始，拉鐵摩爾就評論道：「毫無疑問，魚皮韃靼人最有意思的傳統是薩滿教，有點像印第安人的致幻藥（medicine），同時具有宗教與治療的功能。薩滿傳統在蒙古人、滿人以及漢人中都可見到。」接著，拉氏講述了對一個似乎患有肺結核的老婦人的治療，整個過程持續了幾天。開始治療後，老婦人說感覺好像更嚴重。而薩滿拿著鼓，還有一個貌似是他助手的老嫗站在病人後面：

> 當薩滿開始擊鼓，他立即進到一種全神貫注的恍惚狀態中。然後他以一種毫無頓挫節奏的語調念咒語。期間，他大汗淋漓，臉部表情緊張而掙扎。坐著的病人站起來，如同在夢中。助手把手放在病人的後背，與薩滿相應和地顫搐著。祝咒與鼓點一直持續，直到他們筋疲力盡，薩滿戛然而止。〔註108〕

　　就在這樣古老的傳統裏，滿洲的生活因何而變，如何在變？日本、俄國在此地的殖民爭奪是最重要的因素，而殖民爭奪最重要的工具當數交通。正如《國家地理》對中國的報導第一篇即為西伯利亞鐵路（尤指東清鐵路），拉鐵摩爾也認為鐵路的影響在東北地區比其它地區更為明顯，因為它的平均鐵道里數比中國其它地區高。他在此文中明確指出：「日本人通過南滿鐵路、俄國人通過東清鐵路發揮影響已有 25 年，它們起著領頭作用。」而擁有鐵路、汽車運輸和機械化工業，則意味著為「變化」設立了標準。在此後出版的《亞洲內陸邊疆》中，拉鐵摩爾設專節討論鐵路的影響：

> 隨著 20 世紀的到來，鐵路出現了。這是整個中國體制中所沒有過的經濟與政治力量的新產物。而且，它反映了西方影響的進一步

〔註108〕Owen Lattimore. "Byroads and Backwoods of Manchuria: Contrasts of Modernism and Unaltered Ancient Tradition Clash", *NGM*. Jan.1932.

深入，即從商品貿易發展到外國資本的直接投資。鐵路不但帶來了
經濟上的干涉，而且還有直接或間接的政治干涉。〔註109〕

拉鐵摩爾就這樣走到「滿洲」百姓的歷史與現實中，親歷最傳統的生活
方式與最激烈的社會變革，當他把這些神秘的文化與革命性巨變傳達給西方
讀者時，其影響是深遠巨大的。這種影響或功能亦可分爲幾方面，一是滿足
西方民眾對遙遠異域知識的想像與需求，同時向其提供對這個複雜多變世界
的意義解釋與前景預測，與此同時，它們也盡量讓西方人開始思考這塊土地
的複雜性與它自身的歷史。對拉鐵摩爾來說，這些觀察與思考豐富了他的邊
疆研究，也使他開始從地緣政治的角度充分關切中國乃至亞洲。

地緣政治裏一個重要因素是交通，因此拉鐵摩爾在其眾多論述中都著重
強調「道路」的象徵與力量。從「通往土耳其斯坦的沙漠之路」，到滿洲的「小
路與荒林」，再到由滇緬公路而「打開狂野西南」，最後思考「亞洲新路」，拉
氏在《國家地理》上每篇文章的標題正好都有個「路」。這條路既是實在之路，
同時也是一種視角與思考。如果說滿洲的鐵路是一種典型的殖民工具，那麼
同樣是道路，在中國另一邊疆之西南，由中國、美國以及二戰同盟國共同修
築的滇緬公路，其對中國、亞洲乃至世界的影響又會怎樣？在《中國打開野
性西部》一文中，拉鐵摩爾的觀察與見解值得詳加論述。

二、擴大的地平線：新西南、新中國、新亞洲

1941 年 7 月 19 日，拉鐵摩爾受羅斯福總統派遣，作爲蔣介石的政治顧問
抵達重慶。同年 10 月 15 日至 10 月 30 日，拉氏去到雲南省察看滇緬公路中
國段的情況。拉氏在回憶錄中稱：「蔣派我去雲南，這不是一次視察。蔣的想
法是：到那邊去受點教育。」〔註110〕蔣介石希望拉氏去觀察和瞭解雲南的局
勢，以此判斷日本對緬甸不斷加壓是否會導致英國在亞洲參戰，從而使羅斯
福捲入這場戰爭的可能性與時間表。

1942 年，《國家地理》登載的《中國打開野性西部》（China Opens Her Wild
West），便是以雲南與重慶爲中心，呈現拉鐵摩爾在西南的所見所聞與所思。
全文篇幅不長，32 頁，配有兩幅用黏土製作的地形模擬圖，34 幅照片，其中

〔註109〕拉鐵摩爾《中國的亞洲內陸邊疆》，唐曉峰譯，江蘇人民出版社，2010 年 7
月，第 97～98 頁。
〔註110〕（日）磯野富士子整理《蔣介石的美國顧問：歐文·拉鐵摩爾回憶錄》，復旦
大學出版社，1996 年，第 120 頁。

包括一組名爲《雲之南》的十一幅彩照。照片由拉鐵摩爾及弗蘭克‧歐南（Frank Outram，發表過《滇緬公路：中國的後門》）等人所拍。

　　如果把一篇文本當作觀察中國的一扇窗框，通過這扇窗，我們要發現與尋找的，是一步步擴大的地平線，一個漸次展開的新視野，一個朝向四面八方的新格局：從西南，到中國，再到新亞洲。

1.「新西南」：關於邊緣與中心的思考

　　行文一開始，拉鐵摩爾爲讀者描繪了大西南深處一個戰爭年代裏的寧靜「後方」：

　　　　雲南大理一座古老的寺院大門旁，一位老婦人坐在陽光斑駁的古牆下。她面前放著一個雜貨籃，裏面擺放著香煙、火柴、針線頭、小鏡子、糖果，等著寺廟裏進進出出的顧客。整個冬天，中國雲南陽光普照。老婦人在如同美國加州般的陽光中與另一名婦人閒聊著。

　　　　這樣的情景，千百年來可以在中國的任何一個角落裏看到，除了老婦人背後的這面牆。

　　　　老婦人背後的牆上，有一張彩色宣傳畫。畫的正中，一個士兵手持步槍作殺敵狀。士兵鑲嵌在一團雲彩裏，意味著這一滇緬甸路上的「戰線」其實離眞正的前線相對遙遠。左邊是一幅農民犁田圖，農民褲管高挽，吆喝著前面的水牛。這幅圖大一些，表明農民的生活才近在眼前。右邊寫著大大的四排字：前方努力殺敵守土，後方努力耕種建設！！」。小小的落款字上表明這是「省立大理中學製」。

〔註111〕

　　拉鐵摩爾接著描述宣傳牆附近的一隊新兵，正列隊登上美國卡車，行進在滇緬公路上，這條路，「過去一直是祖輩趕著騾子徒步行走的狹窄小路，而這些原本生活在雲南可愛小鄉村裏的年輕農民，即使在中國近百年與西方世界的接觸中，也沒有受到什麼外國影響。現在，他們要去面對的，卻是他們根本不認識的外國侵略者。〔註112〕由於戰爭，中國打開西南大門，在拉鐵摩爾看來，卻正是中國驚醒，重新認識和思考自己的土地並決定自己命運的時候。

　　這是一種對於「邊緣」與「中心」的重新思考。

─────────────

〔註111〕Owen Lattimore, "China Opens Her Wild West", *NGM*, September 1942.
〔註112〕Owen Lattimore, "China Opens Her Wild West", *NGM*, September 1942.

當日本人佔領了長江下游和黃河北方後，蔣介石將戰略基地轉向西南。在拉氏夫婦合著《中國簡明史》中，將這一轉移類比於俄國抵抗德國的戰略，並稱「中國人的戰術是在日本壓力最重的地點採取退卻，但卻圍攏日本軍隊縱隊和楔形編隊的兩側翼和聯絡點——蔣介石把這種戰略和戰術叫做『以空間換取時間』。」〔註113〕拉鐵摩爾在《國家地理》上的文章中認為「以空間換取時間」是對中國地理的「巧妙利用」。更為深遠的意義在於，「中國人開始重新認識他們背後的大山。」正如文章段落標題裏所體現的，一直以來，中國人在「野蠻的西部」面前都是退避三舍（「Chinese Shunned the Barbarous West」），這原因，固然有地理交通的阻礙，正如弗蘭克寫滇緬公路時所簡單歸結的那樣：「中國東、西部之間缺乏瞭解並不是因為他們缺乏瞭解的興趣，主要在於中國交通的極度困難。這個國家如此之大，道路又是那麼糟糕。」〔註114〕但是，更主要的，拉鐵摩爾指出，在於中國歷史文本生產了太多消積意象：「在中國詩歌與歷史中，野蠻的西部（barbarous west）充滿了流放者與失落者悲傷的旋律。〔註115〕由此，在美國歷史上那曾經充滿豪情與機會誘惑的號召——「到西部去，年青人，到西部去！」，在中國，同樣的召喚卻「並非是浪漫的口號。」

深究其中，這種「悲傷的旋律」體現的正是中國文化裏自古而來的華尊夷卑觀。徐新建教授在《西南研究論》中，提出中國文化裏特有的「一點四方」結構，這一結構既是地理的，更是文化的，在地理上以中原某地為中心點，向四周延伸出四個方向；中心點既是出發點也是回歸的終點，從文化上看，這一結構，「以中原文化為本位，把周圍四方稱為蠻夷。這在表面上體現了以我劃界的傲慢與偏見，而其根本上反映出的卻是與中原農耕方式相聯繫的祖先血親崇拜及其所產生的某種自信心和排他性。」〔註116〕因此，在中原歷代史官、學者、文人墨客的文獻中，大量並不完全客觀、正確的文獻與「悲傷旋律」，使得盲目的傲慢與強勢的排他性一再上演，西南的「野蠻」與「落後」便愈加阻礙人們的視野與步伐，也給西南的發展留下了無窮的隱患。因

〔註113〕（美）拉鐵摩爾夫婦著《中國簡明史》，陳芳芝、林幼琪譯，商務印書館，1962年，第105頁。

〔註114〕Frank Outram and G.E.Fane, "Burma Road, Back Door to China", *NGM*, Nov. 1940.

〔註115〕Owen Lattimore, "China Opens Her Wild West", *NGM*, September 1942.

〔註116〕徐建新《西南研究論》，雲南教育出版社，1992年，「總序」第4～6頁。

此徐新建從「後軸心時代」的世界新格局出發，呼籲揚棄和糾正數千年所產生的已僵化的文化地理觀與漢文化中心觀。

　　拉鐵摩爾的中國邊疆研究，從某種意義上可以說是對中國「一點四方」觀的糾正與重建。他明確指出：「中國不是由於征服者侵入大河平原而被『創造』出來的，也不是因少數民族對具有較高文化的早期中國人的『壓迫』而形成的。漢族與少數民族的起源同在一個上古時期，一切文化都同樣原始，只是因各地的自然資源的不同，在文化表現上存在若干差異。」〔註117〕這一「差異」論，區別於「華尊夷卑」的歷史觀與「先進落後」的線性進化論，對正確認識邊疆的意義及其與國家（帝國）的互動關係極其重要。

　　1943 年，拉鐵摩爾在《外交事務》（Foreign Affairs）上，發表重要論文《雲南：東南亞的樞紐》，在此文裏，拉鐵摩爾以「邊地」（frontier）視角解讀雲南的「空間與時間」，指出雲南在地理、族群、經濟等意義上的邊陲、邊界與邊沿意義：

　　　　從地理上看，雲南是中國與法屬印度支那、緬甸地理上的邊陲。
　　在南面，泰國的北部深深契入，幾乎要阻檔住緬甸與印度支那的連
　　接。在西面，緬甸、印度東北與雲南在荒野的高山叢林匯合，其邊
　　界甚至未被仔細測量。〔註118〕

　　從人種上而言，雲南也是一片邊界世界。在大約 1 千 1 百萬人口中，約有一半以上爲非漢族。其許多部落和民族說明了漢族的形成過程。一些在古代被稱爲蠻夷的民族慢慢通過融合成爲漢人。而另一些，則在人種學上、文化上和語言上成爲中國、印度支那、泰國和緬甸之間的中介民族。

　　從技術上而言，雲南又是一個正在孕育的、多樣性的中國「邊沿」之地：是在強大的農業中國與正在加速工業化中國之間的邊緣。農業中國代表的是過去，而工業中國在戰爭時期逐步形成並促成了「新中國」的誕生。

　　從上可見，儘管雲南是「邊地」，卻是一個連接漢與非漢的融合帶，是連接東南亞的樞紐，連接中國過去與未來的時空隧道。因此，它的意義是如此舉足輕重，以至於決定了一個新的中國與亞洲的形成與發展。

〔註117〕拉鐵摩爾《中國的亞洲內陸邊疆》，唐曉峰譯，江蘇人民出版社，2010 年 7月，第 280 頁。
〔註118〕Owen Lattimore, "Yunnan, Pivot of Southeast Asia". *Foreign Affairs*, Vol.21.No.3. Apr.1943.

　　早在 1893 年，美國「邊疆學」的首創者特納（Frederic J. Turner,1861～1932），就在美國歷史學會上，宣讀了一篇宣言式的重磅論文《邊疆在美國歷史上的重要性》。特納在文章中提出美國的歷史實際上大部份可以說是對西部的開拓史，自從拓殖者離開海岸翻過崇山峻嶺以後，是邊疆，塑造並形成了迄今為止獨特與顯著的「美國性」（Americanism）──「粗狂、強健的性格，重視自由精神的個人主義，為惡為善均全力以赴」的美國精神。〔註 119〕總之，這種「美國精神」或「美國性」使美國人在自己的發展過程中找到自己的歷史，而不必去尋根或依附於「歐洲中心」的陰影。

　　拉鐵摩爾承續特納的視角與思考，從邊緣發現中心，而他的研究視野投向的是中國。他在《國家地理》上發表《中國開放其野性西部》以及在《外交事務》上的《雲南：東西亞的樞紐》，從歷史與文化的角度對人們腦海中「荒蠻」、「落後」與「未知之地」等想像地理學進行分析與批判，無疑也有助於讀者瞭解中國西南邊疆的重要性。也許是因為拉氏從未以西南為名撰寫長篇著作，故長期以來，學者在評述拉氏的邊疆思想史時，基本沒有注意到他對西南的思考。一位學者認為，在中國除了「北」邊疆外，內地社會還存在一個「南」邊疆，故而評價拉氏的邊疆敘述也不完整。〔註 120〕誠然，拉氏的領域主要偏重於北部邊疆，即東北、蒙古、西北和西藏等四大板塊，而以新疆為重。但值得注意的事實是，拉氏在 40 年代以後對中國、亞洲局勢的判斷，對美國政策的宏觀思考，不能不說也建基於他對西南在中國地理、政治以及經濟、文化重要性的認識。可以說，正是西南，促使了拉鐵摩爾及其它中國研究專家開始探討「中國的全面驚醒」：從塑造「新國民」到形成「新國家」。

2.「新中國」：戰爭年代的「新公民」與「大都市」

　　在《中國打開野性西部》一文裏，副標題醒目地提示：「在群山環繞的陸地上，一個新中國正在戰爭年代中誕生。」〔註 121〕如何成為「新中國」？在

〔註 119〕Frederick Jackson Turner, "The Significance of the Frontier in American History", in *Frontier and Section : Selected Essays of Frederick Jackson Turner*, Englewood Cliffs, NJ: Prentice-Hall, 1961.

〔註 120〕黃達遠《邊疆、民族與國家：對拉鐵摩爾「中國邊疆觀」的思考》，《中國邊疆史地研究》，2011 年 12 月，第 21 卷第 4 期。

〔註 121〕Owen Lattimore, "China Opens Her Wild West", *NGM*, September 1942.注：西方對民國時期的中國，常常以「新中國」稱之，指相對於辛亥革命推翻舊帝制而建立起來的新政權與國家組織形式，並非指 1949 年後的中華人民共和國。

這一時期雜誌的滇緬公路文本中，新觀念、新公民與現代化城市三股力量被反覆突顯與強調。

其一，移民與新精神

雖然「到西部去」並非浪漫口號，但在各種表述裏，隆隆炮火中從四面八方彙聚而來的「難民」（refugee），變身而爲「移民」（migration）〔註122〕，「幫助打開野性西部」。他們開疆拓土，帶來新觀念與新技術，在革命豪情的敘事裏成爲建設「新國家」最重要的力量源。拉氏估計，從佔領區來到「自由西部」的移民，「估計有四千萬到六千萬之多，即使歐洲到美洲的大移民時期也未曾有如此龐大規模。」〔註123〕由於西南礦產豐富，尤其是煤與鐵，對於抗戰和未來的工業化建設都必不可少。而開發這些新資源需要「新民」（new people），因此，在拉氏看來，「數百萬難民的到來，並非是一種負擔，相反，他們是這個國家正需要的新人民。」

爲了向讀者傳達這樣的「新人」形象，拉鐵摩爾重點描寫了負責鐵路建設的工程師謝保樵。拉氏並未在文中提及此人名字，但敘述了謝的背景：謝是廣東人，早年分別在拉氏父親和叔叔門下學過英語和德語，在霍普金斯大學取得博士學位。〔註124〕回國後，這位蔣介石政府裏的要員是眾多「年輕的、

〔註122〕關於「移民」與「難民」的定義：有學者將「移民」定義爲，「具有一定數量、一定距離，在遷入地居住一段時間的遷移人口」。而難民與移民的區別，一些工具書以強調「移民」的法律意義爲區分依據。顯然在《國家地理》的表述裏，用「移民」而少用「難民」目的在於強調其從中原或沿海到西部，實爲中國的「新生建設力量」。參見葛劍雄、曹樹基、吳松弟《簡明中國移民史》，福建人民出版社，1993 年 12 月，「序言」第 1 頁。

〔註123〕拉氏此文寫於 1942 年前，據相關學者研究，遷徙到中國西部的移民，其精確人數不可能確定，一些估計高達 5000 萬，在白修德著作《尋找歷史》的 79 頁，談到難民數字的估計是如何被嚴重誇張。參見費正清、費維愷編，《劍橋中華民國史 1912～1949 年》，下卷，北京：中國社會科學出版社，1994 年，第 561 頁腳註。在謝和耐的著作裏，提到「1938 年末至 1939 年中，遭受日本空軍猛烈轟炸的内地老城重慶，居民人數從 20 萬猛增至 100 萬。」見（法）謝和耐著《中國社會史》，黃建華、黃訊餘譯，江蘇人民出版社，2010 年，第 535 頁。

〔註124〕拉鐵摩爾在回憶錄裏，述及謝保樵其人，廣東人，是拉氏在重慶期間的「秘書兼陪同」。他是中國幾所大學的教授，先後在國民政府的交通部、外交部等擔任職務。但根據拉氏在回憶錄裏的表述，「謝或許是我所遇見的最徹底的玩世不恭者」。從不同的表述中，更可見出《國家地理》及西方媒體在戰爭時期塑造中國積極、正面形象之策略與行動。見（日）磯野富士子整理《蔣介石的美國顧問：歐文・拉鐵摩爾回憶錄》，復旦大學出版社，1996 年，第 100 頁。

精力充沛的革命人士」之一。拉氏描述了他與謝在一個村子裏視察，而那個村子裏的很多移民是來自浙江的養蠶「技術員」，他們圍在謝身邊，熱淚盈眶，同時很自豪地向謝展示隨他們遷徙而來的蠶繭養殖業，在西部甚至比在家鄉養得更好。在拉氏的眼中，像謝保樵這樣的「青年才俊」精神飽滿、神采奕奕，「五十歲了還沒有一根白頭髮」，之所以如此，乃在於他們「總是在創造新事物，並且使其有效運行。」〔註125〕

正是這些來自沿海與其它富饒省份的有知識有技術的新移民，在拉鐵摩爾心目中，給西部，也給中國帶去新生的力量，他們投身於「新中國」的事業，這事業是在中國歷史上從未有過的新事物，諸如修公路、鐵路、建工廠等。拉氏參觀了重慶有 30 噸鼓風爐（30-ton blast furnace）的鋼鐵企業，這是在國民黨財政部長孔祥熙支持下由政府與私人合資興建的鋼鐵廠，「日產三十噸鋼鐵聽起來似乎微不足道，尤其是這個國家還需要用它來抗擊擁有先進坦克、大炮和飛機的敵人」，但是，「聊勝於無，如果不能哪怕最小程度的自力更生，就連這 30 噸都要依靠滇緬公路從美國運過來！現在，就在這兒，在重慶，有月產 900 噸的鋼鐵可以使用了。」因此，無論是防空洞裏自產的武器，還是在戰火紛飛中依然堅持著的紡織業，在拉氏看來，都在「加速中國的全面覺醒。」

在費正清的《劍橋中華民國史》一書裏，稱國民黨中國的幾次戰時動員行動中，「最富戲劇性的是居民、政府、學校和工廠從沿海地區向內地遷移，」而其中的工業內遷，被國民黨人描述為「中國人民英勇獻身的證據。」然而作者指出：「雖然成就是顯著的，但它的效果被大大誇大了。」〔註126〕在拉鐵摩爾等人的敘述中，也指出有新技術與新工業，但並不意味著發展是容易的事，比如如何能找到合適的地方來安置他們的機器、車間等等。但是，在這些文本中，種種困難都相對被淡化處理，而呈現出生機勃勃之氣象。拉氏明確告訴讀者的是：這是中國變革的典型場景：混亂與建設同在。總體來說，生長、癒合與建設的力量，總要大於暴力和毀壞。

〔註125〕拉氏在文章中提到的「新民」既有眾多老百姓，也有政府要員。而對於蔣介石，拉鐵摩爾在多種場合裏加以肯定與讚揚。在《國家地理》的雜誌文章裏，拉氏稱蔣為「一個集寧靜與火焰為一身的人」。

〔註126〕費正清、費維愷編，《劍橋中華民國史 1912～1949 年，下卷》，北京：中國社會科學出版社，1994 年，第 558、559 頁。有關國民黨時期的經濟、政治、軍事等情況，在該書中有詳細論述，見其第十章「中日戰爭時期的國民黨中國，1937～1945」，第 543～606 頁。

其二，孤兒、婦女與「新公民」

戰爭總要造成家毀人亡、妻離子散，而傷害最大的，要數孤苦無依的兒童。據統計，全面抗戰時期，難民人口中三分之一以上是難童，而國統區得到救濟教養的難童有 20 萬左右。〔註127〕學者們對始於 1937 年的難童救助事業，基本給予肯定評價，稱之為「不僅打破了敵人『以華制華』的策略，培養了抗戰建國的人才，也樹立了兒童公育的基礎」〔註128〕社會各界對難童救助的重要領軍人物給予了高度評價，其中尤以宋美齡和鄧穎超為重。關於宋美齡，大多認為「她的貢獻主要體現為：關注難童救助工作；帶頭捐款搶救戰區難童；強調『保教合一』，關注難童教育；堅持客觀的政治立場，支持共產黨人難童救助工作的開展。」〔註129〕

《國家地理》雜誌相當關注宋美齡領導的「戰時孤兒委員會」，約瑟芬‧A‧布朗（Josephine A.Brown）在《自由中國六千英里行》中，拍下了孤兒院的孩子學習演奏西洋樂、跳集體舞以及他們上課情景的一些照片。〔註130〕

在拉鐵摩爾看來，孤兒的社會培養制度在中國的歷史進程中具有舉足輕重的作用。拉氏分析中國家庭結構體系，稱中國的家庭為「世界上最大的保險辛迪加」，也即是說，家庭在個人生活中起著一切保障功能，包括事故、失業以及養老等，都依賴於家庭的相互忠誠、責任與孝心。但戰爭改變了這一切，成千上萬的孤兒失去依靠，難以為生。在如此情況下，「蔣夫人的『戰爭孤兒委員會』便具有了不同尋常的意義，甚至比在歐洲國家或我們美國相同事業還重要。」而個中原因，正在於「它意味著人們開始有意識地從社會角度承擔起傳統家庭關係的責任與義務。」另一方面，孤兒院裏的孩子，將「成為中國歷史上從未出現的新一代：由社會撫養，長大後回報社會。」這一代人，他們長大後的身份認同，將「首先而且第一位的角色是國家的公民，而不僅是家庭的一員。」

在戰時成長為「新公民」的，不僅有兒童，還有婦女，尤其是那些進入工廠的女工。拉鐵摩爾認為，這些女孩子本可能還在家裏燒菜做飯，長

〔註127〕許雪蓮《全面抗戰時期國統區難童救濟教養工作述評》，東北師範大學碩士論文，2003 年，第 1 頁、第 40 頁。

〔註128〕范蕾蕾《抗戰時期的兒童保育研究》，四川大學碩士論文，2007 年，第 80 頁。

〔註129〕丁戎《國內抗戰時期難童救助研究綜述》，《抗日戰爭研究》，2011 年第 2 期。

〔註130〕Josephine A.Brown, "6,000 miles over the Roads of Free China", *NGM*, March 1944.

到一定時候就嫁人，重複祖輩不變的生活軌跡，但是，「現在他們大多住在員工宿舍裏，有衛生中心，還有培訓學校，」她們通過掙工資而為家庭做貢獻，更重要的是，「她們成為有技能的勞動者，成為解放的婦女，成為好公民。」

華裔漢學家王國斌在《轉變的中國》一書裏，分析民族主義與民族國家的形成，他認為，在歐洲國家中，建立民族認同感被視為民族國家形成的一部份：當人們形成一種更有強制性，而且與國家相一致的社會結構時，國家就取代家庭而成了個人效忠的主要對象。〔註131〕雖然歐洲經驗在中國存在局限，但在戰時中國，這也是《國家地理》對中國報導的基調：在樂觀、昂揚與奮進中，建立起一個完整統一的「新中國」。

當然，在發現一個「新中國」之時，拉鐵摩爾也未忽視還有一個「古老的中國」：「在中國，你隨時隨地都會感覺到，你正生活在一個古老而又年輕的國家，千年歷史總要在點點滴滴中滲透進來。」在弗蘭克・歐特南的《滇緬公路：中國後門》一文中，一幅題為「古老的保山城裏的汽車」的照片，極典型地將一古一新兩種符號放在同一畫面中：汽車與小腳。這張照片的說明文字：

> 在滇緬公路上，卡車已是常見之物，但小轎車仍然很新奇。同樣不尋常的，是這位在看稀奇的纏足婦女。除了偏僻地區，中國上層家庭中已破除了這種將女孩子的腳從小開始便纏住以阻止其發育生長的傳統習俗。〔註132〕

對於新與舊的衝突，拉鐵摩爾在戰時的大西南，表述出無比樂觀與浪漫的情懷。他說「一個人可能是文盲，但他有很多民間故事、傳說、民歌與風俗在腦海中，他瞭解自己的宗教與家族史。給他們讀與寫的能力，給他們工具與機器，他們將發生化學改變！他將立即變成一個二十世紀的人，而他身後，又有著歷史的積澱與錘鍊。」拉鐵摩爾甚至將這種「化學變化」用以鼓舞美國人民：「它也將給我們自己一種新的力量，因為我們也處於戰爭中，這樣的化學變化向我們表明：建立與創造新事業的力量，將戰勝一切破壞性力量。」〔註133〕

〔註131〕（美）王國斌著《轉變的中國：歷史變遷與歐洲經驗的局限》，李伯重、連玲玲譯，江蘇人民出版社，2010年，第142頁。

〔註132〕Frank Outram and G.E.Fane, "Burma Road,Back Door to China", *NGM*, November, 1940.

〔註133〕Owen Lattimore, "China Opens Her Wild West", *NGM*, September 1942.

其三，現代化與「大都市」

抗戰時期，除了作爲戰時陪都的重慶，另一個《國家地理》呈現中國「新城市」的典型代表，即爲雲南首府昆明市。原因有二：一是昆明特殊的地理位置；二是在戰爭前後昆明所發生的巨大變化。從地理上看，昆明爲雲南首府，身處緬、印、中國的交界，又位於雲貴高原中部，擁有良好的氣候條件，素有「春城之稱」，因此成爲二戰時期中國與外部世界的必經之地，滇緬公路與駝峰航線的終點站也都設在雲淡風高的昆明。正如一位援華美軍的兒子在爲其父親回憶錄的序言中所言：

> 二戰的不同時期，只有三條路通往中國。有時你可以從緬甸的臘戍經由滇緬公路到達中國的昆明；你也可以走利多公路，從印度到緬甸的芒友（Mongyu），然後再走滇緬公路到達昆明；你還可以冒險從印度的機場乘坐飛機飛越喜馬拉雅山脈的丘陵地帶（駝峰航線）到達中國西部的機場。〔註134〕

可見，昆明成爲中國必經之路。而在滇緬公路修建之前的 1931 年，埃德加·斯諾從越南經滇越鐵路來到雲南，進行了一次冒險與浪漫的「馬幫旅行」。當他第一次見到昆明，便用一系列蒙太奇式的意象組合拼接出一個混雜之城：

> 這座城市是許多道路的會合點：既是一條鐵路的終點，又是若干馬幫旅途的起點；既是東西方最後的接觸點，又是東西方最早的接觸點；既是通向古老的亞洲的大門，又是通向中國荒蕪的邊疆之大門。十九世紀中國的帝國主義、標新立異的民族主義、弄得稀裏糊塗的本地人、不能正常工任的電話系統、不會亮的電燈、串串銅錢、紙幣、野狗、皮革和古老的刺繡等等這些所有的東西，都在這個城市被荒誕而絕望地混雜在一起。這個城市伸出一隻腳在警惕地探索著現代，而另一隻腳卻牢牢地植根於自從忽必烈把它併入帝國版圖以來就沒有多大變化的環境中。〔註135〕

這樣的混雜景象，在《國家地理》及其它西方媒體的表述中比比皆是。美國空軍通信兵中尉約瑟夫·E·巴沙迪諾（Joseph E.Passantino）在《昆明：中

〔註134〕金飛豹主編《1945：美國老兵昆明印象》，雲南人民出版社，2011 年，「序言」第 7 頁。

〔註135〕（美）埃德加·斯諾《馬幫旅行》，李希文等譯，雲南人民出版社，2002 年，第 40 頁。

國的西南門》一文中集中展現了這一令人眼花繚亂的社會秩序。在以慣常語調回溯歷史，「幾個世紀以來，整個雲南省，包括高原上的昆明，一直是流放犯人的地方」之後，文章著力描述的事相還有：美國士兵的「俱樂部」、昆明的夜生活、「乞丐街與銀行街」、「小偷市場」、從滇緬路上流失出來的美國貨、昆明的黑市等等。所有混雜的根源，在於「不變」的東方遭遇了「求變」的西方：

> 很少有哪個中國城市像昆明這樣如此猛烈地暴露在西方觀念與物質之下。不多的現代建築不協調地分佈在中世紀的圓形門、浪漫的寶塔和曲線屋頂之間。這些具有西方式樣和功能的建築雖然發展緩慢，但還是在昆明毫無變化、藏污納垢的小巷和狹窄、彎曲的街道裡出現了。〔註136〕

有了如此鋪墊與對比，《國家地理》塑造一個戰爭中現代城市的興起便具有不同尋常的意義。《滇緬公路：中國後門》一文裡，有一張昆明街景圖，照片標題為：「滇緬公路開通將沉睡的昆明轉變成繁榮大都市」。編輯進一步說明，「這座雲南最大城市和首府，直到 1939 年才從沉睡中蘇醒。雖然30 年前滇越鐵路就從法屬印度支那的海防（Haiphong）開到昆明，但這條窄軌鐵路沒有怎樣驚醒昏睡的昆明。突然間，成千上萬輛貨車湧入這座城市，這裡成為了抗戰物資集散地，一個繁榮大城市。」但作者指出，熙熙攘攘的商業店鋪和大門都是木製的，也沒有什麼外國人來到這遙遠的地方做生意。〔註137〕而不到六年，巴沙迪諾文章《昆明：中國西南通道》中，一座「像美國塔樓式的六層樓建築」的昆明銀行大樓聳立於昆明街角，作者寫道：「五年以前，還沒有人能預料到這個原始城市會在戰時飛速發展。雖然也許僅依靠戰爭，繁榮難以持續，但中國人有信心使昆明持續發展。由中國銀行投資的新水電站已在規劃與建設中，新礦廠、輕工業如雨後春筍。現代戰爭留下了難以磨滅的印記。」〔註138〕

在戰爭時期，《國家地理》如此集中書寫一個「都市化」西南與「新中國」，其意義與影響何在？美國加州大學的文學批評家史書美《現代的誘惑》

〔註136〕Joseph E.Passantino. "Kunming, Southwestern Gateway to China". *NGM*. August, 1946.

〔註137〕Frank Outram and G.E.Fane, "Burma Road,Back Door to China", *NGM*. November, 1940.

〔註138〕Joseph E.Passantino. "Kunming,Southwestern Gateway to China". *NGM*. August, 1946.

一書，全面考察了「民國時期中國文學中的現代主義」，在論述「現代主義
與大都會上海」時，史書美指出，在抗日戰爭前十年，「上海是一座被整合
進全球經濟的半殖民的城市，」而「都市化同時也是半殖民主義的副產品」，
因此，「如果一個人要描寫都市文化，那麼即便他是以某種閃爍其辭的方
式，這座城市的多元種族、多元民族及其殖民機構結構也都必然會被表述
出來，」這種「都市化」書寫的結果，是「在共產黨自 20 世紀 30 年代至
70 年代晚期的民族主義想像中，上海這座城市引發了一種相似的嫌惡感，
上海被視作是民族恥辱和殖民剝削的象徵。共產黨致力於減少殖民主義的
痕跡，即便不推倒那些殖民主義的建築，也要對其市民進行極端的意識形
態改造。」〔註 139〕

　　如果說半殖民地上海的「現代性」書寫被視為「殖民恥辱和殖民剝削的
象徵，」那麼，在「自由中國」〔註 140〕的西南，其都市化書寫卻要複雜與模
糊得多。一方面，它自然與上海一樣，或多或少帶有帝國殖民的痕跡。另一
方面，戰時中國已是英美反法西斯同盟國，則《國家地理》對中國（尤其是
西南）的現代化、工業化書寫，已是盟國抗戰敘事的一部份，自有中國人自
身對「國家富強、民族復興」的政治與經濟訴求。第三重意義，乃在於如此
書寫策略，其目的乃在於將一個「新西南」、「新中國」納入到「新亞洲」的
體系中，納入到中國與亞洲、西方、世界的新格局裏。這一全新的思考與論
述，相比於歷史上東西古今的西南表述，其意義與影響至今仍值得探討與反
思：如何理解與看待中國西南的價值與意義，多少影響著中國與世界的方向
與道路。

3.「新亞洲」：擴大的地平線

　　1941 年，拉鐵摩爾在考察了滇緬公路以後，在《國家地理》上發文聲稱，
這是中國「自己決定開闢一條連接外部世界的新路」，而這條新路如此重要，
可以說，「世界上只有兩條海上交通線的重要性能與這一新陸路相提並論：蘇
伊士運河與巴拿馬運河。」〔註 141〕

〔註 139〕（美）史書美《現代的誘惑：書寫半殖民地中國的現代主義（1917～1937），
　　　　　何恬譯，江蘇人民出版社，2007 年，第 263～264 頁。
〔註 140〕在英語文本中，國民黨撤退到大西南的政權又被表述為「自由中國」（Free
　　　　　China），區別於被日本控制的淪陷區。
〔註 141〕Owen Lattimore, "China Opens Her Wild West", *NGM*, Sep.1942.

　　之所以如此重要，正如《國家地理》在另一篇文章《緬甸：印度和中國的交匯點》裏指出的：「偉大的中國與印度攜起手來」，文章引用林語堂對亞洲三國的比喻「亞洲的神秘主義者印度，將與亞洲紳士中國，聯合起來共同打敗亞洲武士日本」。〔註142〕在樂觀的展望中，拉氏指出，這條線將世界上最大的人類群體緊緊相連：「印度有3.89億人，中國有4.5億人。如果再加上緬甸、泰國、法屬印度支那的數百萬人，這些國家的邊疆與富饒卻欠發達的中國西南接壤，這就意味著歷史上第一次最大數量的人類群體依靠陸地交通連接成了一個整體，並且由於新技術發展使其交流更具活力。」雖然漢武帝的大使張騫就已探索過這條路，馬可波羅也從這條路上經過，這一區域也已經有宗教、哲學、手工藝品等文化與物質交流，但其直接、快捷程度，在滇緬公路及其它公路、鐵路、航線等建成之前是不可想像的。「這也意味著，除了這些民族本來已共享的思想感情之外，新的、共同的理念又正在形成。」

　　這一正在形成的共同理念正是：「新亞洲」——

　　　　「亞洲」一詞表示的是一片廣大區域，其內部所具之差異性，正如其共同性，廣泛而巨大。亞洲自成一體，然而卻如此鬆散。

　　　　從現在起，亞洲將成為一個更緊密的、更巨大的共同體。引導這條路的，是一個亞洲民族，中國人。

　　　　這個新的亞洲，對於數十億亞洲人民來說，將迥異於日本人引導的亞洲，後者是一個在最無情的軍事民族統治下的冷酷帝國主義。

　　　　這就可以解釋為何今日之中國是世界上最富魅力的國家。你可以看見一個正在擴展的地平線——不是通過侵吞他國的領土，不是通過征服異國人民——而是通過擴展人的思想觀念，拓展人的解放與自由之途，增加建設與創造新機會的可能性。〔註143〕

　　拉鐵摩爾在《國家地理》上表述的「新中國」以及「新亞洲」，的確在當時的西方世界具有振聾發聵之功效。在此後發表的《雲南：東西亞的樞紐》、《亞洲的決策》、《亞洲的局勢》以及《中國簡明史》等論著中，拉氏對於戰後世界格局的思考遂成體系。這一體系，包含了兩重互為前提與因果的道路抉擇：中國在亞洲的地位，以及亞洲的道路與命運。

〔註142〕John Lerov Christian, "Burma:Where India and China Meet", *NGM*, Oct.1943.
〔註143〕Owen Lattimore, "China Opens Her Wild West", *NGM*, September 1942.

首先，中國在亞洲與世界中具有舉足輕重的地位

在 1943 年寫作的《雲南：東南亞的樞紐》一文裏，拉鐵摩爾從地緣政治這一視角出發，論證了中國在世界中的重要性，而這一重要性首先來自於雲南在東南亞的樞紐地位。雲南地處中國西南邊陲，無論在地理、民族與現代化方面，既連接中國的內與外（跨國族群與邊疆地理），又打通中國的古與今（農業中國與工業中國），因此，將東南亞視為一個整體，思考其未來時，雲南的樞紐地位日益突顯：「因為從雲南這一分界線，一邊是自治的中國，另一邊是尚未能自治的亞洲殖民地。」在自治與殖民之間，中國的示範作用不可或缺，「總之，戰後的雲南是東南亞的樞紐。無論它轉向何方，中國人都是重要的。他們的重要性，也許是因為他們在社會、經濟和政治發展上為亞洲其它地區樹立的榜樣，或者是他們支持東南亞的鄰居爭取自由獨立的願望，無論這種支持是道義上還是別的什麼方式。」〔註 144〕

對《國家地理》的讀者來說，中國對於亞洲乃至世界的「責任與義務」，並非一個不言自明的理論與事實。相反，他們此前瞭解更多的觀念，乃日本人宣稱的「亞洲共榮圈」以及日本的「亞洲責任說」。早在 1905 年與 1906 年，日本首席大臣 Eki Hioki 在美國的演講就已全文刊登在《國家地理》上。在《英日同盟的目的》一文裏，Eki Hioki 大談日本作為熱愛和平的國家，在中國的貿易與治理，是一種互惠行為，能使中國「更強大、更富裕而更有尊嚴」，而英日同盟的目的，更在於保護「中國的完整性」（不讓俄國獨佔），從而維護中國的開放政策與美國提出的最惠國待遇。日本在亞洲所負之責任，Eki Hiokit 向美國保證說，日本保證各國尤其是美國在中國的「自由貿易」利益不受侵犯。〔註 145〕第二年，Eki Hioki 又以《日本、美國與東方》為題發表演講，申明儘管日本在「日俄戰爭」中取得大勝，日本成為亞洲大國，但日本絕不「染指美國在菲律賓的利益」，而是將一如既往確保中國的完整性、開放政策，並保證各列強在中國的共同利益與公平機會。總而言之，「日本在中國日益增加的影響力，將被證明是利於整個世界」，因此，太平洋的三大強國——日本、美國與大不列顛帝國，應該仔細研究如何合作共享尚未開發的東方。〔註 146〕

〔註 144〕 Owen Lattimore, "Yunnan,Pivot of Southeast Asia". *Foreign Affairs*, Vol.21.No.3. Apr.1943.
〔註 145〕 Eki Hioki, "The Purpose of the Anglo-Japanese Alliance", *NGM*, Jul.1905.
〔註 146〕 Eki Hioki, "Japan, America and the Orient", *NGM*, Sep.1906.

　　事實證明，日本的「和平」保證完全是其圖謀世界的謊言與策略。但它作為亞洲大國的責任論，已得到傳播並被西方人接受，無論是有意還是無意。正如拉鐵摩爾在《亞洲的決策》一書裏寫道：「美國人，歐洲人也一樣，在接受某些日本人所告訴他的關於日本的意見和解釋時，總誤認為他已從唯一的日本人方面獲得了唯一的正確答案……他們使美國人把日本當成一個可靠的國家——在擴張著，當然，穩定而強固。」〔註147〕直到太平洋戰爭爆發，日本的「亞洲責任」才暴露為「日本霸權」。此時，中國的重要性也顯現出來，芝加哥大學歷史教授入江昭認為，「太平洋戰爭將中日衝突和日美戰鬥融為一體，使中國成為反軸心大同盟中的一名老資格成員。自 1931 年以來，中國人第一次能感到他們真正是全球性聯盟的一部分。」〔註148〕

　　因此，拉鐵摩爾的新亞洲體系中，中國被強調為對世界安全與和平穩定負有真正責任與能力的大國。在 1947 年寫作的《中國簡明史》中，拉鐵摩爾在序言裏明確指出，中國是今天世界上最重要的國家之一，「如果中國的情況好起來，那麼亞洲的情況也會好起來；如果中國的情況壞下去，那麼亞洲的情況也會壞下去。」〔註149〕原因在於，中國「既沒有像印度那樣完全受帝國主義統治，也沒有像日本那樣變成侵略別人的帝國主義勢力」，因此中國成為「爭取自由的亞洲殖民帝國家中突出的先驅國。」雖然中國還需要有一段很長的時間，才能作為十足的強國與三大強國（美、俄、英）並列，「但是在最近的將來，中國比三大國中的任何一國都有更為有利的機會在亞洲殖民地地帶建立起威信和領導地位。」〔註150〕

第二，亞洲有權自己決定自己的命運

　　「新亞洲」觀第二核心，亦在於「亞洲自己決定自己的命運。」由於中國在亞洲具有之威信和領導地位，因此，這一決定權與責任首先落在中國。在《中國打開野性西部》一文中，拉鐵摩爾就認為，滇緬公路的開通，完全不亞於一場革命，它意味著開放與發展「仍然落後的亞洲」，而在此之前，這

〔註147〕（美）拉鐵摩爾著《亞洲的決策》，曹未風譯，商務印書館，1962 年，第 84、85 頁。
〔註148〕費正清、費維愷編，《劍橋中華民國史 1912～1949 年，下卷》，北京：中國社會科學出版社，1994 年，第 527 頁。
〔註149〕（美）拉鐵摩爾夫婦著《中國簡明史》，陳芳芝、林幼琪譯，商務印書館，1962 年，第 3 頁。
〔註150〕同上，第 136 頁。

一使命被認爲是強大的西方國家的責任（包括日本），「現在傳遞到了中國人的手上。」〔註151〕而中國人的責任，是帶領亞洲走向獨立、解放與自主之道路。這樣的觀點，是拉鐵摩爾爲世界新格局設計的道路與方向。在《亞洲的決策》一書中，他反覆申明：

> 幾百年來，亞洲這個區域，它的幾萬萬人民的政治歷史和經濟命運都決定於亞洲以外別的地方所發生的情況。我們現在卻跨入了一個新的時期，這時亞洲所發生的情況，在亞洲所形成的意見，和在亞洲所做的決定，反而大致決定著世界各地事態的演進。

> 我們不能認爲美國人能替亞洲畫出一個權威的藍圖。我們不能認爲亞洲會依循一條對我們最理想稱意的途徑發展。如果我們的確很靈巧，我們是有充分力量影響亞洲的。但是還有許多其它有力的傾向，不管我們願意與否，會影響亞洲事態的發展。我們和亞洲的關係是相互的關係。如果亞洲對我們是一個問題，我們對亞洲也是一個問題。〔註152〕

多年以後，美國學者巴巴拉・塔奇曼在《史迪威與美國在華經驗》一書中，表達了相同觀點。塔奇曼總結了史迪威在中國的失敗後，在著作最後提出一個問題：如果當時讓史迪威改組國民黨軍隊，建立一支有很強戰鬥力的九十個師的部隊，中國是否會有不同的命運？問題之後，塔奇曼清醒地斷言：「亞洲若是西方手中的泥土想捏成什麼就捏成什麼，上述設想就可能成爲現實了。但是，『革新主張』——無論是史迪威還是其它人的，——都是無法從外部強加給亞洲的。」〔註153〕

美國以史迪威的在華使命做出了重要的嘗試。這一嘗試，使得拉鐵摩爾等中國問題專家更加堅信，中國與亞洲的道路，要靠自身去創造。而美國的責任，是「在美國與世界的關係中間，對亞洲政策予以最優先的考慮。」〔註154〕這一政策，其宗旨必須是「使中國獲得穩定和進步，成爲一個眞正獨立的國

〔註151〕Owen Lattimore, "China Opens Her Wild West", *NGM*, September 1942.

〔註152〕（美）拉鐵摩爾《亞洲的決策》，曹未風譯，商務印書館，1962 年，第 3、16 頁。

〔註153〕巴巴拉・塔奇曼著，《史迪威與美國在華經驗》，陸增平譯，商務印書館，1984 年，第 771、772 頁。

〔註154〕（美）拉鐵摩爾《亞洲的決策》，曹未風譯，商務印書館，1962 年，第 136 頁。

家，」而中國要成爲一個真正獨立的國家，「就必須既不依賴於美國、也不依附於俄國和其它列強。」〔註155〕

多年後的今天，回顧拉鐵摩爾所設計的邊疆（西南）——中國——亞洲與世界的新格局與新道路，我們發現，無論在中國，還是在美國，這一設計都並未得到貫徹與實現。在美國，拉鐵摩爾的「中國觀」與「亞洲觀」被視爲「烏托邦」甚至是「政治朝聖」而遭受攻擊。1981年，一本名爲《政治巡禮》的著作問世，該書作者爲美國麻省大學社會學系教授保羅·何蘭德（Paul Hollander），他論述了20世紀30年代和60年代，西方文明或因嚴重的經濟和社會危機，或因面臨精神和價值危機，於是一些西方知識分子，尤其是疏離於西方社會的處於一定現實處境的知識分子，轉而遊訪蘇聯、中國和其它共產主義國家，作爲一種政治朝聖，尋求心目中的烏托邦。〔註156〕在何蘭德的例子中，拉鐵摩爾發表在《國家地理》上的文章成爲其所論之證據，雖然這一證據更多指其1944年發表的《亞洲新路》等文，但正如《華盛頓郵報》對該書的書評裏暗示的：「這是一本值得放在手邊再三閱讀的書，當有人告訴你有這麼一個地方，在那裡政治權力正以全新的方式被行使，人心被重新塑造，人性得到昇華的時候。」〔註157〕我們可輕易發現其意圖也指向拉氏所設想的「新中國」與「新亞洲」。

如果說《政治朝聖》一書只是事隔多年後對美國與共產主義關係的一種學術分析，那麼拉鐵摩爾在麥卡錫時代所遭受的折磨卻是現實苦難。匹茲堡大學教授羅伯特·紐曼（Robart Newman）的《拉鐵摩爾與「丟失」的中國》，對於拉氏的遭遇有充分同情。紐曼在書中用了188頁詳述拉氏被審訊的過程。羅伯特·紐曼認爲，當國民黨撤退到臺灣，而共產黨建立中華人民共和國後，美國人經歷了「美國歷史上最痛苦的討論——究竟誰弄丟了中國？」。〔註158〕到1950年，一位從未在國務院擔任職務的傑出學者受到了最多的指責——把中國弄丟了的人，他被政客、中國國民黨操盤手、內政安全人員等一致瞄準

〔註155〕（美）拉鐵摩爾夫婦著《中國簡明史》，陳芳芝、林幼琪譯，商務印書館，1962年，第139頁。

〔註156〕Paul Hollander, *Political Pilgrims:Travels of Western Intellecturals to the Soviet Union, China,and Cuba,1928～1978*, Oxford University Press,1981.

〔註157〕轉引自程映紅《政治朝聖的背後》，《讀書》，1998年第9期。

〔註158〕Robert P.Newman, *Owen Lattimore and the "loss"of China. Berkeley and Los angeles*, University of California Press.1992. Preface, P.4.

為靶子的中心：拉鐵摩爾是「頭號蘇聯間諜」、「美國在亞洲政策中共產主義者的幕後操作者」，是他把「美國的二戰盟友和基督化人民」弄丟了〔註159〕。

　　拉氏之被當作靶心，也許源於他在1937、1944年對延安的訪問，與共產黨人如周恩來等的接觸，來源於對蘇聯、亞洲與世界局勢的判斷與主張，卻更是「紅色恐懼症（Red Scare）影響下美國政治的替罪羊與犧牲品」〔註160〕。紐曼在書中駁斥了何蘭德的攻擊，認為後者的攻擊暴露了其對拉氏的著作與文章完全不瞭解。在紐曼看來，拉氏並非一個親共分子，其在《國家地理》上發表的文章，沒有哪一條符合何蘭德的「政治朝聖」之標準。首先拉氏並未被美國疏離，而是一個「適應能力強、能身體力行的熱情洋溢的資本主義者」，其次，拉氏的旅行目的也不是去尋找烏托邦，而是受美國總統的官方派遣作為二戰同盟國的政治顧問。〔註161〕

　　政治顧問之經歷，在拉氏的日本女弟子磯野富士子整理的回憶錄《蔣介石的美國顧問》一書有詳細介紹。在回憶錄裏，拉鐵摩爾自陳在1941年6月的一天早晨，接到來自白宮的電話，正是這通電話，改變了拉鐵摩爾的人生軌跡。其時，拉氏正在《太平洋事務》以及霍普金斯大學佩奇國際關係學院工作。當他接受任命到中國開始顧問一職後，他的傳奇人生便加入了「學者」、「政客」、「間諜」等不同面貌與標籤。〔註162〕拉氏在回憶錄中稱，蔣介石主動提出請羅斯福派一名顧問，實想有一個兩人間的「私人掮客」，但羅斯福不想蔣能打聽「在華盛頓，誰在向上爬，誰在往下掉」等白宮權勢事務，於是「羅斯福的辦法是不派遣一名華盛頓專家，而是派遣一名中國問題專家。此人對華盛頓瞭解得越少越好。」〔註163〕

　　這樣的落差自然導致蔣介石對拉氏的「不待見」。太平洋戰爭爆發後，拉鐵摩爾便結束了這段人生中唯一的政治生涯，回美國到戰略情報局任職，戰

〔註159〕Robert P.Newman,*Owen Lattimore and the "loss"of China.* Berkeley and Los Angeles, University of California Press.1992

〔註160〕梁元生《學者、政客、「間諜」：拉鐵摩爾（1900～1989）》，《民國檔案》，1994年第2期。

〔註161〕Robert P.Newman,*Owen Lattimore and the "loss"of China.* Berkeley and Los Angeles,University of California Press.1992，P.598.

〔註162〕梁元生《學者、政客、「間諜」：拉鐵摩爾（1900～1989），《民國檔案》，1994年第2期。

〔註163〕（日）磯野富士子整理《蔣介石的美國顧問：歐文·拉鐵摩爾回憶錄》，復旦大學出版社，1996年，第84頁。

後又回大學任教。然而，這段經歷所形成的政治地理學觀點，使其遭受長達多年的麥卡錫主義迫害。令人感懷的是，在美國受審查的拉鐵摩爾，在 1949 年後的中國也並未受到「禮遇」。拉氏夫婦於 1947 年寫作的《中國簡明史》（China: A Short History），在 20 世紀 60 年代翻譯爲中文版，由羅榮渠校訂的書上，注明其爲「內部讀物」，並注明拉氏在書中涉及的邊疆與近現代史，「顯然是極爲荒謬和惡毒的」，因此，僅「供歷史學及國際關係研究者批判參考之用。」〔註 164〕

拉氏這樣一位「中國問題專家」之所以未受到中華人民共和國的重視與認可，與中國曲折的歷史進程有關。抗日戰爭勝利後，中國又開始三年災難深重的內戰，國民黨撤退至臺灣，中蘇結盟，建立了一個不同於西方人所預期的「新中國」。此後的道路也充滿崎嶇與坎坷。法國歷史學家、漢學家謝耐和在《中國社會史》一書中，論述了這一道路歷程：「近代中國受到西方國家和日本的欺凌，曾經一度想成爲眾窮國的首領並向它們指出解放之路。但毛派的烏托邦——希望以集體力量的非凡躍進，以及通過浪漫方式調動民眾的創造才華來趕上工業化國家，實現無階級、無官僚主義、無國家機器的社會，消除城鄉差別——這種烏托邦理想帶來沉重而無益的苦難，導致慘痛的失敗，反倒令中國愈發落後。」〔註 165〕

今天，歷史又開始了一輪新轉向。亞洲殖民地國家早已紛紛獨立，中國在世界新格局中的地位與作用也越來越明顯，而拉鐵摩爾的邊疆觀亦正日益受到海內外學者的關注與研究，中國「西部大開發」也已經啟動。只是，這新一輪的「開發」熱潮，對西部乃至中國、世界所帶來的結果與影響，還需拭目以待。在全球面臨嚴重生態危機的時代，《國家地理》對中國西南的關注，將伴隨一個「尋找香格里拉」的夢想而來。

〔註 164〕在本書「內容提要」裏，編者有簡短說明：「作者純粹從反動的史學觀點出發，運用美國邊疆學派的學說研究我國歷史，認爲向外擴張和邊疆的移動是歷史發展的動力，歪曲我國境內各民族的歷史關係，誣衊漢族爲『次等帝國主義』。」（美）拉鐵摩爾夫婦著《中國簡明史》，陳芳芝、林幼琪譯，商務印書館，1962年。

〔註 165〕（法）謝和耐《中國社會史》，黃建華、黃迅餘譯，江蘇人民出版社，2010年，第 568 頁。

本編小結

本編以美國的《國家地理》爲代表，回顧了二十世紀上半葉西方表述裏的中國西南道路與交通。早期「植物獵人」及傳教士等來華西人，無不對西南道路的「匱乏、艱險與骯髒」進行反覆書寫與傳播，其中《國家地理》裏的「藤條橋」與「背茶客」更代表世紀初一個「封閉」與「落後」的西南。借助「馬可波羅」這一歷史符號，《國家地理》將讀者帶到一條「迴向過去」的道路，敘述的是神秘而停滯了的中國。

太平洋戰爭爆發後，在對抗法西斯暴行的戰爭中，中國成爲美、英、蘇同盟國的一員。《國家地理》此時對中國的關注，帶著對中國人民英勇抗敵精神的敬佩與支持。中國抗戰國都向西南遷移，由多國共同修建的盟國物資通道滇緬公路，成爲《國家地理》對西南第二次大聚焦的重要視點。圍繞滇緬公路而表述的「亞洲戰場上的史詩」，實際上包含了對於西南、中國與亞洲命運的重新認識。以拉鐵摩爾爲主的觀點認爲，一個開放的西南，使一個民主、現代化的「新中國」在群山中誕生，新的地平線與新視野，要求美國等西方國家重新反思亞洲局勢與政策，愼重研究如何建立一個和平共處平等相待的世界新格局。

然而在戰爭時期對「新西南/新中國」的重新認識，固然有助於世人重新瞭解西南在帝國之中的位置與作用，但以下兩點仍需特別注意：

其一，在西方敘事裏呈現出的新西南/新中國，帶著明顯的「衝擊——回應」論痕跡。柯文《在中國發現歷史》一書，對衝擊—回應模式提出批評，認爲這種模式「把中國描繪成停滯不前的『傳統』社會，有待精力充沛的『近代』西方賦予生命，把它從永恆的沉睡中喚醒。」〔註166〕的確，我們在《國家地理》及西方文本中，看到的都是西南或中國本來在「沉睡」之中，蓋因戰爭和西方的到來，才開始「驚醒」過來，走上工業化、現代化與民主化之路，這是世紀初對中西關係的主流論調。即便是雲南的東南亞樞紐地位，其第一推動力，「也許不一定來自於中國，而極有可能是我們——百年來已習慣於將自己視爲『大國』的國家。」〔註167〕拉鐵摩爾雖然意在敦促美國調整對中國及亞洲的政策，但其滲透的仍是中西方固有模式的基本假設。

〔註166〕（美）柯文《在中國發現歷史——中國中心觀在美國的興起》（增訂本），林同奇譯，中華書局，2002年，第168頁。

〔註167〕Owen Lattimore, "Yunnan, Pivot of Southeast Asia". *Foreign Affairs*, Vol.21.No.3. Apr.1943.

這一模式的影響顯而易見。柯文指出，它極大阻礙了比較全面公平地理解中國近世史，除了西方不加分析地封自己為救世主外，「凡屬重要的歷史變化都被狹隘地界說為西方自身所經歷過的近代社會進程（或各種進程的組合）。」〔註168〕在這樣的論調中，要想從中國內部觀察自己、以西南為中心反觀西南，便變得異常困難。

其二，「戰時國都」曇花一現的命運，說明建立真正的「西南觀」任重道遠。戰爭時期，昆明、重慶等城市以現代「大都市」形象，出現在《國家地理》文本中，甚至貴州小小的晴隆縣也因為戰爭而「超常規地接觸到了本應是若干年後才能接觸到的事物。」由於工業內遷、「西南聯大」等新氣象帶來一時的文化與工業繁榮，令人暢想「新公民」與「新中國」的誕生。然而，一旦抗戰勝利，國民政府便拋棄這個「野蠻西部」，急不可待地回歸中原，這片深受重傷的抗日民族根據地再次成為「後方」與「邊地」。此後，西南又幾經沉浮，六十年代表面上經濟重心移向西南的「三線建設」，八十年代舉國改革開放之時出臺的所謂「梯度開發」理論與實踐，無不再次將西南定性為「不發達」、「落後」的「貧困地區」之列。

究其原因，徐新建在《西南研究論》裏深刻指出，這種現象一脈相承地體現了自古以來固守中原的「一點四方」心態，亦十分清楚地傳達了進入「現代」社會後也萬變不離其宗的王朝「西南觀」。〔註169〕這樣的心態與視野，使得西南的地位「便是在一個以中原為中心的『四方結構』中充當其可伸縮、可置棄及可攻守的彈性邊地。如此而已」。〔註170〕

由此看來，建立一個真正的「西南觀」，尚未完成，任重而道遠。

〔註168〕（美）柯文《在中國發現歷史——中國中心觀在美國的興起》（增訂本），林同奇譯，中華書局，2002年，第168頁。

〔註169〕徐建新《西南研究論》，雲南教育出版社，1992年，第97頁。

〔註170〕同上，第98頁。

第四編　他者之鏡：多樣族群與多元世界

　　杜贊奇曾在《從民族國家拯救歷史》一書中，強調從歷史實踐可知：歷史研究的主題可以不斷翻新，如王權、國家、階級、個人、身份認同群體等，「但其心照不宣的參照系總是民族。」〔註1〕在 20 世紀「民族國家」話語模式下，西方的表述者怎樣認知、描述中國西南複雜多樣、多元共生的族群共同體，「族群」與「民族」的關係又是怎樣？首當其衝的要義在於族群的「稱謂」或是「命名」與形象建構問題。

　　2008 年 5 月，《國家地理》出了一輯中國特刊，名為《龍的內部》（Inside the Dragon）。在由六篇文章組成的中國「全景圖」中，該雜誌繪製了一幅名為《在漢之外》（Beyond the Han）的中國少數民族地圖，描述中國 55 個少數民族的地理分佈與人口構成，並解釋說「考慮到中國人口的 91%都是漢族，中國似乎應該是一個同質性的（homogeneous）國家。但是由於中國人的數量本來就有 13 億之多，所以即便是『少數民族』，占 9%也已非常巨大，超過了一億人，基本上相當於墨西哥的人口總和。」〔註2〕

　　在由中華人民共和國認定的 55 個少數民族中，西南（雲貴川）便占 25 個，其族群的多樣化、複雜性與異質性，成為西南大地上最亮麗的一道風景，也成為《國家地理》追求「異質」他者的最佳場所。本書便將「族群形象」限定在其對非漢人群的表述上。

〔註1〕　（美）杜贊奇《從民族國家拯救歷史：民族主義話語與中國現代史研究》，王憲明等譯，江蘇人民出版社，2009 年，第 28 頁。

〔註2〕　Special Issure, "China: Inside the Dragon". *NGM*,May 2008. 這期特刊由六篇文章組成：《龍的內部》、《鍍金時代　鍍金籠子》、《時光邊緣的村莊》、《新長城》、《苦澀的水》和《前方之路》。

本編論述的對象在於人與文化，貫穿在《國家地理》西南表述的各個主題裏，希冀在不同時代與背景中，尋繹出變化的面孔後面，表述者與被表述者之間相互映照的他者之鏡與多元世界。

第九章　老故事裏的新面孔

《國家地理》是一個時空變幻的舞臺，形形色色的「演員」上場下場，留下或晦暗或明亮、或有名或無語的人生故事。然而這些故事並非表述者的新創造，在非洲、在澳洲，在大草原的印第安人中，在不同的「他者」裏，相似的故事都在上演。只是在這齣西南長劇中，換上了不同的面孔。

一、弓弩手：好鬥武士與馴服朋友

1905 年，福雷斯特與騰越領事館領事利頓一行來到薩爾溫江上游考察，5年後，《國家地理》將他們所描述的這片「荒涼、貧瘠與難以進入」的地域命名爲「弓弩之地」，可以說，在西方的中國西南形象建構裏，背負弓弩的傈僳族，便成爲一個難以磨滅的形象符號。

> 弓弩是傈僳部落典型的武器。每個傈僳人一般都有兩種弓弩——一種用作日常打獵，一種用於戰鬥。小孩子的玩具就是微型弓弩。無論因何原因，男人絕不會在不帶弓弩時離開他們的棚屋。他們睡覺時，弓弩就掛在他們的頭上，他們死去後，弓弩就掛在他們墳頭。

弓弩究竟什麼樣呢？福雷斯特進行了細緻觀察：

> 最大的弓弩跨長 5 英尺，要用足足 35 磅的力量才能將其拉開。弓是用一種極具韌性與靈活性的野生桑樹做成……弓弦是用麻類植物編織的，而弩機是用骨頭製成。箭通常有 16 到 18 英寸，是由削尖的竹子做成……箭尖塗上毒液，這種毒液是烏頭的塊莖所煎熬出的汁，而烏頭生長在海拔 8 千到 1 萬英尺高的高山上……〔註3〕

弓弩的力量相當強大，福雷斯特介紹，一隻戰弓能刺穿 70 至 80 碼開外的一疊厚達 1 英尺的松木板。而這樣一個與弓弩形影不離的民族，在福雷斯特眼中，自然是「好戰的」（bellicose）與野蠻的。福雷斯特一路上見到幾撥背負大弓弩參加部落戰鬥的傈僳戰士，而那戰鬥的理由，卻是由於一個部落

〔註3〕George Forrest, "The Land of The Crossbow", *NGM*. February1910.

的尼帕（巫師）得到神示，聲稱奉上天之命要去殺另一個部落的頭人。另一次部落戰鬥的起因，也僅僅是一村懷疑另一村偷了他們的玉米。

　　然而，雖然這些「野蠻」民族「衝動而易怒」，但在西方的槍械面前，卻是不堪一擊。福雷斯特精彩地講述了當弓弩遭遇西方火槍的故事。探險隊一行沿江前行，被懸崖峭壁斷了去路，於是讓當地人幫忙當嚮導渡江，誰知江兩岸的兩個部落竟為爭奪西方人所付酬勞而爭執起來，聲稱幫助過路客的權力屬於自己一方。相持之下，右岸的傈僳頭人冷不防射出一支毒箭，穿過探險隊員的頭頂而掉落江中。當這名好鬥的傈僳人準備要射第二支時，福雷斯特寫道：

　　　　在這千鈞一髮之即，利頓先生和我立即跨前一步，我用我的溫
　　　徹斯特火槍連發了幾槍，子彈穿過他的頭頂，擊中了對岸的大石頭，
　　　岩石立即迸裂開來。眼見此情此景，所有人立刻被震住了。我通過
　　　翻譯告訴他們，如果有誰膽敢再發射弩箭，下一發子彈就會在他身
　　　上安家。〔註4〕

LISSOO WARRIORS ARMED WITH THE CROSSBOW (SEE PAGES 146 AND 155)

　　傈僳族，福雷斯特《弓弩之地》1910.02

　　在火槍的威懾下，探險隊順利渡江前行。幫助他們過河的人很多仍跟隨著他們。福雷斯特寫到，儘管這些人都武裝到牙齒了，但對他們極其友善

〔註4〕George Forrest, "The Land of The Crossbow", *NGM. February*1910.

（amiable），對他們的火槍、衣服甚至是獵犬都充滿了「孩子氣的興奮與好奇」。在文章末尾，福雷斯特不無得意地建議其它旅行者：

> 儸儸人不善於自我控制，這正是野蠻的標誌，他們動不動就拉開手裏的弓箭，因此如果碰到一群喝得醉醺醺的或帶著弓弩的好鬥的儸儸人，最好的辦法是先發制人——先射出你的子彈，再與他們理論，因為，馴化這些人的第一步，就是先解除他們的武器。〔註5〕

　　類似的故事，被《國家地理》反覆講述。在《探險儸儸之地》一文中，由於「布魯克事件」（1908）的轟動效應，〔註6〕大涼山彝區在西方人的記憶中一直籠罩著神秘而恐怖的陰影。作為一位美國陸軍航空工兵，作者雷洛德 L・洛伊回憶在涼山彝區尋找駝峰航線失事飛行員的經歷。文章一開始，極力渲染「儸儸之地」的野蠻與陰險。營救小組在寂靜無聲的旅途中突逢「不知來自於何處」的槍擊，雖然神秘的槍聲有驚無險，但到達彝人首領嶺光電的勢力範圍後，作者寫道：

> 我們不斷地展示我們的武器，以此巧妙地警告儸儸們，膽敢來騷擾我們的話，後果將是自取滅亡。我們使用了一個有趣的花招：舉起衝鋒槍連發數彈，然後把它交給一個儸儸，看著他絞盡腦汁也扣不響一發子彈。當然，槍支到他手上之前，我們已鎖上了保險機栓。〔註7〕

　　《國家地理》栩栩如生講述弓弩遭遇火槍的故事，揭示出帝國力量的多重含義，這種力量既是征服，也是馴化。一方面，依靠強大的軍事勢力（槍支、坦克、炮火等新式武器），帝國開疆拓土的步伐不可阻擋，被征服者若要抵抗，結果將是徒勞無益，正如福雷斯特那句「下一發子彈就會在他身上安家」所示，形象而直接。另一方面，這一句話所具有威脅性力量，可以改變被征服者的心靈世界，使全副武裝的「野蠻人」不僅馬上變得「和善親切」，而且立即回到「孩子氣」那簡單、幼稚的心靈狀態中。在一個村子裏，儸儸

〔註5〕George Forrest, "The Land of The Crossbow", *NGM*. February1910.

〔註6〕1908年，英國陸軍中尉、皇家地理學會成員布魯克（John Weston Brooke）帶領一隊人馬進入現在稱為美姑縣境內的牛牛壩，被彝人阿侯家支的頭人阿侯拉波所殺，引發嚴重的外交糾紛，這就是轟動一時的「布魯克事件」。關於布魯克被殺的原因，目前有較多說法，大部份版本認為是由於雙方語言不通、交流障礙所引發。這一事件被《國家地理》的作者們反覆提及，幾乎所有涉及到「儸儸」（或「儸儸」）或「夷」（Yi）的介紹，首先便是回顧此事件，以渲染這一「原始」部落的恐怖與神秘。

〔註7〕Rennold L.Lowy, Adventures in Lololand, *NGM*. Jan.1947

人隆重接待探險隊一行，奉上大米、雞蛋和蔬菜等禮物，福雷斯特詳細描述了其「畢恭畢敬」的樣子（which they offered on their knees）。這樣，《國家地理》的書寫者便講述了又一個野蠻人被「馴化」的神話。

這樣一種神話的締造倒是由來已久。在英國荒島文學代表作家笛福流傳甚廣的小說《魯濱遜漂流記》裏，由魯濱遜親自講述了一個西方白人流落到加勒比海的一個小島上後，如何在遙遠荒涼的地方通過槍支震懾並馴服了野蠻人「星期五」。為了讓「星期五」見證他的威力，他開槍打死一隻樹上的鸚鵡：

> 於是，我開了槍並叫他看仔細。他立即看到那鸚鵡掉了下來。儘管我事先已對他交了底，他還是愣著站在那兒，像是嚇呆了。我發現，由於他沒見我給槍裏裝過什麼東西，這回更是吃驚得厲害，以為在我的這支槍裏一定藏有什麼神奇的致命東西，可以殺死人、殺死鳥獸、殺死遠遠近近的什麼東西。這件事情使他大為驚恐，甚至過了好長時間，他還心有餘悸。我相信，如果我聽之任之的話，他準會把我和我的槍當神一樣來崇拜呢！那支槍，星期五在事後好幾天的時間裏，碰都不敢碰它一下，還經常一個人嘮嘮叨叨地同它說上半天，彷彿槍會跟他對話似的。後來我才從他口裏得知，他是在央求那槍，要它不要殺害他。〔註8〕

值得注意的是，「星期五」沒有看到魯賓遜事先裝彈藥，恰是魯賓遜的故意舉動，正如美國陸軍航空兵對涼山儸儸使用的把戲一樣：「我見他對我的槍感到神秘莫測，就趁他去取鳥的機會重新裝上彈藥，不讓他看見我是如何裝彈藥的，以便碰到任何其它目標時可以隨時開槍。」魯賓遜為何要這樣做？原因在於他心裏清楚，如果他不能使野蠻人對他的槍「當神一樣來崇拜」，他就不能在這蠻荒之島成為主人。正如劉禾指出，「在歐洲人對初次相遇的殖民幻想中，槍的符號開創了人們所熟悉的殖民征服的祭禮和拜物情結。」〔註9〕通過這種可以奪人性命的威脅道具與類似神秘巫術的力量，西方征服者便具有了至高無上的權力。

雖然槍支只是象徵力量，但卻如此必不可少，成為帝國擴張時期遠遊者的必備出行裝備。福雷斯特在為又一次中國之旅而做準備的購買的清單裏，

〔註8〕　（英）笛福《魯濱遜漂流記》，呂豔玲等譯，吉林人民出版社，2010年版，第218頁。

〔註9〕　劉禾著《帝國的話語政治：從近代中西衝突看現代世界秩序的形成》，楊立華等譯，生活讀書新知三聯書店，2009年，第17頁。

即包括一支溫徹斯特連發卡賓槍、一支柯爾特式自動手槍，以及一個廣角鏡頭的紅寶石色反射式照相機。〔註 10〕這一購物清單，如同威爾遜的書名，再次揭示了槍支與相機具有的相關性。〔註 11〕

二、木里王：高貴王者與幼稚心靈

弓弩手是出現在《國家地理》讀者面前的武士形象，雖然生動，卻無名無姓，只作爲一種群像而存在。與之對應，大西南深處一位領主，卻以其「王者」形象，成爲雜誌讀者最爲熟悉的陌生人，這就是二、三十年代四川木里「黃教喇嘛」之地的項次稱札巴（Chote Chaba）。〔註 12〕僅他一個人的肖像，就在雜誌裏出現了六次。

二十世紀二十年代，中國西南大山深處的四川木里地區，仍是「世界上最鮮爲人知的地方之一」。然而在 1924 年 1 月隆冬的一個早晨，約瑟夫・F・洛克卻踏上這個政教合一的「未知之地」，成爲木里王項次稱札巴的座上客。一年後，洛克以《黃教喇嘛的領地》爲題，對這具有歷史意義的中西際遇進行濃墨重彩的報導。

> 我穿上最體面的衣服前去覲見木里王（Muli King）……我走近後，他站起來彎了下腰，揮手示意我在一張擺滿小吃的桌子前坐下，而他也坐在我對面的椅子上。
>
> 我看不清他的樣子，因爲光從他背後一扇敞開的窗射進來，而他卻能把我看得清清楚楚。
>
> 木里王身高約 6 英尺 2 英寸，穿著繡花藏式靴子。他 36 歲，體格健壯，頭很大，顴骨高聳，但額頭很低。他肌肉鬆馳，因爲既不

〔註 10〕 Erik Mueggler, *The Paper Road:Archive and Experience in the Botanical Exploration of West China and Tibet*.Berkeley, Los Angeles,London:University of California Press, 2011.

〔註 11〕 筆者在第一章「傳媒時代的文化表述」與第五章「博物帝國與知識生產」中已有相關分析，不再贅述。

〔註 12〕 項次稱札巴，又稱出稱箭巴、秋提強巴等（*Chūchēng Zhábā*），英語寫作 Chote Chaba 或 Tsultrim Dakpa。藏族喇嘛，是明秋呼圖克圖（Migyur Khutughtu）第 12 世轉世，也是木里第 18 位王。死於 1934 年（洛克日記裏記載其死於被謀殺）。呼圖克圖是蒙古地區對藏傳佛教中活佛轉世的稱呼，是僅次於達賴喇嘛和班禪喇嘛的稱號。1751 年，清乾隆皇帝將呼圖克圖的稱號授予項次稱札巴的前身明秋（Migyur）。項次稱札巴時期，位於藏與漢邊界的獨立領土木里，現在屬於四川省木里藏族自治縣的一部份。

鍛鍊也不勞動。他舉止高貴而和善，笑聲溫和。〔註13〕

正是這樣一位高大威嚴而溫和優雅的領主，日後成爲洛克最好的朋友之一，也是他在西南地區探險的實際幫助者。在一張照片的標題文字裏寫著：「國家地理學會明雅貢嘎探險的成功主要歸功於漢藏邊界小王國這位專制領主的友好合作。」在洛克的多篇文章中，皆提及木里王的慷慨友情與無私幫助。洛克在離去的時候，甚至寫道：「當我騎行在枝頭掛滿地衣的樹林裏時，一股奇特的孤獨感突然湧上心頭。我想起我剛剛離開的善良、原始的（primitive）朋友，他們一輩子深居大山，與世隔絕，對西方生活一無所知。」

而正是「對西方生活一無所知」，使木里王成爲《國家地理》中最意味深長的西南民族形象之一。該雜誌助理主編邁克·愛德華茲曾這樣評價道：「洛克最吸引人的文章之一就是以木里爲題材寫作的。其之所以吸引人，部份原因在於那位孩童般無知的木里王，他不停地問了洛克很多問題。」〔註14〕木里王的問題是什麼呢？洛克轉述道：

> 我懷疑他那時是否知道美洲大陸已被發現。他也沒有一丁點關於海洋的概念，以爲所有大陸連成一塊，所以問我他是否可以騎馬從木里去到華盛頓，還問華盛頓離德國是不是很近。

> 尷尬的翻譯替他傳達了令人驚訝的問題：「白人已停止戰爭，開始和平共處了嗎？」

> 接下來，木里王還問我現在統治大中華（great China）的是國王還是總統。〔註15〕

此後的的文章中，這樣的問題反覆出現。在貢嘎嶺途中再次拜訪木里領主時，洛克「耐心地」爲他解說多年前一位植物獵人金登·沃德贈予老木里王的西方畫片，以及一幅名爲《靴中小貓》的漫畫，當木里王「鄭重其事地問我這是哪個國家的事兒，我忍不住大笑起來，」洛克進一步評價他「對域外風雲渾然不知，不知何爲布爾什維克，沒聽說過沙皇一家已被處決，更不

〔註13〕 Joseph F.Rock, "The Land of The Yellow Lama: National Geographic Society Explorer Visits the Strange Kingdom of Muli,Beyond the Likiang Snow Range of Yunnan Province,China." *NGM*, April.1925.

〔註14〕 Mike Edwards, photographed byMichael S.Yamashita, "1922～1935: Our Man in China: Joseph Rock". *NGM*, January 1997.

〔註15〕 Joseph F.Rock, "The Land of The Yellow Lama:National Geographic Society Explorer Visits the Strange Kingdom of Muli,Beyond the Likiang Snow Range of Yunnan Province,China". *NGM*,April.1925.

知凱撒已不再統治德國。」〔註16〕在另一篇《雄偉的明雅貢嘎》一文中，這位領主「表情專注地問我美國的動物園裏有沒有龍」，當得知世界上根本沒有龍這種東西時，領主的驚奇顯露於表：「那麼雷聲是打哪兒來的？難道不是大風吹動身上的鱗片弄出來的？」〔註17〕當甘肅領主楊積慶也問出類似的問題時，洛克不無同情地評價道：「他像小孩一樣容易輕信別人，頭腦如此簡單，實在令人吃驚。」〔註18〕

表述他者「頭腦簡單」的不獨洛克、福雷斯特等早期植物獵人，1947年的《探險儸儸之地》一文，作者雷洛德 L·洛伊等人用打火機、槍支等「文明」之物戲弄儸儸們：「我們的打火機，甚至是火柴，都能引起了儸儸們永不熄滅的好奇心。為了加深他們的印象，我故意把打火機在我的夾克上摩擦一下，他們看到神奇的火焰，以為是我的衣服有魔力。然後我偷偷地（covertly）鬆開打火機的點火燧石，再把它交給儸儸，看他徒勞地琢磨這支不能打燃的打火機。」〔註19〕

二十世紀早期，生物進化論與社會進化論都正一路高歌，在文明與科學的話語中，文化被區別為低級與高級，人種也被分類為簡單和複雜兩類。洛克等是從西方來的高級、複雜的文明人，而未知之地的土著們自然是原始社會裏簡單、幼稚、野蠻的他者。

《國家地理》以「傳播與增加地理知識」為己任，要報導地球及其上的一切，這其中，他者知識必不可少。但凱瑟琳·盧茨卻指出，《國家地理》的文本在渴望瞭解他者知識的願望與生產他者知識的途徑中，實際上產生了分離與衝突，它一方面可能促進了普世價值和文化多樣性的傳播與接受，但同時卻讓讀者將非西方的人民降級為在進步階梯中的早期階段。〔註20〕學會與雜誌實際上通過西方與東方的並置與對比，一方面在敘事上，強化了二者之間理性——非理性、文明——野蠻、中心——邊緣的單線進化論，另一方面在實踐上，為其啟蒙——被啟蒙、教化——被教化、拯救——被拯救行動提供了合理依據與充分理由。

〔註16〕Joseph F.Rock, " Konka Risumgongba,Holy Mountain of The Outlaws", *NGM*, July.1931.

〔註17〕Joseph F.Rock, "The Glories of The Minya Konka", *NGM*, October.1930.

〔註18〕Joseph F.Rock, "Seeking the Mountains of Mystery ", *NGM*, February.1930.

〔註19〕Rennold L.Lowy, "Adventures in Lololand", *NGM*. Jan.1947.

〔註20〕Lutz,Catherine A.and Jane L. Collins,*Reading National Geographic*, Chicago: University of Chicago Press, 1993.

　　因此，對西南民族的形象表述與建構，其深層的文化機制在於，「洛克們」實則負擔著一種很重要的功能：教化邊民，啓蒙他者，將其帶入「文明化」世界中。正如在植物之旅中，植物從東方到了西方，而植物科學卻可以倒過來反哺東方一樣。這樣一種教化「無知邊民」的重任，「世界主義者」顯然義不容辭，而《國家地理》更是自有一副「天賦使命」的責任心。

　　當然，這樣的「教化」功能，在中國本土夷夏之辨的文明地理觀中，也理所當然地上演著。同是二十世紀二十年代，中央研究院歷史語言研究所的研究員黎光明先生，承本所「川康民俗調查」之任，來到松潘林波寺，遇到寺中的楊喇嘛。黎光明也如實記錄下了這位喇嘛的問題：

> 楊喇嘛既知道孫中山，並且聽說過有蔣介石，但不知有南京也。
> 更可惜的是他問我們道：「三民主義和中華民國到底誰個本事大？」
> 〔註21〕

　　黎光明所在的「歷史語言研究所」，由傅斯年領導並成立於 1928 年，其時，隨西方列強進入中國的，不僅有商業殖民主義和社會達爾文主義，還有所謂「國族認同」與「國民塑造」等觀念。因此，研究所此時成立，可以說是以新興人文社會科學（民族學、歷史學、語言學等）爲工具尋找國族的起源與邊緣，爲「中華民族」這一國族建構作貢獻。在此背景下，對於黎所記楊喇嘛的問話，王明珂先生在爲黎的調查報告所作的導讀中評論道：我們可以在許多類似的著作中，看到如此對國族邊緣人群之「無知」的試探、描述與嘲弄。事實上，這顯示著國族主義所蘊含的「普遍知識」理念。當時接受此國族概念的知識分子，相信所有「國民」都應有此「普遍知識」。他們對於鄉民或邊民之「無知」的描述與嘲弄，也隱含了教育應普及於鄉民與邊民間之喻意。〔註22〕

　　如果說楊喇嘛的問題映照的是「國族主義」語境下的中國現實社會，那麼在洛克與項次稱札巴喇嘛的對話中，洛克無疑扮演的是一位「世界主義者」的角色，傳達的是向「世界邊民」撒播關於世界的「普及知識」之抱負。何

〔註21〕黎光明　王元輝著，《川西民俗調查記錄 1929》，臺北：中央研究院歷史語言研究所，中華民國九十三年，第 106 頁。

〔註22〕王明珂，《〈川西民俗調查記錄 1929〉導讀》，載於黎光明、王元輝著，《川西民俗調查記錄 1929》，臺北：中央研究院歷史語言研究所，中華民國九十三年，第 24 頁。王明珂所言「許多類似的著作」，茲再舉一例，范長江所著《中國的西北角》亦有不少記載，如他在四川江油遇到一位「土地委員」，因不瞭解複雜名詞，自稱爲「土地」，並且不知「蘇維埃」爲何物，只道：「凡是紅軍區域，皆歸蘇先生管轄」。見范長江《中國的西北角》，新華出版社，1980 年，第 9 頁。

謂「世界主義者」(cosmopolitan)？美國的斯蒂芬尼・霍金斯教授在研究《國家地理》的傳者與受者身份時曾有分析，指出其不僅意指「見多識廣的世界公民，也指那些樂於開放並參與到多樣殊異的文化中去的人。」〔註23〕香港中文大學人類學教授陳志明認為，此詞「不僅是國際化或參與多文化的經驗，它還是一種超越民族、宗教和國家的態度。」〔註24〕從最廣泛的意義上看，cosmopolitan 也有「四海為家」之意，泛指那些到過不同國家旅遊的人，或者會欣賞不同國家文化的人，而這正是《國家地理》的旨趣所在。《國家地理》旨在「傳播與促進世界地理知識」並「報導世界及其一切」，通過對世界各地民族的報導，促進全球人民對各地民族及文化的認知與理解。因此，誠如它的一個讀者所言：「看了《國家地理》，感覺自己更具有入世而且更加普世的精神」〔註25〕。

國族主義者與世界主義者肩負著如此普及知識的「神聖使命」，其筆下不同於漢或不同於西方文明的西南少數民族，便自然而然被置於人類進化階梯的低層序列中。縱覽上世紀初西南少數民族形象的生成與建構，不得不說，無論中西，這已然是表述者異化他者、確認自己的主要模式。

三、女人：被展示的服飾與被消隱的姓名

如果說《國家地理》是一本充滿雄性荷爾蒙、探險與異域色彩的雜誌，這一點在《國家地理》對西南少數民族女性形象的表述中有充分體現。

僅從視覺印象來說，少數民族女性在文本中的存在，主要功能只是為了展示其獨特的服飾與頭飾，以表述一種有差異的文化與他者。以福雷斯特的傈僳族照片為例，該文中兩張傈僳女性照片，一張為「Ta-Chu-Pa 的三個傈僳女孩」，一張為「Ta-Chu-Pa 的三個婦女」，照片中的女性並排而立，直面記者鏡頭，佔據畫面中心，看不出時空背景，人物無名無姓，其表情也無悲無喜。而在文中，另有一標題「佩戴在女性身上的繁縟裝飾」(Profuse Ornaments Worn by the Women)。福雷斯特進一步用說明：

〔註23〕Stephanie L.Hawkins, American Iconographic : National Geographic, Global Culture,and the Visual Imagination. Charlottesville and London..University of Virginia Press, 2010. P15.

〔註24〕陳志明，《對 Cosmopolitanism 的理解與漢語翻譯》，《西北民族研究》，2009 (3)。

〔註25〕Stephanie L.Hawkins, *American Iconographic: National Geographic, Global Culture, and the Visual Imagination*. Charlottesville and London:University of Virginia Press. 2010.P.15.

　　大多數傈僳男子都穿漢裝，女人雖然也用漢人的棉布做衣服，但她們穿裙子，頭飾複雜，還佩戴臂圈、手鐲、項圈，以及其它小首飾，一看就知是典型的、眞正的傈僳裝扮。我曾見過的年輕女孩，其身上的飾物有的重達 15～20 磅。說眞的，讓人看著都覺得很累。〔註26〕

　　而借助「身體」表述他者文化，在洛克這個民族志者看來更是天經地義之事。對於民族志影像記錄這類照片，顯而易見，大多數照片裏的人物，面對鏡頭，同樣面無表情，與其說是在拍照，不如說是在被陳列。拍攝者所注重的，是拍攝對象的服飾、髮型，是他們的種族特徵與文化序列。且看洛克所拍照片：

TWO UNMARRIED NASHI GIRLS AND A MARRIED NASHI WOMAN (RIGHT)
The large embroidered disks on the back of the goat-skin jacket represent the sun and the moon,
the row of smaller ones the stars. These women are natives of the village of Nguhsio.

納西族：《納西族驅鬼儀式》（洛克攝，1924）

　　這張照片，從正面與反面展示異族的服飾。圖片標題提醒觀者注意「已婚婦女與未婚女孩」的頭飾區別，她們衣服圖案上代表太陽與月亮的刺繡；而卓尼「拉地」（Lhardi）部族女孩，她們的髮辮裏編入的還有「奇怪笨重的黃銅圓片與紅色布帶。」這些照片，就像展覽館裏的文化對象，或者植物標本館裏供研究的標本，被剝離了時空背景，需要的信息只是他們的特徵，甚至是其「奇怪」的獨特之處，而非爲了呈現人自身的情感、生命與「存在」。

〔註26〕George Forrest, The Land of The Crossbow, *NGM.* Feb.1910.

拍攝者所要做的，只是記錄與歸檔，為人類種族檔案館提供一個「科學、真實、客觀的」的影像民族志。

這種表述方式一以貫之，到 20 世紀 80 年代香港華裔記者黃效文撰寫《中國遙遠地區的民族》一文時，更是送上了一個西部民族服飾文化的饕餮大餐，當然其主要承載物仍然是女性的身體。而該文的第一張照片，佔據整整一個版面，是一張革家女孩像。值得注意的是，經過剪輯，讀者無從看到這個女孩的頭部，只剩下其突出強調的「獨特服飾，多彩民族」之形象。〔註 27〕

除此而外，另一類令人印象深刻的西南女性形象，可謂身處貴族階層的藏族婦女。1921 年刊登的《康區的生活經歷》一文中，作者是美國基督會醫療傳教士阿爾伯特・史德文（Dr.A.L.Shelton），在康區 5 年的密切接觸，使他對該地區的社會狀況有詳細深入的觀察與體會。尤其是對於一位康區統治者的妻子，史德文不吝溢美之詞：

> 她來自藏南，非常優雅，對作為美國醫生的我及我的家庭都極為熱情。她身材嬌小，尤其寵愛自己的藏狗。這個女人也十分能幹，有時候她會在家庭宴會上，在蘇格蘭風笛伴奏下為我們翩翩起舞。〔註 28〕

康區（巴塘）統治者的妻子　《康區生活的經歷》，1921.09

〔註 27〕 Wong Howman, "Peoples of China's Far Provinces", *NGM*. March.1984.

〔註 28〕 Dr.A.L.Shelton, "Life Among The People of Eastern Tibet", *NGM*, September, 1921.

　　儘管有照片形象並給予了充分讚美，但史德文在文章中仍然未提及這一女性的名字與身世，她只是作爲「統治者的妻子」而存在。在後文中，史德文也描述了藏區的「多妻制與多夫制和諧共處」，但依然是重在論述中西文化差異，並未把關注的目光放到藏區婦女本身上來。

　　再來看《國家地理》對苗族的描述，從一開始也是聚焦於其獨特的服飾與頭飾上。早在 1911 年 12 月，該雜誌刊登的兩篇文章中即出現了苗族形象，在《中國近況》（Present Conditions in China）與《人口眾多而美麗的四川》中，各自配有一張石門坎苗人的照片，但無論正文還是相片描述都沒有提及「苗」，而是以「中國婦女」（Chinese Women）指稱。這兩張來源於「中國內陸傳教團」（China Inland Mission）的照片，標題說明爲：「中國雲南石門坎的中國婦女，有孩子的已婚婦女將頭髮束於頭頂，挽成號角狀（horn）。」〔註29〕從標題說明中，可見當時《國家地理》或西方社會對中國西南民族的認識還極爲模糊，但其獨具特色的文化風俗與服飾頭飾等，已激發了西方的好奇心與探求欲。

　　1937 年，美國農學家、嶺南大學農學院的創建人格羅夫（W.W.Groff）經過貴州與廣西交界時，一方面著力描述貴州交通道路之困難，另一方面對貴州土著充滿「嚮往」之情，他寫道：「貴州的土著居民苗人，據說有 70 個部落，每個部落都有自己獨特的服飾，所有這些，對於旅行者來說，不能不激起一種愉快的誘惑（mirth-provoking）」。〔註30〕

　　如果說在塑造女性形象時，身體作爲服飾與歌舞的符號功能只是表述策略之一，如果還有其它方面的形象予以補充、并列，這樣的身體文化表述當然無可厚非，其也是古今中外大多數人類學者的慣常做法。但是，當這一功能成爲最主要甚至是主宰的表述模式之時，便有待反思。

　　在前述文本中，我們已見，無論是作爲男性代表的木里王與弓弩手，還是貫穿於整整一個世紀的少數民族女性，其形象的重要表徵符號——身體，皆被限定於凝固、靜止與封閉中，因而只作爲他者化的「客體」而存在。木

〔註29〕 Rollin T. Chamberllin, "Populous and Beautiful Szechuan", *NGM*. Dec.1911.另一張刊於《中國近況》的文章，內容爲中國政治，與文中石門坎的「雲南已婚婦女」照片毫無關聯，疑似編輯排版失誤，應排在《四川》一文中。但細讀《四川》，內容也並未涉及到苗族。且由於石門坎處於貴州與雲南的邊界處，故標題裏有「雲南石門坎」的說法。

〔註30〕 G.Weidman Groff and T.C.Lau, "Landscaped Kwangsi, China's province of Pictorial Art", *NGM*. Dec.1937

里王「深居大山」，弓弩手「從未走出過超出一天的距離」，而女性的身體更只是她們傳統服飾的衣架子而已。這種凝固的、客體化的身體形象，傳達的不僅是表述者眼中的「差異」與「區分」，更是與之關聯的「原始」與「傳統」。

《國家地理》以「傳統服飾」爲關鍵符號來表徵女性，展開來看，其原因大致有二：其一，作爲人之「身體的延伸」，服飾爲極具可視性的標誌物；其二，服飾是可體現人群「差異性」的「第二皮膚」，也表徵著族群及其文化的多元與多彩，因而也就相應具有了「展演」功能。

首先，作爲一種符號，服飾極具可視性與觀賞性。大多數民族志著作，其開篇總少不了對各民族進行概括描述。但正如美國學者戴瑙瑪（Norma Diamond）在《定義苗族》一文裏指出，用「勇敢」、「勤勞」甚至「保守」等詞，皆不足以說明任何「族性」特徵，而關鍵的、重要的「標誌物」，是那些最容易被觀察到且易於描述的「奇風異俗」，比如住所風格、服飾、頭飾以及儀式等。〔註31〕因此，選擇用簡明醒目的「服飾」來描述異域族群的總體特徵及其內部多樣性與複雜性，的確可謂「找準」了差異民族的族性特徵，同時兼顧了雜誌以圖像爲其生命力的「可視性」、「觀賞性」要求。

實際上，以服飾爲符號作爲一個人群或民族最明顯的認同與區分，這樣的表述古已有之。自從人類開始懂得「穿上衣服」以「遮羞蔽體」或「禦寒護身」後，服飾即成爲一種媒介，是人之「身體的延伸」。但與其說服飾的重要功能在於「遮蔽」身體，毋寧說它同時更是在「彰顯」身體。通過此彰顯，服飾便可展示與表述不同人群的體質特徵、精神氣質與物質成就，因而也成爲標誌或區分「自我」與「他者」的重要標誌。

由此延伸，其二，服飾作爲不同人群的標誌，不僅是族群認同的重要符號，也是族群邊界的基本象徵，因此具有了區分不同族群、彰顯族群差異的社會功能。王明珂在論述「民族化」前夕西南各非漢人群之「族群性」時，認爲人類的族群區分常以身體符號來表述，而在體質無明顯差異的人群間，人們便常以文化來創造、改變身體特徵，如紋身、拉大耳垂等，更普遍的是以服飾、髮飾作爲身體的延伸，以表述族群認同及他族群間的區分。〔註32〕身體符號的這一表徵功能，早在中國的《禮記・王制》篇裏便已嫻熟運用。

〔註31〕 Diamond N. "Defining the Miao". in Stevan Harrell, ed. *Cultural Encounters on China's Ethnic Frontiers*. 1995, University of Washington Press, PP.92～116.
〔註32〕 王明珂《由族群到民族——中國西南歷史經驗》，《西南民族大學學報》（人文社科版），2007 年第 11 期。

這部重要的儒學經典在解釋何謂「夷蠻戎狄」時，所持依據即為「身體」及其服飾：

> 東方曰夷，披髮文身；南方曰蠻，雕題交趾；西方曰戎，披髮
> 衣皮；北方曰狄，衣羽穴居。

《禮記》裏的這段話，可以說正是用「身體」及其所「衣」來「定義」了異族。何以能如此？正在於服飾既是人身體的延伸，同時更是不同人群的「第二皮膚」，這「第二皮膚」昭示了「差異」的存在。因此，用有「差異」的服飾定義民族，其實質乃在於表述族群的「差異性」。正如《禮記》的分類，不僅意在說明夷、蠻、戎、狄各自有別，更重要的「別」卻在於區分出那未在此出場的另一主體──中原「華夏族」。為何中原華夏族的服飾不在此出場，作者及讀者卻能將「在場的」反而視作有差別的「異族」？斯圖爾特‧霍爾借巴布科克的觀點指出，「在社會上處於邊緣的，通常在符號上是處於中心的。」霍爾更明確表示，文化取決於給予事物以意義，這是通過在一個分類系統中給事物指派不同的位置而做到的，因而，對「差異」的標誌，就是被稱為文化的符號秩序的根據。〔註 33〕

那麼，以民族服飾為依據進行分類，其在「分類系統」中被指派了何種位置呢？這需從民族服飾被指定之「文化內涵」進行解說。近年來，對少數民族服飾的研究多聚焦於其所展示與建構的「民族特性」、所承載與傳承的「民族文化」等意涵。〔註 34〕以學者楊鶤國（楊鶴）的研究為例，曾從服飾的製作、歷史、人生與社會、精神特性等方面，梳理出其「族源‧戰爭‧遷徙」、「神話‧傳說‧故事」、「天地‧鬼神‧巫術」等符號與象徵含義。楊指出，從總體上看，少數民族傳統服飾，無論是其原始粗獷的款式，還是其精美的

〔註33〕（英）斯圖爾特‧霍爾編《表徵：文化表象與意指實踐》，徐亮、陸興華譯，商務印書館，2005 年，第 238～239 頁。

〔註34〕這方面的研究成果很多，除由文化機構、官方編撰的「各族服飾文化」介紹以及西方眾多關於服飾與「民族建構」的觀點外，其它論著成果舉例如下：鄧啟耀《衣裝上的秘境》，香港三聯書店，1993 年；王明珂，《羌族婦女服飾：一個「民族化」過程的例子》，中央研究院歷史語言研究所集刊，第六十九本，第四分冊，民國八十七年十二月；何晏文《我國少數民族服飾的主要特性》，《民族研究》，1992 年 5 期；劉軍《從服飾看中華民族的多元性與一體性》，《中央民族大學學報》；管彥波《中國少數民族服飾的文化功能》，《民族研究》，1995 年 6 期；祈春英《論中國少數民族服飾與原始文化遺存的關係》，載於中國民族學會 2004 年年會論文集《民族服飾與文化遺產研究》，等等。

裝飾如刺繡、蠟染、紮染、織錦、金玉首飾之類，所表現出的是一種原始的思維狀態，它們都散發著一種大膽、活潑、自由、奔放而富有生命力的氣息，顯示了一種強有力的生命節奏。」〔註35〕

　　或許正是這種被闡釋的「原始思維狀態」，使少數民族的服飾及民族本身，成了「符號的中心，社會的邊緣」。正如人類學家路易莎・歐恩在貴州凱里的賓館裏觀察到，苗族女服務員上班時被要求以少數民族式樣梳妝打扮，但下班後他們寧願「與城裏的漢人」一樣，其原因，路易莎認為，「她們這樣收拾裝束，是因為意在避免成為『落後』，並非想與漢族同一化。」〔註36〕而我們在《國家地理》歷年的諸多圖片中也可看到，少數民族的男子很多都穿著漢裝，而女子卻基本上仍是「傳統的」民族服飾。〔註37〕這一男女差異現象，或許也可解讀為男人更「現代」，而女人更「傳統」、「保守」的社會分配角色。總之，由於服飾的「差異性」，而這差異性又暗指一種「原始性」，因而在民族文化展演中，身著傳統服飾的女性，便自然成了「符號的中心」。

四、被命名的「彝」：從「原始儸儸」到「自由農民」

　　《國家地理》上關於「彝族」的確切描寫，〔註38〕最早見諸於約瑟夫・洛克的《黃教喇嘛之地》（1925.04），在前往木里的路上，作者見到了許多「叢林民族」，其中包括「原始儸儸是森林居民」（Primitive Lolo are forest

---

〔註35〕　楊鶤國《中國少數民族服飾文化》，中央文獻出版社，2007年，第220頁。參見其《苗族服飾的人類學探索》，中央文獻出版社，2007年。

〔註36〕　（美）路易莎《少數的法則》，校真譯，貴州大學出版社，2009年。

〔註37〕　Wong How-Man, "Peoples of China's Far Provinces", *NGM*. March. 1984.

〔註38〕　關於「彝族」，《國家地理》上最早的記載見於伊莎貝拉・伯德之《長江流域》書評（1900.09），其時稱為「蠻子」（Manzi）。本書中，筆者統一將《國家地理》中的 "LoLo" 譯作「儸儸」。在林耀華的《涼山彝家》中有如下解釋：儸儸這個名詞，在涼山中不常應用，邊區漢人稱儸儸為蠻子，儸儸談話時自稱為夷家，因是儸儸、蠻子和夷家三詞，名稱雖不同，所指意義卻是相同。該書「編者注」中稱，儸儸是彝族舊稱，也作盧鹿、儸儸、羅落、落落，「盧鹿」之稱最早見於唐代史籍。見林耀華《涼山彝家》，雲南人民出版社「舊版書系」，2003年，「序」第1頁。另見江應樑的解釋：「涼山夷人俗稱羅羅，又稱蠻子，又稱黑夷、白夷，或黑骨頭、白骨頭，在西南民族中，屬於藏緬語系，與散居雲南境內的羅羅、傈僳等人是同族，惟集居於涼山區內者，因與外部隔絕，不受政府統治，儼然獨立狀態，故在邊疆民族研究上，又給他一個專名，稱為「獨立羅羅」。見江應樑《涼山夷族的奴隸制度》（1948），收於江應樑《民族研究文集》，民族出版社，1992年，第124頁。

dweller），並描述他們「在這片詭異、陰暗的森林裏行動起來悄無聲息。」在對其所居住的簡陋木屋做一翻描述後，洛克仔細觀察這個民族的服飾及容貌：

> 儸儸婦女上著短外衣，下身的長裙幾乎拖到地上，裙腳鑲著老式的荷葉邊。她們頭戴寬邊的帽子，帽沿向下軟軟的垂著，好像遠古時代的魚龍（antediluvian ichthyosaurs）。帽子遮住了她們的面容和零亂的頭髮。多數儸儸小孩看上去可憐兮兮的，小腹鼓凸著，兩條腿細得像火柴棍一樣。〔註39〕

由於「這寂靜、詭秘的森林以及那些幽靈般的居民」讓洛克感到「十分壓抑」，因此在洛克此後的文本中，對於「Lolo」著墨不多，但他這種「原始」、「荒蠻」及「壓抑」的基調卻貫穿於此後西方人的認知當中。到了 1944 年，畜牧學家約瀚遜（Ray G.Johnson）在《探險中國野性西部康區大草原》一文中，在盧定（Luting）的一個集貿市場上看到很多「儸儸」，他認為到四十年代，儸儸仍是「不為外人所知的原始民族，他們住在大山裏，不認可外面世界的一切法律秩序，也不能容忍任何外人侵犯其家園。」但是約瀚遜看來，「儸儸似乎並不像我們所聽聞的那麼殘忍可怕。」〔註40〕

在零星半點的聽聞中，二戰期間，戰爭攝影師洛伊（Rennold L.Lowy）隨美軍救援隊，到達「儸儸之地」，以救出飛虎隊失事飛行員，這些飛行員據說在跳傘到大涼山一帶時被儸儸部落俘獲並被強迫做了奴隸。名為《儸儸之地探險記》（1947.01）的文章，是《國家地理》第一次比較細緻深入地開始認識這一民族。除了一如既往渲染此地的「恐怖」氣氛與儸儸雖「野蠻」卻「幼稚」的心智與行為，〔註41〕該文簡單提及「儸儸」領袖嶺光電的影響與勢力，〔註42〕以及一位在 Tienpa 的女領主（Lolo Queen）的能幹與高貴，寫到儸儸

〔註39〕 Joseph F.Rock, "The Land of The Yellow Lama", *NGM*, April, 1925.

〔註40〕 Ray G.Johnson, "Exploring a Grass Wonderland of Wild West China", *NGM*. June. 1944.

〔註41〕 見本章第一節「弓弩手」部分相關論述。

〔註42〕 嶺光電（1913～1989），彝名漢譯為「牛牛慕理」，民國時期有重要影響力的彝族人物，就讀於南京中央軍校，1935 年被任命為國民政府官員，同時恢復自己土司身份。1949 年後，曾擔任四川省政協委員。自 1936 年以來，先後有《新彝族》、《倮倮經典選譯》、《倮倮的悵恨歌》、《倮情概述》以及《嶺光電文集》等論著。在《儸儸之地探險記》，作者稱「黑夷」嶺光電與漢人合作，並當上地方行政長官（magistrate），而美國營救隊一行受到嶺光電的關照，每到一處，自有人通風報信，提前準備好迎接美國營救組。

們特殊的服飾與神聖的「頂髻」（sacred topknot）。不僅如此，該文第一次介紹
了「儸儸」在民族學意義上的分類：

> 我們瞭解到，儸儸在政治上被歸類為「夷」的一個部落群，「夷」
> （Yi），即為「原始」（primitive）的意思。從人種學上看，他們屬於
> 「藏—緬」語族。目前有超過五十萬儸儸居住在雲南、貴州、四川
> 和西康省。

> 「黑儸」與「白儸儸」的區分主要不在膚色，而在於其親屬關
> 係。黑儸是真正的儸儸，若他們與其它種族通婚（大多為漢族），所
> 生下的後代，即為白儸。〔註43〕

時隔近四十年後，華裔美籍探險家黃效文開啟對中國少數民族的「研
究」，其第一站便是大涼山彝族。黃效文首先回顧了著名的「布魯克事件」，
即 1908 年英國騎兵軍官、皇家地理學會成員布魯克（John Weston Brooke）被
彝人殺害後，對外人造成的「畏懼」之心，然後指出這一族群是「分佈在更
廣泛地區的五百萬彝族（Yi）中的較大一支。」正是在布魯克遇害的涼山腹
地「牛牛壩」，作者遇到一位名叫哈拉庫卡（Halakuka）的農民，在與這位農
民的聊天中，作者對彝族的社會結構有了進一步瞭解：

> 直到 1950 年代後期，彝人依然保持嚴格的奴隸等級社會，這一
> 社會由四個明顯區分的等級組成。在頂層的是儸儸（Nuo-nuo），有
> 時被稱為「黑骨頭」，也就是彝人裏的貴族；接下來的是曲諾
> （Qunuo），也即「平民」；再下一層是阿家（Ajia），也就是納貢奴
> 隸（tributary slaves），阿家不住在貴族家裏；最底層的是呷西（Yaxi），
> 或者叫家奴，他們必須住在貴族家終日伺候主人。〔註44〕

對「涼山奴隸社會」這種社會形態的「認定」，既與民國時期的民族調查
相關，又涉及到自 50 年代後新中國開始的「民改」運動。從民國時期開始，
國民政府組織的民族大調查，就出現了大量「涼山奴隸制度」的表述，這種
表述不僅來自於國民政府的調查報告，〔註45〕也來自於具有民族學、人類學

〔註43〕Rennold L.Lowy, "Adventures in Lololand", *NGM*. Jan.1947.

〔註44〕Wong How-Man, "Peoples of China's Far Provinces", *NGM*. March. 1984.

〔註45〕民國時間，國民政府組織的民族大調查，彝族社會的調查乃其重點，這方面
的成果頗多，如 1934 年中國西部科學院雷馬屏峨考察團，常隆慶等著《雷馬
屏峨調查記》（1935）；1941 年四川省政府，由唐興璧，毛筠如編述《雷馬屏
峨夷務鳥瞰》（1941）；1942 年政府派遣的康昌旅行團及康青考察團，朱楔所
撰寫之《康昌考察記》（1942）。等等。

特點的學術研究。〔註 46〕以民族學家江應樑的調查爲例，他直接以《涼山夷族的奴隸制度》爲題對涼山社會制度進行定性：

在這縱橫數百里，人口約計 10 萬左右的巴布涼山中，內部的情形並不似想像那般神秘，卻是非常簡單而劃一的，全山的人口，世襲而不紊亂地分爲兩類，一類稱爲黑夷，或稱黑骨頭；一類稱爲白夷，或稱白骨頭。……黑夷與白夷不是酋長與部民的關係，而是主子與奴隸的統屬，換言之，即是今日的大涼山中，尚普遍地保有原始的奴隸制度，涼山夷人的社會，也就是典型的奴隸社會。〔註 47〕

從民國時代「內憂外患」之動盪社會背景來看，國民政府時期對「涼山奴隸社會」的諸多調查與取證，其目的不僅在實踐中爲其「治理夷患」、「平叛夷亂」提供現實依據，〔註 48〕更有將這一在進化歷史中仍處於「原始社會」的「邊民」納入現代「民族－國家」體系的抱負。〔註 49〕到了 20 世紀 50 年代，中華人民共和國政府在民族地區實行「民主改革」，亦延續了「奴隸社會」這一制度稱謂。曾自 50 年代至 90 年代在西南地區從事民族調查研究的馬克思主義民族學者李紹明，其主要研究對象即爲「涼山奴隸社會」，他明確指出：

我國西南部川滇兩省交界處的大小涼山彝族地區，解放前還比較完整的保存著人類社會發展史上的第一個階級社會——奴隸社會形態。這是當今世界上在較大範圍內僅存的奴隸制度的活標本。

〔註 50〕

〔註 46〕比如楊成志《從西南民族說到獨立羅羅》，《新亞細亞》，1932 年，第 4 卷第 3 期。馬長壽遺著，李紹明、周偉洲等整理：《涼山羅彝考察報告》，成都：巴蜀書社 2006 年；江應樑《涼山奴隸制度》（1948），收於江應樑《民族研究文集》，民族出版社，1992 年；林耀華《涼山夷家》，雲南人民出版社，2003 年。等等。

〔註 47〕江應樑《涼山夷族的奴隸制度》（1948），收於江應樑《民族研究文集》，民族出版社，1992 年，第 125 頁。

〔註 48〕如當時的調查者任映滄在其報告中，描述了涼山奴隸社會中奴隸階層的悲慘情形後，指出「涼山奴隸社會之發展，實爲吾國近代史上之一大污點」，提出要爲「近百年解放涼山奴隸之呼吙」。見任映滄《大小涼山倮族通考》，西康：西南夷務叢書社，1947 年。

〔註 49〕參見王璐《民國時期西南民族志研究》，四川大學博士論文，2013 年。此外，王璐將其未出版的博士論文提供給筆者參閱，從中獲得很多民國時期西南民族志文獻線索，特此致謝。

〔註 50〕李紹明《涼山彝族奴隸制研究中的幾個理論問題》，原載《民族研究》第六輯，與張顯光合作，1985 年。見《李紹明民族學文選》，成都出版社，1995 年，第 95 頁。

從上文中，我們可見，《國家地理》對中國西南少數民族的認識，在歷史演變中，其認識也在不斷深化，關注的議題開始由外及內、由表及裏。對於彝族的表述，從最初的「神秘」、「野蠻」與「恐怖」，到八十年代黃效文開始深入涼山腹地，與彝族農民交談，瞭解其社會結構、生活情況與所思所想。在表述少數民族的「歷史」與「社會結構」時，其材料來源和觀點，與 20 世紀初相比，開始更多採用中國學術界研究所得，甚至一定程度引用代表中國官方立場的話語。這樣的轉變，在《國家地理》的歷史上，確可堪稱一次重要的視角大變化。

第十章　文化及其表述

社會學家馬克思·韋伯曾將人比喻為「懸掛在自己編織的具有意義的網上的動物，」人類學教授克利福德·格爾茨更進一步界定道：「文化就是這些具有意義的網。」〔註 51〕然而何謂文化，答案卻是千姿百態。當泰勒那個包羅萬象的文化定義成為引用率最高的釋義時，筆者注意到，《國家地理》表述中國西南少數民族的符號或象徵，主要指穿在女性身上的傳統服飾，流傳於民間鄉野的神話傳說，存在於時光邊緣裏的民歌民俗，以及更多「超自然的、奇異的」宗教儀式，這些符號，無不指向兩個字——「傳統」。傳統代表時間的方向，是一種「過去式」表述方式；與此同時，時間又代表著未來，因此包含著「變遷」與「復興」的話語。在過去與未來之間，不同的表述者，便有了不同的文化觀。

一、約瑟夫·洛克的「迷信」與「理性」

馬林諾夫斯基在《巫術科學宗教與神話》一書中，開篇便寫道：「無論怎樣原始的民族都有宗教與巫術，科學態度與科學。通常雖都相信原始民族缺乏科學態度與科學，然而一切原始社會，凡經可靠而勝任的觀察者所研究過的，都是顯然地具有兩種領域：一種是神聖的領域或巫術與宗教的領域，一種是世俗的領域或科學的領域。」馬氏繼而指出，「傳統行為與遵守是被土人看得神聖不可侵犯，既有敬畏的情緒，又有禁令與特律的約束。這些行為與遵守，都是與超自然力的信仰（特別是巫師信仰）弄在一起，那便是與生靈、

〔註51〕克利福德·格爾茲《文化的解釋》，納日碧力戈等譯，上海人民出版社，1999
　　　年，第 5 頁。

精靈、鬼靈、祖先、神祇等觀念弄在一起。」〔註52〕

　　無論是洛克的筆下，還是黃效文旅途記錄中，甚至另一位華裔美籍作家譚恩美的眼中，神秘的巫術、儀式及「迷信」都是西南大地最重要的「文化」內核。在西南生活最持久、觀察最深入的洛克，對於這方土民的「超自然信仰」有最多感觸。以族群宗教文化爲題材的文章，最具典型的文本有三：《納西部落驅鬼儀式》、《卓尼喇嘛的生活》以及《藏傳佛教的神諭者》。吉姆·古德曼在《洛克和他的香格里拉》一書中認爲，這三篇文章尤其具有民族志特色。〔註53〕

洛克筆下中國西部的民族宗教與儀式（筆者整理）

篇　　名	民族	儀式	執行者	功能	儀式道具（例舉）
納西部落驅鬼儀式（1924）	雲南納西	「資對」（Dzu dü）	東巴	驅鬼治病（人與牲畜）	藤條、稻草、樹枝、麥麵做的鬼像、鑼鼓、雞、東巴舌舔熱犁鏵、手伸熱油鍋等。
卓尼喇嘛的生活（1928）	甘肅藏族	酥油節、「菩薩見日」、「昌雍瓦」、「勒查沖科」	喇嘛	宗教節慶、政治隱喻等	面具、法衣、樂器（鼓、鈸等）、麥團做的魔鬼、匕首、頭骨杯、三叉戟、酥油佛像等
藏傳佛教的神諭者（1935）	雲南藏族	「松瑪」顯靈	「松瑪」（Sugmas）	求卦占卜、驅魔、辨認轉世活佛等	法衣、宗教經典、法號、松枝煙霧、鐵帽、鋼刀、大麥麵團做的骷髏等

　　從上表中可見，洛克筆下的各類儀式涉及不同族群與區域。而洛克的記錄生動細緻，的確可爲後人的研究甚至文化「復原」提供可借鑒之資料，這是其被稱爲「民族志」的原因所在。儘管沒有受過專業的民族學、人類學訓練，但秉承植物學家的嚴謹思維，使洛克的記錄具有民族志般的細緻完整。以儀式中的「聲音」爲例，在描述納西東巴的驅鬼儀式中，洛克對於儀式中的各種聲音極其敏感，描述法器聲的形容詞多達十幾個，隨儀式的進展，鼓聲、鑼聲不斷變換其節奏，神秘、空洞、沉悶、急促、激烈、古怪、歡快、狂暴、詭異、拖長的、戛然而止的……〔註54〕各種法器聲，伴隨滾雷和閃電，

〔註52〕 馬林諾夫斯基《巫術科學宗教與神話》，李安宅，編譯上海文藝出版社，1987年，第1頁。

〔註53〕 Jim Goodman, *Joseph F.Rock and His Shangri-La*.Hongkong: Caravan Press, 2006, P.117.

〔註54〕 Joseph F.Rock, "Banishing the devil of disease Among the Nashi, Weird Ceremonies Performed By an Aboriginal Tribal in the Heart of Yunnan Province, China". *NGM*, November 1924.

以及東巴瘋狂的舞蹈與在場民眾的投入，淋漓盡致地傳達出這場儀式的神秘
與鬼魅。

作為一個植物學家，洛克記錄儀式裏道具名稱，盡量準確、科學而細緻。
涉及到植物時，從不忘在常用名後標注其拉丁學名，如納西驅鬼儀式裏要用
到松樹（Pinus Yunnanensis）、楊樹（Polulus tibethicus），等等。此外，對於儀
式對象的記錄，也繁瑣到無以復加。在卓尼的「勒沖查科」節裏：

> 喇嘛端進來一個大盤子，上面放著一個用紅色麵團做成的模擬
> 小人像，人像身上捆著沉重的鐵鏈。這個人像代表一個異教徒或者
> 作惡者。托盤旁邊放著一把紅色的小凳，上面擺放著一根權杖、一
> 柄劍、一把三刃匕首、一隻頭骨杯、一把三叉戟、一根霹靂棒、一
> 隻鈴鐺、一把短柄小斧和一把木槌。〔註55〕

而在雲南永寧大寺裏紀念黃教創始人宗喀巴圓寂的持燈會上，洛克一邊
觀察神諭者松瑪的迷狂狀態，一邊記錄儀式現場緊張刺激的氛圍，他寫道：

> 住持再次走上前去，把頭頂貼在松瑪的下巴尖上，他問了松瑪一
> 個問題並得到了回答。渴望獲得鬼魂祝福的狂眾再次被侍候一旁的喇
> 嘛用鞭子趕成一排，年長的裏新頭人和我則在一個安全的位置觀察這
> 一切。這位松瑪的前任曾在木里的誦經殿裡弄死了一位喇嘛。〔註56〕

此類例子，在文中比比皆是，即便比照受過訓練的民族志者，其寫作也
完全符合人類學記錄的「五個在場」。〔註57〕

值得注意的是，洛克在觀察、描述這些宗教儀式時，往往視其為「奇異」，
這一點從他文章的正、副標題（或許由雜誌編輯擬定）裏體現出來，擴及而至
西南諸事項，裏面幾乎都有一個共同的形容詞──「奇」。納西驅鬼儀式是「怪
異的」（Weird Ceremonies），木里是奇怪的王國（Strange Kingdom），卓尼喇嘛
的生活充滿了「不可思議的」表演（Mystery Plays），甚至連阿瑪尼卿山也神秘
萬分（Mountains of Mystery）。將貢嘎嶺表述為「法外之地」（of the Outlaw），

〔註55〕 Joseph F.Rock, "Life Among the Lamas of Choni, Describing the Mystery Plays and Butter Festival in the Monastery of an Almost Unknown Tibetan Principality in Kansu Province, China", *NGM*, Nov.1928.

〔註56〕 Joseph F.Rock, "Sungmas, the Living Oracles of the Tibetan Church", *NGM*, October 1935

〔註57〕 巴莫曲布嫫，《敘事語境與演述場域──以諾蘇彝族的口頭論辯和史詩傳統為例》，《文學評論》，2004.01。此五個在場為：史詩演述傳統、表演事件、演述人、受眾與研究者的同時在場。

將藏人的松瑪比喻爲古希臘的神論者德爾菲（Oracles of Delphi），更增加了這一異文化的神秘與難以進入。正如古德曼指出的，《納西部落的驅鬼儀式》，這一標題就成功地「勾起讀者對歐洲中世紀驅鬼之風的記憶與想像。」〔註58〕

　　然而，洛克對於宗教儀式的看法，徘徊在「理性」與「迷信」之間。偶爾，洛克會將少數民族的巫術儀式視爲一種「迷信」，他在《納西驅鬼儀式》中直接評價道：

　　　　由於納西人深信迷信，他們不會把災禍或疾病歸咎於自然原
　　　因，而是在多舛的厄運中看到惡靈和亡靈的手在操縱一切。〔註59〕

　　但是在多數情況下，洛克只是忠實地記錄，而且對於某些「神跡」，他持將信將疑的態度，評價也多模稜兩可。洛克在《藏傳佛教的神論者》中，生動地描述了一位拉薩松瑪「巴隆楚傑」在永寧寺紀念黃教創始人宗喀巴圓寂的持燈會上顯靈的情景。松瑪是藏傳佛教的神論者，是惡靈的肉身，與古希臘的德爾菲（Delphi）一樣具有神力，附身的靈魂來自一些先是中了邪，爾後又被神通廣大的喇嘛降伏並被轉變成護法使者的勇士。松瑪會顯示出「超人的力量」，洛克目睹他「接過一把蒙古鋼刀，轉瞬之間便將其擰成一堆鐵疙瘩」的神奇後，親自去驗證了一下鋼刀的眞實性：

　　　　藏人把松瑪擰成疙瘩的鋼刀視爲珍寶，將其掛在門頭或者寺
　　　門上方驅邪。我仔細檢查過這種上等鋼材打製的刀，其厚度可達
　　　四分之一到三分之一英寸，憑我的力氣連刀尖部分都不可能折
　　　彎，但是松瑪卻從靠近刀柄的最厚的地方用力，一舉將其擰了幾
　　　道彎。〔註60〕

　　洛克目睹並如實記錄了整個過程，但冷靜的洛克只是作了「科學的」記錄，並未作任何科學的解釋。他只在文末寫道：

　　　　顯而易見，冒牌貨到處可見；同樣有目共睹的事實是，所謂的
　　　眞松瑪身上那超人的力量和非常人能比的驚人之舉。〔註61〕

〔註58〕Jim Goodman, *Joseph F.Rock and His Shangri-La*, HongKong, Caravan Press, 2006

〔註59〕Joseph F.Rock, "Banishing the devil of disease Among the Nashi", *NGM*, November 1924.

〔註60〕Joseph F.Rock, "Sungas, the Living Oracles of the Tibetan Church", *NGM*, October 1935.

〔註61〕Joseph F.Rock, "Sungmas, the Living Oracles of the Tibetan Church", *NGM*, October 1935.

　　顯然，這種不明朗的態度，表明作者不想顯示自己的個人立場；而這種不顯明立場的寫作，被詹姆斯・皮科克認為是「好的民族志作品」：「在好的民族志作品中，作者想要傳達的信息不是通過直接的概化陳述，而是通過具體的描繪來傳遞的。讀者必須解碼這一描述，理解隱含其下的價值，然後把這些隱含的抽象模式與自己的經驗進行並置，由此想像當地人的生活」〔註62〕

　　在這篇文章中，洛克細緻而幽默地描繪了松瑪開價如何「價格不菲」，其顯靈時怎樣像癲癇病一樣進入迷狂狀態，怎樣像「狂躁的瘋子一樣，舉手投足不顧後果」，而「渴望獲得鬼魂祝福的暴眾」又是如何「爭著搶著要擠到松瑪跟前把哈達放到他的膝蓋上，並領受作為祝福的一記擊打」。字裏行間，充分顯示出了他嚴格的超然姿態、堅持不為所見之物所感染影響的克制與理性。

　　即使忍不住要做點評價，他也顯得異常小心。洛克講述巴隆楚傑嗜好鼻煙，違背了松碼必須過一種自律生活因而遭到附於其身的惡靈車青懲罰的故事，洛克說，這個故事「讓人想到雙重性格和三重性格的情況，松瑪可能代表了這一典型病例。」〔註63〕在這句話中，洛克用了「可能」（may）這一副詞，透露出一種含糊的暗示卻又強調他不把自己看作是神秘事物解釋者、解決者的角色定位。

　　然而，與開創了科學民族志的馬林諾夫斯基一樣，洛克也會在科學理性的外表下，把另一個「真實的」自我寄託到日記中。在其日記裏，記載了這樣一個故事，讀來讓人印象深刻。1926年2月的一天，洛克參加了卓尼一個叫 Hejiasi 村子的宗教儀式。因為當地人告訴他，在這裡才能體會真正有力量的宗教。洛克起初並不相信，然而等他身處現場，看到在場的人都被一種力量控制逐漸陷入迷亂的狂舞中，當他舉起相機要拍照時，「突然感到一種無力的感覺」。洛克和陪他一起去的楊土司來到一個僧侶的小房間休息，沒想到「一種更強的無力感控制了他」，他幾乎已看不到東西了。洛克深呼一口氣想要回復過來，發現顯然不起作用。由於非常害怕像在場的人那樣陷入瘋狂狀態，他使出渾身力量振作起來以全部的意志力帶著楊土司離開，後者也已處於相同的狀態正焦急地意欲離開此地。

〔註62〕（美）詹姆斯・皮科克《人類學透鏡》，汪麗華譯，北京大學出版社，2009年，第109頁。

〔註63〕Joseph F.Rock, "Sungmas, the Living Oracles of the Tibetan Church", *NGM*, October 1935.

回去後，洛克恢復了平靜。然而，幾小時後，當他試圖把所看到的記錄下來時，他感到一種眩暈不舒服，開始顫抖，他不得不停下來。儘管這種感覺沒有持續多久，但這種經歷使他迷惑並被吸引。洛克在日記裏記下這次前無僅有的經歷：

> 就像是某種東西穿越身體，完全控制了你⋯⋯它清除掉自我，讓另一種力量完全控制了自我⋯⋯喇嘛們解釋說這是僧院的大神佔領了人的身體（god of the monastery）。〔註64〕

此後在卓尼的兩年時光，他又返回到那個村子觀看同樣的宗教儀式，並且拍了照。也許是由於有了警惕，他沒有再被擊倒，只是略微感到胃部不適。因此，洛克把上次的事件視爲是一次性事件，最終沒能挑戰他的理性主義科學觀。

二、拯救之名：在表述與權力之間

如前文所述，無論是好鬥卻易於馴服的弓弩手，還是優雅卻對外界「文明」一無所知的木里王，亦或是處於符號中心的女性形象，甚至在「奴隸社會」中的彝族（Yi People），這些類似的故事模式其及文化書寫，某種程度暗合了《國家地理》及西方世界對於人類進化階梯序列的歸類與安排。而在此安排中，以拯救爲名的表述自然成爲西方他者敘事一個基本母題。

此處，以三位攝影師兼探險家——約瑟夫・洛克、約翰・諾埃爾以及愛德華・柯蒂斯，對他者的影像記錄爲例，分析「拯救」表述裏隱含的書寫權力問題。

在《納西族驅鬼儀式》一文中，洛克用了14個小標題、21張照片、1張地圖，詳細記錄了雲南麗江納西族的歷史與概況，行文中間重點描述三次驅鬼儀式；然後介紹納西族的象形文字東巴經，並用東巴文與英文對照翻譯了一個創世神話及文字起源；末尾又介紹納西新年的宗教儀式。一番人類學民族志記錄後，洛克在結尾處寫道：

> 本文是有史以來第一次嘗試爲納西族人宗教儀式所作出的描述與記錄。由於逐漸同化於漢族，這個鮮爲人知的民族正在迅速地喪失其族性。〔註65〕

〔註64〕 Jim Goodman, *Joseph F.Rock and His Shangri-La*, HongKong, Caravan Press, 2006, PP106～107.

〔註65〕 Joseph F.Rock. "Banishing The Devil of Disease Among The Nashi". *NGM*. Nov. 1924.

　　這個簡短的結尾預示了佔據洛克此後一生命運的兩個主題。其一，作爲一個職業探險家，自豪於一個又一個「第一次」；其二，作爲一個「文化拯救者」，記錄描述即將消失的文化及族群。而正是這兩個主題的交叉糾結，使「拯救」也具有了耐人尋味的複雜意涵。

　　提到「文化拯救」，便不得不提到「拯救人類學「及其相應的「拯救民族志」。回顧十九世紀末、二十世紀初西方民族學、人類學的發展歷程，「拯救」這一觀念至關緊要，可謂奠定與形塑了這些學科的動力與基調，而洛克所生活的時代，正是受沐於此學術環境與氛圍。

　　「拯救民族志」（Salvage Ethnography，也可譯爲「搶救民族志」）一詞，由人類學家雅各・格魯伯（Jacob W. Gruber）提出，在《拯救民族志與人類學的形成》一文中，用以指稱十九世紀至二十世紀初民族學家對被歐洲和美國征服的人民的語言和文化的記錄。〔註66〕按格魯伯的說法，第一個承認殖民主義是現存語言和生活方式極大破壞者的官方文件是《英國原住民特別委員會報告》（1837年）。此報告出世後，詹姆斯・考爾斯・普里查德於1839年在英國科學發展學會（BAAS）面前作了如下演講：

> 　　無論歐洲人入駐何處，他們的到來即是原住民的末日……近年來，隨著殖民帝國的擴張，時空屏障被克服，我們人類一部份的災難即近在眼前，大部份土著民族將會完全消失。目前最爲重要的事，便是獲取有關他們的所有信息，包括他們的體質與心智。這些種族的心理狀態尚未得以用開明的方式加以研究。爲了人類歷史與人類心靈的完整性，這都是必須要做的。〔註67〕

　　格魯伯認爲，正是拯救，提供了人類接觸和對照的機會，「在此，野蠻遇到文明，假定的歷史遇上現實，穩定遇到變遷。野蠻人遭遇滅絕的現實，使我們逐漸認識到，除非我們瞭解所有人，否則我們便不能說我們懂得任何人。」不僅如此，格魯伯宣稱：「『野蠻人』的消失，人類境況的惡化，使我們不可避免地喪失了自己的身份認同。」〔註68〕在美國，拯救的觀念與現實尤爲迫

〔註66〕Jacob W. Gruber, "Ethnographic Salvage and the Shaping of Anthropology", *American Anthropologist,* New Series, Vol. 72, No. 6（Dec., 1970）, pp. 1289～1299.

〔註67〕Prichard, James Cowles, "On the extinction of human races". *Monthly Chronicle of the Aboriginal Protection Society*. London. 1839.

〔註68〕Jacob W. Gruber, "Ethnographic Salvage and the Shaping of Anthropology", *American Anthropologist,* New Series, Vol. 72, No. 6（Dec., 1970）, pp. 1289～1299.

切，以博厄斯爲代表的人類學（也稱爲博厄斯主義），開創了美國方興未艾的人類學事業，而他們都認爲應優先考慮拯救民族學的需要，這也促使早期美國人類學家中很多人在北部平原和哥倫比亞大草原開展研究工作。「1880 年至 1940 年間數量驚人的拯救性田野工作和民族志正是在逐漸消逝的紅人這個持久的形象的激勵下得以開展。」〔註 69〕

　　有一個也許是巧合卻讓人產生聯想的細節：當普里查德 1839 年對著英國科學發展學會（BAAS）演講《人種的滅絕》時，該學會的成員之一，正是查爾斯·達爾文。這位博物學家可能不曾預料到，二十年後他在《物種起源》裏旗幟鮮明提出的進化論思想，其產生的巨大影響力，將從生物學滲透到人類社會的方方面面。人類學亦不例外，社會進化論異化爲進步論成爲人類學「最根本的理論基礎」。威廉·亞當斯明確認定：「就人類學的歷史而言，進步論是其最久遠的根源之一，而且是最堅實的基礎之一。」〔註 70〕雖然「進步敘事」的負面影響已不是新鮮話題，但在 19 世紀的樂觀主義思潮下，爲了「進步」而使某些東西發生「改變」似乎是不可避免的、同時也是必需的代價。「拯救民族志的觀念及其緊迫感——實際上是一種科學使命，絲毫不是用來遏制文明的發展，而只是用來保存那些即將破壞和消逝的文化。」〔註 71〕

　　正是這樣一種「不可避免」乃至「必須」，爲拯救人類學和民族志的目標與方法定下了「科學」基調。人類學家古塔·弗格森認爲，拯救人類學（salvage anthropology）實際上是一種人類學家通過觀察和詢問而重構生活於殖民地的「非自然狀態下的土著人的嘗試。」〔註 72〕在《拯救人類學的先驅方法論》中，赫斯特指出：「主要目標之一是搜集細緻的資料數據，用以製作文化區分佈圖，同時服務於比較研究。」〔註 73〕爲此，另一位人類學家哈斯貝格總結

〔註 69〕（美）威廉·亞當斯《人類學的哲學之根》黃劍波 李文建譯，廣西師範大學出版社，2006，第 103 頁。

〔註 70〕（美）威廉·亞當斯《人類學的哲學之根》黃劍波 李文建譯，廣西師範大學出版社，2006，第 8 頁。

〔註 71〕Jacob W. Gruber, "Ethnographic Salvage and the Shaping of Anthropology", *American Anthropologist,* New Series, Vol. 72, No. 6（Dec., 1970）, pp. 1289～1299.

〔註 72〕（美）古塔·弗格森（Akhil Gupta and James Ferguson）編著《人類學定位：田野科學的界限與基礎》，駱建建等譯，華夏出版社，2005 年，第 7 頁。

〔註 73〕James J. Hester. "Pioneer Methods in Salvage Anthropology". *Anthropological Quarterly*, Vol. 41, No. 3, Dam Anthropology: River Basin Research（Special Issue）（Jul., 1968）, pp. 132～146.

出以物品收集為主的具體四步驟：（1）在地圖上標記所搜集物品的地點，伴以現場照片記錄；（2）標記時間與日期；（3）對對象進行簡短描述；（4）詢問此對象的時代、用途、意義和起源。〔註74〕對物的「拯救」如此，對即將消失的族群及其社會也要求客觀而科學的態度，力求精確記錄所見所聞，立場中立，不作褒貶，少作解釋，不加闡釋。

在《尋找阿尼瑪卿山》一文中，洛克記錄下一幅藏民的生活圖：

> 一位老婦人從羊糞中拿出幾隻碗，這些羊糞既做燃料又當碗櫃，同時又是擦拭那些髒碗的工具，然後，她用掛在腰帶上的一條骯髒的抹布把碗擦亮，那條抹布一直拖在地上，地面污穢不堪。她用沾滿羊糞的手把茶水倒進碗裏，眾人端起碗傳著喝。

精確形象的描述之後，洛克接著聲明：

> 我之所以把這些令人不快的場景記錄下來，完全是為了呈現一下這些牧民的生活是多麼骯髒悲慘。〔註75〕

1925年3月，英國攝影師、登山家約翰·諾埃爾（John Noel）拍攝的無聲紀錄片《聖珠峰史詩》（The Epic of Everest）在倫敦西區電影院上影，本片主要講述的是1922年英國珠峰遠征隊的故事。在每一場放映前，都有一隊西藏喇嘛現場表演音樂、誦經和跳舞。因此該片的宣傳計劃書是這樣寫的：「這是歷史上第一次，真正的西藏喇嘛來到歐洲⋯⋯喇嘛們的儀式，誦經聲沉沉，喇叭轟鳴，樂鼓陣陣，銅鈸叮噹，這些怪異而不可思議的音樂，將向英國人民傳達出西藏的神秘和浪漫」。〔註76〕可是，沒想到，這部紀錄片及其「跳舞的喇嘛」，卻招致西藏當局的嚴正抗議，以致「在整個20年代，西藏對英國的抗議不斷上升，並破壞英藏關係達10年之久」。對於藏人來說，珠穆朗瑪

〔註74〕 Haselberger,Herta. "Method of studying ethnological art". *Current Anthropology*. 1961. 2,PP341～384.

〔註75〕 Joseph F.Rock, "Seeking the Mountains of Mystery". *NGM*, Feb. 1930.

〔註76〕 彼得·漢森考究後發現，其實樂隊裏只有一位真正的喇嘛，但西方人不太能分清喇嘛與一般僧侶的區別，故而統稱為「跳舞的喇嘛」。Peter H. Hansen，The Dancing Lamas of Everest: Cinema, Orientalism, and Anglo-Tibetan Relations in the 1920s，The American Historical Review, Vol. 101, No. 3（Jun., 1996），pp. 712～747.顧彼得也對此有論述，他說，在西方，喇嘛這個詞不加區別地泛指西藏所有的和尚。在西藏和在納西人中，喇嘛是個榮譽稱號，而一個普通的和尚（通常叫曹巴），要勤奮好學、花費大半輩子精力才能達到喇嘛的地位。參見（俄）顧彼得《麗江1941～1949：被遺忘的王國》，李茂春譯，昆明：雲南人民出版社，2007，P134頁。

峰是神聖的地方，喇嘛們的「舞蹈」是神聖的儀式。而現在，正如英國印度事務部常任副部長亞瑟・赫茲爾先生（Sir Arthur Hirtzel）所言「當我們的觀眾們欣賞著這些奇怪的風俗時，除了保持我們通常一貫的微笑與紳士般的優越感外，還能做什麼呢？觀眾們對舞蹈裏的宗教含義毫無所知」，〔註 77〕因為說到底，它們只是一些從喉嚨裏發出的聲音而已。

更讓藏人不可接受的還有紀錄片裏的一個情景：一個藏族男人為一個小孩除蝨子，但他似乎把蝨子吃進了嘴裏。英國副部長威克利（L.D. Wakely）看了這個「粗俗不雅」的情節後，認為西藏人的確有權抗議，他說：「這就像在其它國家，放映一部旨在表現英國風俗的影片，卻來拍一個向人行道或列車廂地板吐痰的人——不幸的是，這樣的情景每天都在倫敦上演」。〔註 78〕然而，所有這些抗議並沒有引起大多數人的共鳴，那些製片人、大眾媒體、遠征隊和皇家地理學會仍將此片以及藏人的表演視為原始與落後民族的有趣的展示而已。

與洛克意在讓讀者瞭解「這些牧民的生活是多麼悲慘」不一樣，也不同於《珠母峰史詩》裏「粗俗不雅」的情節，在北美新大陸，攝影師愛德華・柯蒂斯（Edward Sheriff Curtis）的目標卻是塑造出「高貴的野蠻人」與「沒有被西方文化污染的純淨的原始部落」。柯蒂斯從 1898 年開始，歷經三十多年攝影苦旅，拍攝了約兩萬張美國西部與北部印第安人的照片，最終結集成 20 卷《北美印第安人》巨作，包括豐富的圖片和詳盡的文字說明，可稱為對「注定要消失」的北美印第安人的種族、文化拯救民族志。

然而，這位優秀的藝術攝影家與民族學的探險者，其民族志攝影卻也引來激烈爭議。他付錢請印第安人拍照，讓他們穿上古代的服裝，表演他從未親自參加過的儀式，移除掉照片裏一些暴露西方文明的現代對象，如鬧鐘、四輪馬車、弔帶褲等。在《皮根人的旅館裏》，他小心翼翼地將照片背景中的一隻圓形小鬧鐘消除。在《沃格拉拉人的戰爭對抗》（Oglala War-Party）圖片中，十個印第安武士頭戴羽毛頭飾騎著馬沿山而下。照片說明文字寫道：「部

〔註 77〕Peter H. Hansen, "The Dancing Lamas of Everest: Cinema, Orientalism, and Anglo-Tibetan Relations in the 1920s," *The American Historical Review*, Vol. 101, No. 3（Jun., 1996）, pp. 712～747.

〔註 78〕Peter H. Hansen, "The Dancing Lamas of Everest: Cinema, Orientalism, and Anglo-Tibetan Relations in the 1920s," *The American Historical Review*, Vol. 101, No. 3（Jun., 1996）, pp. 712～747.

落衝突中的一群蘇族戰士，小心地經過敵人營地附近的山坡」。〔註79〕實際上，印第安人只在特別場合才戴這種羽毛頭飾，在一些部落，只有酋長才能戴。這張照片拍攝於1907年，其時，印第安人已被趕入保留地中，部落間的戰爭已結束了。是柯蒂斯付錢請印第安人裝扮成戰士進行如此「表演」，他製造了這些照片，同時製造了一個對未遭受現代西方文明影響的原始族群的民族志，因其文化與人種正在遭受滅絕，因此急需「拯救」。加利福利亞大學美國研究專家傑拉爾德・維澤納（Gerald Vizenor）認為，柯蒂斯「操縱他的照片，顯然，他是一個局外人……他製造了一個原住民缺場而民族志在場的模擬民族志」。〔註80〕

對於約瑟夫・洛克、約翰・諾埃爾以及愛德華・柯蒂斯等探險者、攝影師而言，他們的確用自己的生命與熱情，為那些即將消失的文化與族群留下珍貴的資料，使得那些原住民的後代能從中找到靈感與線索以圖「復原」自己的文化。

但是，為何有如此眾多對「拯救」的質疑與反思？在人類學家列維・斯特勞斯身上，我們或許能得到些許啓示。施特勞斯曾於30年代到巴西的印第安部落旅行，他在《憂鬱的熱帶》裏深刻反省道：「或許社會大眾誤以為野蠻人的可愛之處可以利用此類照片捕捉得到。把野蠻生活消滅掉還不滿足，甚至渾然不知野蠻生活已被消滅的事實，讀者大眾還覺得需要熱切地用歷史早已消滅掉的人和社會的影子來滿足歷史的懷舊的食人主義。」〔註81〕蘇珊・桑塔格將施特勞斯稱為「英雄的人類學家」，她說：「人類學家因而不僅是原始人的冷世界的哀悼者，而且也是其監護人。他在陰影中悲歎，力圖將古代與偽古代區分開來，體現著一種頗有氣慨的、煞費苦心的、複雜的現代悲觀主義」。〔註82〕正是這種悲觀主義，讓展演與拯救體現為難以言明的手段和動

〔註79〕 Gerald Vizenor, *Edward Curtis: Pictorialist and Ethnographic Adventurist*. Library of Congress. http://memory.loc.gov/ammem/award98/ienhtml/essay3.html. Retrieved 2007-08-26.

〔註80〕 Gerald Vizenor,*Edward Curtis: Pictorialist and Ethnographic Adventurist*. Library of Congress. http://memory.loc.gov/ammem/award98/ienhtml/essay3.html. Retrieved 2007-08-26.

〔註81〕 （法）克洛德・列維——斯特勞斯《憂鬱的熱帶》，王志明譯，中國人民大學出版社，2009年，第35～36頁。

〔註82〕 （美）蘇珊・桑塔格，《英雄的人類學家》，引自蘇珊桑塔格文集，《反對闡釋》，程巍譯，上海：譯林出版社，2003年，第93頁。

機，文本與本文有了微妙難察的區分與差異，也使得某些「拯救」不得不被加上了引號或問號。

的確，當我們不時地重返那些照片與文本，我們發現，二十世紀初期那段特殊歷史時期，對民族文化與族群的記錄與拯救並非只是有趣或者有益。有學者認識道，洛克的民族學研究與大量史料性文章，對於我們今天的學術研究無疑很有裨益，但是，「從總體來說，洛克在中國的活動兼具資源掠奪和科學考察的雙重性，其民族學研究中又滲透著種族歧視，對此需要格外注意。」〔註83〕

這就是我們今天從媒介中的民族志這種邊緣文本反思拯救民族志的必要性所在。拯救民族志起源於有識之士所具之「世界主義」的胸懷與眼光，但當我們繼續追問幾個問題——誰在拯救、為何拯救、如何拯救、拯救什麼，其關涉的問題卻尤其值得反省。在以洛克等人為例提供的邊緣性文本中，地方性知識浸染的「迷信」與進化論思想鎔鑄的「理性」，民族志者遵循的客位與本位立場，文化拯救或是異俗展演，相互對話、矛盾甚至衝突，其引發的論爭離不開文化遭遇中的表述問題。表述問題的實質卻在於書寫之權力，也可以說與葛蘭西稱之為「文化霸權」的力量或位置感息息相關。薩義德提出「東方學」這一命題，他指出「東方學的策略積久成習地依賴於這一富有彈性的位置的優越（Positional superiority），它將西方人置於與東方所可能發生的關係的整體系列之中，使其永遠不會失去相對優勢的地位。」因此，薩義德一再提醒我們：「對於一個研究東方的歐洲人或美國人而言，他也不可能忽視或否認他自身的現實環境：他與東方的遭遇首先是以一個歐洲人或美國人的身份進行的，然後才是具體的個人。在這種情況下，歐洲人或美國人的身份決不是可有可無的虛架子。」〔註84〕

時空更替。從中國自身來說，在整個二十世紀，也相繼開展過由國民政府與中華人民共和國政府主導的少數民族社會歷史大調查，在「科學」之名與「政治」之實互動下生產的民族知識與民族形象，至今仍具深遠意義與重大影響。值得關聯對比的仍然是類似的「拯救」話語。1999 年，中國民族學

〔註83〕甘雪春主編，《大洋彼岸的目光：美國學者眼中的中國西部少數民族文化》，雲南人民出版社，2003，第 9 頁。

〔註84〕（美）愛德華‧W‧薩義德《東方學》，王宇根譯，三聯書店，1999 年，第10、15 頁。

家李紹明回顧新中國的民族調查工程（1956～1965），曾援引「當時的文件」
論說道：少數民族地區的社會改革有的已經完成，有的正在進行當中，要搶
救資料，搶救由原始社會經由奴隸社會到封建社會和資本主義發展階段的歷
史，當時的調查又被稱為「搶救落後」。〔註85〕

　　李紹明接著指出，這個「落後」不完全是貶義的性質，而是有其歷史的
價值。如此看來，以拯救之名，其歷史價值與話語權力，無論中西，都還有
尚待後人審思與評說之空間。

本編小結

　　本編聚焦於「族群形象」與「民族文化」，以傈僳武士、木里喇嘛王和無
名字的女性以及被命名的「彝」為代表，既兼顧性別不同，又考慮階層之別，
並囊括時代變遷。在對民族形象的認知之路上，透視命名、身份與認同之間的
差異與對話。對於民族文化，在不同的故事後面，隱含著相同的話語模式，即
「拯救民族志」的表述實質，也映像著族群與文化之間錯綜複雜的歷史與未來。

　　筆者認為，作為「他者之鏡」的《國家地理》，在由表述者與被表述者共
同作用、相互依存的「形象生產」工程中，其生產的過程與結果既關乎「真
實」與「虛構」、「表象」與「本相」，更涉及不同相遇者的凝視與對話、衝突
與協商。在這樣一個表述場域，各種形象變幻不定乃至相互矛盾，但其組成
一個多樣族群的多元世界，在容納差異與建構同一中，我者與他者都在歷史
的舞臺上佔據了一席之地。

　　需要指出的是，在民國這一「塵埃並未落定」的時空中，《國家地理》的
「形象」生產並非連續而統一，故筆者論述的形象只能是依據其碎片化的、
具體化的個案或典型性去「歸納與演繹」。在這樣的歸納與演繹裏，筆者自知
實際上在進行又一重「再表述」，在試圖揭示所研究文本的「表述實質」之時，
不可避免地，或許已然陷入表述的陷阱與危機。所幸的是，錯綜複雜的表述
之旅並未結束，而對他者和自我的認知，也期待著在進一步的隱匿與聚焦中
得以深化。

〔註85〕李紹明《西南少數民族社會歷史調查——李紹明美國西雅圖華盛頓大學討論
　　　　（二）》，《西南民族大學學報》（人文社會科學版），2010年第1期。

結　論

　　2014 年 1 月，中國西南山城重慶，美國《國家地理》的 150 餘幅經典攝影作品，陳列於名爲「佳想安善」的美術館內。冬日暖陽中，前來觀展的人群駐足於紛繁影像前，安靜而認眞。在一本留言薄上，筆者看到這樣的話：「美國《國家地理》這個展覽放在重慶實在太有意義了。」〔註1〕

　　實際上，本次展覽是美國國家地理學會及雜誌成立 125 週年紀念活動的一部份。從紀念形式上看，不僅有攝影展，還有《國家地理》及《國家地理旅行者》等學會旗下雜誌的十月特刊、國家地理頻道的電視專題片、《世界地圖》專號發行版等。更爲引人注目的活動，是學會組織其讀者和會員，與探險家、攝影師、科學家等進行一系列現場交互活動，在「瞭解地理改變世界」的宗旨中回顧歷史展望未來。〔註2〕就紀念活動的舉辦地而言，除了國家地理學會自己的博物館（華盛頓州）與位於加州洛杉磯的安倫伯格攝影空間博物館外，攝影展還巡迴於全球不同國家與地區。僅中國內地，從 2013 年 8 月起，就已登陸昆明、上海、福建、北京和重慶等城市。〔註3〕筆者注意到，在中國各地的巡展，並未特別注重攝影主題與當地有何特殊關聯，比如在重慶的展

〔註1〕筆者在重慶「美國國家地理・125 週年經典影像展」現場的採訪記錄。

〔註2〕Exhibition Celebrates 125 Years of National Geographic。參見 http://press. nationalgeographic.com/2013/05/21/exhibition-celebrates-125-years/

〔註3〕在中國的攝影巡迴展由國家地理學會在中國大陸唯一版權合作單位《華夏地理》雜誌主辦，與各地媒體或商業組織合辦。各地展館均設六個分區，分別是 NG 歷史、探險、瘋狂地球與浪漫旅途、動物野趣、科技時代、曲終狂想。囊括 125 年來的經典封面、150 餘幅經典作品和 100 多位冒險家故事。

出，沒有一張關於重慶的影像。〔註4〕那麼，當重慶市民發出「這個展覽放在重慶太有意義」這類感歎之時，筆者不禁要問，它的意義何在？以本書所涉及的西南地域而言，這本雜誌表述的西南究竟又有何價值？

首先，美國國家地理學會的旗艦雜誌《國家地理》，其英文名爲 *National Geographic*，按照該學會第二任會長的目標，「是建立一個全國性而非地方性組織。」〔註5〕因此，從誕生之日起，該學會及其雜誌首先應該是一個國家性組織，它的目標、視野與表述都只是在「國家」邊界之內，並不能自詡或被視爲「國際」代言人。由此，第二，當它把目標擴大爲「報導世界及其包含的一切」時，大量事實表明，它仍然以「美國」爲基點，其主體無可置疑地仍以美國爲主。相應地，第三，其對非美國地域的表述，都只是從它眼中看來「世界」的一個組成部份，其重要性隨著美國國家利益、時代變遷以及國際環境而變化，沒有任何國家能成爲始終「最重要」的表述對象，中國亦不例外，中國只是其中的一個角落而已。

因此，當研究者以「美國《國家地理》裏的某國（某地）形象」等角度進行研究之時，事實上只是研究者本著認知自身的需求，對《國家地理》的挖掘、發現甚至是建構。雖然如此，這樣的研究仍是至關重要的。正如曹順慶所言，在中國文化走出去的戰略背景下，瞭解英語世界中的中國文學、文化與國家形象，可以「探尋中國如何更好地走向世界」。〔註6〕

而《國家地理》對中國的表述，筆者已在文獻綜述部份指出，以往的研究者，往往將注意力集中於其對北京、上海等中心城市，或者西藏、新疆等民族地區的報導，西南作爲一個區域是被研究者所忽略的。但通過筆者的檢索與研究，發現該雜誌對西南（川滇黔）的表述不僅數量最多，百餘年間，直接報導達 40 餘篇，居於各區域之首，而且歷時長久、主題豐富、視角多元。西南是一個非常值得研究的特殊構成，我們可以斷言，若不理解西南，便不足以瞭解中國，正如若不瞭解中國，便不足以理解世界。因

〔註4〕在 150 餘幅展出作品中，有四幅來自於中國，主題僅爲兩類，其一爲一幅「川金絲猴」（2012）：其二爲三幅藏人形象，分別是英國探險家約翰・C・懷特（John Claude White）拍攝的西藏康巴寺住持僧侶（1916 年 3 月）、約瑟夫・洛克的甘肅卓尼喇嘛寺僧侶（1926 年 8 月），以及弗裏茨・霍夫曼拍攝的參加甘肅瑪曲賽馬節的藏族游牧民（2008 年 5 月）。

〔註5〕"The National Geographic Introductory", *NGM*, January 1896.

〔註6〕曹順慶在 2012 年教育部哲學社會科學重大課題攻關項目「英語世界中國文學的譯介與研究」開題會上的報告錄音。

此，筆者將回到起點，圍繞「異域鏡像」和「表述遠方」等方面進行總結並就相關問題提出延伸思考。

一、表述西南：「鏡子」與「窗框」

本書以美國《國家地理》裏的中國西南表述爲基本視域，從四個層面討論這本雜誌與中國西南的關聯，即爲何表述、表述什麼、怎樣表述以及表述影響等問題。

1. 西南意義：異質文化接觸帶

在本書的導論部份，筆者指出中國西南對於《國家地理》的意義，最主要的有三個方面。（1）西南是一個東西方文明相遇與交匯的重要場域，它在不同時期因不同原因成爲中外人群與文化的「接觸帶」，這一接觸帶成爲東西方文明理解與對話的極佳場所。（2）西南自身內部即是一極具「異質性」的多元文化碰撞地，族群多樣、地理多姿、經濟多型、文化多元，成爲中外民族學、人類學追尋的寶地，也是《國家地理》追求「異質」他者的理想之域。（3）西南是一典型的生態「熱點」地區，其珍貴的自然與人文資源在一個多世紀裏經歷了重大變遷，它也成爲地球演化歷史中的獨特樣本，留給世人無盡省思。

由此，筆者梳理出《國家地理》對中國西南的表述歷程與視角變化，發現其與西方學術界「中國觀」經歷的話語模式與認知變遷構成一定的回應與補充。早期西方的中國研究，往往將中國視爲一個以漢族、儒家文化爲代表的具有同一性的文明與歷史單位。隨著區域研究的興起與開展，大部份研究者的目光又往往集中於東南沿海、政治文化經濟中心或新疆、西藏。近年來，隨著人類學、民族學深入內陸，西南遂日益成爲研究多元文明如何共生共育的學術寶地。而《國家地理》自世紀初起就一直非常關注西南一隅，對於當今學者重新認知一個多元中國，重建有關「中國」的歷史論述具有相當重要的資鑒意義。可以說，《國家地理》對中國西南的書寫，成爲今人足資參照的珍貴檔案與文化遺產。

2. 西南故事：從「花卉」到「族群」

在一百多年的歷史中，該雜誌講述的西南故事龐雜而零碎，其涉及的地域景觀、人物形象、文化事項可謂豐富細緻，卻也猶如馬賽克拼圖般讓人難以觀得整體。因此，筆者的研究亦只能是一種「再發現」。在盡量準確與客觀的文本梳理後，本書以不同主題貫穿《國家地理》裏的「中國展廳」，首先是

概述「中國故事」，然後聚焦於「西南尋蹤」，在「花卉王國」、「西南道路」、與「多樣族群」中，既以時代線索爲經緯，又分別涉及生態、政治、經濟與文化等不同領域。

「花卉王國」是20世紀初美國「植物獵人」歐內斯特·威爾遜對中國西南的一種比喻，他在《國家地理》上發表《花卉王國》一文，詳述中國尤其是西南豐富而珍貴的植物資源。〔註7〕本書第二編從三位「植物獵人」與「花卉王國」的互動故事入手，一方面通過「獵人」的眼光呈現西南的生態與人文，另一方面揭示其表述後面西方帝國的經濟擴張與海外殖民背景。此外，筆者討論了帝國的博物科學知識生產如何掩蓋與遮蔽了中國的本土學問，使得中國文化在現代知識譜系大切換中「被失語」的現象與根由。

在第三編論述「西南道路」主題中，筆者分析地理空間何以被呈現爲或「閉塞」或「開放」的不同圖景。在歐文·拉鐵摩爾的表述裏，20世紀40年代滇緬公路的修建、中國因二戰而打開「野性西部」，可以說西南正從「一點四方」的王朝地理觀中走向「四面八方」的多極格局，這是重新認知西南意義的契機。然而筆者通過研究發現，西方敘事裏呈現的新西南／新中國，帶有明顯的西方「衝擊——反應」論痕跡，對於以西南爲中心反觀西南、從中國內部認知自己，尚有一定距離。

在最後一編裏，筆者將論題集中於族群與文化，以此貫通西南歷史不同時代，連接前述各編不同主題。本編的研究表明，在不同的面孔後面，其實存在著一個表述者與被表述者相互交遇的雙面鏡。從表述者來看，在其建構的不同故事與類似模式中，某種程度暗合了《國家地理》及西方世界對於人類進化階梯序列的歸類與安排，以及表述後面的權力實質。從被表述者來看，在這面鏡子中，亦多多少少映照出其形象剪影與心靈圖譜，對於我們認知一個有主體意識的「他者」不無裨益。在族群認同與國族建構中，本著多民族共同發展的胸懷與視野，這一雙面鏡，有助於我們反思「中心與邊緣」、「少數與多數」、「異質與同一」等問題。

花卉、道路與族群，分別從經濟、生態、政治、文化等角度，編織出「從西南看中國」乃至「從中國看世界」的交響樂章。以下要追問的是，這一樂章是怎樣被表述的呢？

〔註7〕Ernest H. Wilson, "The Kingdom of Flowers", *NGM*, Nov.1911.

3. 表述之道：地圖、文字與攝影

　　《國家地理》究竟是怎樣表述中國西南的呢？這首先涉及到對表述者身份及其手段的分析。正如各章論題與附錄的表格所呈現，《國家地理》的作者身份多樣，國別不一。從職業構成來看，表述者多為各領域學者、探險家、傳教士、政治家、軍人、文學家和專業記者等，不同職業與多樣身份一定程度上保證了多元眼光與多重視覺。但是，必須指出，絕大部份表述者來自歐美世界，這一事實，正如列維——斯特勞斯（Claude Levi-Strauss）引用夏多布里昂的話，表明表述者必然受自己原有「世界」的影響與制約，「每一個人，身上都拖著一個世界，由他所見過、愛過的一切所組成的世界，即使他看起來是在另外一個不同的世界裏旅行、生活，他仍然不停地回到他身上所拖帶著的那個世界去。〔註8〕

　　當然，《國家地理》也不乏一定本土聲音，只是這類「自表述」仍然太過於微弱和稀少，無法與「他表述」形成不同聲部的呼應與補充。以西南的表述者為例，在近百位作者（文字作者與攝影師）中，共有五位中國人，1949年前，有晚清駐美公使梁誠，西藏大臣行署醫官全紹清。1949年後，也只有三位本土人士，其中兩位來自中國大陸的學者（潘文石與呂植），均為研究熊貓的專家；一位拍攝野生動物的攝影師奚志農，其影像只是在一期「攝影報導」（photo journal）圖片欄裏有少量呈現。此外，重要書寫者便是兩位美籍華人：文學家譚恩美與探險家黃效文。但筆者認為，他們既為局外人又為局內人，滑動在中與西、漢與非漢、他者與自我之間，其表述不能簡單被歸為「自表述」，他們極具張力的文本值得進一步討論與思考。

　　表述的問題更重要的還在於表述手段。國家地理學會及其雜誌作為一種體系化的知識類型與組織機構，對世界的呈現借助於多種載體，比如圖文表述、探險活動、科學研究以及博物收藏等等。從一篇篇單獨的文章而言，大部份文本由三元素構成：文字、圖片與地圖。關於地圖，筆者受學力所限未多做分析，但這一看似客觀科學的表述手段，早已為無數研究者證實：地圖「有力量」而且會「說謊」。比如丹尼斯·伍德認為，地圖使過去與未來現形，但它本質上是「建構世界，而非複製世界。」〔註9〕而馬克·蒙尼莫爾在說明

〔註8〕（法）列維——斯特勞斯《憂鬱的熱帶》，王志明譯，中國人民大學出版社，2011年，第39頁。

〔註9〕（美）丹尼斯·伍德《地圖的力量》，王志弘等譯，中國社會科學出版社，2000年版，第7～32頁。

地圖如何撒謊時，希望讀者能明白，地圖與演講、繪畫一樣，是由作者搜集處理的信息，這一過程會不可避免地存在因無知、貪婪、思維盲點或惡意而造成歪曲失眞。〔註10〕因此，《國家地理》的地圖表述，一方面確實爲人們提供了相對來說可資依賴的知識，另一方面，讀者卻仍需在解讀中具備一定的批判意識與批判能力。

關於圖片，可謂《國家地理》運用得最爲爐火純青的表述手段，也是使其在大眾文化時代成功的不二法門，對此筆者已在第一章中著重分析。需要再強調的是，由於順應視覺狂歡時代的要求，雜誌的圖片已常常脫離文字表述而自成體系，比如「攝影展」便可以在眾多「週年紀念活動」中獨擋一面，成爲述說該學會和雜誌歷史發展的代表。但是，一些學者對《國家地理》圖象敘事和文本敘事的效果差異進行研究後發現，僅僅閱讀圖片的受眾，對現實本文（fact）的理解，比起閱讀文字的受眾，存在更大偏差與成見。文字敘事能使讀者對報導對象的理解更加複雜而多面，圖片敘事卻減損了這一理解力。〔註11〕因此，當圖片被抽離出來成爲獨立的表述手段時，需要謹記，此時《國家地理》在知識生產過程中大量的整合性信息其實都消失了，這並不利於讀者全面客觀地理解這本雜誌。因此，在筆者的研究中，盡量通過「細讀」文字表述，在放射性語境和多種表述方式中努力去發現與接近文本世界與現實本文之間的差異與裂隙。

4. 異域之鏡：「鏡子」與「窗框」

如何看待《國家地理》這面「異域之鏡」？實際上是對《國家地理》的西南表述進行總體評價。有兩點需要明確：

首先，這份雜誌確實如同一面「鏡子」，具有科學、客觀與眞實的面向，它對人類瞭解世界，具體到本研究所指，對促進英語世界瞭解中國西南，有著功不可沒的貢獻。與此同時，其文本表述反過來對現實西南的影響，也不容小覷。這方面的案例筆者已在各章中詳細講述，在此再舉一二。比如對西南表述最多的約瑟夫·洛克，其對西南植物資源的考察與記錄，對納西東巴經的介紹與研究，對貢嘎雪山的文字描繪與影像傳播，不僅是世人追尋西南

〔註10〕（美）馬克·蒙莫尼爾《會說謊的地圖》，黃義軍譯，商務印書館，2012年，第16～17頁。

〔註11〕 Andrew L. Mendelson, Fabienne Darling-Wolf, "Readers' interpretations of visual and verbal narratives of a National Geographic story on Saudi Arabia", *Journalism*, 2009.

歷史的珍貴檔案，可以說在多年後，還是使麗江成爲「世界遺產」的有功者，是香格里拉爭奪戰中的「獨特秘方」。再如譚恩美，在《國家地理》上對貴州地㮌侗寨與侗歌的介紹，其產生的影響力，絕不亞於任何一位人類學家的厚重專著。當年鮮爲人知的侗族大歌，如今不僅成爲音樂人類學的顯著議題，而且已在世界各地登臺演出。《當代貴州》曾以一期「特別策劃」講述《國家地理》的影響力，編者聲稱：「貴州被國際主流媒體如此濃墨重彩地予以介紹，在貴州走向世界的進程中是罕見的。」對於「藏在深閨人未識」而如今「日益向世界展現出神奇、迷人的風采和獨特的價值」，〔註12〕編者備感欣慰與自豪。

在此意義上，可以說，《國家地理》作爲一份兼具傳媒、文學、人類學與科學特性的雜誌，對於英語世界的讀者，通過文化、歷史、自然、科學的角度，認識不同區域的人群、社會及其文化信仰，在跨文化溝通、瞭解與對話中起到了重要的橋梁作用。

其次，這份雜誌又是一道「窗框」，它不像簡單的鏡子一樣把「本相」忠實映照出來，而是因窗框的大小、材質、朝向、以及視點等不同而「呈現」不同風景。正如蓋伊・塔奇曼將新聞比作框架（news as frame），其「不僅傳播著知識，而且規範著知識。」〔註13〕《國家地理》封面的亮黃色邊框正好是傳媒「框架理論」之隱喻，在對西南現實的選擇、強調和表述中，實現對西南知識、西南形象的建構與重置。從這「窗框」看過去，筆者在研究中認知到如下兩點：

第一點，不可否定，這本雜誌自其誕生之日起，便具有擴張主義、殖民利益、東方主義以及帝國優越感等傾向。對於西南的表述，雜誌本質上刻意追求其與「西方」不同的「異域」之景，無論是對落後、原始、野蠻、停滯的「欣賞」，還是對浪漫、神秘、獨特、奇異的「獵奇」，都是其建構一個異質「他者」從而確認自身的基本模式。因此，正如《中國國家地理》主編曾經呼籲：「我們深感每一個國家都應該有一本自己的《國家地理》來解讀自己國家的自然和文化。」〔註14〕第二點，這本雜誌呈現的世界是碎片化、典型

〔註12〕趙宇飛等策劃：《美國〈國家地理〉聚集貴州侗寨地㮌》，《當代貴州》，2008年第9期。

〔註13〕（美）蓋伊・塔奇曼（Gaye Tuchman）《做新聞》（Making News），麻爭旗等譯，華夏出版社，2008年版，第30頁。

〔註14〕單之薔《考古是探險》，《中國國家地理》2002年第一期卷首語。

化甚至是個性化的，從選題、破題到解題，總體依據學會與雜誌的自身定位、發展規劃、表述策略以及讀者需求和市場規律而定，既有隨機選擇，也有各取所需，遠不足以構成對現實的全景式呈現。

因此，對於讀者來說，若完全以《國家地理》為鏡像看西南，則必定掛一漏萬，十分不完整。而筆者作為研究者，對此也有相當警惕，故在文本分析中，一方面結合表述者自己的多種相關文本，如對洛克，不僅分析其在《國家地理》上的文本表述，也參閱其人類學專著如《中國西南古納西王國》等。此外，還要根據不同議題全面結合其它人類學家和學者的分析，比如鳥居龍藏、路易莎・歇恩、郝瑞等西南研究者。與此同時，一大批本土敘事，如費孝通、林耀華、李紹明、徐新建等等，他們的每一部作品，雖然其衝擊力不比圖文並茂的《國家地理》，但其深度、廣度與客觀性，卻是筆者必須借鑒、對照的另一種重要表述。

二、返景入深林：對「探險」與「野性」的思考

人類學家格爾茲曾經指出，典型的人類學方法，研究地點不等於研究對象，「人類學家不研究鄉村（部落、集鎮、鄰里……），他們在鄉村裏做研究。」〔註 15〕言下之意，研究的意義並非限定於個案中，而應從中確定更深層的目標，回到更為普遍的問題。以下，筆者簡要闡述在西南研究中所獲體會，既是一種「餘論」，也是筆者在以後研究中將要拓展的視野與思考。

1.「探險」與「棲居」

《國家地理》檔案館的歷史學家馬克・柯林斯・詹金斯為該雜誌 125 週年所撰寫的史傳，副標題名為「以具有傳奇色彩的照片、探險和發現改變了世界」。截至 2013 年，學會資助以探險項目為主的科學研究已達 1 萬多項。〔註 16〕誠然，人類對地球家園的認知必須以好奇心、想像力與波瀾壯觀的探索之旅為前提。探險史成為瞭解人類世界觀發展變化的重要渠道。尤其到西方文藝復興時期以後，「在資本主義經濟發展動因的強烈而持久的刺激下，探險變成為一種規模漸趨擴大的社會事業。它的直接成果在世界史上被稱作『地理大發

〔註 15〕克利福德・格爾茲：《文化的闡釋》，納日碧力戈等譯，上海人民出版社，1999年，第 24～25 頁。

〔註 16〕馬克・柯林斯・詹金斯：《美國〈國家地理〉125 年偉大瞬間》，同文譯，中國攝影出版社，2013 年。

現』，由此大大縮短了各地文明的級差，使這個星球上的居民們名副其實地獲得了『全世界』的概念。」〔註17〕

　　但是，在以經濟利益、以人類爲中心的意識形態驅動下的探險事業，其與「擴張」究竟有多大界限？而在地球家園日益遭受侵蝕與毀壞的情況下，人類不斷向外部空間的探險與進發，對地球究竟是福音還是一種噩耗？2009年，好萊塢電影《阿凡達》留下一個意味深長的結局：唯有善良的人才能移居潘多拉星球，千瘡百孔的地球淪爲懲罰壞人的流放地。曾經美麗的地球家園眞的終會迎來如此悲慘命運嗎？或許此時對於「探險與棲居」關係的反思並非毫無用處。正如孫悟空無論怎樣「一個筋斗十萬八千里」，卻也最終逃不出如來佛的手掌，美國學者狄百瑞認爲，不管我們在空間中橫衝直撞到多麼遠，仍然必須回到大地母親的懷抱，並且面對這裡留下來的種種沒有解決的、無可迴避的問題。因此，「我們需要的並不是要去征服新的世界、星球大戰以及那一切的東西，而是一種新的地球的或行星的狹隘地方主義。」〔註18〕

　　早在春秋時期，老子就設計了一個理想社會，並將之稱爲「小國寡民」，希望「使有什伯之器而不用，使民重死而不遠徙。」〔註19〕時至今日，或許人類再也回不到那種「雞犬相聞，老死不相往來」的自在社會中。而筆者對於「探險」的反思，也並不是要宣揚限制科學發展與思想飛翔，而是旨在探詢一種對地球家園的責任感與倫理心。在人類已雄心勃勃開始規劃未來向宇宙空間無限擴張——被稱爲「征服外太空」的步履之時，我們要問的是：人類是否還能從「外部空間」返回來，返景入深林，更深情地經營自己棲息的家園？更敬畏地探索自己依存的本心？

2.「野性」與「文明」

　　1911年，植物獵人威爾遜在《花卉王國》一文中，講述自己在中國探險時因道路艱難而經歷生死大劫難，在從打箭爐（今四川康定）回成都的路上，因山體滑坡而導致右腿骨折，終生跛足。威爾遜感歎道：「鄉村的荒野以及缺少供給，使旅行極度緩慢而困難重重。不過植物學家應該感到慶幸，若不是大山如此荒蠻野性，中國人也許早就毀林開荒，大肆建屋造房

〔註17〕于有彬編著《探險與世界》，《走向未來》叢書，成都：四川人民出版社，1984年，第6頁。
〔註18〕（美）狄百瑞《東亞文明：五個階段的對話》，何兆武譯，江蘇人民出版社，2012年，第112～120頁。
〔註19〕曹順慶主編《中華文化原典讀本》，北京師範大學出版社，2011年，175頁。

了。」〔註 20〕時隔百年後，中國人早已戰勝「荒蠻野性」的地理阻礙，在「城市化」與「現代化」高歌猛進的今天，我們「收穫」的是這樣一組數據：20 世紀初，四川森林覆蓋率達 40%，40 年代末期減至 19%，50 年代後期減至 9%，80 年代初開始恢復到 13%。〔註 21〕

在檢索《國家地理》的中國報導時，發現其以「野性」（wild）為標題的文章相當多，僅西南報導即有七篇。何謂「野」？美國生態批評領域最具影響力和代表性的生態批評家勞倫斯・布伊爾（Lawrence Buell）認為，wild\wildness\wilderness 這幾個近義詞共享一種普遍含義，即「未被馴服的」（undomesticated）。在從自然領域延伸到人類社會時，「野」字傳統上模稜兩可地指向「無序」或「無知」的輕蔑之意，即「不適合公民社會」。〔註 22〕由於不適合以文明為基礎的「公民社會」，因此，「野蠻」與「文明」的等級之分，或者「生」與「熟」的層次之別，〔註 23〕便在現實層面上演化為後者對前者的「教化」或「文明化」工程。徐新建指出，在中國大一統的王朝進程中，中心與周邊的區別往往被看作「文」、「野」差異，邊地（之民）不是「落後」就是「野蠻」，因此與其相關的對策便是征討、羈縻與經營，而其中的核心乃在「教化」，即通過治理，使邊地「文明化」、「內地化」與「一統化。」〔註 24〕如在大西南的苗疆腹地，統治者對「生苗」與「熟苗」的改造成為至今需要反省的王化工程。〔註 25〕

值得注意的是，《國家地理》在對西南「野性」的表述中，其一方面將之視為一種不被馴服的、危險的但卻自由的、浪漫的神秘之域，另一方面，也

〔註 20〕Ernest H.Wilson, "The Kingdom of Flowers", *NGM*, Nov.1911.

〔註 21〕印開蒲等《百年追尋——見證中國西部環境變遷》，中國大百科全書出版社，2010 年，第 26 頁。

〔註 22〕Lawrence Buell, *The Future of Environmental Criticism: Environmental Crisis and Literary Imagination*, Blackwell Publishing, 2005.PP.148～149

〔註 23〕列維・斯特勞斯在《生食與熟食》中，提出生和熟、新鮮與腐敗、乾與濕等關於食物和烹飪的對立範疇。「生與熟」從自然到文化引申，在不同層次上有著對應的二元關係，比如在社會層次上是自然與文化，在宗教層次上是世俗和神聖等。見（法）列維・斯特勞斯：《神話學：生食與熟食》，周昌忠譯，（臺北）時報文化出版公司，1992 年版。

〔註 24〕徐新建《邊地中國：從「野蠻」到「文明」》，《西南民族大學學報》，2005 年第 6 期。

〔註 25〕徐新建《苗疆再造與改土歸流：從張中奎的博士論文說起》，《中南民族大學學報》，2011 年第 5 期。

暗含著啓蒙、教化之任，比如約瑟夫・洛克對木里喇嘛王和卓尼喇嘛的「無知」表現出輕蔑與同情。同樣的教化之任，在中國人的書寫中更爲顯耀。沈松僑分析 1930 年代知識分子的西北旅行書寫，認爲其在揚棄以漢族文化爲中心所構築的文/野二分文化論述時，卻以另一種社會進化論塡補，即進步/落後的二元對立範疇構成「現代化」論述，從而設計出一項更爲嚴密有力的教化方案（civilizing project）與一套更具宰制性的權力關係。〔註26〕

　　如今，在生態領域內，世人都在倡導保護與追求「野性」自然，但在人文領域內呢？各種「文明化」工程是否有必要得到同等反省與追問？相比於列維・斯特勞斯在「生」與「熟」之間所做區分，另一位文學人類學家露西（Lucy Jayne Botscharow）在《文學人類學》一書中，更將「文明」按照「文」與「野」的程度再加細化，分爲野性（wild）、文明（civilized）、過度文明（overcivilized）與低度文明（undercivilized），這四對範疇在一系列辯證對立因素中循環演進。當「文明」走向極端時，便是「糊」（burnt）或「焦糊」（overdone），〔註27〕換句話說，也可能是一種「矯飾」或「虛弱」。或許我們可以試問的是：在這循環序列中，我們正處於哪個階段？又將走向哪裏？

　　最後，以美國國家地理學會檔案館館長芮妮・布雷登的一段問語結束本書：

　　　　我們一直在探究這些問題的答案：我們是誰？我們在何處？我
　　們爲何在此？我們在此如何生活？還有沒有其它的可能？〔註28〕

芮妮提出的問題，正是筆者研究的出發點與立足點。

〔註26〕沈松僑《江山如此多嬌：1930 年代的西北旅行書寫與國族想像》，《臺大歷史學報》，2006 年 6 月，第 37 期。

〔註27〕Lucy Jayne Botscharow, "Davy Crockett and Mike Fink: An Interpretation of Cultural Continuity and Change" in Fernando Poyatos, ed.*Literary Anthropology: A New Interdisciplinary Approach to People,Signs and Literature*. John Benjamins Publishing Company Amsterdam/ Phladelphia, 1988, PP.88～89.

〔註28〕（美）芮妮・布雷登：《開篇：不懈進取》，載於馬克・柯林斯・詹金斯著：《美國〈國家地理〉瞬間內幕：傳奇探索者、攝影師和探險家的精彩故事》，章元佳譯，中國攝影出版社，2013 年，第 7 頁。在各地舉辦的《國家地理》125週年攝影展中，芮妮・佈雷登的這段話亦同時被置於各場館入口處。

參考文獻

一、基礎文本

　　　分析文本：1888 年 10 月至 1949 年 9 月《國家地理》對中國以及西南的報導文章。參見附錄。

二、中文論著

（一）中文著作

1. 曹順慶主編：《比較文學學科史》，巴蜀書社，2010 年。

2. 方國瑜 林超民：《〈馬可波羅行紀〉雲南史地叢考》，民族出版社，1994 年。

3. 方國瑜：《中國西南歷史地理考釋》，中華書局，1987 年。

4. 葛兆光：《宅茲中國──重建有關「中國」的歷史論述》，中華書局，2011 年。

5. 顧頡剛、史念海：《中國疆域沿革史》，商務印書館，2000 年。

6. 黃紅軍：《車馬・溜索・滑竿：中國傳統交通運輸習俗》，四川人民出版社，1993 年。

7. 黃仁宇：《從大歷史的角度讀蔣介石日記》（增訂本），九州出版社，2011 年。

8. 江應樑：《民族研究文集》，民族出版社，1992 年。

9. 李紹民：《李紹明民族學文選》，成都出版社，1995 年。

10. 陸韌主編：《現代西方學術視野中的中國西南邊疆史》，雲南大學出版社，2007 年。

11. 羅桂環：《近代西方識華生物史》，山東教育出版社，2005 年。

12. 納日碧力戈主編：《西南地區多民族和諧共生關係研究論文集》，貴州大學出版社，2012 年。

13. 彭文斌主編：《人類學的西南田野與文本實踐——海內外學者談談錄》，民族出版社，2009 年。

14. 彭兆榮：《旅遊人類學》，民族出版社，2004 年。

15. 彭兆榮：《文化遺產學十講》，雲南教育出版社，2012 年。

16. 譚其驤主編：《簡明中國歷史地圖集》，中國地圖出版社，1991 年。

17. 唐曉峰：《文化地理學釋義》，學苑出版社，2012 年。

18. 唐曉峰著：《從混沌到秩序：中國上古地理思想史論述》，中華書局，2010 年。

19. 汪輝：《東西之間的「西藏問題」》，生活·讀書·新知三聯書店，2011 年。

20. 王明珂：《華夏邊緣：歷史記憶與族群認同》，社會科學文獻出版社，2006 年。

21. 徐新建：《橫斷走廊：高原山地的生態與族群》，雲南教育出版社，2008 年。

22. 徐新建：《西南研究論》，雲南教育出版社，1992 年。

23. 楊鶀國：《中國少數民族服飾文化》，中央文獻出版社，2007 年。

24. 葉舒憲：《文學人類學——知識全球化時代的文學研究》，社會科學文獻出版社，2003 年。

25. 印開蒲等著：《百年追尋——見證中國西部環境變遷》，中國大百科全書出版社，2010 年。

26. 尤中：《中國西南邊疆變遷史》，雲南教育出版社，1987 年。

27. 於有彬編著：《探險與世界》，《走向未來》叢書，成都：四川人民出版社，1984 年。

28. 樂黛雲、勒·比松主編：《獨角曾與龍：在尋找中西文化普遍性中的誤讀》，北京大學出版社，1995 年。

29. 張軻風：《民國時西南大區區劃演進研究》，人民出版社，2012 年。

30. 周寧：《天朝遙遠：西方的中國形象研究》，北京大學出版社，2006 年。

31. 鄒逸麟編著：《中國歷史地理概述》，上海教育出版社，2007 年。

（二）中文論文

1. 曹順慶：《比較文學中國學派基本理論特徵及其方法論體系初探》，《中國比較文學》，1995 年第 1 期。

2. 曹順慶：《從「失語症」、「話語重建」到「異質性」》，《文藝研究》1999 年第 4 期。

3. 曹順慶：《跨文明研究：把握住學術基本動向與學術前沿》，《思想戰線》，2005 年第 4 期。

4. 陳煥鏞：《科學史與科學家介紹：紀念植物學家梅爾博士》，《科學通報》，1956 年 12 月號。

5. 胡先驌：《林奈對近代植物分類學的貢獻》，《科學通報》，1957 年第 17 期。

6. 李紹明：《從中國彝族的認同談族體理論——與郝瑞（Stevan Harrell）教授商榷》，《民族研究》，2002 年第 2 期。

7. 李紹明：《現代化與西南少數民族——李紹明美國西雅圖華盛頓大學講座三》，《西南民族大學學報》（人文社會科學版），2010 年第 8 期。

8. 梁昭《「老傳統」與「新敘事」：以藍靛「劉三姐」敘事爲例論「傳說」與「歷史」的分野》，《西南民族大學學報》（人文社科版），2008 年第 3 期。

9. 劉華傑：《大自然的數學化、科學危機與博物學》，《北京大學學報》（哲學社會科學版），2005 年 5 月。

10. 羅安平：《尋找他者：人類的自我發現之旅》，《西南民族大學學報》，2010 年第 11 期；《人大複印資料‧社會學》，2011 年第 3 期。

11. 羅桂環：《西方對「中國——園林之母」的認識》，《自然科學史研究》，2000 年，第 19 卷第 1 期。

12. 孟悅：《反譯現代符號系統：早期商務印書館的編譯、考證學與文化政治》，清華大學學報（哲學社會科學版），2008 年第 6 期。

13. 彭文斌：《中西之間的西南視野：西南民族志分類圖示》，西南民族大學學報（人文社科版），2007 年第 10 期。

14. 彭兆榮：《「失落的主題」：旅行文化作爲民族志的表述範式》，《世界民族》，2012 年第 1 期。

15. 沈松僑：《江山如此多嬌：1930 年代的西北旅行書寫與國族想像》，《臺大歷史學報》，2006 年 6 月，第 37 期。

16. 沈玉昌：《滇緬公路：中國之生命線》，《學生之友》，1941 年第 2 卷第 3 期。

17. 湯芸：《從兩部民族志談人類學對藝術的理解精神》，《西北民族研究》，2009 年第 4 期。

18. 王明珂：《羌族婦女服飾：一個「民族化」過程的例子》，中央研究院歷史語言研究所集刊，民國八十七年十二月。

19. 謝本書：《從片馬事件到班洪事件：中緬邊界歷史沿革問題》，雲南社會科學，2000 年第 4 期。

20. 徐保軍：《林奈的博物學：「第二亞當」建構自然世界新秩序》，《廣西民族大學學報》，哲學社會科學版，2011 年 11 月。

21. 徐新建：《邊地中國：從「野蠻」到「文明」》，《西南民族大學學報》（人文社科版），2005 年第 6 期。

22. 徐新建：《表述問題：人類學的核心與起點》，《西南民族大學學報》，2011年第 1 期。

23. 徐新建：《從邊疆到腹地：中國多元民族的不同類型——兼論「多元一體」格局》，《廣西民族學院學報》（哲學社會科學版），2001 年第 11 期。

24. 徐新建：《文學人類學的中國歷程》，《西南民族大學學報》，2012 年第 12 期。

25. 徐新建：《中國多民族文學研究的意義和前景》，《中外文化與文論》，四川大學出版社，2013 年，第 23 輯。

26. 楊福泉：《納西人的靈魂觀》，《思想戰線》，1995 年第 5 期。

27. 葉舒憲：《西方文化尋根的「原始情結」：從〈作為哲學家的原始人〉到〈原始人的挑戰〉》，《文藝理論與批評》，2002 年第 5 期。

28. 張承志：《逼視的眼神》，《讀書》雜誌，2002 年第 5 期。

29. 竺可楨：《紀念瑞典博物學家卡爾‧林內誕生 250 週年》，《科學通報》，1957 年第 19 期。

（三）譯著

1. （英）R‧J‧約翰斯頓：《地理學與地理學家》，唐曉峰等譯，商務印書館，1999 年。

2. （英）阿諾德‧湯因比：《人類與大地母親：一部敘事體世界歷史》，徐波等譯，人民出版社，2001 年。

3. （美）埃德加‧斯諾：《馬幫旅行》，李希文等譯，雲南人民出版社，2002 年。

4. （美）埃里克‧沃爾夫：《歐洲與沒有歷史的人民》，趙丙祥等譯，上海人民出版社，2006 年。

5. （英）艾倫‧巴納德：《人類學歷史與理論》，王建民等譯，華夏出版社，2006 年。

6. （美）艾倫‧韋恩斯坦、大衛‧盧布爾：《彩色美國史》，胡煒等譯，中國友誼出版公司，2008 年。

7. （美）愛德華‧W‧薩義德：《文化與帝國主義》，李琨譯，三聯書店，2003 年。

8. （美）愛德華‧薩義德：《報導伊斯蘭：媒體與專家如何決定我們觀看世界其它地方的方式》，閻紀宇譯，上海譯文出版社，2009 年。

9. （美）愛德華‧薩義德：《東方學》，王宇根譯，三聯書店，1999 年。

10. （美）巴巴拉‧塔奇曼：《史迪威與美國在華經驗》，陸增平譯，商務印書館，1984 年。

11. （法）保羅‧克拉瓦爾：《地理學思想史》（第三版），鄭勝華等譯北京大學出版社，2007 年。

12. （美）彼得・海斯勒：《尋路中國》，李雪順譯，上海譯文出版社，2011 年。

13. （美）丹尼斯・伍德：《地圖的力量》，王志弘等譯，中國社會科學出版社，2000 年。

14. （美）狄百瑞：《東亞文明：五個階段的對話》，何兆武譯，江蘇人民出版社，2012 年。

15. （英）笛福：《魯濱遜漂流記》，郭建中譯，譯林出版社，1996 年。

16. （美）丁韙良：《中國覺醒：國家地理、歷史與炮火硝煙中的變革》，沈弘譯，世界圖書出版公司，2010 年。

17. （美）杜贊奇：《從民族國家拯救歷史：民族主義話語與中國現代史研究》，王憲明等譯，江蘇人民出版社，2009 年。

18. （美）多諾萬・韋伯斯特：《滇緬公路：第二次世界大戰中國——緬甸——印度戰場的壯麗史詩》，朱靖江譯，作家出版社，2006 年。

19. （美）范發迪：《清代在華的英國博物學家：科學、帝國與文化遭遇》，袁劍譯，中國人民大學出版社。

20. （美）房龍：《人類的故事》，璐璐等譯，中國城市出版社，2009 年。

21. （美）費正清、費維愷編：《劍橋中華民國史：1912～1949 年》下卷，北京：中國社會科學出版社，1994 年。

22. （美）費正清編：《中國的世界秩序：傳統中國的對外關係》，杜繼東譯，中國社會科學出版社，2010 年。

23. （美）富蘭克林・H・金：《四千年農夫：中國、朝鮮、日本的永續農業》，程存旺、石嫣譯，東方出版社，2011 年。

24. （美）蓋伊・塔奇曼：《做新聞》，麻爭旗等譯，華夏出版社，2008 年。

25. （美）古塔・弗格森編著：《人類學定位：田野科學的界限與基礎》，駱建建等譯，華夏出版社，2005 年。

26. （俄）顧彼得：《被遺忘的王國：麗江 1941～1949》，雲南人民出版社，2007 年。

27. （美）哈羅德・伊羅生：《美國的中國形象》，於殿利、陸日宇譯，中華書局，2006 年。

28. （美）何偉亞：《英國的課業：19 世紀中國的帝國主義教程》，劉天路等譯，社會科學文獻出版社，2007 年。

29. （日）磯野富士子整理：《蔣介石的美國顧問：歐文・拉鐵摩爾回憶錄》，復旦大學出版社，1996 年。

30. （英）簡・基爾帕特里克：《異域盛放：傾靡歐洲的中國植物》，俞蘅譯，南方日報出版社，2011 年。

31. （美）傑弗里・馬丁：《所有可能的世界：地理學思想史》（第四版），成一農、王雪梅著，上海世紀出版社，2008 年。

32. （美）柯文：《在中國發現歷史——中國中心觀在美國的興起》（增訂本），
林同奇譯，中華書局，2002 年。

33. （美）克利福德·格爾茲：《文化的闡釋》，納日碧力戈等譯，上海人民
出版社，1999 年。

34. （美）克里福德·吉爾茲：《地方性知識：闡釋人類學論文集》，王海龍、
張家瑄譯，中央編譯出版社，2000 年。

35. （美）克利福德·格爾茲：《論著與生活：作爲作者的人類學家》，方靜
文、黃劍波譯，中國人民大學出版社，2013 年。

36. 克洛德·列維——斯特勞斯：《憂鬱的熱帶》，王志明譯，中國人民大學
出版社，2009 年。（法）

37. （美）拉鐵摩爾：《亞洲的決策》，曹未風譯，商務印書館，1962 年。

38. （美）拉鐵摩爾：《中國的亞洲內陸邊疆》，唐曉峰譯，江蘇人民出版社，
2010 年。

39. （美）拉鐵摩爾夫婦：《中國簡明史》，陳芳芝、林幼琪譯，商務印書館，
1962 年。

40. （美）李侃如：《治理中國：從革命到改革》，胡國成等譯，中國社會科
學出版社，2010 年。

41. （美）劉禾：《帝國的話語政治：從近代中西衝突看現代世界秩序的形
成》，楊立華等譯，三聯書店，2009 年。

42. （美）露易莎·歇恩：《少數的法則》，校真譯，貴州大學出版社，2009 年。

43. （法）呂西安·費弗爾：《大地與人類演進：地理學視野下的史學引論》，
高福進等譯，上海三聯書店，2012。

44. （美）馬丁·W·劉易士、卡倫·E·魏根：《大陸的神話：元地理學批
判》，楊瑾等譯，上海人民出版社，2011 年。

45. （美）馬克·柯林斯·詹金斯：《美國〈國家地理〉125 年偉大瞬間》，同
文譯，中國攝影出版社，2013 年。

46. （美）馬克·蒙莫尼爾：《會說謊的地圖》，黃義軍譯，商務印書館，2012
年。

47. （英）馬林諾夫斯基：《巫術科學宗教與神話》，李安宅，編譯上海文藝
出版社，1987 年。

48. （英）邁克·克朗：《文化地理學》，楊淑華、宋慧敏譯，南京大學出版
社，2003 年。

49. （美）邁克爾·埃默里、埃德溫·埃默里：《美國新聞史：大眾傳播媒介
解釋史》（第八版），展江、殷文主譯，新華出版社，2001 年。

50. （美）麥可·山下：《尋訪香格里拉：探索失落的茶馬古道》，胡宗香譯，
電子工業出版社，2013 年。

51. （法）讓——雅克・盧梭：《植物學通信》，熊姣譯，北京大學出版社，2011 年。

52. （美）塞繆爾・亨廷頓：《文明的衝突與世界秩序的重建》，周琪等譯，新華出版社，1998 年。

53. （法）沙海昂注：《馬可波羅行紀》，馮承鈞譯，商務印書館，2012 年。

54. （美）史書美：《現代的誘惑：書寫半殖民地中國的現代主義（1917～1937）》，何恬譯，江蘇人民出版社，2007 年。

55. （美）斯蒂文・郝瑞：《田野中的族群關係與民族認同——中國西南彝族社區考察研究》，巴莫阿依、曲木鐵西譯，廣西人民出版社，2000 年。

56. （英）斯圖爾特・霍爾編：《表徵：文化表象與意指實踐》，徐亮、陸興華譯，商務印書館，2005 年。

57. （美）蘇珊・漢森編：《改變世界的十大地理思想》，肖平等譯，商務印書館，2009 年。

58. 蘇珊・桑塔格：《論攝影》，黃燦然譯，上海譯文出版社，2010 年。（美）

59. （英）托比・馬斯格雷夫等著：《植物獵人》，楊春麗等譯，希望出版社，2005 年。

60. （美）瓦爾特・本雅明、蘇珊・桑塔格等著，吳瓊、杜予編《上帝的眼睛：攝影的哲學》，中國人民大學出版社，2005 年。

61. （美）王國斌：《轉變的中國：歷史變遷與歐洲經驗的局限》，李伯重、連玲玲譯，江蘇人民出版社，2010 年。

62. （美）威廉・亞當斯：《人類學的哲學之根》，黃劍波、李文建譯，廣西師範大學生出版社，2006 年。

63. （法）謝和耐：《中國社會史》，黃建華、黃迅餘譯，江蘇人民出版社，2010 年。

64. （美）葉維麗：《爲中國尋找現代化之路：中國留學生在美國（1900～1927）》，周子平譯，北京大學出版社，2012 年。

65. （美）約瑟夫・洛克：《中國西南古納西王國》，劉宗岳等譯，宣科主編，雲南美術出版社，1999 年。

四、碩博論文

1. 韓麗霞：《彼岸視野——美國〈國家地理〉1950 年以來有關中國報導的研究》，北京師範大學碩士學位論文，2004。

2. 劉煜瑾：*On the American Ideology Dissimulated in National Geographic*，中山大學英語語言文學碩士論文，2008。

3. 潘曉凌：《偏斜的「窗戶」：〈國家地理〉「他者」景觀之建構》，四川大學碩士論文，2007。

4. 王國慧：《誰的眼睛？誰的地理？──從美、中「國家地理」類雜誌看跨文化傳播的一種路徑》，復旦大學碩士論文，2005。

5. 魏文睿：*An Inter-culture Journey across Space and Time: Multidimensional Research on the Chinese Subjects Reported in National Geographic from 1976～2006*，南昌大學英語語言文學專業碩士論文，2008。

6. 肖欣欣：*The Missionary Complex:The American Perspective of China over 100 Years—A Critical Analysis of National Geographic（1888～1988）*.清華大學新聞學碩士論文，2002。

7. 王璐：《民國時期西南民族志研究》，四川大學博士論文，2013。

8. Rae Lynn Astion Schwartz, *Rhetorically Refiguring Public Policy: Rhetoric, Post-Colonialism,and the Strategic Redeployment of National Gergraphic's Afghan Girl*. PH.d Thesis of the University of Iowa,2006.

9. Molli M.Baroco, *Imaging Haiti:Representations of Haiti in the American Press During the U.S.Occupation,1919～1934*, a Thesis of Master of Arts in the College of Arts and Sciences,Georgia State University,2011.

10. Natalia Anderson, *Shifting Representations of South Africa in National Geographic Magazine, 1960～2006: Nature as Allegory*, MA,University of Witwatersrand:Johannesburg,2009.

五、英文論著

1. Chau, Adam Yuet, *Miraculous Response:Doing Populoar Religion in Contemporary China*. California:Stanford University Press, 2006.

2. Rehder,Alfred, "Ernest Henry Wilson", *Arnold Arboretum*, Vol. XI, 1930.

3. Mendelson , Andrew L. and Fabienne Darling-Wolf, "Readers' interpretations of visual and verbal narratives of a National Geographic story on Saudi Arabia. " *Journalism* 2009.

4. W L.Bird, "A suggestion concerning James Smithson's Concept of 'Increase and Diffusion' ", *Technology and Culture*,,24（2）. 1983

5. Chatwin,Bruce, "In China:Rock's Kingdom", *New York Times*, March16, 1986.

6. Bryan,C.D.B. *The National Geographic Society:100 Years of Adventur and Discovery*, New York:Abradale Press,2001.

7. Lutz, Catherine A. and Jane L.Collins, *Reading National Geographic*, Chicago: University of Chicago Press,1993.

8. Baugh,Daniel A. "Seapower and Science:The Motives for Pacific Exploration" in Derek Howse, ed. *Background to Discovery: Pacific Exploration from Dampier to Cook*, Berkeley-Los Angeles-Oxford:University of California Press,1990.

9. Fairchild, David. *The World Was My Garden*. New York: Charles Scribner's Sons, 1938.

10. Jansson., R.David "American National Identity and the Progress of the New South in National Geographic Magazine. " *Geographical Review*,Vol.93,No.3 （Jul,2003）.

11. McCracken, Donal P. *Gardens of Empire:Botanical Institutions of the Victorain British Empire*, London:Leicester University Press,1997

12. Driver, F. "Geography's empire:Histories of Geographical Knowledge", *Environment and Planning D:Society and Space*,1992,10（1）

13. Gladney, Dru C. "Representing Nationality in China: Refiguring Majority /Minority Identities", *The Journal ofAsian Studies*，Vol.53,No.1（Feb.,1994）

14. Wilson, E.H. A *Naturalist in Western China, with Vasculum, Camera, And gun,*London:Methuen&Co.LTD.1913

15. Mueggler，Erik *The Paper Road:Archive and Experience in the Botanical Exploration of West China and Tibet.*Berkeley,Los Angeles, London: University of California Press,2011.

16. Driver,Felix. *Geography Militant:Cultures of Exploration and Empire*. Wiley, 2001.

17. Poyatos,Fernando, ed.*Literary Anthropology:A New Interdisciplinary Approach to People, Signs and Literature.*John Benjamins Publishing Company Amsterdam / Phladelphia,1988.

18. Broswimmer, Franz. "Botanical imperialism: The Stewardship of Plant Genetic Resources in the Third World", *Critical Sociology*, April, 1991.

19. Forrest,George , "Journey on Upper Salwin,October-December, 1905", *The Geographical Journal*,Vol.32,No.3（Sep., 1908）.

20. Grosvenor,Gilbert, *The National Geographic Society and Its Magazine*, Washington, D.C.:National Geographic Society,1957.

21. Haselberger, Herta. "Method of studying ethnological art". *Current Anthropology*. 1961.

22. Abramson,Howard S. *National Geographic:Behind America's Lens on the World*. New York:Crown Publishers,1987.

23. Goody,Jack,*The Culture of Flowers*,London:Cambridge University Press, 1933.

24. Gruber, Jacob W. "Ethnographic Salvage and the Shaping of Anthropology"，*American Anthropologist,* New Series, Vol. 72, No. 6 .Dec., 1970.

25. Clifford, James ,*Routes:Travel and Translation in the Late Twentieth century*, Cambridge, Massachusetts, London, England: Harvard University Press,1997.

26. Hester,James J. "Pioneer Methods in Salvage Anthropology". *Anthropological Quarterly*, Vol. 41, No. 3. Jul., 1968.

27. Wilkerson,James, "Disquiet on the Southwestern Front:Studies of the Minorites of Southwest China", *Pacific Affairs*,Vol.76,No.1.Spring ,2003.

28. Goodman,Jim, *Joseph F.Rock and His Shangri-La*,HongKong,Caravan Press, 2006

29. Fabian,Johannes, *Time and the Other:How Anthropology Makes Its Object*, New York:Columbia University Press,1983.

30. La Gorce,John Oliver,*The Story of the Geographic*,Washington,D.C.:James Wm.Bryan Press,1915.

31. Rock,Joseph F. *The Ancient Na-Khi Kingdom of Southwest China*,Harvard University Press.1947.

32. Tuason,Julie A. "The Ideology of Empire in National Geographic Magazine's Coverage of the Philippines, 1898~1908." *Geographical Review*,Vol.89,No.1 （Jan,1999）.

33. Madsen,Karen, "Notes on Chineses-American Botanical Collaboration", *Arnoldia*, Volune / Number 58/4・59/1,1998~1999.

34. Zarate, Kimberly and Christina Schwenkel , "China Still Rising: Neocolonialism and Cultureal Costs of Social Progress in Mass Produced Visual Media." *Undergraduated Research Journal*,2010.

35. Grossman,Larry, "Man-Environment Relationships in Anthropology and Geography." *Annals of the Association of Americian Geographers*, Vol.67, No.1.Mar,1977.

36. Buell,Lawrence, *The Future of Environmental Criticism:Environmental Crisis and Literary Imagination*,Blackwell Publishing,2005.

37. Steet, Linda,*Veils and Daggers:A Century of National Geographic's Representation of the Arab World*,Philadelphia:Temple University Press,2000.

38. Bloom, Lisa, *Gender on Ice: American Ideologies of Polar Expeditions*， Minneapolis:University of Minnesota Press,1993.

39. Brockway,Lucile. *Science and Colonial Expansion: The Role of the British Royal Botanic Gardens*，New York and London, Academic Press, 1979.

40. Lutz,Catherine A.and Jane L. Collins,*Reading National Geographic*, Chicago: University of Chicago Press,1993.

41. Bender, Mark. "Tribes of Snow: animals and plants in the nuosu book of origins", *Asian Ethnology*, 67/1 , 2008.

42. Pratt, Mary Louis, *Imperial Eyes:Travel Writing and Transculturation*, Newyork : Routledge,1992.

43. *National Geographic Index 1888 ~1988*, National Geographic Society, Washington D.C.,1992,.

44. Clifford,Nicholas, *"A Truthful Impression of the Country": British and American Travel Writing in China,1880~1949*,The University of Michigan Press，2001

45. Lattimore, Owen, "Yunnan,Pivot of Southeast Asia". *Foreign Affairs*, Vol.21. No.3. Apr.1943.

46. Lattimore,Owen, "Facts Do Not Speak For Themselves", *Pacific Affairs*, Vol. 7, No. 2 （Jun., 1934）.

47. Fitzgerald，Patrick, "The Yunnan-Burma Road", *The Geographical Journal*, Mar., 1940.Vol. 95, No. 3

48. Hollander,Paul,*Political Pilgrims:Travels of Western Intellecturals to the Soviet Union,China,and Cuba,1928～1978*,Oxford University Press,1981.

49. Pauly,Philip. "The World and all that is in It:The National Geographic Society,1888～1918." *American Quarterly* 1979.

50. Del Tredici,Peter, P D. "The Arnold Arboretum: a botanical bridge between the United States and China from 1915 through 1948". *Bulletin of the Peabody Museum of Natural History*,2007.

52. Hansen，Peter H. "The Dancing Lamas of Everest: Cinema, Orientalism, and Anglo-Tibetan Relations in the 1920s," *The American Historical Review*, Vol. 101, No. 3（Jun., 1996）.

53. Hutchison,Peter , "Hunting the Plant Hunter:The Search for George Forrest's Grave. "*Journal of American Rhododendron Society*, JARS V53: No1: p8: y1999

54. Jackson, Peter, "Marco Popo and His 'Travels' ",*Bulletin of the Schools of Oriental and African Studies*,University of London,Vol.61,No.1（1998）.

55. Billington, Ray A. *Westward Expansion：A History of the American Frontier,* New York：London, 1974.

56. Grove, Richard, *Green Imperialism:Colonial Expansion,Tropical Island Edens and the Origins of Environmentalism, 1600～1800*, Cambridge, England: Cambridge University Press, 1995.

57. Poole,Robert M. *Explorers House:National Geographic and the World it Made*,New York:The Penguin Press,2004.

58. Newman,Robert P. *Owen Lattimore and the "loss" of China. Berkeley and Los angeles*, University of California Press.1992.

59. Hayden Reichard, Sarah and Peter White，*Horticulture as a Pathway of Invasive Plant Introductions in the United States，*American Institute of Biological Sciences,Feb.2001.

60. Hawkins, Stephanie L. *American Iconographic:National Geographic,Global Culture,and the Visual Imagination,*Charlottesville and London:University of Virginia Press.2010.

61. Moeller,Susan, *Shooting War:Photography and the American Experience of Combat.*New York:Basic Books.1989.

62. Sutton, S.B. *In China's Border Provinces: The Turbulent Career of Joseph Rock, Botanist Explorer*, New York,1974.

63. Rothenberg,Tamar Y. *Presenting America's World:Strategies of Innocence in National Geographic Magazine,1888～1945*,Hampshire:Ashgate Publishing Limited.2007.

64. Moseley,William G., "Reflecting on National Geographic Magazine and Academic Geography: the September 2005 Special Issue on Africa." *African Geographical Review,* 2005.

65. Williams, Beryl and Epstein, Samuel. *Plant Explorer*. New York: Julian Messner, 1963.

附錄：《國家地理》裏的中國文章列表
1888～1949

注：標*號篇，表示該篇並非單獨的中國報導，而是包含「中國」內容

序	時間	篇名	作者（攝影師）	作者身份
1	1892.02	The Crossing of Tibet	A.W.G	學會副會長，美國將軍
2	1894.01	Relations of Air and Water to Temperature and Life	Gardiner G. Hubbert	學會首任會長，律師，金融家
3	1894.02	Geographic Progress of Civilization	Gardiner G. Hubbert	學會首任會長，律師，金融家
4	1897.04	The Siberian Transcontinental Railroad	A.W.Greely	學會副會長，美國將軍
5	1900.07	The Chinese Boxers	Llewellyn James Davies	美國長老會傳教士
6	1900.07	The Tsung-Li-Yamen	Eliza R.Scidmore	旅行作家，學會董事會成員，涉外秘書
7	1900.07	Geographic Notes		
8	1900.08	Problems in China	James M. Hubbard	波士頓公共圖書館館員
9	1900.08	China and Her People	Harrie Webster	美國海軍指揮官
10	1900.08	Foreigners and Foreign Firms in China		
11	1900.08	Three Books on China		書摘與書評
12	1900.08	Railways,Rivers,and Strategic Towns in Manchuria	Gardiner G. Hubbert	國家地理學會會長
13	1900.09	The Chinese Paradox	Harvey Maitland Watts	
14	1900.09	Mrs. Bishop's "The Yangtze Valley and Beyond"	Eliza R. Scidmore	旅行作家，學會董事會成員，涉外秘書

15	1900.09	The Great Wall of China	James H. Wilson	美國軍隊地形測量工程師，作家
16	1900.10	Hunan -- The Closed Province of China	William B.Parsons	美國土木工程師
17	1901.01	The Tsangpo（Matsang）	James M.Hubbard	波士頓公共圖書館館員
18	1901.02	The Causes That Led Up to the Siege of Pekin	William A.P. Martin	美國長老會至中國傳教士，著作有《中國覺醒》
19	1901.02	Singan -- The Present Capital of the Chinese Empire	James M. Hubbard	波士頓公共圖書館館員
20	1901.02	Japan and China:Some Comparisons	Harrie Webster	美國海軍指揮官
21	1901.02	Geographic Notes		
22	1901.05	Geographic Notes	Cesare Lombrosorn	
23	1901.06	China: Her History and Development. Part I	John Barrett	美國外交家（駐泰國大使），美西戰爭戰地記者
24	1901.07	China: Her History and Development. Part II	John Barrett	同上
25	1901.11	Sven Hedin's Explorations in Central Asia	摘自《倫敦時報》	瑞典探險家，地理學家
26	1901.12	Western Progress in China	美國國務院的中國文書節選	
27	1902.03	Sven Hedin in Tibet	Sven Hedin	瑞典探險家，地理學家
28	1903.01	Jade	S.E.Easter	
29	1903.09	Explorations in Tibet	G.Z.Zoubikov	俄國探險家，數次到西藏考察
30	1904.03	Russian development of Manchuria	Henry B. Miller	美國駐滿洲營口（牛莊）領事
31	1904.03	Manchuria and Koria		
32	1904.03	Lumbering in Manchuria	Henry B. Miller	美國駐滿洲營口（牛莊）領事
33	1904.05	The Crosby Expedition to Tibet	Oscar T.Crosby	探險家
34	1904.06	Notes on Manchuria	Henry B. Miller	美國駐滿洲營口領事
35	1904.12	China	John W.Foster	前美國國務卿，外交官，記者，軍人
36	1905.01	Views of Lhasa	Buriat Tsybikoff, Kalmuck Norzunoff	俄國探險家
37	1905.02	The Wonderful Canals of China	George E. Anderson	美國駐杭州領事
38*	1905.07	The Purpose of the Anglo-Japanese Alliance	Eki Hioki	日本首席大臣

39	1905.11	Cotton and the Chinese Boycott	Theodore Roosevelt	美國總統
40	1905.12	China and the United States	Sir Chentung Liang-Cheng	晚清駐美國公使
41	1906.03	American Goods in China	圖片報導	
42*	1906.09	Japan, America, and the Orient	Eki Hioki	日本首席大臣
43	1906.12	Present Conditions in China	John W. Foster	前美國國務卿，外交官，記者，軍人
44	1907.10	The Chinese Jews	Oliver Bainbridge	英國作家，探險家，《中國的心臟》
45	1907.10	Geologists in China	The Carnegie Institution	
46	1908.04	Medieval Tales of the Lop Basin in Central Asia	Ellsworth Huntington	地質學家
47	1909.01	Lessons from China	Theodore Roosevelt	美國總統
48*	1909.01	The Greatest Event of the Year	William E. Curtis	作家，記者
49	1910.02	The Land of the Crossbow	George Forrest	英國植物學家，探險家
50	1910.04	Mukden, the Manchu Home, and Its Great Art Museum	Eliza R. Scidmore	旅行作家，學會涉外秘書，董事會成員
51	1910.09	Curious and Characteristic Customs of China	Kenneth F. Junor	馬拿大牧師，醫師
52*	1910.11	Glimpses of Korea and China	William W.Chapin	旅行家，攝影家
53*	1910.12	Race Prejudice in the Far East	Melville E. Stone	美聯社總經理
54*	1911.10	New Plant Immigrants	David Fairchild	美國植物學家，植物獵人
55	1911.11	The Kingdom of Flowers	Ernest H. Wilson	英國植物學家，植物獵人
56	1911.12	Populous and Beautiful Szechuan	Rollin T. Chamberlin	美國地質學家，教育學者
57	1911.12	Present Conditions in China	Frederick McCormick	學者，美聯社記者，著作有《美麗共和國》等
58	1912.10	The Wonderful Canals of China	F.H King	美國農學家，著有《四千年農夫》等
59	1912.10	The most Extraordinary city in the World-Lhasa Notes	Shaoching H.Chuan 全紹清	中國醫生，西藏大臣行署醫官
60	1912.10	China's Treasures	Frederick McCormick	學者，美聯社記者

61*	1912.11	The Land of Promise	A.W.Greely	美軍通信長，將軍，雜誌副主編
62	1913.05	The Lama's Motor-Car	Ethan C. Le Munyon	
63	1913.06	Chinese Pigeon Whistles		
64	1916.03	The World's Strangest Capital	John Claude White	英國官員，探險家，攝影師
65*	1917.07	Fearful Famines of the Past	Ralph A. Graves	雜誌編輯
66	1919.07	A Hunter of Plants	David Fairchild	美國農業部植物引種部主任
67	1919.09	Shantung -- China's Holy Land	Charles K. Edmunds	廣東基督教學院院長
68	1919.09	The Descendants of Confucius	Maynard Owen Williams	雜誌專職記者與攝影師
69	1920.03	Formosa the Beautiful	Alice Ballantine Kirjasssoff	
70*	1920.04	Around the World with the Salvation Army	Evangeline Booth	救世軍創始人的女兒，第四任大將
71	1920.11	Peking, the City of the Unexpected	James A.Muller	美國歷史學，神學學者
72	1920.11	The Eden of the Flowery Republic	Joseph Beech	美國傳教士
73	1920.11	The World's Ancient Porcelain Center	Frank B. Lenz	
74	1920.11	The Man in the Street in China	Guy Magee, Jr.	
75	1920.11	Shifting Scenes on the Stage of New China		
76	1921.05	The People of the Wilderness	Adam Warwick	旅行家
77*	1921.07	Adventures with a Camera in Many Lands	Maynard O.Williams	雜誌專職記者與攝影師
78	1921.09	Life Among the People of Eastern Tibet	A.L.Shelton	醫學傳教士，在康區巴塘生活 17 年
79	1922.05	Where the Mountains Walked	Upton Close and Elsie McCormick	記者，著有《另眼看中國》
80	1922.05	In the Land of Kublai Khan	Stephane Passet	法國攝影師，參與「地球檔案」工作
81*	1922.09	Map-Changing Medicine	William Joseph Showalter	
82	1923.02	A Thousand Miles Along the Great Wall of China	Adam Warwick	旅行家

83	1923.09	The Hairnet Industry in North China	H.W.Robinson	
84*	1924.10	Goldfish and Their Cultivation in America	Hugh M. Smith, Hashime Murayama	美國漁業局局長，雜誌編輯；日本金魚畫家
85	1924.11	Banishing the Devil of Disease Among the Nashi	Joseph F. Rock	植物學家，人類學家，探險家
86	1925.04	The Land of Yellow Lama	Joseph F. Rock	同上
87	1925.04	The National Geographic Society's Yunnan Province Expedition	Gilbert Grosvenor	雜誌編輯
88	1925.09	Experiences of a Lone Geographer	Joseph F. Rock	植物學家，人類學家，探險家
89	1926.02	The Road to Wang Ye Fu	Frederick R. Wulsin	探險家，科學家，塔夫斯大學教授
90	1926.02	Scenes in the Celestial Republic	Robert F.Fitch	攝影師
91	1926.08	Through the Great River Trenches of Asia	Joseph F. Rock	植物學家，人類學家，探險家
92	1927.04	Chinese:Farmers since the days of Noah	Adam Warwick	旅行家
93	1927.06	Ho for the Soochow Ho	Mabel Craft Deering	記者
94	1927.06	The Geography of China	Frank Johnson Goodnow	法律學家，霍普金斯大學校長，1913 年任袁世凱法律顧問
95	1927.06	Life Afloat in China	Robert F. Fitch	神學博士，學者，寫作《杭州遊記》
96	1927.06	New China and the Printed Page	Paul Hutchinson	美國傳教士，《基督教世紀》執行總編
97*	1927.10	By Coolie and Caravan Across Central Asia	William J.Morden	地質學家
98*	1928.11	The World's Greatest Overland Explorer	Jesse Richardson Hildebrand	
99	1928.11	Life Among the Lamas of Choni	Joseph F. Rock	植物學家，人類學家，探險家
100	1929.06	The Desert Road to Turkestan	Owen Lattimore	地理學家
101	1929.10	Manchuria, Promised Land of Asia	Frederick Simpich	記者，外交官，爲雜誌寫作 80 多篇
102	1930.02	Seeking the mountains of Mystery	Joseph F. Rock	

103*	1930.05	Some Impressions of 150,000 Miles of Travel	William Howard Taft	美國前總統，國家地理學會董事局成員
104	1930.10	The Glories of the Minya Konka	Joseph F. Rock	植物學家，人類學家，探險家
105	1931.03	First Over the Roof of the World by Motor	Hellmut De Terra；W.Bosshard	地質學家；植物學家
106	1931.07	Konka Risumgongba, Holy Mountain of the Outlaws	Joseph F. Rock	植物學家，人類學家，探險家
107*	1931.10	First Over the Roof of the World by Motor	Maynard O.Williams	雜誌專職記者與攝影師
108	1932.01	Byroads and Backwoods of Manchuria	Owen Lattimore	地理學家
109	1932.04	How Half the World Works	Alice T. Hobart, Mary A. Nourse	小說家，著有《中國燈油》、《南方城牆內》等
110	1932.06	Raft Life on the Hwang Ho	W.Robert Moore	本雜誌記者，首席外國編輯
111	1932.09	Cosmopolitan Shanghai, Key Seaport of China	W.Robert Moore	本雜誌記者，首席外國編輯
112	1932.09	Macao, Land of Sweet Sadness	Edgar A.Forbes	美國記者
113*	1932.11	From the Mediterranean to the Yellow Sea by Motor	Maynard O.Williams	雜誌專職記者與攝影師
114	1933.02	Here in Manchuria	Lilian Grosvenor Coville	記者，雜誌主編吉伯特女兒
115	1933.06	Explorations in the Gobi Desert	Roy Chapman Andrews	美國探險家，美國自然歷史博物館主任
116	1933.06	The Glory That Was Imperial Peking	W. Robert Moore	本雜誌記者，首席外國編輯
117	1934.11	Coastal Cities of China	W. Robert Moore	本雜誌記者，首席外國編輯
118	1935.10	Sungmas, the Living Oracles of the Tibetan Church	Joseph F. Rock	植物學家，人類學家，探險家
119	1936.01	With the Nomads of Central Asia	Edward Murray	學者
120	1936.02	Approach to Peiping	John W. Thomason, Jr.	美國海軍陸戰隊中校，短篇小說家
121	1936.12	Peiping's Happy New Year	George Kin Leung	華裔美籍漢學家
122	1937.04	Grand Canal Panorama	Willard Price	旅行家，記者，作家
123	1937.10	Changing Shanghai	Amanda Boyden	作家

124	1937.10	Peacetime Plant Hunting About Peiping	P. H. Dorsett,	園藝學家，美國農業部農業探險家
125	1937.12	Landscaped Kwangsi, China's Province of Pictorial Art	G. Weidman Groff； T.C. Lau, 劉體志（攝影）	美國農學家，嶺南大學農學院創建人
126	1937.12	Changing Canton	Siukee Mack, Kinchue Wong	攝影報導
127	1938.02	The Rise and Fall of Nanking	Julius Eigner	德國記者
128	1938.03	China's Great Wall of Sculpture	Mary A.Mullikin	美國畫家，在中國生活三十多年
129	1938.03	Hong Kong：Britain's Far-flung Outpost in China	Maynard O.Williams	攝影報導
130	1938.05	Four Thousand Hours Over China	Hans Koester	陸軍上校，飛虎隊飛行員
131	1938.09	Among the Big Knot Lois of Hainan	Leonard Clark	二戰時美戰略情報局情報員，探險家
132	1940.04	1940 Paradox in Hongkong	Frederick Simpich	記者，外交官，雜誌助理編輯
133*	1940.11	Burma Road, Back Door to China	Frank Outram；G.E. Fane	記者
134	1942.02	Taming Flood Dragons Along China's Hwang Ho	Oliver J. Todd	美國工程師
135	1942.09	China Opens Her Wild West	Owen Lattimore	地理學家
136	1942.11	Japan Faces Russia in Manchuria	Willard Price	旅行家，記者，作家
137	1943.05	Climbing Mighty Minya Konka	Richard L. Burdsall, Terris Moore	美國軍隊工程師；軍需處處長
138*	1943.10	Burma: Where India and China Meet	John Leroy Christian	太平洋事務研究中心研究員
139	1944.03	6,000 Miles over the Roads of Free China	Josephine A.Brown	記者，作家
140	1944.06	Exploring a Grass Wonderland of Wild West China	Ray G. Johnson	俄勒岡州立學院畜牧學教授
141	1944.09	Salt for China's Daily Rice	Acme	圖片報導
142	1945.01	I Live on Formosa	Joseph W. Ballantine	美國駐中國與日本大使
143	1945.02	Today on the China Coast	John B. Powell	記者，創辦《密勒氏評論報》、《中國每月評論》

144	1945.06	China Fights Erosion with U. S. Aid	Walter C. Lowdermilk	美國水土保持局副局長，金陵大學任教農業
145	1945.06	Stilwell Road -- Land Route to China	Nelson Grant Tayman	橋樑工程師，美國部隊首席工程師
146	1945.06	Tai Shan, Sacred Mountain of the East	Mary A.Mullikin	畫家，在中國生活三十多年
147	1945.06	The Society's New Map of China	James M. Darley	學會首席製圖師
148	1945.08	China's Hand-built Air Bases	美國陸軍航空部	攝影專題
149	1946.03	Puto, the Enchanted Island	Robert F. Fitch	神學博士，曾任之江大學校長
150	1946.06	Pirate-Fighters of the South China Sea	Cardwell Robert	
151	1946.08	Kunming, Southwestern Gateway to China	Joseph E. Passantino	美國陸軍通信兵中尉
152	1946.08	Across Tibet from India to China	Ilia Tolstoy	美國戰略情報局官員
153	1947.01	Adventures in Lololand	Rennold L.Lowy，AAF	美國陸軍航空兵，部隊攝影師
154	1947.03	In Manchuria Now	W. Robert Moore	本雜誌記者，首席外國編輯
155*	1947.07	The World in Your Garden	W.H.Camp Else Bostelmann	紐約植物園植物學家；植物畫家
156	1948.03	Along the Yangtze, Main Street of China	W. Robert Moore	本雜誌記者，首席外國編輯
157*	1949.03	Operation Eclipse:1948	William A.Kinney	本雜誌新聞部主管
158*	1949.05	A Woman Paints the Tibetans	Lafugie	法國女畫家，插圖畫家
159*	1949.08	Our Vegetable Travelers	Victor R.Boswell	美國農業部園藝家
160	1949.09	Power Comes Back to Peiping	Nelson T. Johnson, W. Robert Moore	美國駐中華民國大使；記者，首席外國編輯

致　謝

　　本書是在筆者博士論文基礎上完成的。寫作之前，當我瀏覽完美國《國家地理》在 125 年間的近三百篇中國報導，並細讀了其中有關西南的四十餘篇文章後，四組意象隨即浮現於我眼前，這便是：花卉王國、西南道路、香格里拉與多樣族群。（由於本書時段在於「民國」，故暫時不收入「香格里拉」論題。）還記得當我寫下這四組詞彙之時，心中洋溢著莫名的興奮與激動。就在那刻，腦海中同時閃現的，正是王小波在《我的精神家園》一文裏所設想的一條道路，這條路是這樣的：它在兩條竹籬笆之中，籬笆上開滿了紫色的牽牛花，在每個花蕊上，都落了一隻藍蜻蜓。

　　寫作的過程當然不會如此這般浪漫與美麗。其中的荊棘密佈、迷霧茫茫與山窮水盡，忽又茅塞頓開、柳暗花明乃至春和景怡，我想這是任何一位寫作者都會經歷而且必須經歷的人生之旅，樂觀來看，當是難得的體驗與財富，自然無需苦訴。對我而言，未曾料想到的事，卻是這一論題居然能夠如此廣闊地拓展我的時空。不誇張地說，《國家地理》的每一篇文章，連同我自己所寫下的每一章每一節，都在我的視野裏打開了一扇窗，讓我能夠穿行在歷史與現實、他鄉與故土、文本與理論中，不僅獲得知識的增益、思維的樂趣，而且感受到生命的成長與智慧的萌芽。當然，我所獲得的新知與感悟，在別人眼中，或許也只是其早已知曉因此再尋常不過的「常識」或「舊聞」而已。然而，所謂自知者不怨人，知命者不怨天，本書寫作對我的促進，我滿懷感激，並且已然知足。

　　為此，我首先要感謝我的導師、四川大學曹順慶教授與徐新建教授。沒有老師的幫助、鼓勵與把關，撰寫將是怎樣一幅光景，不堪設想。一路走來，

要感謝的人與事實在太多，只能語輕情義重地表達於此。美國俄亥俄州立大學的馬克‧本德爾教授，我的碩士生導師郭亞夫，蔣曉麗教授，羅慶春教授，西南民族大學的徐其超教授，以及好友楊驪、王璐、梁昭和付海鴻，銀浩、張穎、許勁松、黃健平、葉蔭茵等同門，為我搜集資料、傳遞信息，我們互相鼓勵、共同前行，都是我求學路上的意外收穫與開心記憶。家人是我永遠最安寧的港灣，感謝我的先生、父母與兄妹們，你們是我得以輕鬆前行的天使，無論我用怎樣的語言，都難以表達我的謝與愛。

最後，還要感謝《國家地理》雜誌及其書寫者們。無論故事怎樣被講述，他們的目力所及與紙上之路，帶給了我豐富的思考、言說與展望，我此後的行走，也將因此而獲得不同的意義，與更多樂趣。最後要感謝李怡教授的推薦及花木蘭文化出版社的接納，使此書得以進入「民國歷史與文化研究」的相關系列。學有不逮，還懇請方家斧正。